DIE MACHTÜBERNAHME DER 68ER

Veröffentlichung der Stiftung
KULTURKREIS 2000
Band XVI

Rolf Kosiek

Die Machtübernahme der 68er

Die Frankfurter Schule und ihre zersetzenden Auswirkungen

HOHENRAIN – TÜBINGEN

Druck und Bindung: Kösel, Krugzell
Satz und Gesamtgestaltung: Hohenrain-Verlag, Tübingen

Hintergrundmotiv des Umschlags:
Michael Ruetz, aus: *1968*, Zweitausendeins,
Frankfurt/M. 1997

Meiner Frau Gisela gewidmet

Kosiek, Rolf :
Die Machtübernahme der 68er :
Die Frankfurter Schule und ihre zersetzenden
Auswirkungen / Rolf Kosiek.–
Tübingen ; Zürich ; Paris :
Hohenrain-Verl., 2009
ISBN 978-3-89180-087-4

ISBN 978-3-89180-087-4

Gedruckt in Deutschland

Inhaltsverzeichnis

Vorwort zur 7. Auflage 2009

Das vorliegende Buch erschien erstmalig im Jahre 2001 unter dem Titel *Die Frankfurter Schule und ihre zersetzenden Auswirkungen*. Die Nachfrage war überraschend gut und über eine längere Dauer gleichbleibend hoch, so daß bisher fast in jedem der folgenden Jahre eine neue unveränderte Auflage erscheinen konnte, deren sechste von 2007 nun auch seit einiger Zeit bereits vergriffen ist.

Da das Buch weiterhin verlangt wird, wurde eine weitere Auflage notwendig. Im Laufe der Zeit , vor allem bedingt durch die Entwicklung in den letzten Jahren und das 40jährige Jubiläum der 68er Generation im Jahre 2008, ergaben sich ergänzende Gesichtspunkte. Hinzu kam eine Reihe von Hinweisen und Anregungen aus dem Leserkreis, so daß eine Überarbeitung sinnvoll erschien, die auch die neueren politischen Geschehnisse, die mit der ›Frankfurter Schule‹ verbunden sind, berücksichtigt. Diese sprachen dafür, die 68er im Titel zu nennen.

Auch die gegenwärtige Politik in der Bundesrepublik Deutschland ist ohne die Kenntnis der ›Frankfurter Schule‹ und ihrer Volk und Staat zersetzenden Auswirkungen nicht zu verstehen. Die von Horkheimer, Adorno, Marcuse und Abendroth sowie anschließend von Habermas mit ihren politischen Zöglingen der 68er vertretenen und im Rahmen der Umerziehung in die westdeutsche Gesellschaft getragenen Ideologien geben noch heute den Ton an. Dazu gehört vor allem einmal eine ins Maßlose übertriebene Vergangenheitsbewältigung mit Kultivierung der deutschen Schuld und mit juristischer Verfolgung Andersdenkender. Aus der »repressiven Toleranz« hat sich durch die inzwischen verbindlich gewordene ›Politische Korrektheit‹ eine weitere Einengung der Meinungsfreiheit ergeben. Zum anderen kommen jetzt – etwa durch die PISA-Studien – die Auswirkungen der in den siebziger Jahren eingeleiteten Zerschlagung des vorher vorbildlichen deutschen Bildungswesens zu allgemeiner Erkenntnis. Und zum dritten hat die Zerstörung des Volksbewußtseins und des Volksbegriffs erst die Masseneinwanderung von Millionen Ausländern ermöglicht und die Gefahr der Überfremdung durch Vertreter anderer Kultur und Sprache für die Zukunft erzeugt.

Dazu treten von vielen noch gar nicht als gefährlich erkannte, von den Berliner Parteien und ihren politisch Verantwortlichen auf allen

Ebenen durchgesetzte Entwicklungen wie das Gender Mainstreaming oder die frühe Trennung der Kinder von der Familie in den Kinderkrippen, von der links ausgerichteten ideologischen Erziehung in den Kindergärten ganz zu schweigen.

Daß Randgruppen, die bis vor kurzem als unnormal galten, nun eine bevorzugte Rolle spielen und CDU-Mitglieder die Schirmherrschaft über ›Love-Paraden‹ übernehmen, ist für die Auflösungserscheinungen in der Gesellschaft bezeichnend. An eine deutsche ›Leitkultur‹ wagt niemand in Berlin mehr zu erinnern.

Die folgenreichste und für das deutsche Volk am schwersten wiegende Bedrohung ist die des Volkstodes durch den nicht zufällig seit 1970, dem Beginn der Durchsetzung der Ideen der 68er in der linksliberalen Koalition, zunehmenden Geburtenschwund. Seine bedrohliche Auswirkung wurde durch die Einwanderung von Millionen ausländischer Menschen aus völlig fremden Kultur- und Religionskreisen noch verstärkt. Die geistigen Voraussetzungen zur Duldung dieser Entwicklungen sind wesentlich durch die materialistische und zu maximalem Lustgewinn neigende Lebenshaltung der 68er mit verursacht. Nach begründeten Voraussagen können sich bereits in einer Generation die Deutschen als Minderheit in ihrem Lande befinden, wie sie sich gegenwärtig schon in bestimmten Stadtteilen deutscher Großstädte und in vielen Schulen erleben können.

Seit kurzem wird sogar schon von politisch Führenden davon gesprochen, daß Einwanderer in die höchsten politischen Ämter einrücken. So sagte Altbundeskanzler Gerhard SCHRÖDER Ende Januar 2009: »Es ist an der Zeit, für einen türkischstämmigen Bundesminister.« (*stern*, Nr. 5, 2009, S. 23.) Er hoffe, daß es schon nach der diesjährigen Bundestagswahl so weit sei und hoffe weiter, daß dieser Minister ein Sozialdemokrat sei. (*National-Zeitung*, 20. 2. 2009) Und Bundesinnenminister SCHÄUBLE erklärte im Herbst 2008, es sei nur noch eine Frage der Zeit, bis ein eingebürgerter Türke in das Kanzleramt einziehe. Das fand er anscheinend ganz normal. (ebd.) Schon ist seit November 2008 der Türke Cem ÖZDEMIR Vorsitzender der deutschen Bundestagspartei der Grünen. In den verschiedenen deutschen Landtagen sitzen bereits seit Jahren über Listen gewählte Abgeordnete mit »Migrationshintergrund«. Vom deutschen Volk, auf das sich das Grundgesetz bezieht, und von seiner Erhaltung sprechen die Berliner Parteien nicht mehr.

Auch Bundespräsident Horst KÖHLER vermied in seiner Berliner

Rede vom 24. März 2009 in der Berliner Elisabeth-Kirche vom ›deutschen Volk‹ zu sprechen. Für die führenden Politiker gilt nur die Bevölkerung, die sich in ihrer Zusammensetzung dank der immer noch erfolgenden Einwanderung und Vermehrung der Ausländer schnell zuungunsten der Deutschen verändert.

Die ›Frankfurter Schule‹ und die 68er haben ganze Arbeit geleistet. Friedrich Franz von Unruh hat in seiner »Klage um Deutschland« diese Entwicklung vorausgesehen (siehe Wortlaut im Anhang). Dem gegenüber gilt es, im deutschen Volk den Willen zum Überleben zu stärken.

Nürtingen, den 1. 9. 2009 Rolf Kosiek

Vorwort zur 1. Auflage 2001

Es sind fast zwei Jahrzehnte vergangen, daß ich als gerade wegen angeblich mangelnder Verfassungstreue aus Hochschul- und Landesbeamtendienst – wenige Monate vor meinem 25jährigen Dienstjubiläum – Entlassener das Buch *Umweltzerstörung und Ideologie* unter dem Pseudonym Rudolf KÜNAST veröffentlichte und darin ausführlich auf die Frankfurter Schule und ihre Folgen einging sowie dieser die deutsche Auffassung eines umfassenden Natur- und Umweltschutzes gegenüberstellte.

Da einerseits dieses Buch seit mehr als einem Jahrzehnt vergriffen ist, andererseits die Auswirkungen der Frankfurter Schule in einem vorher kaum voraussehbaren Umfang zugenommen haben und die gegenwärtige deutsche Politik bestimmen, erschien eine neue Beschäftigung mit diesem Thema lohnenswert. Teile des genannten Buches konnten dabei verwertet werden.

In der Tat wird die heutige Politik in der Bundesrepublik Deutschland weitgehend von 68ern, den geistigen Zöglingen der Frankfurter Schule, bestimmt, die erfolgreich den Marsch durch die Institutionen durchgeführt haben. Ob man die Herren SCHRÖDER oder LAFONTAINE, SCHARPING oder NAUMANN, ob man FISCHER oder TRITTIN in ihrem Werdegang betrachtet, sie sind alle wie auch weite Teile der vor ihnen regierenden CDU maßgeblich durch die Ideen eines HORKHEIMER, MARCUSE oder ABENDROTH beeinflußt worden, die eine ganze junge Generation verwirrten.

Der geistige Bruch und die Abschaffung grundlegender Werte im Gefolge der 68er Bewegung hatten für Deutschland auf die Dauer eine tiefer greifende Auswirkung als selbst die totale militärische Niederlage mit der bedingungslosen Kapitulation der Deutschen Wehrmacht vom 8. Mai 1945. Der Wiederaufbau aus eigener Kraft in den ersten beiden Jahrzehnten der Nachkriegszeit mit dem weltweit beneideten Wirtschaftswunder war noch Ausdruck eines ungebrochenen Gemeinschaftsgeistes und Leistungswillens, der sich auch in einem erfreulichen Geburtenüberschuß bemerkbar machte, so daß selbst die zahlenmäßig hohen Verluste der Kriegs- und der noch schrecklicheren ersten Nachkriegsjahre bald ausgeglichen waren.

Obwohl dem 68er Aufstand der unmittelbare Erfolg versagt blieb und die Bundesrepublik Deutschland dem direkten Angriff der Anarchisten und späteren Terroristen erfolgreich standhalten konnte, hat die ab 1969 in Deutschland bestimmende Linke außen-, innen- und geistespolitisch das Ideengut dieser Bewegung aufgegriffen und in den dann durchgeführten gesellschafts- und bildungspolitischen Reformen durchgesetzt. Dadurch, daß die CDU Ende der sechziger Jahre in großer Verblendung die SPD unter BRANDT regierungsfähig machte und nationale Kreise ausgrenzte, bekam die Bundesrepublik ein ganz anderes Gesicht. Als Helmut KOHL 1982 unter dem Versprechen, eine geistige Wende durchzuführen, an die Macht kam, nutzte er seine 16 Regierungsjahre nicht, eine Änderung herbeizuführen und sein Wort einzulösen, sondern überließ es dem linken Flügel in seiner Partei unter GEISSLER, SÜSSMUTH und VON WEIZSÄCKER, die sozialistische volkszerstörende Politik der vorherigen linksliberalen Koalition nahtlos weiterzuführen.

Schon vor Jahrzehnten schrieb Friedrich Franz VON UNRUH seine *Klage um Deutschland*, in der er mit bewegenden Worten die Abkehr von allen Gemeinschaftswerten und sittlichen Idealen geißelte, die Deutschland in den Augen der Welt früher als Vorbild hatten erscheinen lassen. Sie ist heute noch berechtigter. Doch eine Klage ist unfruchtbar, wenn sie nicht zum Aufbruch verhilft. Für diesen ist die Erkenntnis des richtigen Ansatzpunktes wichtig. Dazu gehört das Wissen um die Gründe, die die beklagte Entwicklung verursachten und förderten. Zu ihnen zählt ganz wesentlich das unselige Wirken der berüchtigten Frankfurter Schule auf den verschiedensten Gebieten. Ohne ihren Beitrag ist die heutige Lage und Verfassung Deutschlands nicht zu verstehen.

Mein Dank gilt dem Hohenrain-Verlag und seinem Leiter, Herrn Wigbert GRABERT, für die Annahme des Manuskriptes und die gediegene Ausstattung des Buches. Insbesondere danke ich Herrn Claude MICHEL für die umfangreiche und sorgfältig ausgewählte Bebilderung und die liebevolle Gestaltung des Buches sowie für zahlreiche Anregungen und Hinweise zum Inhalt.

Nürtingen, am 18. Januar 2001 Rolf KOSIEK

Einleitung

Am Beginn des neuen Jahrtausends sieht sich das deutsche Volk in seinem geistigen und biologischen Bestand äußerst bedroht. Eine Generation ist herangewachsen, die sich kaum noch für Politik interessiert, der ein umfassender Geschichtsunterricht vorenthalten wurde, die von der großen geschichtlichen und kulturellen Vergangenheit ihres Volkes beinahe völlig abgetrennt ist und der man jede Art von Vergangenheitsbewältigung vorsetzen kann, auch wenn diese noch so unsinnig und die Deutschen einseitig und ungerechtfertigt belastend ist wie die HEER-REEMTSMAsche Wehrmachtausstellung. An die Stelle einer Volksgemeinschaft ist die egoistische Spaß- und Genußgesellschaft getreten, in der nur noch materielle Werte gelten und jeder möglichst große Ansprüche an den Staat stellt, ohne Pflichten übernehmen zu wollen. Leistungswille wird belächelt, die größtmögliche Ausnutzung des sozialen Netzes gilt etwas. Die ›Green Card‹-Aktion des Jahres 2000 zur Anwerbung von ausländischen Computerspezialisten offenbarte dann, daß Deutschland schon zum technischen Entwicklungsland herabgesunken ist.

Es mangelt nicht nur an Volks- und Staatsbewußtsein, sondern nicht seltene Parolen wie »Deutschland verrecke!« oder »Ich schäme mich, Deutscher zu sein« belegen, wie weiten Teilen der deutschen Jugend ein völlig widernatürlicher Haß auf das eigene Volk und dessen Geschichte anerzogen wurde.

Damit verbunden geht seit den siebziger Jahren eine jährliche Abnahme der Zahl der Deutschen einher, da seit dem ›Pillenknick‹ Ende der sechziger Jahre in Deutschland weniger Kinder geboren wurden, als Sterbefälle eintraten. Die Geburtenzahl reichte nicht aus, um die biologische Substanz des Volkes zu erhalten. Ein zunehmendes Geburtendefizit hat seit Jahrzehnten das deutsche Volk zu einem sterbenden Volk werden lassen, die Deutschen waren lange Zeit Weltmeister mit der niedrigsten Geburtenrate. Hohe Scheidungsquoten und Zunahme des Singletums haben ihre Gründe nicht zuletzt in einem verfehlten Scheidungsrecht und einem familienfeindlichen Steuer- und Rentenrecht, das die Familie mit mehreren Kindern zu einer gewagten und von vornherein ›ungünstigen Investition‹ werden läßt. Die Weichen dazu wurden von Gutmenschen der linksliberalen Koalition gestellt, und die auf die Dauer untragbaren Verhältnisse sind bis heute, trotz ernster Vorhaltungen selbst des Bundesverfassungsgerichts, nicht geändert worden.

Parallel zur Abnahme der Zahl der Deutschen stieg in den vergangenen Jahrzehnten die der eingewanderten Ausländer auf die 2001 offizielle Anzahl von mehr als 7,6 Millionen, zu der noch eine erhebliche Dunkelziffer hinzugerechnet werden muß. Dabei ist auch zu berücksichtigen, daß im letzten Jahrzehnt allein jährlich um die 300 000 Einbürgerungen erfolgten, was im Laufe der Jahre mehrere Millionen eingebürgerter meist Fremder ausmacht, die mindestens teilweise zu der Anzahl der Ausländer hinzuzurechnen sind. Rund 15 Millionen Menschen in Deutschland haben einen ›Migrationshintergrund‹.

Anfang 1999 hat die rotgrüne Koalition mit dem neuen Staatsbürgerrecht, das den Doppelpaß für hier geborene Ausländerkinder zumindest bis zur Großjährigkeit und wesentliche Erleichterungen beim Erwerb der deutschen Staatsbürgerschaft vorsieht, eine neue Schleuse geöffnet, durch die Fremde in den deutschen Volkskörper in Millionenanzahl einströmen können. Die vor rund einem Jahrzehnt verabschiedeten Gesetze zur weitgehenden Gleichstellung von Verbindungen Homosexueller mit der Ehe stellen einen weiteren Angriff auf die Familie und damit auf die Grundlage des Volkes dar. Daß der frühere CDU-Generalsekretär und immer noch einflußreiche Christdemokrat Heiner GEISSLER die Schirmherrschaft über die ›Schwulenparade‹ in Stuttgart zum sogenannten Christopher Street Day (*Stuttg. Nachr.* 26. 7. 2000) am 29. Juli 2000 übernahm, beweist den Einfluß der zersetzenden Ideen der Frankfurter Schule bis in die Spitzen der christlichen Partei. Nicht zufällig ist GEISSLER auch neben Rita SÜSSMUTH, die den Vorsitz der Einwanderungskommission unter der rotgrünen Koalition übernahm, die treibende Kraft in der CDU zur Einführung der multikulturellen Gesellschaft in Deutschland. Daß es im Juni 2000 im Stuttgarter Landtag heftige Vorwürfe sowohl von seiten der SPD als auch der Grünen gab, nachdem bekannt geworden war, daß der baden-württembergische CDU-Vorsitzende Günther OETTINGER bei einer Veranstaltung seiner Tübinger Verbindung alle drei Strophen des Deutschland-Liedes mitgesungen hatte, zeigt ebenso schlaglichtartig, wie sehr das geistige Koordinatensystem derzeit in Deutschland nach links verschoben ist.

Fragt man nach den Gründen für diese Entwicklung und nach den sie vorantreibenden Ideen, so wird man immer wieder auf den geistigen Umbruch der sechziger Jahre und die diesen maßgeblich beeinflussende Frankfurter Schule stoßen. In der Tat sind die heutige Lage und der gegenwärtige Zeitgeist ohne sie nicht zu verstehen. Zur Erkenntnis der Situation der Deutschen am Beginn des neuen Jahrtausends sind diese Zusammenhänge unverzichtbar, denn erst das Wissen darum gibt die notwendigen Ansatzpunkte für eine Neuausrichtung.

Dieser Rückblick in die Vergangenheit kann somit durchaus fruchtbar für die Gestaltung der Gegenwart und der Zukunft werden. Wenn angesichts einer nicht mehr zu beschönigenden Notlage für den biologischen und geistigen Bestand unseres Volkes von weiten Kreisen wieder eine Bewegung für die umfassende Erhaltung einer lebenswerten Um- und Innenwelt gefordert wird, ist ein Erfolg nur möglich, wenn sowohl eine Abkehr vom platten Materialismus und Genußstreben, vom liberalistischen Fortschrittsglauben und geschichtslosen In-den-Tag-hinein-Leben als auch eine Zuwendung zu den Begriffen und Werten von ›Volk‹ und ›Heimat‹ erfolgt. Das Selbstbewußtsein und das Selbstverständnis der Deutschen – ihre Identität – müssen neu begründet werden, nachdem es dem maßgeblich von der Frankfurter Schule beeinflußten Zeitgeist gelungen ist, beide weitgehend zu zerstören.

Diese Forderungen und Darlegungen wenden sich besonders an die jüngere Generation, um deren Zukunft es vor allem geht. Aus ihren Reihen hat die Erneuerung zu kommen, wobei große Hoffnungen gerade auf die Jugend in Mitteldeutschland gesetzt werden. Sie kann dabei an reiche deutsche Traditionen anknüpfen, besonders auf dem Gebiet des Natur- und Umweltschutzes, wozu im zweiten Teil wissenswerte Tatsachen angeführt werden.

Die alte Einteilung in ›rechts‹ und ›links‹ ist längst überholt, auch wenn sie von den Antifaschisten aus leicht durchschaubaren Gründen zum Machterhalt immer noch herausgestellt wird. Sie ist durch ›lebensgemäß‹ und ›lebensrichtig‹ im Gegensatz zu ›lebenswidrig‹ und ›lebensfeindlich‹ als die zeitgemäße Frage- und Aufgabenstellung zu ersetzen.

Unsere Zeit stellt den Deutschen große Aufgaben. Ihnen fiel 1990 die kleine Wiedervereinigung von West- und Mitteldeutschland zu, sie sind für das kommende Europa die zentrale Mitte und stellen für den ganzen Osten den wichtigsten Ansprechpartner auf allen Gebieten dar. Zur Erfüllung dieser Aufgaben müssen Volk und Staat in einer guten Verfassung und von aufbauendem modernen Geist erfüllt sein, muß eine neue Jugendlichkeit den herrschenden Hauch des Alterns und Absterbens ersetzen. »Am Liberalismus gehen die Völker zugrunde« (MOELLER VAN DEN BRUCK 1922), lautete eine alte Weisheit aus der Zeit der Weimarer Republik. Das Buch *Das Ende des Individualismus. Die Kultur des Westens zerstört sich selbst* (1996) von Meinhard MIEGEL und Stefanie WAHL bestätigt diese Ansicht mit ausführlichen Analysen aus der Gegenwart. Der zerstörerische Marxismus hat sich beim völligen Zusammenbruch des Ostblocks vor zwei Jahrzehnten als für die Moderne ungeeignet erwiesen. Aus dem Leichnam des Sowjetimperiums kamen die verschiedenen Völker lebendiger als je zuvor wieder zum Vorschein. Ihnen gehört sicher im Osten das neue Jahrhundert. Möge auch das deutsche Volk durch einen neuen Geist in die Lage versetzt werden, seine Zukunft erfolgreich zu bewältigen, und nicht weiter falschen Propheten trauen.

Erster Teil

Die Frankfurter Schule

Erstes Kapitel

Zur Geschichte der Frankfurter Schule

Die ältere Frankfurter Schule und die Kritische Theorie

Die geistige Ausrichtungsstätte der linken Intellektuellen in Westdeutschland war nach dem Zweiten Weltkrieg vor allem die sogenannte Frankfurter Schule, eine Gruppe aus den USA zurückgekehrter marxistischer Soziologen, Philosophen und Psychologen um Max HORKHEIMER. Über ihre Ideen und deren Wirkung, insbesondere über die von HORKHEIMER, ADORNO und MARCUSE entwickelte »Kritische Theorie«, urteilte 1977 der Politologe Günter ROHRMOSER zutreffend: »Ohne Kenntnis dieser Theorie wird man heute nicht verstehen können, was gegenwärtig ist«, da diese Lehre unter anderem die den »fundamental gegen die Grundlagen der technischen Gesellschaft sich richtenden Angriff erst provozierende und stimulierende Theorie« bildete. (ROHRMOSER 1977, S. 66)

Durch ihre Forderung nach Kritik aller bestehenden, als Unterdrückungsverhältnisse behaupteten Beziehungen, nach Demokratisierung und Emanzipation, nach Abbau aller Bindungen und Verpflichtungen, nach Sexualisierung des Lebens und Umwälzung aller politischen Verhältnisse gab diese Schule die theoretische Begründung und wurde dann der Wortführer in Westdeutschland für die Auflösungserscheinungen in Staat und Gesellschaft seit den fünfziger Jahren. Durch die Zerstörung des Heimat- und Volksbegriffes sowie durch ihren ausgesprochenen Antibiologismus bereitete sie darüber hinaus den Boden für die dann einsetzende Umweltzerstörung vor. Der aus den USA unmittelbar nach Kriegsende eingedrungene uneingeschränkte Liberalismus hatte das günstige Klima und die Voraussetzungen für diese Wiederbelebung des Marxismus geschaffen.

Die Frankfurter Schule setzte nach dem Zweiten Weltkrieg in Westdeutschland ihre frühere Tradition aus der Weimarer Zeit fort. Im Jahre 1923 war von marxistischen Intellektuellen um POLLOCK und

HORKHEIMER in Frankfurt das »Institut für Sozialforschung« gegründet worden, dessen Finanzierung Felix J. WEIL, der einzige Sohn eines wohlhabenden, aus Deutschland nach Argentinien ausgewanderten jüdischen Getreidegroßhändlers, übernahm. »Der Millionärssohn Felix WEIL gründete ein Institut für Marxismus in der Hoffnung, es eines Tages einem siegreichen deutschen Rätestaat übergeben zu können.« (WIGGERSHAUS 1987, S.19) Es sollte »in erster Linie dem Studium und der Vertiefung des wissenschaftlichen Marxismus zu dienen haben«. (ebd., S. 28) Es war »WEILS Herzenswunsch, eine Einrichtung in der Art des Moskauer MARX-ENGELS-Instituts zu schaffen – ausgerüstet mit einem Stab von Professoren und Studenten, mit Bibliotheken und Archiven –, die er eines Tages einem siegreichen deutschen Rätestaat zu stiften hoffte«. (ebd., S. 35)

Das Institut wurde lose der Frankfurter Universität angegliedert, sein Leiter gehörte zu deren Lehrkörper. Träger war die Gesellschaft für Sozialforschung e.V., die nur wenige Mitglieder besaß, darunter die WEILS, SORGE, HORKHEIMER und POLLOCK. Schon 1924 erhielt es einen Neubau. Es ging nicht aus einem bestehenden Institut oder einer anderen Einrichtung einer Hochschule hervor, sondern bildete, auch seiner ausdrücklichen marxistischen Ausrichtung nach, etwas ganz Neues.

Direktor wurde zunächst der in Rumänien als Sohn jüdischer Eltern geborene Jurist Carl GRÜNBERG, ein erklärter Marxist, der während seiner davor liegenden Wiener Lehrtätigkeit zum »Vater des Austromarxismus« geworden war und als erster Marxist gilt, der in Deutschland einen Lehrstuhl an einer Universität innehatte. Er hatte sich durch die Herausgabe des »Archivs für die Geschichte des Sozialismus und der Arbeiterbewegung« einen Namen gemacht. Bei seiner Festansprache zur Eröffnung des Institutsneubaus in der Senckenberg-Anlage in Frankfurt bekannte sich GRÜNBERG am 22. Juni 1924 in der Aula der Frankfurter Universität ausdrücklich zum Marxismus als wissenschaftlicher Methode und erklärte, der Marxismus werde das bestimmende Prinzip am Institut sein: »Auch ich gehöre zu den Gegnern der geschichtlich überkommenen Wirtschafts-, Gesellschafts- und Rechtsordnung und zu den Anhängern des Marxismus.«

Eng war in der folgenden Zeit die Verbindung zwischen seinem Kreis und dem MARX-ENGELS-Institut in Moskau, insbesondere durch Hendryk GROSSMANN und Richard SORGE, der im Oktober 1924 aus

Deutschland verschwand, an das Moskauer Institut ging und sich im Zweiten Weltkrieg als »Stalins bester Mann« und »Jahrhundertspion« (*FAZ* 31. 12. 99) in Japan betätigte. Allgemein galt: »Und alle (Mitarbeiter und Doktoranden Horkheimers, R.K.) waren bis in die 30er Jahre hinein Mitglieder oder Freunde der KPD.« (Wiggershaus 1987, S. 43)

Als 1930 Max Horkheimer das Institut übernahm, politisierte er das ›Café Marx‹ aus dem vorher etwas betulichen Rahmen des orthodoxen Marxismus zu dem bald in aller Welt bekannten progressiven ›Marxtempel‹. Zum Leitstern des Institutes wurde nun neben Karl Marx auch Sigmund Freud, und eng gestaltete sich die Zusammenarbeit mit dem 1929 auch auf Betreiben des Horkheimer-Kreises in Frankfurt gegründeten Institut für Psychoanalyse unter dem Freudschüler Karl Landauer. Horkheimer wie auch andere Angehörige seines Kreises unterzogen sich einer psychoanalytischen Behandlung. In dem neuen Institutsorgan, der *Zeitschrift für Sozialforschung*, schrieb Horkheimer in der ersten Nummer einen Artikel über »Geschichte und Psychologie«, worin er die Notwendigkeit einer Verbindung von Marxismus und Freudscher Psychoanalyse zu begründen versuchte. Damit wurde eine ganz neue Bewegung eingeleitet: »Noch in der letzten Generation gab es kaum jemand, und zwar weder in der Alten noch in der Neuen Welt, der eine solche Vorstellung nicht absurd gefunden hätte.« (Jay 1981, S. 113)

Horkheimers Antrittsrede von 1931 über »Die gegenwärtige Lage der Sozialphilosophie und die Aufgabe eines Instituts für Sozialforschung« war praktisch das Manifest der Frankfurter Schule und des Instituts. Diesem Programm fühlten sich alle Mitarbeiter verpflichtet. »Die zur ersten Generation der Frankfurter Schule gehörten, waren alle Juden bzw. wurden durch den Nationalsozialismus in ihre Zugehörigkeit zum Judentum zurückgezwungen.« (Wiggershaus 1987, S. 12)

Marxens und Freuds Lehre wurden nun, letztere vor allem von Erich Fromm und dessen Frau, den neuen Verhältnissen angepaßt und im Dienste der marxistischen Absichten umgedeutet, um die geistige Grundlage zur revolutionären gesellschaftlichen Umwälzung zu legen. So mußten insbesondere die inzwischen als falsch erkannten Voraussagen und Bedingungen von Marx für die proletarische Revolution abgeändert werden, wie Lenin diese auch schon für seine Zwecke hatte umformen müssen. Dabei handelte es sich jedoch meist um taktische Maßnahmen, um in der Öffentlichkeit besser Fuß fassen zu können, nachdem der orthodoxe Marxismus zu offensichtlich versagt hatte. Der eigentliche Kern der Marxschen Ideologie blieb dabei erhalten.

Aus dem klassischen Marxismus entstand so der Neomarxismus, bei dem an die Stelle des von Marx als Vorkämpfer für den Kommunismus ausersehenen Proletariats die ›progressive Klasse‹, die Wissenschaft, trat, deren Vertreter durch richtige Beeinflussung und Erziehung der breiten Masse des Volkes erst das »richtige Bewußtsein« von ihrer Aufgabe als revolutionärer Klasse beibringen sollten. Aus Freuds Psychoanalyse wurde der ›Biologismus‹, insbesondere die erbliche Bedingtheit der Triebe, beseitigt und dafür die marxistische Milieutheorie eingeführt. Die Freudsche Lehre wurde grundlegend politisiert und als Mittel des Klassenkampfs aufbereitet.

Aus diesen Bestrebungen ging unter Horkheimers Leitung die »Kritische Theorie« hervor, mit der man den »historischen Verlauf der gegenwärtigen Epoche begreifen« wollte, um dann auf die politische Gegenwart Einfluß zu nehmen, die nach Ansicht dieser Gruppe darunter litt, daß die marxistische Revolution bedauerlicherweise 1918/19 in Deutschland nicht zum Durchbruch gekommen, sondern von den »reaktionären bürgerlichen Kräften« innerhalb der SPD unter Ebert und Noske »verraten« worden war.

Die Bezeichnung »Kritische Theorie« wurde zunächst als »Tarnbegriff für marxistische Theorie« (Wiggershaus 1987, S. 13) benutzt, da der Marxismus damals durch Stalins brutale Methoden mit der Ermordung von Millionen Menschen in aller Welt zu sehr abgewertet erschien. Nach außen hin begründete Horkheimer sie in seinem Aufsatz »Traditionelle und kritische Theorie« von 1937, ebenso Marcuse im selben Jahr mit dem Artikel »Philosophie und kritische Theorie«. Insbesondere nach der Übersiedelung in die USA wurde von Horkheimers Institut peinlich darauf geachtet, daß Ausdrücke wie ›Marxismus‹ oder ›Kommunismus‹ nicht in Verbindung mit der Gruppe an die Öffentlichkeit drangen und den wahren Charakter des Institutes in der kapitalistischen Umgebung offenbarten.

Mit dieser neuen Bezeichnung wurde zugleich der Eindruck zu erwecken versucht, als sei die frühere deutsche geistige Tradition unkritisch gewesen, was allein schon durch den Hinweis auf Kants Kritiken oder Hegels Werk als absurd erscheinen muß. Die hier schon sichtbar werdende geschickte Wortwahl der Frankfurter Schule setzte jedoch das bisherige deutsche Geistesleben herab und schuf dem Neomarxismus schon begrifflich eine günstige Ausgangsstellung in der Öffentlichkeit, vor allem bei der Berichterstattung in den Medien. Sie ist ein Beispiel für die von Horkheimer betonte Aufgabe des Marxismus und seines Institutes, nicht unwandelbare Wahrheiten zu entdecken oder dem objektiven Wissen zu dienen, sondern die Veränderung der Gesellschaft voranzutreiben. (Horkheimer 1972a, S. 14)

Das angesehene *Historische Wörterbuch der Philosophie* (Ritter 1976, S. 1279) betont: »Kritische Theorie wird von M. Horkheimer programmatisch von einem traditionellen Theorieverständnis abgehoben, das sich an den Postulaten der strikten Trennung von Subjekt und Objekt, der Wertfreiheit und der Praxisabstinenz orientiert. Sie ist Gesellschaftslehre. Ihr kritisches Moment besteht darin,. . . die Gesamtgesellschaft in ihrer gegenwärtigen Organisation zu verurteilen.« »Es geht nicht um die Behebung von Mißständen«, sondern um Horkheimers »Kampf gegen das Bestehende« (Horkheimer 1937, S. 178), worauf das Wörterbuch ausdrücklich hinweist.

Die marxistisch-kommunistische Ausrichtung des Instituts – mehrere Angehörige waren Mitglieder der KPD, alle Freunde der Kommunisten – und die bekannte Tatsache, daß mit seinem Direktor ausnahmslos alle Angehörigen des inneren Kreises und fast alle sonstigen Mitarbeiter des Instituts dem Judentum entstammten, führten dann dazu, daß am 13. März 1933 das Frankfurter Institut wegen »staatsfeindlicher Umtriebe« geschlossen und mit Schreiben vom 14. Juli 1933 beschlagnahmt wurde. Doch schon 1931 hatte Horkheimer, vor allem auf Anregung von Adorno, aus Vorsicht ein Zweiginstitut in Genf unter Pollock eingerichtet und das gesamte Institutskapital nach Holland überführt, so daß die Institutsarbeit trotz der Schließung der Frankfurter Zentrale mit den alten Mitarbeitern im Ausland fast nahtlos weitergehen konnte. Die Unterdrückung des Marxismus galt im damaligen Deutschland als nichts Außergewöhnliches. Der spätere Bundeskanzler Konrad Adenauer gab der damaligen allgemeinen Stimmung Ausdruck, als er am 30. März 1933 erklärte: »Die durch den erfolgreichen Ablauf der nationalen Revolution bestätigte Regierung darf nicht gefährdet werden. Wir begrüßen die Bekämpfung des Marxismus« (zit. in *Unabhängige Nachrichten* [*UN*], Nr. 5752).

Über Genf und zeitweilige Zweigstellen in Paris und London emigrierte das Institut für Sozialforschung nach den USA, wo Hork-

HEIMER es ab 1934 unter der Bezeichnung »Institute of Social Research« an der Columbia-Universität in New York mit den meisten seiner früheren Mitarbeiter, insbesondere dem inneren Kreis von POLLOCK, MARCUSE, FROMM und LÖWENTHAL, später auch ADORNO, weiterführte. Es wurde zunächst auch noch von WEIL unterhalten, während die Columbia-Universität kostenlos Räumlichkeiten zur Verfügung stellte. In den vierziger Jahren wurde das Institut wesentlich vom Amerikanischen Jüdischen Komitee und vom Jüdischen Arbeiter-Komitee unterstützt. Das revolutionäre, antikapitalistische, marxistische Institut hatte sich so für anderthalb Jahrzehnte ausgerechnet in New York City, dem Mittelpunkt der kapitalistischen Welt, niedergelassen. Eine Emigration nach Moskau, dem Ort der verwirklichten Ideen von MARX, war nie ernsthaft erwogen worden, obwohl dorthin beste Verbindungen und Beziehungen bestanden.

Die im Krieg wahrgenommene Tätigkeit mehrerer Mitglieder des inneren Kreises, vor allem MARCUSES und LÖWENTHALS, in hohen US-Staatsstellen wie im Außenministerium oder bei der Spionageabwehr steht auch in scheinbarem Gegensatz zu den revolutionären, anti-

Führende Köpfe der Frankfurter Schule in den USA, von links: Max HORKHEIMER, Maidon HORKHEIMER, Felix WEIL und Begleiterin, Friedrich POLLOCK. Am 16. 10. 1946 wurde das Institut im Namen der Stadt und der Universität Frankfurt zur Rückkehr nach Deutschland eingeladen.

bürgerlichen Zielen und den vorher propagierten umstürzlerischen Methoden dieser Gruppe, beweist jedoch deren richtige Ansicht über den westlichen Liberalismus als Türöffner des Marxismus.

In New York wurde die Kritische Theorie auf marxistischer und freudianischer Grundlage weiterentwickelt und für den Tag der Rückkehr nach Deutschland aufbereitet. Deswegen wurde auch zunächst bis Kriegsbeginn an der deutschen Sprache in der *Zeitschrift für Sozialforschung* festgehalten, die ab September 1933 in Paris und nach 1940 in den USA herausgegeben wurde. In ihr erschienen die grundlegenden Arbeiten zum Neomarxismus und Neofreudianismus, der sich im folgenden Jahrzehnt vor allem in den USA durchsetzte, wo die Psychoanalyse zu einer Mode in Intellektuellenkreisen wurde und nach Art einer Massensuggestion um sich griff.

An den Vorbereitungen der für das Nachkriegsdeutschland in den USA von Psychologen geplanten Umerziehung waren Horkheimers Mitarbeiter wesentlich beteiligt. Vorarbeiten dazu waren Untersuchungen des Instituts über die autoritäre Persönlichkeit wie über das Vorurteil, vor allem des Antisemitismus, das Horkheimer auflösen wollte: »Auflösung bedeutet Umerziehung, wissenschaftlich geplante Umerziehung auf der Basis eines wissenschaftlich erreichten Verständnisses.« (zit. in Jay 1981, S. 269)

Bald nach Kriegsende traten 1946 Vertreter der Stadt Frankfurt und der Rektor ihrer Universität an Horkheimer heran und baten ihn, mit seinem Institut wieder an den Main zurückzukehren. »Der Eifer der Frankfurter Stadtväter. . . war erheblich.« (Jay 1981, S. 328) Erst nachdem ihm der Erhalt seiner inzwischen angenommenen amerikanischen Staatsbürgerschaft zugesichert worden war, wozu es eines besonderen Gesetzes des US-Präsidenten Truman bedurfte, folgte Horkheimer dem Ruf auf den für ihn an der Frankfurter Universität neu eingerichteten Lehrstuhl für Soziologie und Philosophie und brachte auch das Institut mit seinem Apparat zurück. Eine Zweigstelle blieb in New York.

Von Horkheimers Mitarbeitern folgten zunächst nur Pollock und Adorno, da weitere Lehrstühle an der Frankfurter Universität trotz Förderung durch die Amerikaner nicht zu erreichen waren. Aus Horkheimers New Yorker Kreis ging ferner Henryk Grossmann nach Leipzig, Arkadij Gurland an die Hochschule für Politik nach Berlin. Der auch aus den USA zurückkehrende Ernst Bloch zog Leipzig Frankfurt vor. Schon 1951 konnte in Frankfurt ein Neubau bezogen

Das neue, im Stil der Neuen Sachlichkeit erbaute Institutsgebäude an der Frankfurter Senckenberganlage. Das ebenfalls dort befindliche frühere Gebäude war nach 1933 vom NS-Studentenbund benutzt und während des Krieges schwer zerstört worden.

werden. Die *Frankfurter Beiträge zur Soziologie* traten an die Stelle der nicht wieder aufgenommenen *Zeitschrift für Sozialforschung* als Organ des Institutes.

Führende Vertreter des marxistischen Kreises um Horkheimer erhielten so nach dem Zweiten Weltkrieg in Westdeutschland wichtige Stellen an Hochschulen und wurden zu einflußreichen Lenkern der öffentlichen Meinung. Mangels anderer erlaubter Vorbilder wurden sie ab Mitte der fünfziger Jahre zunehmend zu den Leitfiguren großer Teile der akademischen Jugend.

Neben Horkheimer trugen vor allem Adorno, Pollock, Fromm, Marcuse und Löwenthal zur Wiedereinführung des Marxismus wie zur Umerziehung im Nachkriegsdeutschland bei. Aus dem Kreise des Frankfurter Institutes hatte sich schon im Zweiten Weltkrieg Richard Sorge, der wie andere Institutsangehörige der kommunistischen Partei angehörte, als Meisterspion der Sowjets in Tokio hervorgetan. Als Auszeichnung für seinen vielleicht kriegsentscheidenden Verrat, der es Stalin in der für die Sowjetunion kritischen Zeit im Herbst 1941 erlaubte, alle sibirischen Truppen aus Ostasien nach Westen gegen die vor Moskau stehenden Deutschen zu werfen, bekam Sorge den Titel eines »Helden der Sowjetunion«, und er wurde später mit einem Denkmal in Rußland für seine Verdienste um den Sieg des Bolschewismus geehrt.

Was niemand für möglich gehalten hätte, gelang der wieder nach Deutschland zurückgekehrten Frankfurter Schule in gut einem Jahrzehnt bis Anfang der sechziger Jahre: den längst überholten und auch – etwa von Werner Sombart, Max Weber oder Vilfredo Pareto – wissenschaftlich und seit der russischen Revolution mit ihren vielen Millionen Toten auch praktisch widerlegten Marxismus und den von der deutschen Kriegsgeneration in seiner Gefährlichkeit erkannten Kommunismus in Westdeutschland zu rechtfertigen, beide nicht nur wieder gesellschaftsfähig, sondern sogar zur führenden ›geistigen‹ Mode der westdeutschen jungen Intellektuellen zu machen. In der Geschichte der Frankfurter Schule von Martin Jay heißt es bezeichnend: »In seiner Intention, deutsche Sozialwissenschaftler auf die amerikanischen Methoden aufmerksam zu machen, hatte das Institut viel zuviel Erfolg gehabt«. (Jay 1981, S. 295) Vielen der in großer Freiheit heranwachsenden Jungakademiker der Bundesrepublik Deutschland erschien danach die Räteherrschaft nach bolschewistischem Vorbild als der ideale Zustand, für den sie schließlich als 68er auf die Barrikaden gingen.

Mit scheinhumanitären Forderungen wie Demokratisierung der Gesellschaft, Aufhebung der Herrschaft des Staates, bestmögliche Meinungsbildung durch Aussprache (Diskussion), Befreiung (Emanzipation) von allen Zwängen und Unterdrückungen (Pressionen), Zerschlagung aller Ordnungen, Abbau aller Herrschaftsstrukturen, Durchsichtigkeit (Transparenz) aller Entscheidungen, Schaffung unterdrückungsfreier (repressionsfreier) Räume, Chancengleichheit, Optimierung des Glücks des Einzelnen, Nivellierung der Leistungs- und Einkommensverhältnisse, Überwindung der durch die Technik verursachten Entfremdung wurde die Wirklichkeit des politischen und gesellschaftlichen Lebens vernebelt, und es gelang, viele unbedarfte und geschichtlich unwissende Mitläufer wie jugendliche Idealisten zu gewinnen. »Die sexuelle, moralische, intellektuelle und politische Revolution in einem« wurde darauf das Ziel der verführten Studentengeneration der sechziger Jahre.

Ein wesentlicher Teil des Einflusses der Frankfurter Soziologen ging auf ihre geschickte Wortstrategie zurück, durch die in betrügerischer Weise auflösende und zersetzende Inhalte mit scheinbar sozialen oder menschenfreundlichen Begriffen bezeichnet, dem entgegenstehende Begriffe aber durch konstruierte Verbindung zum Faschismus abgewertet und diffamiert wurden. Diese »Herrschaft durch Sprache« wurde zur Vollkommenheit entwickelt. Die neuen Begriffe und Formeln der von MARCUSE als »linguistische Therapie« bezeichneten sprachlichen Unterwanderung gingen zunehmend an dem bisherigen Gebrauch vorbei, versperrten den Zugang zur politischen und kulturellen Wirklichkeit und verengten dadurch den geistigen Horizont und das Bewußtsein der davon Betroffenen, so daß nachher phantastische Utopien von weiten Kreisen der Jugend für die Wirklichkeit genommen wurden.

Über die Bedeutung der richtigen Wortwahl bei der »Darstellung des Feindes« – so der Titel des betreffenden Aufsatzes – schrieb Herbert MARCUSE bereits Ende 1942 in den USA (MARCUSE 1998, S. 73–83): »Von überragender Bedeutung ist das Problem, ob es gelingt, ein das Wesen des Feindes treffendes sprachliches Symbol, einen Oberbegriff zu finden.« (ebd., S. 75) Nach Diskussion von Begriffen wie ›Tyrannei‹, ›Diktatur‹ oder ›Totalitarismus‹, die nicht wirksam genug erscheinen, meint er: »So scheinen denn ›Nazis‹ und ›Nazismus‹ (nicht Nationalsozialismus) die angemessensten Begriffe zu sein« (ebd.), ganz nach STALINS Methode.

In dem durch die Umerziehung in Westdeutschland erzeugten geistigen Vakuum konnte die neomarxistische Irrlehre nach der Verdrängung oder dem Ausscheiden der Kriegsgeneration von den Hochschulen üppig wuchern und ihre Anschauung über die Universitäten auf die akademische Jugend verbreiten, wobei alle Kultusminister, auch die christdemokratischen, über zwei Jahrzehnte eifrige Förderer waren, die jeden wirksamen Widerstand dagegen unterbanden. Über die Lehrerbildung und marxistische Kreise in den Gewerkschaften wurde die Wirkung auf die ganze junge Generation ausgedehnt. Der Verhaltensforscher Konrad LORENZ schrieb 1971 im Hinblick auf diese linke Ideologisierung: »Wirklich satanisch wirkt sich die Indoktrinierung erst dann aus, wenn sie ganz große Menschenmengen, ganze Kontinente, ja vielleicht sogar die ganze Menschheit in einem einzigen bösen Irrglauben vereinigt. Eben diese Gefahr aber droht uns jetzt.« (LORENZ 1971, S. 328)

So bewirkte die Frankfurter Schule »die Entwicklung des Marxismus zu einer entscheidenden, vielleicht der entscheidenden gesellschaftspolitischen Kraft in der Bundesrepublik«. (ROHRMOSER 1977,

S. 97) Den staatszersetzenden Einfluß dieser Gruppe beschrieb der Politologe Günter ROHRMOSER rückblickend mit den Worten: »Die im Zeichen der neomarxistischen Theorie der Frankfurter Schule stehende Phase der Entfachung der emanzipatorischen Bewegung in der Bundesrepublik hatte die... marxistische Ideologiekritik dazu benutzt, die rechtliche, politische, wirtschaftliche und moralische Ordnung der Bundesrepublik als unhaltbar, repressiv, ausbeuterisch und latent faschistisch zu erweisen, wenn man sie an den Zielen emanzipativer Autonomie des Menschen mißt.« (ROHRMOSER 1977, S. 97) Dieser Maßstab galt allein für die Frankfurter Schule. Und der bekannte Karlsruher Kybernetiker Karl STEINBUCH, der bis Ende der sechziger Jahre selbst der linken Massenpsychose zugeneigt gewesen war, schrieb einige Jahre später in seiner *Kurskorrektur*: »Ich wünsche diesem Kartell der Unverantwortlichen etwas Höllisches: Sie sollten einmal in einem Staat leben müssen, der ganz und gar nach ihren eigenen Ideen organisiert ist und in dem kein Experte und kein Establishment einen Rest von Vernunft erhält.« (STEINBUCH 1973, S. 104) Maßgebliche Angehörige der Frankfurter Schule durften dann

Als einer der drei geschäftsführenden Institutsdirektoren (neben v. FRIEDEBURG und GUNZERT) mußte ADORNO bei dem Versuch streikender SDS-Studenten, mit Gewalt in das Gebäude einzudringen, die Polizei rufen. Der SDS-Vorsitzende Hans-Jürgen KRAHL rief ADORNO und v. FRIEDEBURG bezeichnend »scheißkritische Theoretiker« hinterher.

später an ihrer eigenen Hochschule einen Hauch davon hautnah noch erleben.

Wenn einige Vertreter der Frankfurter Schule wie HORKHEIMER und ADORNO sich auch ausdrücklich gegen die Anwendung von Gewalt aussprachen und es deswegen ab 1967 zunehmend zur Trennung zwischen den jungen, auf Durchführung der Revolution drängenden Studentenkadern des Sozialistischen Deutschen Studentenbundes (SDS) von den alten, nur der Revolution das Wort redenden Neomarxisten kam, so bleibt den letzteren doch die Schuld an der geistigen Verführung dieser Jugend. Die Geister, die sie mit dem überholten, einseitigen Marxismus gerufen hatten, wurden sie nun nicht mehr los, und, wie in der Französischen Revolution, verschlang die Studentenrevolte schließlich ihre Theoretiker. ADORNO hatte gerade die Besetzung seines Institutes durch protestierende Studenten erlebt, seine Vorlesungen abbrechen und die Polizei des von ihm verachteten Systems rufen müssen, als er im August 1969 auf der Höhe der gewalttätigen Auseinandersetzungen an den Hochschulen starb, nachdem er als erster der alten Garde von den Studenten abgelehnt worden war und sich schon im Juli 1967 an der Berliner Freien Universität hatte anhören müssen: »Was soll uns der alte ADORNO und seine Theorie, die uns anwidert, weil sie nicht sagt, wie wir diese Scheiß-Uni am besten anzünden. . . Er soll sich zu Tode adornieren!« (*Spiegel* Nr. 4, 1977, S. 113)

Bei MARCUSE und BLOCH war die Distanzierung von der Gewalt weit weniger deutlich, und im Grunde scheinen sie diese auch später durchaus noch für das richtige und zulässige Mittel zur Umwälzung der Zustände gehalten zu haben.

Inzwischen ist die von der Frankfurter Schule maßgeblich beeinflußte und geförderte Neue Linke in Deutschland zwar praktisch als unmittelbare Organisation tot, und der »Abschied von der Linken« – so schon 1971 die Überschrift des ersten Kapitels in Gerhard SZSZESNYS Buch *Das sogenannte Gute – Vom Unvermögen der Ideologen* – hatte in gewissem Umfang sich bereits Ende der siebziger Jahre vollzogen. Aber ihr verheerender Einfluß ist neben der kaum schnell wiedergutzumachenden Auflösung notwendiger Ordnungen in Staat, Gesellschaft und im Bereich der Kultur und der Werte wie neben der Verdrängung biologischer Lebensgesetze als noch weithin wirkende geistige Bewegung wirksam und konnte sich mit der Bildung der rotgrünen Koalition 1998 erneut verstärken. Emanzipation und Progressivität, Demokratisierung und Gleichmacherei sind noch ernst genommene Schlagworte und spuken in den Köpfen einseitig informierter und bewußtseinsverengter junger Menschen herum, die ihren Idealismus weiterhin Marx und Freud opfern zu müssen glauben.

Dieser Einfluß reicht bis weit in die Reihen der CDU und der FDP und ist bis in die Gegenwart wirksam. Zum 20. Jahrestag des Todes Rudi Dutschkes am 24. 12. 1999 wurde vom Berliner Abgeordnetenhaus auf Antrag der Grünen beschlossen, dem 68er Rädelsführer ein Ehrengrab zu errichten. Der CDU-Fraktionschef hielt ihn für eine Person »des tragischen Irrtums«. (*FAZ* 3. 7. 1999) Inzwischen wurde in Berlin auch eine Straße nach Dutschke benannt.

Auch die Soziologie als Wissenschaft in Deutschland hat sich von der jahrelangen Vorherrschaft der Marxisten noch nicht erholt und erschöpft sich weithin darin, durch Auswertung von Befragungen beeindruckende Datenmengen zu bewältigen, anstatt die Voraussetzungen des Gemeinschaftslebens im technischen Zeitalter – etwa von den biologischen Grundlagen her – zu erarbeiten und damit lebenswichtige Vorgaben in der allgemeinen Orientierungslosigkeit zu setzen.

Eine Generation nach dem Wirken der älteren Frankfurter Schule will man sich ihrer Soziologie und Philosophie an der Universität Hannover wieder besonders annehmen. Im Juli 1999 erschien als Heft 1 der neuen Reihe »Hannoversche Schriften« eine von Detlev Claussen, Oskar Negt und Michael Werz herausgegebene Arbeit: *Keine Kritische Theorie ohne Amerika*. (Claussen 1999) Diese Reihe soll sich nach den Worten der Herausgeber vor allem der Kritischen Theorie widmen, deren »kontinuierlicher Standort« die Universität Hannover in den letzten beiden Jahrzehnten gewesen sei. Das Heft setzt sich vor allem mit der Tätigkeit der Frankfurter Emigranten während des Zweiten Weltkrieges in den USA und mit dem späteren Einfluß ihrer Schriften in Deutschland auseinander.

Während heute noch alle möglichen Theorien darüber aufgestellt werden, warum 1933 unter dem Zwang größter Not und in der äußersten Bedrohung durch den Bolschewismus das deutsche Volk sich dem Nationalsozialismus zuwandte, würde es ein dankbares Feld der Untersuchung bilden herauszufinden, warum nach dem Zweiten Weltkriege ohne äußere Notwendigkeit die tonangebenden intellektuellen Kreise Westdeutschlands sich dem überholten Marxismus erneut verschrieben und dieser Irrlehre soviel geistige Energie widmeten. Als Beispiel einer im nachhinein schwer verständlichen Massenpsychose und Modetorheit wird sie jedenfalls in die Geschichte eingehen.

Bevor die Auswirkungen dieser Theorie der Frankfurter Schule im einzelnen und auch im Hinblick auf die Förderung der Umweltzerstörung betrachtet werden, sollen ihre führenden Vertreter, der ›innere Kreis‹, kurz vorgestellt werden, da deren Herkunft und Werdegang auch schon ein bezeichnendes Licht auf diese Geistesrichtung wirft. In bezug auf Übereinstimmungen innerhalb dieser Personengruppe schreibt der Amerikaner Jay in seiner ausführlichen Darstellung der Entwicklung der Frankfurter Schule: »Sucht man nach dem gemeinsamen roten Faden in den einzelnen Biographien des inneren Kreises, dann fällt als erstes auf, daß seine Mitglieder sämtlich aus jüdischen Familien stammten, die dem Mittelstand oder dem oberen Mittelstand angehörten.« (Jay 1981, S. 51) Über die Auswirkung dieser gemeinsamen Herkunft heißt es dort später: »Obwohl sich keine direkte Verbindungslinie von der jüdischen Herkunft so vieler Mitglieder der Frankfurter Schule zu ihrer dialektischen Theorie ziehen läßt, mag doch eine gewisse Prädisposition dafür vorhanden gewesen sein. Das gleiche ließe sich hinsichtlich der Psychoanalyse sagen: auch sie wurde bereitwillig akzeptiert, insbesondere assimilierten jüdischen Intellektuellen schien sie zu entsprechen.« (ebd., S. 54)

Die führenden Vertreter der Frankfurter Schule

Max Horkheimer (1895–1973), im Jahre 1949

Max Horkheimer wurde am 14. Februar 1895 in Stuttgart als einziger Sohn eines reichen jüdischen Textilfabrikanten geboren. Er war zunächst im väterlichen Betrieb tätig, wurde im Weltkrieg bei der Musterung als »dauernd untauglich« geschrieben. Er machte das Abitur nach und studierte ab 1919 Philosophie und Soziologie in München, Freiburg und Frankfurt/Main, promovierte 1922 als Philosoph in Frankfurt und wurde hier nach der Habilitation 1925 Dozent. Er war früh mit Pollock, Adorno und Felix Weil bekannt und gehörte 1923 zu den Gründern des Instituts für Sozialforschung. Im Jahre 1929 wurde für ihn ein neuer Lehrstuhl für Sozialphilosophie an der Frankfurter Universität eingerichtet, der erste dieser Art im Deutschen Reich. Ob Horkheimer in dieser frühen Zeit Mitglied der KPD war, ist umstritten und nicht geklärt worden. 1930 übernahm er in Frankfurt die Leitung des marxistischen Instituts für Sozialforschung, dem er seit dessen Gründung angehört hatte. Zur Stärkung der Wirkung des Instituts behielt er Grünbergs nichtkollegiale »Diktatur des Direktors« ausdrücklich bei. Von 1932 bis 1939 gab er die *Zeitschrift für Sozialforschung* in Leipzig und Paris heraus, die er 1940 bis 1942 mit den *Studies in Philosophy and Social Science* in den USA fortsetzte.

Schon ab 1931 bereitete er die Emigration des Instituts und dessen ganzen Materials nach Genf vor, die dann nach der Schließung der Einrichtung in Frankfurt im März 1933 erfolgte. Ab 1934 führte er das Institut an der Columbia-Universität in New York weiter. Von 1944 bis 1947 war er auch Leitender Forschungsbeauftragter des Amerikanischen Jüdischen Komitees in New York und führte für dieses eine Abteilung für wissenschaftliche Forschung.

Nach seiner Rückkehr nach Westdeutschland eröffnete er 1949 in Frankfurt sein altes Institut für Sozialforschung in neu erbautem Gebäude wieder. Schon im folgenden Jahr wurde er Dekan der Philosophischen Fakultät, bereits 1951 Rektor der Goethe-Universität in Frankfurt, wozu er 1952 noch einmal gewählt wurde. Er erhielt

1953 die Frankfurter Goethe-Plakette, wurde 1960 Ehrenbürger der Stadt und bekam 1971 den Hamburger Lessing-Preis. Von 1954 bis 1959 lehrte er jährlich noch ein Semester an der Universität Chicago. Nach seiner Emeritierung 1963 und Entpflichtung von der Institutsleitung verwaltete er seinen Lehrstuhl kommissarisch weiter, bis er sich zusammen mit POLLOCK in die Südschweiz an den Luganer See zurückzog, wirkte aber durch Schriften noch weiterhin.

In seiner 1934 unter dem Pseudonym Heinrich REGIUS veröffentlichten Aphorismensammlung *Dämmerung* beurteilte er angesichts der »Ungerechtigkeit der imperialistischen Welt. . . die Ereignisse in Rußland als den fortgesetzten schmerzlichen Versuch,. . . diese furchtbare gesellschaftliche Ungerechtigkeit zu überwinden« (REGIUS 1934, S. 152), und er meinte, in der KPD »existiert ein Teil der Kräfte, von denen die Zukunft der Menschheit abhängt«. (ebd., S. 130) Er schrieb sehr viele einflußreiche Artikel in der Institutszeitschrift.

Zu seinen Hauptwerken zählen *Zur Kritik der instrumentellen Vernunft* (1947), *Dialektik der Aufklärung* (mit ADORNO 1947) und *Kritische Theorie* (1968). Sein Einfluß in der westdeutschen Öffentlichkeit war groß: »HORKHEIMER kannte ADENAUER; er war häufig in Radio, Fernsehen und Presse zu vernehmen.« (JAY 1981, S. 334) Durch seine Kritik an den spätkapitalistischen Wirtschafts- und Gesellschaftsformen und die Wiedereinführung des Marxismus und Freudianismus übte er nachhaltigen Einfluß auf die Studentenbewegung der sechziger Jahre aus. Er starb am 7. Juli 1973 in Nürnberg, nachdem er das Scheitern seiner Ideen in der Studentenrevolte noch hatte erleben müssen.

Friedrich POLLOCK wurde am 22. Mai 1894 als Sohn eines assimilierten jüdischen Kaufmanns in Freiburg geboren. Er war zunächst Kaufmann. Schon 1911 lernte er als Schüler HORKHEIMER kennen, dem er bis zum Tod in enger Freundschaft und steter Zusammenarbeit verbunden blieb. Nach dem Ersten Weltkrieg studierte er Politik und Volkswirtschaft und promovierte 1923 in Frankfurt über die Geldtheorie von MARX. Er neigte »Zeit seines Lebens. . . einem vorleninistischen orthodoxen Marxismus zu«. (WIGGERSHAUS 1987, S. 77) Mit Georg LUKACS, Richard SORGE und Felix WEIL nahm er im Sommer 1922 im thüringischen Ilmenau an der »Ersten Marxistischen Arbeitswoche« (EMA) linker Intellektueller teil. Er bestärkte WEIL Anfang der zwanziger Jahre in dessen Plänen zur Gründung eines marxistischen Institutes und führte HORKHEIMER und andere in diesen Kreis ein.

Friedrich POLLOCK (1894–1970)

Er gründete praktisch 1923 das Frankfurter »Institut für Sozialforschung« und leitete es bis GRÜNBERGS Amtsantritt. Im Jahre 1927 nahm er als geladener Institutsvertreter an der Zehnjahresfeier der Sowjetunion teil, vermied es jedoch dann, seine negativen Erfahrungen aus Rußland, die nur innerhalb des Institutes besprochen wurden, in seinem Buch über die sowjetische Wirtschaft *Die planwirtschaftlichen Versuche in der Sowjetunion 1917–1927*, mit dem er sich 1928 habilitierte, zu veröffentlichen. POLLOCK leitete nach GRÜNBERGS Schlaganfall 1927 und dessen Rücktritt 1929 erneut das Institut einstweilen bis HORKHEIMERS Amtseinführung im Jahre 1930.

Auch in der späteren Zeit erledigte POLLOCK in lebenslanger Verbundenheit mit HORKHEIMER die organisatorischen, verwaltungsmäßigen und vor allem finanziellen Aufgaben des Institutes. Er war Vorsitzender der Gesellschaft für Sozialforschung e.V., des Trägers des Instituts. Als 1931 von HORKHEIMER in Genf ein zweites Institutsbüro mit rund 20 Mitarbeitern aufgebaut wurde, übernahm POLLOCK diese Einrichtung und hielt sich nun vorwiegend dort auf, um 1934 mit HORKHEIMER nach New York zu gehen. Mit diesem kam POLLOCK 1949 wieder nach Frankfurt, wo er 1950 Professor für Volkswirtschaft an der dortigen Universität wurde. Zu seinen Buchveröffentlichungen gehören *Sombarts ›Widerlegung‹ des Marxismus* (1926), *Die planwirtschaftlichen Versuche in der Sowjetunion 1917–1927* (1929) und *Automation* (1956). Wie HORKHEIMER zog sich POLLOCK nach Montagnola an den Luganer See zurück, wo er am 16. Dezember 1970 starb.

Theodor W. ADORNO wurde am 11. September 1903 in Frankfurt als einziges Kind des zum Protestantismus übergetretenen, früher jüdischen Weingroßhändlers WIESENGRUND geboren und evangelisch getauft. Er nannte sich später nur noch nach seiner Mutter, der Tochter eines korsischen Offiziers. Er studierte Soziologie und Philosophie, promovierte 1924, studierte ab 1925 Musik in Wien, kehrte 1927 nach Frankfurt zurück und habilitierte sich 1931 dort bei Paul TILLICH mit einer Arbeit über HUSSERL. Er erklärte bei seiner Antrittsvorlesung

Theodor W. ADORNO (1903–1969) im Jahre 1965

am 8. Mai 1931, daß die Soziologie die wichtigste Wissenschaft für die Philosophie sei. Seit 1930 war er Assistent am Frankfurter Institut HORKHEIMERS, mit dem er bereits seit 1922 in Verbindung stand. Er ließ »in einigen seiner musikkritischen Arbeiten jener Jahre keinen Zweifel daran, daß er zu den Anhängern des Klassenkampfes und der klassenspezifischen Zurechenbarkeit von Werken der Philosophie und der Kunst gehörte«. (WIGGERSHAUS 1987, S. 113)

Nach der Auflösung des Frankfurter Instituts lebte er zunächst ab 1934 vier Jahre meist in England mit gelegentlichen Besuchen Deutschlands und emigrierte dann 1938 in die USA, wo er sich an HORKHEIMERS New Yorker Institut als Soziologe betätigte. Dabei widmete er sich mit HORKHEIMER vor allem der Frage der autoritären Persönlichkeit und schuf Erkennungsmerkmale des sogenannten ›faschistischen Menschen‹, die später von den US-Besatzungstruppen bei der Beurteilung und Klassifizierung der Deutschen angewendet und für die Umerziehung und Lizenzvergabe wichtige Maßstäbe wurden.

Ab 1949 wirkte ADORNO als Professor für Soziologie in Frankfurt, wo er vor allem als Herausgeber der *Frankfurter Beiträge zur Soziologie* (später mit Ludwig VON FRIEDEBURG) und durch seine Schriften zur progressiven marxistischen Soziologie und Ästhetik große Wirkung auf die akademische Jugend ausübte. Ab 1958 leitete er als HORKHEIMERS Nachfolger das Institut für Sozialforschung und tat sich in der neuen Vergangenheitsbewältigungswelle ab Winter 1959 hervor. Er forderte die Notwendigkeit einer besonderen »Erziehung nach Auschwitz« unter dem Motto: »Die Forderung, daß Auschwitz nicht noch einmal sei, ist die allererste an Erziehung« (zit. von Kurt REUMANN in *FAZ* 23. 8. 2000), und verkündete: »Alle Kultur nach Auschwitz samt der dringlichen Kritik daran ist Müll.« (ADORNO 1966, S. 357) Er fand dabei genügend Nachbeter bis hin zu dem Buch *›Erziehung nach Auschwitz‹ in der multikulturellen Gesellschaft* von Bernd FECHLER im Jahre 2000. Er erstrebte eine utopische »Totalität der Versöhnung« und versuchte eine »Logik des Zerfalls« zu erarbeiten, wobei er die Klarheit des Denkens und der Sprache als »Fetisch« herabwürdigte. HABERMAS erinnerte sich: »Er vergegenwärtigte einen bestimmten marxistischen Hintergrund.« (zit. in WIGGERSHAUS 1987, S. 11) 1963 wurde er Vorsitzender der Deutschen Gesellschaft für Soziologie.

Bezeichnenderweise wandte sich ADORNO gegen die klassische deutsche Philosophie, besonders den Deutschen Idealismus, und erwies sich als scharfer Gegner des besonderen »deutschen Denkens«. Zusammen mit seinem damaligen Assistenten HABERMAS erreichte er Mitte der fünfziger Jahre durch eine Intrige, daß der bedeutende Philosoph und Anthropologe Arnold Gehlen, der vor dem Zweiten Weltkrieg in Leipzig, Königsberg und Wien gelehrt hatte und 1947 in der Verwaltungshochschule Speyer untergekommen war, nicht an die Universität Heidelberg berufen wurde, noch Jahre lang vom akademischen Leben ausgeschlossen blieb und erst 1962 einen im Grunde nicht angemessenen Ruf an die Technische Hochschule Aachen erhielt (siehe S. 89 ff.).

Zunächst das Idol der linken Studenten, wurde ADORNO von ihnen ab 1967 wegen seiner Ablehnung der Gewalt verachtet, besonders als er im Januar 1969 sein von rebellierenden Gruppen besetztes Institut von der Polizei räumen ließ. Im Sommersemester 1969 mußte er seine Vorlesung wegen massiver Störungen abbrechen. Neben der *Dialektik der Aufklärung* (1947 mit HORKHEIMER) gilt als sein Hauptwerk die *Negative Dialektik* (1966), worin er in radikaler Absage an die abendländische Philosophie sich gegen den Idealismus wendet und - wie HORKHEIMER - die Metaphysik leugnet sowie die Ontologie ablehnt. Weitere Werke sind *Philosophie der Neuen Musik* (1949), *Minima Moralia* (1951), *Dissonanzen* (1956). Er starb am 6. August 1969 in Brig in der Schweiz.

Herbert MARCUSE wurde am 19. Juli 1898 in Berlin als Sohn wohlhabender jüdischer Eltern geboren. 1918/19 gehörte er einem marxistischen Soldatenrat in Berlin an und war ein Bewunderer des Münchner Rätekommunisten EISNER. Er trat 1919 aus der SPD wegen deren »Verrat am Proletariat« aus. Er studierte ab 1919 in Berlin Literaturgeschichte, Philosophie und Volkswirtschaft und promovierte 1923 in Freiburg. Ab 1924 unterhielt er, vom Vater ausgestattet, einen linken Salon in Berlin, in dem über marxistische Theorie diskutiert wurde. Er gehörte zu den Mitbegründern des Frankfurter Instituts für Sozialforschung. 1928 ging er als Assistent des gerade nach Freiburg berufenen Martin HEIDEGGER an die dortige Uni-

Herbert MARCUSE (1898–1979)

versität. Er befaßte sich 1932 besonders mit neu herausgegebenen Schriften von Karl MARX und kam 1933 an HORKHEIMERS inzwischen in die Schweiz ausgelagertes Institut, von wo er dann nach den USA 1934 auswanderte, um anschließend bei HORKHEIMER am Institute of Social Research an der Columbia-Universität in New York weiterzuarbeiten. Von 1942 bis 1950 war er als Sektionschef im US-Außenministerium und in der Spionageabwehr (Office of Strategic Services [OSS]) tätig, wurde 1952 Professor an der Columbia-Universität in New York und lehrte dann an mehreren anderen US-Hochschulen wie Harvard 1953, Brandeis 1954, Berkeley 1965. Im Jahre 1964 wurde er als Gastprofessor an die Universität Frankfurt, 1965 als Honorarprofessor an die Freie Universität Berlin berufen, wo er dann mit seiner Forderung nach völliger Befreiung aus allen Zwängen und gegenüber allen Institutionen sowie mit der Betonung der FREUDschen Trieblehre großen Einfluß auf die studentische Protestbewegung im Sinne des Marxismus ausübte und die Jugend zum Aufruhr trieb, insbesondere mit seiner Rede in der Freien Universität vom Juli 1967. Neben HORKHEIMER und ADORNO war er der wichtigste Vertreter der Kritischen Theorie.

Mehr als andere galt er als der »Vater der studentischen Neuen Linken«, der er die wirksamen Schlagworte von der »repressiven und befreienden Toleranz« und der »großen Verweigerung« gab. »Der Ruhm Herbert MARCUSES als Idol der rebellierenden Studenten neben MARX, MAO ZEDONG und HO CHI MINH ließ die Frankfurter Schule zum Mythos werden.« (WIGGERSHAUS 1987, S. 9.) Seine Bücher *Der eindimensionale Mensch* (1964, deutsch 1967) sowie *Triebstruktur und Gesellschaft* (1956, deutsch 1965) wurden zu Standardwerken für die APO-Bewegung. Die Befreiung des Menschen könne seiner Meinung nach nur von den Randgruppen kommen, von den Außenseitern, Unterprivilegierten und Ausgebeuteten. Von den rebellierenden Studenten dann auf dem Höhepunkt der Gewalttätigkeiten als Leisetreter kritisiert, weil er sich gegen die Anwendung physischer Gewalt ausgeprochen hatte, zog er sich enttäuscht wieder in die USA zurück. In seiner resignierenden, teilweise kurskorrigierenden Spätschrift über Kunstfragen, *Die Permanenz der Kunst – Wider eine bestimmte marxisti-*

sche Ästhetik von 1977, widerruft er praktisch seine frühere Lehre, daß Literatur und Kunst ihre einzige und höhere Aufgabe in der Umsetzung in politische Maßnahmen finden. Bei einem seiner letzten Auftritte beim Römerberg-Gespräch über Fortschritt in Frankfurt im Mai 1979 wirkte er als lebende Widerlegung seiner früheren Aufrufe: »Mit der von Marcuse geforderten Moral ist kein Staat zu machen. Marcuses Theorie ist eher Widerschein einer demokratisierenden Krankheit, als daß sie die Melodie ist, die die Verhältnisse zum Tanzen zwingt,« schrieb darüber Günter Maschke. (*FAZ* 22. 5. 1979)

Marcuse hatte vor allem versucht, Marx und Freud zu modernisieren und zu verbinden, die Emanzipation gegenüber allen Bindungen zur angeblichen Befreiung des Menschen zu lehren und mit dieser Ideologie die akademische Jugend zum offenen Aufstand gegen Staat und Gesellschaft zu treiben. Dabei vertrat er die der sonst von ihm so beschworenen demokratischen Haltung widersprechende Meinung, »daß Befreiung Umsturz gegen den Willen und gegen die Interessen der Mehrheit eines Volkes« bedeute. (zit. v. Otto Marchi in *Deutsche Zeitung* 28. 11. 1975) Er verlangte unter anderem die Einführung einer Räte-Verfassung im Rahmen einer »direkten Demokratie«. Zu seinen Hauptwerken gehören neben den schon genannten *Hegels Ontologie* (1932), *Vernunft und Revolution* (1955), *Eros und Kultur* (1957), *Der eindimensionale Mensch* (1964), *Versuch über die Befreiung* (1969) und *Konterrevolution und Revolte* (1972). Er starb am 29. Juli 1979 in Starnberg während eines Deutschlandbesuches aus Anlaß der Teilnahme an den damaligen Römerberg-Gesprächen.

Leo Löwenthal (1900–1993)

Leo Löwenthal wurde am 3. November 1900 in Frankfurt als Sohn eines jüdischen Arztes geboren, lernte schon als Schüler Adorno kennen, war hier Mitbegründer der Sozialistischen Studentenvereinigung, promovierte am Main 1923 in Philosophie und war ab 1926 als Soziologe am Frankfurter Institut für Sozialforschung tätig. Er setzte sich für die Verbreitung und Herausgabe der *Zeitschrift für Sozialforschung* sowie für die Vorbereitung der Emigration des Institutes ein. Er emigrierte 1934 in die USA, wo er bei Horkheimer an der Columbia-Universität in New York bis 1949 tätig war, dann im US-Außenministerium und in anderen staatlichen Stellen arbeitete und seit 1956 als Professor der Soziologie an der Berkeley-Universität lehrte. Er wirkte durch seine verschiedenen marxistischen Schriften und seine Verbindung zu den wieder nach Deutschland zurückgekehrten Vertretern der Frankfurter Schule nach Westdeutschland hinein. Zu seinen Hauptwerken gehören *Agitation und Ohnmacht* (1949) und *Das Bild des Menschen in der Literatur* (1957). Im Jahre 1982 erhielt auch er die Goethe-Plakette der Stadt Frankfurt. Er starb am 21. Januar 1993 in Berkeley.

Erich FROMM (1900–1980)

Erich FROMM wurde am 23. März 1900 in Frankfurt als einziges Kind orthodoxer jüdischer Eltern geboren. Er studierte Jura ab 1918 in Frankfurt, brach dieses Studium ab, ging nach zwei Semestern nach Heidelberg, wo er Soziologie, Psychologie und Philosophie hörte und über »Das jüdische Gesetz« 1922 bei Alfred WEBER promovierte. 1926 heiratete er die aus einer jüdischen Bankierfamilie stammende Psychoanalytikerin Frieda REICHMANN. Ende der zwanziger Jahre wurde er in Berlin Psychoanalytiker und ließ sich trotz Fehlens des Medizinstudiums als solcher nieder. Als erklärter Marxist und Psychoanalytiker der FREUDschen Schule wurde er 1929 durch LÖWENTHAL, mit dem er schon jahrelang bekannt war und in der orthodoxen jüdischen Gemeinde Frankfurts eine wichtige Rolle gespielt hatte, von Berlin nach Frankfurt in das von Karl LANDAUER und Heinrich MENG geleitete Frankfurter Psychoanalytische Institut geholt, das nicht zufällig in den Räumen des Instituts für Sozialforschung untergekommen war, an dem er 1930 auf Lebenszeit als Leiter der sozialpsychologischen Abteilung eingestellt wurde, wo er unter HORKHEIMERS besonderer Förderung die FREUDsche Lehre in die Kritische Theorie einbrachte. In seinem 1931 erschienenen Aufsatz »Politik und Psychoanalyse« bezeichnete er diese als das Mittel, »den Weg von der ökonomischen Bedingung durch Kopf und Herz des Menschen hindurch bis zum ideologischen Resultat« zu verfolgen. (zit. in WIGGERSHAUS 1987, S. 75) Seine Schriften der folgenden Jahre wurden von seinen Kollegen am Institut für Sozialforschung als »radikale marxistische Sozialpsychologie« betrachtet. (ebd., S. 71) Er lebte ab 1934 in den USA, arbeitete unter HORKHEIMER an dessen New Yorker Institut, war später Professor an den Universitäten Mexiko (1951–1957), Michigan (1958–62) und New York (ab 1962). Er veränderte die einseitige Psychoanalyse Sigmund FREUDS und verband sie mit der bereits von den Naturwissenschaften widerlegten Milieutheorie, die die Umweltgebundenheit des Menschen bei Leugnung seiner erblichen Bedingtheit vertritt. Den so veränderten Freudianismus koppelte er mit dem Marxismus.

Mit MITSCHERLICH war er vor allem für die Übernahme der von den USA den Deutschen verordneten Psychoanalyse als Mittel der Umerziehung verantwortlich und bewirkte die Verbreitung dieser Ansichten in einer weiten Öffentlichkeit, nachdem sie vorher in Deutschland im Gegensatz zu den USA nur die Aufmerksamkeit kleiner wissenschaftlicher Gruppen gefunden hatten. Erst durch diese Bestrebungen wurde die Psychologie zu einem Modestudium in Westdeutschland und konnte sich später verheerend besonders in der Pädagogik auswirken. An der Politisierung der Psychoanalyse und an ihrem Mißbrauch zu ideologischen Zwecken hat FROMM erheblichen Anteil. Schon 1931 hatte er zu Beginn seiner Frankfurter Tätigkeit den programmatischen Artikel »Politik und Psychoanalyse« veröffentlicht. Durch seine Beiträge in HORKHEIMERS *Zeitschrift für Sozialforschung* und einen Artikel in dem schon in Frankfurt noch vorbereiteten, dann nach der Auflösung des Institutes erst 1935 in Paris erschienenen Sammelband *Studien über Autorität und Familie* der Frankfurter Schule wirkte er stark auf die amerikanische neofreudianische Schule ein, die schnell größte Bedeutung für die USA gewann und aus deren Kreisen später die Methoden der psychologischen Kriegführung wie das Umerziehungs-Programm für Westdeutschland maßgeblich hervorgingen. Zu seinen Hauptwerken gehören die Bücher *Die Furcht vor der Freiheit* (1942), *Psychoanalyse und Ethik* (1947), *Sigmund Freuds Psychoanalyse* (1959), *Haben und Sein* (1976) und *Anatomie der menschlichen Destruktivität* (1977). FROMM starb am 18. März 1980 in Muralto in der Südschweiz.

Für die Verbreitung der Ideen der Frankfurter Schule wurden nach dem Zweiten Weltkrieg noch einige Personen bedeutsam, die teilweise aus Altersgründen vor 1933 nicht mehr unter HORKHEIMER hatten wirken können und erst nach 1949 Verbindung zu seinem Kreis fanden. Zu ihnen gehören MITSCHERLICH und HABERMAS, im weiteren Umfeld auch ABENDROTH, BLOCH und JENS.

Alexander MITSCHERLICH (1908–1982)

Alexander MITSCHERLICH wurde am 20. September 1908 in München in eine Familie berühmter Naturwissenschaftler geboren. Er studierte zunächst Geisteswissenschaften in München, Berlin und Freiburg und führte ab 1933 eine Buchhandlung in Berlin. Als diese im Frühjahr 1935 durch die SA geschlossen wurde, emigrierte er in die Schweiz, studierte Medizin in Zürich, wurde bei einem illegalen Besuch in Deutschland 1937 für einige Zeit inhaftiert und promovierte als Mediziner 1941 in Heidelberg. Nach Kriegsende betätigte er sich unrühmlich als Leiter der deutschen Ärztekommission beim Nürnberger Alliierten Militärtribunal. Nach der Habilitation 1946 wurde er Dozent und 1952 außerordentlicher Professor in Heidelberg, wo er als Psychoanalytiker schon 1949 das Psychosomatische Institut gegründet hatte und leitete. Im Jahre 1967 ging er als Professor nach Frankfurt, wo er von 1959 bis 1976 als Direktor des vom Land Hessen mit auf Betreiben der Frankfurter Schule eingerichteten Sigmund-FREUD-Instituts für Psychoanalyse tätig war. Von hier aus wurde der deutsche Nachholbedarf an Psychoanalyse gelenkt und vor allem in die Lehrerbildung eingeschleust, nachdem die FREUDsche Lehre als Mode in den USA schon ihren Höhepunkt überschritten hatte.

MITSCHERLICH verstand es, die Psychoanalyse als Mittel gesellschaftspolitischer Auseinandersetzungen bekannt zu machen, sie zu politisieren und ihr eine wichtige Stellung im Rahmen der auf Umwälzung der bestehenden Ordnung abzielenden Bestrebungen der Neuen Linken zu verschaffen. 1963 erschien sein einflußreiches Buch *Auf dem Weg zur vaterlosen Gesellschaft,* 1970 die *Idee des Friedens und die menschliche Aggressivität.* Ab 1947 war er Mitherausgeber der *Zeitschrift für Psychoanalyse und ihre Anwendungen.*

Im Jahre 1969 erhielt er den Friedenspreis des deutschen Buchhandels, nachdem er 1968 mit seiner dritten Frau, der Psychoanalytikerin Margarete MITSCHERLICH, das Buch *Die Unfähigkeit zu trauern* herausgebracht hatte. Darin wird sein Vorwurf an die damalige deutsche Elterngeneration, die Hitlerzeit schon verdrängt und zu wenig »an Trauerarbeit« geleistet zu haben, dargestellt, der dann wesentlich zur Verschärfung des Generationenkonflikts in Deutschland wie zur weiteren innenpolitischen Neurotisierung beitrug. Den Deutschen unterstellte er einen »Tötungsinstinkt«, der gegenüber den Juden wirksam geworden sei. Dabei war ihm wohl gar nicht bewußt geworden, wie sehr er sich als Rassist offenbarte. Statt zur Heilung gereichte diese einseitige politische und die deutsche Schuld hervorhebende Darstellung zur weiteren Belastung der Deutschen, von denen sich der Autor selbst scharf distanzierte. Als 1965 sein Aufsatz über die *Unwirtlichkeit unserer Städte* erschien, zweifelte erstmalig »ein Progressiver an der Progressivität unserer sogenannten industriellen Wachstumsgesellschaft«. (zit. in *Stuttgarter Nachrichten* 20. 9. 1978) 1969 erhielt er den Friedenspreis des Deutschen Buchhandels, 1972 die Goldene Wilhelm BÖLSCHE-Medaille, 1973 den Kulturpreis der Stadt München und die Wilhelm LEUSCHNER-Medaille. MITSCHERLICH starb am 26. Juni 1982 in Frankfurt, nachdem in den letzten Jahren die Bedeutung seiner Ideen und der Einfluß seiner Schule bereits erheblich zurückgegangen waren. Am 5. November 1982 bezeichnete sogar die linke *Zeit* FREUDS Psychoanalyse als den »Aberglauben des Jahrhunderts« und zitierte zustimmend POPPER, der sie eine »Sache für Schwachköpfe« genannt hatte.

Margarete MITSCHERLICH erklärte Jahre später im *Zweiten Deutschen Fernsehen* (zit. in *Bild* 17. 12. 1986): »Daß die Deutschen aussterben, so wie sie bisher waren, . . . kann man eigentlich nicht bedauern. Gut deutsch sprechende Gastarbeiter könnten ihren ganzen kulturellen Reichtum einbringen.« Über die Mattscheibe gab sie den Deutschen auch den Rat: »In der Welt gibt es Millionen hungernde Kinder. Die Deutschen würden besser diese adoptieren, anstatt eigene zu bekommen.« Und ähnlich meinte die Psychoanalytikerin (zit. in *Die Welt* 29. 11. 1999): »Ich bin froh, daß das heutige Deutschland viele Millionen ausländische Bürger beheimatet. Sie haben das Land mit aufgebaut (was nicht stimmt, da sie erst nach dem Wiederaufbau kamen, R.K.), befruchtet und bei uns eine Lebensvielfalt verwirklicht, die ich nicht mehr missen möchte.«

Jürgen HABERMAS ist am 18. Juni 1929 in Düsseldorf geboren. Er wurde der einflußreichste Vertreter der jüngeren Generation der Frankfurter Schule. Nach dem Studium der Philosophie, Geschichte, Psychologie,

Literatur und Ökonomie in Göttingen, Zürich und Bonn war er erst freier Journalist, promovierte in Bonn 1954 und war dann von 1956 bis 1959 Assistent Adornos an Horkheimers Institut in Frankfurt. Mit Adorno zusammen erreichte er es von Frankfurt aus, daß Arnold Gehlen, gegen dessen moderne und von der Biologie dann bestätigte Anthropologie er sich schon vorher gewandt hatte, keinen Ruf an die Philosophische Fakultät der Universität Heidelberg erhielt, obwohl angesehene Gelehrte wie Karl Löwith sich für den vorher in Leipzig, Königsberg und Wien tätig gewesenen herausragenden Philosophen einsetzten. Auch später wandte sich Habermas gegen Gehlen und dessen Gedanken, der auf die Angriffe des Neomarxisten aber nicht einging. Dieser erkannte in dem »Dreieck Carl Schmitt, Konrad Lorenz, Arnold Gehlen« grundlegend anders ausgerichtete, eben ganzheitliche Denker, die in ihrem deutschen, auch biologisch begründeten Wesen seine geistigen Gegner waren, von denen er eine »Konterrevolution« und eine wissenschaftliche Gefahr für die Frankfurter Schule und die von ihm vertretene Verwestlichung der Bundesrepublik befürchtete und die er deswegen aus dem wissenschaftlichen Leben verdrängt wissen wollte. Das gelang ihm auch ziemlich mit Hinweis auf die NS-Vergangenheit der Genannten. Habermas' Handeln trug wesentlich mit dazu bei, daß nach 1945 Schmitt gar nicht, Gehlen erst 1962 und dann unangemessen wieder an eine Hochschule kam und auch der Nobelpreisträger Lorenz bald nach seinem Tode immer weniger beachtet wurde. (Weissmann 2009)

Jürgen Habermas habilitierte sich 1961 bei Abendroth in Marburg, wurde 1961 außerordentlicher Professor der Philosophie in Heidelberg und war dann von 1964 bis 1971 Ordinarius für Philosophie und Soziologie in Frankfurt als Nachfolger Horkheimers. Er gehörte 1961 zu den Gründern der ›Sozialistischen Förder-Gesellschaft der Freunde, Förderer und ehemaligen Mitgieder des SDS‹. Als Mitautor von *Student und Politik* von 1961 und als Verfasser von *Technik und Wissenschaft als Ideologie* von 1968 wie von *Protestbewegung und Hochschulreform* aus dem Jahr 1969 nahm er wie mit seinen früheren theoretischen Schriften auf marxistischer Grundlage großen Einfluß auf die Studentenrevolte zur Zerstörung der deutschen Universität durch Demokratisierung und Sozialisierung. Er hatte erkannt: »Das einzige Protestpotential, das sich durch erkennbare Interessen auf die neue Konfliktzone richtet, entsteht vorerst unter bestimmten Grup-

Jürgen HABERMAS *(geb. 1929), im Jahre 1964*

pen von Studenten und Schülern.« (HABERMAS 1968, S. 98)

In diesem Sinne beeinflußte er wesentlich das hessische Hochschulgesetz. Zunächst neben MARCUSE als Vorkämpfer der studentischen Protestbewegung anerkannt, die er bald als »Scheinrevolution« abtat, flüchtete er dann, von dieser ab 1969 auch wegen mangelnder Radikalität abgelehnt, 1971 aus Frankfurt als Mitdirektor an das von Carl Friedrich VON WEIZSÄKKER begründete ›Max-PLANCK-Institut zur Erforschung der Lebensbedingungen der wissenschaftlich-technischen Welt‹ in Starnberg. Seine hartnäckigen Bemühungen um einen Lehrstuhl an der Universität München scheiterten wie 1971/72 auch 1980, als die Schließung des Max-PLANCK-Institutes in Aussicht genommen wurde, da man in München offenbar erkannt hatte, welch ein Widersinn es ist, einen weltfremden, an der Zerschlagung der westdeutschen Hochschulen im allgemeinen und am hessischen Hochschulgesetz im besonderen maßgeblich beteiligten Neomarxisten mit der Erforschung der Wirklichkeit und der Lehre der Jugend zu beauftragen. Vom Münchener Universitätssenat wurde mit Recht angeführt, daß bei HABERMAS anstelle von Erfahrungswissen das Utopische eine zu große Rolle spiele. (*FAZ* 31. 7. 1980) 1980 wurde er in Starnberg Direktor des Max-PLANCK-Instituts für Sozialwissenschaften, 1981 trat er dort zurück. Nur die Frankfurter Universität bot ihm wieder einen Lehrstuhl für Philosophie an, den er 1983 annahm. Im Jahre 1981 kam sein zweibändiges Hauptwerk *Theorie des kommunikativen Handelns* heraus, das seine Diskurstheorie vorstellte.

Zum 1. Oktober 1994 wurde HABERMAS in Frankfurt emeritiert. Schon 1977 bezeichnete der Berliner Philosoph Reinhard MAURER HABERMAS' Theorie als »nachfaschistischen Defaitismus«, als »die Nachkriegsphilosophie der Ratlosigkeit und des großen Palaverns«, die nur Gegensätze auffinden, aber keine verwirklichbaren Lösungsmöglichkeiten für die Gegenwart oder die Zukunft aufzeigen könne. (zit. in *Spiegel* Nr. 39, 1977, S. 239)

Nachdem es einige Zeit still um ihn geworden war, trat er als Wortführer der Linken 1986 im Historikerstreit (s.u.) wieder hervor.

In seinem 1990 erschienenen Buch *Die nachholende Revolution* bedauert er die deutsche Teilwiedervereinigung und will eine Rechtfertigung »meiner Stellungnahme aus den letzten Jahren« geben. Durch die deutsche Einheit werde der »längst eingeschlagene Weg in eine multikulturelle Gesellschaft und zum vereinigten Europa« gefährdet. Als Alternative zu gefährlichem Nationalbewußtsein gebe es nur den Verfassungspatriotismus, der »vorpolitischen Krücken von Nationalität und Schicksalsgemeinschaft« vorzuziehen sei.

Den Angriffskrieg der NATO im Kosovo 1999 beurteilte Habermas als einen »Sprung auf dem Weg des klassischen Völkerrechts der Staaten zum kosmopolitischen Recht einer Weltbürgergesellschaft« (*Die Zeit* Nr. 4, 1999) und sprach sich dafür aus, daß demokratische Nachbarn zur »völkerrechtlich legitimierten Nothilfe« greifen dürfen.

Im Jahre 1973 erhielt Habermas den Hegel-Preis der Stadt Stuttgart. 1980 bekam er den Adorno-Preis der Stadt Frankfurt, deren CDU-Oberbürgermeister Wallmann ausgerechnet die kommunistische »Kritische Theorie« ausdrücklich bei der Preisverleihung verteidigte und würdigte. (*FAZ* 12. 9. 1980) Im Jahre 1985 bekam er den Geschwister Scholl-Preis und die Wilhelm Leuschner-Medaille, 1995 den Karl Jaspers-Preis, 1999 den Theodor Heuss-Preis. Ehrendoktor wurde er u.a. bei den Universitäten von Jerusalem, Hamburg, Tel Aviv und Cambridge. Aus der Hand des hessischen CDU-Ministerpräsidenten Koch erhielt er am 19. 12. 1999 den Hessischen Kulturpreis, bezeichnenderweise zusammen mit Marcel Reich-Ranicki, der nach 1945 als kommunistischer Geheimdienstoffizier in Polen tätig war.

Zu seinem 80. Geburtstag wurde Habermas als »der berühmteste deutsche Intellektuelle der Nachkriegszeit« und als der »in den Seminaren der Welt meistgelesene Repräsentant der Generation des Wissenschaftswunders« (*FAZ* 18. 6. 2009) gefeiert und mit einer Ausstellung in der Deutschen Nationalbibliothek in Frankfurt (*FAZ* 19. 6. 2009) geehrt.

Wolfgang Abendroth wurde am 2. Mai 1906 in Elberfeld geboren. Er war in der KPD tätig, die ihn 1928 ausschloß. Er promovierte nach einem Studium der Rechte in Frankfurt/Main, Tübingen und Münster in Bern 1935, kehrte nach Deutschland zurück, arbeitete im Untergrund, erhielt 1937 wegen Hochverrats vier Jahre Zuchthaus und kam nach Verbüßung der Strafe im Krieg zum Strafbataillon 999, von wo er desertierte. Aus englischer Kriegsgefangenschaft ging er

Wolfgang ABENDROTH *(1906–1985), im Jahre 1952*

1946 in die Ostzone. Nach Ämtern in der frühen Ostzonen-Verwaltung wurde er schon 1947 Dozent in Halle, 1948 Professor für öffentliches Recht und Politik in Leipzig und im selben Jahr noch Ordinarius in Jena. Nach seinem Übertritt in den Westen im Dezember 1948 erhielt er 1949 von einem CDU-Kultusminister sofort eine Stelle an der Hochschule für Sozialwissenschaften in Wilhelmshaven und wurde deren Rektor. Ab 1950 war er bis zur Emeritierung 1972 als Professor für Politische Wissenschaften in Marburg tätig, wo er sich vor allem der Geschichte der SPD und der Gewerkschaften wie auch der europäischen Arbeiterbewegung widmete. Er bewirkte wesentlich, daß Marburg eine der ganz ›roten Universitäten‹ Westdeutschlands wurde. Bereits 1961 wurde er aus der SPD ausgeschlossen, da er weiterhin Mitglied der Fördergesellschaft des SDS blieb, sich von diesem nicht distanzierte und die APO unterstützte. Bei der APO-Gegenfeier zum 150. Geburtstag von Karl MARX hielt ABENDROTH, den sein Schüler HABERMAS den »Partisanenprofessor im Lande der Mitläufer« nannte, die Festansprache in Trier. Er hatte wesentlichen Einfluß auf die studentische Revolte von 1968, die er wegen des Fehlens einer Strategie gegen »faschistische Tendenzen« auch kritisierte. 1968 war er Mitglied des Kuratoriums der Kampagne für Demokratie und den Abrüstungs-Ostermarsch.

Als Herausgeber von Schriftenreihen für politische Wissenschaften und durch zahlreiche Beiträge zu Zeitfragen sowie als Vorstandsmitglied der Deutschen Vereinigung für die Wissenschaft von der Politik hat er auf die Politologie in Westdeutschland entscheidend in marxistischem Sinne eingewirkt. Besonders sein Einfluß auf die Gewerkschaften war erheblich; zahlreiche Gruppen links der SPD förderte er. Seine Stellungnahmen zum Grundgesetz wie seine Kritik an der kapitalistischen Gesellschaft schlugen in die gleiche Kerbe wie die Frankfurter Schule. Er verstarb am 15. September 1885 in Frankfurt/Main.

Ernst BLOCH wurde am 8. Juli 1885 als Sohn jüdischer Eltern in Ludwigshafen geboren. Nach dem Studium der Philosophie, Musik und

Ernst BLOCH
(1885–1977)

Physik in München und Würzburg und seiner Promotion als Philosoph 1908 lebte er zunächst als freier Schriftsteller in Grünwald bei München. 1917/18 war er in der Schweiz als Journalist tätig. In seiner gegen Ende des Ersten Weltkrieges 1918 in Bern erschienenen Schrift beantwortete er als überzeugter Marxist die im Titel *Schadet oder nutzt Deutschland eine Niederlage seiner Militärs?* gestellte Frage mit den Worten: »Wir alle, die wir keine Junker sind, können also wirtschaftlich und politisch bei einem Sieg nur verlieren, bei einer Niederlage unserer Militärs nur gewinnen.« (BLOCH 1918, S. 14) In den zwanziger Jahren lebte er vor allem in Berlin, wo er Verbindung zu ADORNO hatte und in der *Weltbühne* schrieb.

BLOCH trat der KPD bei und betätigte sich für diese. Deswegen wurde er 1933 ausgebürgert. Über die Tschechoslowakei emigrierte er 1938 in die USA. Im Jahre 1949 kehrte er von dort zurück und wurde Ordinarius für Philosophie in Leipzig. Einen Ruf an die Universität Frankfurt hatte er hochmütig mit den Worten abgelehnt, er denke nicht daran, dem Kapitalismus zu dienen. In dem 1953 in Berlin vom Verband Deutscher Studentenschaften herausgegebenen Werk *. . . stürmt die Festung Wissenschaft* über die marxistische Zerstörung der mitteldeutschen Hochschulen wird darauf hingewiesen, daß BLOCH »eindeutig die vorgeschriebene Linie« der Pankower Kommunisten vertrete, während fast alle seine übrigen Kollegen entlassen oder bereits geflohen seien. 1955 erhielt er den »Vaterländischen Verdienstorden« und den »Nationalpreis« der kommunistischen Machthaber Mitteldeutschlands. Er verband den Marxismus mit der jüdisch-christlichen Enderwartung zu einer utopischen Vorstellung, vor allem in seinem dreibändigen Hauptwerk *Das Prinzip Hoffnung* (1954–59) mit der Folgerung: »Wo LENIN ist, ist Jerusalem.« Nach seiner Emeritierung 1957 gab er 1958 noch eine Loyalitätserklärung für das Pankower Regime ab. Im Jahre 1961 ging er in den Westen, wo er, schon hochbetagt, noch im selben Jahr an der Universität Tübingen eine Gastprofessur und damit einen neuen Wirkungsbereich erhielt. Von hier wirkte er weiterhin besonders stark auf jüngere protestantische Theologen, so auf den ab 1967 auch in Tübingen lehrenden Jürgen MOLTMANN, der eine marxistisch angehauchte *Theologie der*

Hoffnung (1964) schrieb. Nach seinen hohen Auszeichnungen in der Ostzone erhielt Bloch 1964 den Kulturpreis des Deutschen Gewerkschaftsbundes und 1967 den Friedenspreis des Deutschen Buchhandels, obwohl er zur Gewalt aufgerufen hatte und der Jugend kein friedliches Vorbild war. 1970 wurde er Ehrenbürger seiner Geburtstadt Ludwigshafen. Die Universität Tübingen machte ihn noch 1975 zum Ehrendoktor, wie auch die Pariser Sorbonne. Er starb am 4. August 1977 in Tübingen, wo seine Beisetzung noch einmal zu einer Demonstration der ehemaligen APO-Bewegung mit Rudi Dutschke an der Spitze wurde. Ein zur Ehrung des Verstorbenen entsandter Staatssekretär als offizieller Vertreter der Stuttgarter Landesregierung wurde bei der Feier - nicht unverdient - verachtend behandelt und verhöhnt.

Walter Jens (geb. 1923)

Walter Jens ist am 8. März 1923 in Hamburg als Sohn eines Bankdirektors geboren, studierte Philologie und Germanistik in Hamburg und Freiburg und promovierte gegen Kriegsende 1944. Nach der Habilitation 1949 in Tübingen wurde er im Jahre 1950 Dozent und 1956 Professor für allgemeine Rhetorik in Tübingen. Von 1965 bis zur Emeritierung im Juli 1988 hatte er den in Tübingen für ihn eingerichteten Lehrstuhl für Rhetorik inne. Der linken Gruppe 47 gehörte er ab 1950 an.

In seinen zahlreichen öffentlichen Erklärungen und Veröffentlichungen unterstützte er die Bestrebungen der Frankfurter Schule. Wie deren meiste Vertreter griff er in den sechziger Jahren zugunsten der Linken in Bundestagswahlkämpfe ein und erzeugte mit ein Klima, daß 1969 nur noch die SPD, insbesondere unter den Intellektuellen, als fortschrittlich galt. So wurde in einem Manifest zur Bundestagswahl 1965 von seinen wie der Frankfurter Professoren Mitarbeitern abschließend demagogisch erklärt: »Die Bundesrepublik ist auf dem Wege einer autoritären Gesellschaft. Unter den führenden Repräsentanten der Regierungsparteien (damals CDU–CSU–FDP) ist kein einziger zu finden, dessen Denken dieser Entwicklung widerspricht. Wird die permanente Regierung verlängert, so ist das Schicksal der zweiten Demokratie besiegelt.« (zit. in Schrenck-Notzing 1965, S. 307) Ebenso griff er in den

Landtagswahlkampf 1980 zugunsten EPPLERS (SPD) und im selben Jahr mit Günter GRASS in den Bundestagswahlkampf für eine »sozialdemokratische Wählerinitiative« ein.

Wie Heinrich HEINE gegen den deutschen Genius GOETHE, so giftete JENS gegen Friedrich NIETZSCHE. Er beschloß einen Verriß des großen Philosophen mit den Worten: »NIETZSCHE, ein Pfarrer und Komödiant, ein Artist, der als Künstler tief gefallen ist - aber nur, weil er so hoch stand und ein Virtuose ohne gleichen war: Schillernd, maskenreich und wirkungsträchtig, Erbe MONTAIGNES und wilhelminischer Rhetor, Psychologe und Rhapsode in einer Person. Dieser Friedrich NIETZSCHE wurde durch den Wahnsinn bis zur Kenntlichkeit entstellt.« (*Die Welt* 6. 2. 74) Darauf hielt ihm der damals in Münster lehrende Philosoph und NIETZSCHE-Kenner Günter ROHRMOSER vor, daß sein Bewußtsein offenbar »nicht nur den Blick für jedes Maß verloren hat, sondern in den Untiefen eines bodenlos gewordenen Geschwätzes sich selbst auflöst«. (*Die Welt* 23. 4. 74)

JENS warf der SPD Abkehr von den marxistisch-revolutionären Ideen vor, forderte den demokratischen Sozialismus, trat energisch für »Karl-LIEBKNECHT-Plätze, Rosa-LUXEMBURG-Wege und OSSIETZKY-Gassen« ein und kritisierte Straßenbenennungen nach dem »Steigbügelhalter HITLERS, nämlich HINDENBURG«. (*Stuttgarter Nachrichten* 27. 9. 1978) Selbst ein wohlbezahlter Staatsbeamter, ging er lautstark gegen die ›Berufsverbote‹ vor, allerdings nur, wenn solche Maßnahmen Linksradikale und Kommunisten trafen. Er wandte sich polemisch gegen die Treuepflicht des Beamten, weil diese »aus dem Allgemeinen Landrecht von 1794 stammt« und alles Preußische natürlich für ihn verabscheuenswert ist (ebd.).

1961 erschien seine *Deutsche Literatur der Gegenwart,* 1966 sein Fernsehspiel *Die rote Rosa* zu Ehren der Spartakistin Rosa LUXEMBURG. Er erhielt unter anderem 1953 den Preis der Freunde der Freiheit in Paris, 1968 den LESSING-Preis der Stadt Hamburg. Von 1976 bis 1982 war er Präsident des deutschen PEN-Zentrums, ab 1988 dessen Ehrenpräsident. 1980 trat er durch die Losung »Lieber rot als tot« in der Friedensbewegung hervor und nahm 1984 an der Sitzdemonstration vor dem US-Atomwaffendepot Mutlangen teil, was ein gerichtliches Nachspiel hatte.

Als im Jahre 2006 bei der Fußballweltmeisterschaft in Deutschland die nationale Begeisterung immer stärker wurde, wandte sich die Gewerkschaft Erziehung und Wissenschaft (GEW) gegen die deutsche Nationalhymne, unter anderem mit der Broschüre *Argumente gegen das Deutschlandlied. Geschichte und Gegenwart eines furchtbaren Lobliedes auf die deutsche Nation.* JENS unterstützte diese antideutsche Aktion, erklärte, das Deutschlandlied habe einen »teilweise unverständlichen Text«, und schlug vor, als neue deutsche Nationalhymne die »Kinderhymne« von Bert BRECHT einzuführen. (*FAZ*, 17. 6. 2006)

Nachdem im Jahre 2006 Günter GRASS als einer der übelsten Vergangenheitsbewältiger zugegeben hatte, im letzten Kriegsjahr freiwillig zur Waffen-SS gegangen zu sein, kam bei Durchsicht entsprechender Karteien auch heraus, daß JENS Mitglied der NSDAP gewesen war, ebenso andere Prominente wie Siegfried Lenz, Martin WALSER, Dieter HILDEBRANDT, Horst EHMKE, Peter BOENISCH, Niklas LUHMANN, Hermann LÜBBE, Wolfgang ISER, Günther OELLERS und Tankred DORST (*FAZ* 27. 7. 2007, *Der Spiegel* Nr. 29, S. 134, 2007). Teilweise wurde die Mitgliedschaft zunächst abgestritten oder durch persönlich nicht vollzogenen Eintritt erklärt. Kurz darauf zeigte sich bei JENS eine schnell zunehmende Demenz, die von seinem Sohn Anfang 2009 in schon peinlicher Weise mit der an Licht gekommenen Parteizugehörigkeit in Verbindung gebracht wurde.

Die APO und der 68er Aufstand

Ende der fünfziger Jahre war das westdeutsche Wirtschaftswunder vollbracht, waren die Kriegsschäden weitgehend beseitigt, die Millionen aus Ostdeutschland Vertriebenen eingegliedert, und ein allgemeiner Wohlstand breitete sich aus. Die »skeptische Generation«, nach Schelsky die Jugend zwischen 1945 und 1955 (Schelsky 1963), die mit offenen Augen die Wirklichkeit sah, sich immun gegenüber Ideologien zeigte und auf die eigene Leistung baute, machte einer Generation Platz, die die entsetzliche Not nach dem Zweiten Weltkrieg nicht mehr mit Bewußtsein erlebt hatte und nur noch die Sicherheit kannte. Für sie waren die Hochschulen bereits erheblich erweitert und vorher nicht gekannte Förderungsmöglichkeiten eingeführt worden. Sie war die Generation, auf welche die volle Wirkung der Frankfurter Schule und ihrer Ideen durchschlug, die Anfang der sechziger Jahre seit gut einem Jahrzehnt wirkten. Die akademische Jugend fiel nun voll der linken Ideologisierung anheim. Mitte der sechziger Jahre ging diese Saat auch in der immer gewalttätiger werdenden und im Terrorismus endenden APO-Bewegung (Außerparlamentarische Opposition) auf. Ab 1968 gingen Teile der studentischen Jugend in Westdeutschland – ebenso wie in den USA und in Frankreich – für Marcuses utopische Forderungen nach Revolutionierung unserer »gesteuerten Bedürfnisse« und »gesellschaftlichen Zwänge« auf die Barrikaden. Nun half nicht mehr, daß Horkheimer und Adorno, die geistigen Ziehväter dieser Generation, sich von der Gewalt lossagten und davor warnten: Die von ihnen geistig fehlgeleitete Jugend beschritt folgerichtig den Weg in die Anarchie oder in die Gewalt weiter.

Die bei Kriegsende und auch in den ersten Jahren der Bundesrepublik Deutschland noch selbstverständlichen Gemeinschaftstugenden, die bei der Formulierung des Grundgesetzes entweder als selbstverständlich vorausgesetzt oder bereits bewußt ausgeklammert waren, so daß dort keine Pflichten des Staatsbürgers ausdrücklich aufgenommen wurden, waren inzwischen durch die Kritische Theorie der Frankfurter Schule so sehr hinterfragt und zerredet worden, daß sie praktisch nicht mehr galten. Ein übersteigerter Individualismus hatte Volks- und Staatsbewußtsein weitgehend verdrängt und Anspruchsdenken an die Stelle des Gemeinsinnes gesetzt. Selbst die regierenden Politiker sprachen nur noch von der ›pluralistischen Ge-

Oben: Studentendemonstration 1968. Unten: Ostern 1968, Studenten versuchen (nach dem Attentat an R. Dutschke, s. S. 54), die Auslieferung von Zeitungen des Springer-Verlags zu stoppen. Es kommt zu heftigen Zusammenstößen mit der Polizei in der Nähe des Frankfurter Bahnhofs.

sellschaft‹ anstelle des Volkes, obwohl sie auf das Wohl des Volkes vereidigt waren. Das Vaterland war ganz außer Mode gekommen. Die deutsche geistige Tradition wurde bewußt diffamiert: »Unter den Talaren Muff von 1000 Jahren« wurde auf einem Schild vor Hamburger Professoren hergetragen.

Auch in den Kirchen machten sich starke marxistische Einflüsse bemerkbar und erklärten Gewalt ausdrücklich als Mittel christlicher Liebe für zulässig. So meinte der junge Theologieprofessor Johannes Baptist METZ in lupenreiner Nachfolge von MARCUSE und BLOCH: »Wenn christliche Liebe sich gesellschaftlich motiviert als unbedingter Wille zur Gerechtigkeit und zur Freiheit für die anderen, dann kann unter Umständen gerade diese Liebe selbst revolutionäre Gewalt gebieten.« (zit. in *Spiegel* Nr. 4, 1968, S. 95) Die evangelischen Studentengemeinden an manchen Universitäten, vor allem in Heidelberg, Frankfurt und Berlin, standen in ihren revolutionären und marxistischen Forderungen den radikalsten Kommunisten kaum nach und machten mit diesen in Veranstaltungen und auf Flugblättern gemeinsame Sache.

Die um 1965 seit fast zwei Jahrzehnten zwar in einigen Bundesländern regierenden, in Bonn jedoch zu ewiger Opposition verurteilt zu sein scheinenden Sozialdemokraten unterstützten voll die linke Wende in der Akademikerschaft und förderten den geistigen

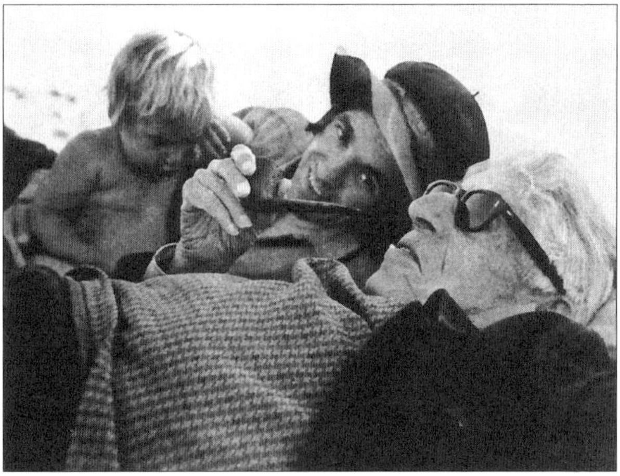

Die befreundeten ›Vorbilder‹ DUTSCHKE und BLOCH, die einen starken Einfluß auch im kirchlichen Bereich ausübten.

Einfluß der Frankfurter Schule weiterhin, zu deren radikalem Vorkämpfer sich der Sozialistische Deutsche Studentenbund (SDS) gemacht hatte, aus dessen Reihen die wichtigsten der später in Bonn tätigen SPD-Politiker stammten. Helmut Schmidt, Nachfolger Brandts als Bundeskanzler, war Ende der vierziger Jahre Vorsitzender des SDS gewesen. Dadurch wurden größere Kreise in Westdeutschland, das sich nach dem Zweiten Weltkrieg zunächst auf Grund der bitteren Erfahrungen immun gegen den Kommunismus gezeigt hatte, erneut mit marxistischen Ideen vertraut gemacht. Marcuse, schon in den USA marxistischer Ideengeber für die protestierende akademische Jugend, wurde von seinen Gesinnungsfreunden 1964 nach Westdeutschland geholt und lehrte nun in Frankfurt und Berlin erfolgreich die »große Verweigerung« (s. Abb. nächste Seite) und die Revolution. Sympathiekundgebungen für die Kommunisten in Vietnam oder für marxistische ›Befreiungskämpfer‹ in Südamerika und Demonstrationen gegen die kapitalistischen USA oder gegen den Schah von Persien im Sommer 1967 schulten die Kader des SDS im Kampf gegen die verunsicherten Behörden und unentschlossenen Hochschulorgane und gewannen durch diese Aktivität und Spontaneität viele Mitläufer.

Die Verhältnisse verschärften sich, als am 2. Juni 1967 bei dem Besuch des Schahs in Berlin im Hof des Gebäudes Krumme Straße 68 der Polizist Karl-Heinz Kurras in Zivil den 26jährigen Studenten Benno Ohnesorg unter ungeklärten Umständen erschoß. Der Polizeibeamte, der ein Waffenfachmann war, säuberte seine Kleidung und tauschte das Magazin seiner Pistole aus, bevor die Ermittlungen gegen ihn einsetzten. Er gab vor, in Notwehr gehandelt zu haben, und wurde in zwei Strafverfahren aus Mangel an Beweisen von der Anklage fahrlässiger Tötung freigesprochen. Erst im Mai 2009 entdeckten die Historiker Helmut Müller-Enbergs und Cornelia Jabs in Stasi-Akten, daß Kurras, der 1950 in die Westberliner Polizei eingetreten war, Mitglied der SED war und ab 1955 für die SED-Stasi arbeitete, deren jahrelanger wichtiger »Inoffizieller Mitarbeiter« (IM) unter dem Decknamen »Otto Bohl« er dann war (*FAZ* 22. 5. 2009). Wäre diese Tatsache für »den Schuß, der die Republik veränderte« (Stefan Aust, »Der Schuß, der die Republik veränderte«, in: *FAZ* 23. 5. 2009) schon damals bekannt gewesen, so wäre den rebellierenden Studenten ein wichtiges Argument – der Vorwurf des kapitalistischen Mörderstaates, der friedliche Demonstranten kaltblütig ermor-

Der marxistische Ideengeber Herbert M*ARCUSE*, *1968, einsam in der Menge. Im Aufsatz »Repressive Toleranz«, erschienen im Oktober 1966 beim Frankfurter Verlag Suhrkamp im Band* Kritik der reinen Toleranz, *schrieb er: »Es gibt keinen anderen Richter über ihnen [Minderheiten] außer den eingesetzten Behörden, der Polizei und ihrem eigenen Gewissen. Wenn sie Gewalt anwenden, beginnen sie keine neue Kette von Gewalttaten, sondern zerbrechen die etablierte.«*

det, und des Faschismus – genommen worden und die terroristische ›Bewegung 2. Juni‹ vielleicht unterblieben. Dafür wäre wohl mit Recht eine Provokation des SED-Regimes angeklagt worden, das später auch die 68er in ihrem Bestreben, die Bundesrepublik zu zerstören, unterstützte und Mitgliedern der terroristischen RAF Asyl gewährte. Ein »Auftragsmord an Ohnesorg« sei nicht auszuschließen, meinte die Berliner CDU (»Strafanzeige gegen Ohnesorgs Todesschützen«, in: *FAZ* 23. 5. 2009). Ein besserer Agent provocateur als der Waffennarr Kurras ist auch kaum zu denken.

Im Jahre 1967 goß jedoch Adorno nach dem 2. Juni noch Öl ins Feuer, als er den Tod Ohnesorgs deutete: »Ich habe unmittelbar nach der Ermordung von Ohnesorg meinen Studenten im Soziologischen Seminar gesagt, daß die Studenten heute die Rolle der Juden spielen würden – und ich werde dieses Gefühl nicht los.« (Zit. von Lorenz Jäger, »Hätten wir das gewußt.« in: *FAZ* 23. 5. 2009)

Auf dem Kongreß »Hochschule und Demokratie – Bedingungen und Organisation des Widerstandes«, der am Tag der Beisetzung des bei den Anti-Schah-Demonstrationen am 2. Juni 1967 erschossenen Studenten Ohnesorg in Hannover, wohin viele Tausende von Studenten gekommen waren, in der dortigen Niedersachsenhalle abgehalten wurde, forderten Habermas und Abendroth neben anderen die Jungakademiker zu weiteren Angriffen auf den Staat auf.

An der Freien Universität Berlin, die erst im Sommer 1948 in West-Berlin bei der anhebenden Spaltung der Stadt als Hort der Freiheit und als Gegengründung zu der im Ostteil Berlins gelegenen, nun kommunistischen Humboldt-Universität entstanden war, herrschten knapp zwei Jahrzehnte später, insbesondere seit dem Amtsantritt des linksliberalen Rektors Lieber, dessen Doktorand Dutschke war, die Marxisten und Spartakisten, zunächst hauptsächlich in den einschlägigen Bereichen der Geisteswissenschaften.

Da damals ein Wohnsitz in Berlin von der inzwischen in Westdeutschland wieder eingeführten Wehrpflicht befreite, war Berlin seit Jahren ein Anziehungspunkt für Wehrdienstverweigerer geworden, deren Bestrebungen von der damaligen Neuen Linken nachhaltig unterstützt wurden. Auch ein Teil des Lehrkörpers der progressiven Universitäten sympathisierte durchaus mit den radikal sich gebärdenden Studenten und wandte sich gegen konservative Hochschulleitungen. Ein zeitgenössischer Politologe stellte fest: »Zu den Gründungsvätern einer Reformuniversität gehört auch ein Ordinarius für öffentliches Recht, der die Theorie vertritt, nach der die Juristen in der Bundesrepublik nach dem Prinzip ausgebildet werden sollen, in die Institutionen hineinzugehen und sie von innen her subversiv auszuhöhlen. . . Zu den politischen Zielsetzungen in unserer Gesellschaft gehört die totale Destruktion von Institutionen überhaupt.« (Rohrmoser 1977, S. 63)

Die als Stätte freiheitlicher Wissenschaft und Forschung gegen den Terror des Marxismus im mittleren Teil Deutschlands errichtete Westberliner Hochschule fiel so – auch dank der den ›Fortschritt‹ unterstützenden Hochschulpolitik des sozialdemokratischen Berliner Senats – für eine Zeitlang größtenteils den Systemveränderern anheim. Nicht zufällig entstanden in Frankfurt und Marburg als den Hauptpflanzstätten des Neomarxismus weitere Schwerpunkte der APO-Bewegung wie auch in dem Frankfurt nahen Heidelberg unter dem Rektorat des sozialdemokratischen Theologen Rolf Rendtorff, der die radikalen Studentengruppen – einschließlich des später als Terroristengruppe enttarnten Sozialistischen Patientenkollektivs (SPK) – mit allen Mitteln förderte und sie gegen Maßnahmen des CDU-Kultusministeriums in Stuttgart deckte.

Marcuses Artikel über die Überwindung der »repressiven Toleranz« durch Gewaltanwendung im Rahmen der »befreienden Toleranz« goß ab 1966 Öl ins Feuer und wies die Richtung zu offenem Aufruhr. Der von Picht 1964 erklärte und dann immer wieder beschworene angebliche Bildungsnotstand gab wie auch die Notstandsgesetzgebung im Frühjahr 1968 den gewünschten Anlaß zu allgemeinen Aufständen gegen die gesetzliche Ordnung, die in den Vorjahren schon punktweise geübt waren. In den fünf Tagen nach dem Attentat auf Dutschke vom 11. April 1968 fanden in 27 westdeutschen Städten große Demonstrationen statt, von denen 26 nach Aussage des Bundesinnenministers »mit Ausschreitungen, Gewaltakten und schwerwiegenden Rechtsverletzungen verbunden« waren. (Langguth 1977, S. 9)

Die Kultusminister der SPD-regierten Länder förderten zunächst noch diese studentischen Bestrebungen, während ihre völlig verunsicherten und auch inzwischen sehr weit nach links gerückten CDU-Kollegen kaum Widerstand gegen die Massenpsychose an den Hochschulen leisteten. Die vorherige systematische Abwertung aller konservativen Ideen und die geistige Sterilität der Unionsparteien hatten ein geistiges Vakuum geschaffen, das nun die marxistische Linke ohne Mühe ausfüllen konnte.

Mai 1968: Studenten (unter ihnen der Rechtsanwalt Rupert von PLOTTNITZ, *in den neunziger Jahren Hessens Justizminister) versuchen, Beschäftigte zum Generalstreik und zum Aufstand zu bewegen; erfolglos. 1970 schlich sich Joschka* FISCHER *und andere ›Krawallos‹ bei Opel in Rüsselsheim ein, um die Leute vom Fließband aufzurütteln, die mit den Handzetteln der neuen ›Kollegen‹ allerdings nichts anfangen konnten. (siehe* Der Spiegel *Nr. 2, 2001, S. 28)*

Nicht die Richtigkeit ihrer Ideen, sondern die behördliche Unterdrückung einer kraftvollen konservativen Alternative zum Marxismus und die wirklich reaktionäre Haltung der CDU brachten den Linken die Erfolge, insbesondere, nachdem noch Anfang der sechziger Jahre kurzsichtige CDU-Rektoren und -Politiker rechte und freiheitliche Studentengruppen an den Universitäten mit allen Mitteln behindert oder sogar verboten hatten, etwa den Bund Nationaler Studenten (BNS).

In den nun um 1969 überstürzt eingeleiteten Hochschulreformen konnten sich, in den einzelnen Bundesländern verschieden stark, die aus der Frankfurter Schule stammenden Grundsätze der Demokratisierung, Egalisierung und Nivellierung verheerend durchsetzen und auswirken. Die früher auch im Ausland anerkannte und vielbeneidete deutsche Universität, die 150 Jahre lang alle gesellschaftlichen und staatlichen Änderungen überstanden hatte, die nach der Aufhebung der letzten Forschungsbeschränkungen Ende der fünfziger Jahre und nach Rückkehr der von den Siegern 1945 verschleppten Professoren gerade dabei war, sich nun von den schweren Verlusten der Kriegs- und Nachkriegszeit zu erholen, wurde für Jahre schwer gelähmt, in ihrem bewährten leistungsbezogenen Aufbau zerstört und in ihrer Forschung arg behindert. Jahrelang wurde jetzt den Wissenschaftlern von den entscheidungs- und handlungsunwilligen Politikern die Hauptlast in diesem mühevollen Kleinkrieg gegen den gesetzlich eingeführten Unsinn aufgebürdet, so daß viele wertvolle Persönlichkeiten resignierten, abwanderten oder sogar – wie der Heidelberger Philosoph Jan van der Meulen – aus lauter Verzweiflung über die eingerissenen Zustände Selbstmord begingen.

Der Staat, der nach der berühmten Feststellung Max Webers von der Chance lebt, daß seine Anordnungen befolgt werden, zeigte sich in seiner ganzen Schwäche, als tagelang in bestimmten Universitätsbereichen, insbesondere in den Diensträumen der Rektoren, durch Besetzungen ungesetzliche Zustände herrschten und geduldet wurden, von der ungeahndeten öffentlichen Verhöhnung der Staatsgewalt in unzähligen Flugblättern und Reden ganz zu schweigen. Der als Begründung für die Zurückhaltung der Polizei und die staatliche Tatenlosigkeit bei gesetzlich vorgeschriebener Eingreifpflicht in den meisten Fällen angeführte Grundsatz der Verhältnismäßigkeit der Mittel kam in diesem Zusammenhang »einer staatlichen Kapitulation gleich«. (Forsthoff 1971, S. 108)

Unter meist unverstandenen, ihres echten Sinnes entleerten Begriffen, die nun zu modischen Schlagwörtern geworden waren, wie ›Selbstverwirklichung‹, ›Emanzipation‹, ›Räteherrschaft‹ und ›Basisdemokratie‹, brachten sich viele Angehörige dieser Studentenjahrgänge um den Sinn und die Aufgabe ihrer Jugend, teilweise des Lebens. Von den geistigen Ziehvätern bei der Befolgung ihrer radikalen Ideen schließlich allein gelassen, endeten manche als Terroristen gegen die ihnen als verderblich eingeredete Staatsmacht, obwohl sie sich subjektiv als Idealisten im Aufbegehren gegen die ihnen als unmenschlich aufgezeigten Zwänge ihrer Umwelt fühlten. Ihr als Folge der Konfliktserziehung verengtes Bewußtsein hatte nur noch für revolutionäre Parolen Platz, und alle zwischenmenschlichen Beziehungen erschienen auf den Blickwinkel des Klassenkampfes verkürzt. Ernsthaft wurde von Studenten die Ansicht vertreten, das ganze politische Geschehen spiele sich nur zwischen Faschismus und revolutionärer Räteherrschaft ab. Jedes feinere Unterscheidungsvermögen war auf Grund des fehlenden Wissens über die geschichtlichen Tatsachen und Entwicklungen und durch die einseitige Indoktrinierung verlorengegangen. Die Kritische Theorie hatte die jungen Menschen, statt sie empfänglicher für die Erfassung der echten Wirklichkeiten des Lebens zu machen, für diese unzugänglich gemacht.

Selbst unter der Professorenschaft fanden die Ideen der Frankfurter Schule weithin Resonanz. Der Heidelberger Rektor (1970–72) Rolf Rendtorff, evangelischer Theologe, Jahrgang 1925, förderte die linken Aufrührer und unterstützte lange das Heidelberger Patientenkollektiv, dessen Angehörige später zur Gewalt griffen. Und der Bonner Ordinarius für Politikwissenschaften Karl Dietrich Bracher, der ein Gegner der Notstandsgesetze war und erst später zu einem Konservativen sich entwickelte, hielt die Gedenkrede auf den am 2. Juni 1967 in Berlin bei der Großdemonstration gegen den Schahbesuch von einem Polizisten versehentlich erschossenen Studenten Benno Ohnesorg (Petra Weber, »Widerstand gegen den Zeitgeist«, in: *FAZ* 20. 4. 2009)

Sichtbar wurden äußere Kennzeichen, die auf den Gehalt und Inhalt dieser Ideologie ein bezeichnendes Licht warfen. Vor allem bei den Mitläufern waren der weitgehende Mangel der sonst bei Kulturvölkern üblichen Hygiene, fehlende geistige Disziplin und Selbstbeherrschung, sinkende Leistungsbereitschaft, Nähe zu Drogen und Neigung zu sexuellen Ausschweifungen festzustellen; Ordnung, Harmonie und Verantwortungsbereitschaft waren verpönt, phrasenhaftes, mit Schlagwörtern durchsetztes Geschwätz ohne ausreichende Wissensgrundlage wurde vorherrschend; lautstarkes Brüllen sollte Andersdenkende von vornherein ›erledigen‹ und legte damit Zeugnis ab für die so von den Marxisten verstandene »befreiende Toleranz«, die nicht für Andersdenkende galt.

Schließlich wurden auch Marcuse und Habermas, in den sechziger Jahren zunächst die auch von den Studenten anerkannten ›geistigen Väter‹ dieses linken Standpunktes, von ihren Zöglingen als Leisetreter und inkonsequente Scheinrevolutionäre abgelehnt und verhöhnt: ein Akt ausgleichender Gerechtigkeit.

Mitte der siebziger Jahre machte sich als ›Tendenzwende‹ eine Ernüchterung in der Öffentlichkeit bemerkbar: Die lange unterdrückte Meinung der Mehrheit der Bevölkerung setzte sich gegen die veröffentlichte linke Meinung wieder stärker durch. »Man könnte heulen vor Zorn«, schrieb die rote progressive Gräfin Dönhoff (*Die Zeit*

5. 8. 1977) angesichts des sich bereits auf ganzer Linie voll abzeichnenden Versagens der Ideen der Neuen Linken, das sich schließlich auch auf die Ablösung der sozialliberalen Koalition im Jahre 1982 auswirkte. Ein Jahrzehnt hatte genügt, die Wirklichkeitsfremdheit der neomarxistischen Utopien zu erweisen und so viele Mißstände und Schäden anzuhäufen, daß die Unfähigkeit dieser Linken für verantwortungsvolle Politik von der Mehrheit der Bevölkerung eingesehen wurde.

Die im unmittelbaren Aufstand gescheiterte Neue Linke änderte dann ihre Strategie. Ein Teil ging ab 1970 in die Kommunistische Partei Deutschland (KPD), den Kommunistischen Bund Westdeutschlands (KBW) oder andere rein kommunistische Gruppen, allerdings ohne großen Erfolg. Ein zweiter tauchte als Rote Armee Fraktion (RAF) in den terroristischen Untergrund ab und führte mehrere Anschläge auf führende Persönlichkeiten in Wirtschaft und Politik durch. Noch jahrelang tobte sich linke Gewalt in Westdeutsch-

Der Tatort des Mordes an Siegfried BUBACK in Karlsruhe am 7. April 1977 – einer der zahlreichen Morde der Roten Armee Fraktion (RAF), die in linken Intellektuellenkreisen verharmlost wurden.

land aus, vor allem in der gewalttätigen und rechtbrechenden Hausbesetzerszene etwa in Frankfurt – unter Führung Joschka FISCHERS –, Hamburg oder Berlin. Ein Höhepunkt ereignete sich nach ähnlichen Veranstaltungen in den Vorjahren vom 3. bis 6. August 1995 bei den als »Großangriff« auf die Stadt angekündigten Chaostage in Hannover, bei denen die Polizei, »um nicht zu provozieren«, nicht durchgreifen durfte, bis schließlich fast 200 teilweise Schwerverletzte und ein Sachschaden in Millionenhöhe zu beklagen waren.

Starke logistische wie finanzielle Unterstützung erhielten die verschiedenen Gruppen der 68er von der SED aus Pankow, die jene in ihrem Kampf gegen den Staat der Bundesrepublik ausnutzen wollte. So wurde das Hauptblatt der revolutionären Bewegung, das Magazin *Konkret*, wie dessen langjähriger Herausgeber Klaus Rainer RÖHL (mit Ulrike MEINHOF) später selbst zugab, wesentlich vom Osten finanziert, wie früher schon pazifistische Gruppen, so HEINEMANNS Volkspartei.

Ein dritter Teil der APO und der 68er verlagerte seine Bestrebungen auf den »langen Marsch durch die Institutionen« (s.u., S. 66 ff.), auf dem neben den Bildungsbereichen vor allem Justiz und Massenmedien weiter unterlaufen werden sollten. Die Reihe linkslastiger Urteile der folgenden Jahrzehnte, besonders in der Verwaltungsgerichtsbarkeit, zeigte die Erfolge dieser Versuche.

Die Demonstrationstätigkeit verlagerte sich anschließend im Zusammenhang mit dem Aufkommen der Grünen zunächst auf den Bereich der Anti-Kernkraft-Aktionen und dann auf den der sogenannten Friedensbewegung. Späte Nachfolger der ›Neuen Linken‹, bezeichnenderweise aus dem Marburger Fachbereich Politologie und Soziologie, störten Mitte Mai 1983 die an der Universität Marburg zur Würdigung des liberalen Wirtschaftswissenschaftlers Wilhelm RÖPKE angesetzte Festveranstaltung und forderten lautstark, das zu Ehren RÖPKES nach ihm benannte Dekanatsgebäude der Marburger Wirtschaftswissenschaften in ›Karl-MARX-Institut‹ umzubenennen (*FAZ* 18. 5. 1983).

Im Rückblick urteilte Klaus Rainer RÖHL, von 1955 bis 1973 Herausgeber von *Konkret*, dem (übrigens vom SED-Staat finanzierten) Magazin der 68er, und damit früher selbst einer der herausragenden Revolutionäre, über die Bedeutung der Gewalt in dieser Gruppe: »Es ist kein Geheimnis, daß die Wortführer der Achtundsechziger, auch wenn sie den ›gewaltfreien Widerstand‹ predigten, von

Anfang an mit den militanten Guerrillabewegungen in der Dritten Welt sympathisierten, die ihren Erfolg ausschließlich brutal eingesetzter Gewalt verdankten... Die Achtundsechziger-Bewegung... theoretisierte von Anfang an über Gewalt, das Durchbrechen des seit dem Spätmittelalter geltenden Gewaltprivilegs des Staates...« Die 68er skandierten CHE GUEVARA und HO TSCHI MINH und damit Vertreter der Gewalt, aber nicht GANDHI. Und nachdem er in einem Leserbrief ein erstes Beispiel für den Aufruf zur Gewalt um 1968 vorgebracht hat, zitiert RÖHL Peter SCHNEIDER, der in einem *Konkret*-Artikel unter dem Titel »Gewalt in den Metropolen« damals schrieb: »In prinzipieller Hinsicht endet die Frage nach der Gewalt in der Frage, ob wir entschlossen sind, unsere Ziele zu erreichen... Wir werden damit nicht warten, bis noch eine Generation und noch eine Generation kaputtgemacht wird, sondern wehren uns jetzt. Den Sozialismus werden wir nur bekommen, wenn wir unsere Feinde wissen lassen, daß wir alle Mittel anwenden werden, die nötig sind, ihn zu bekommen.« (*FAZ* 8. 6. 2009)

Einen Eindruck von den damaligen Verhältnissen und dem Selbstverständnis sowie dem Programm der 68er gab als Beteiligter rückschauend Fritz POPPENBERG (*Eigentümlich frei* Nr. 82, Mai 2008): »Die Achtundsechziger mußten nicht mühsam durch die Institutionen marschieren, um den totalen Sieg zu erringen – jedenfalls nicht an der Deutschen Film- und Fernsehakademie, an der ich im September 1971 zu studieren begann. Wir waren – ich kann mich an keine Ausnahme erinnern – alle linksextrem.« Über ihren politischen Einsatz stellte er fest: »Wir gingen für den Befreiungskampf der unterdrückten Völker (aber nicht für das deutsche Volk, R.K.) auf die Straße und drehten Filme unter der maoistischen Losung ›Dem Volke dienen‹ (nur nicht dem deutschen, R.K.). Unsere emanzipatorischen Lichtgestalten trugen Namen wie STALIN, MAO, POL POT, KIM IL-SUNG, Robert MUGABE, MENGISTU (nur keine Deutschen, R.K.) – Namen, die jeder vernünftige Mensch schon damals mit Zerstörung und Massenmord verband. So gespenstisch die Verehrung dieser Politgötzen war, so abgrundtief richtete sich unser Haß gegen unsere Elterngeneration, ja gegen uns selbst.« Und er hat auch die direkten Folgen eingesehen: »Etwa zehn Millionen unserer eigenen Kinder abgetrieben zu haben und das auch noch als politischen Erfolg zu feiern kann kaum anders als mit dem Prädikat ›geistig deformiert‹ bewertet werden.«

Die ›Frankfurter Schule‹ hatte den Geist dieser jungen Menschen »deformiert«, sie zur Umerziehung und damit Vernichtung der Deutschen geistig programmiert, wie manche Verführte inzwischen eingesehen haben. Sie sind falschen Propheten gefolgt, haben ihre jugendliche Begeisterung und ihren Tatendrang einer fremden Interessen dienenden Sache gewidmet. Und das Schlimme daran ist, daß ihre Verführer, die sie auf dem Gewissen haben, wie Horkheimer oder Habermas, heute noch geehrt und der Jugend als Vorbild hingestellt werden, anstatt daß sie als die Verderber der letzten beiden Generationen entlarvt und angeklagt werden.

Bei den Rückblicken führender 68er nach vier Jahrzehnten (etwa Cohn-Bendit 2007; Hannover 2007; *Der Spiegel* , Titelgeschichte, »Es war nicht alles schlecht, Gnade für die 68er«, Nr. 44, 29. 10. 2007, S. 74–96) fällt allgemein das Geständnis der früheren Aufrührer auf, in ihrer Revolutionszeit vorwiegend egoistisch und infantil gedacht zu haben, ohne die Folgen für sich und die Gemeinschaft zu bedenken; für sich alle Freiheiten in Anspruch genommen zu haben, ohne an Pflichten zu denken; ohne jede Verantwortung für das Ganze gegen lebenswichtige, die Gemeinschaft erhaltende Institutionen vorgegangen zu sein; ohne das Wissen um grundlegende Zusammenhänge wichtige Einrichtungen angegriffen und zerstört zu haben. Sie haben auch heute, indem sie etwa auf die durchgesetzte Emanzipation oder die verstärkte Vergangenheitsbewältigung hinweisen, oftmals noch nicht eingesehen, daß ihr unverantwortliches Tun dem deutschen Volk in seinem geistigen und biologischen Bestand mehr geschadet hat als der vorausgegangene Zweite Weltkrieg, daß sie sich von den Feinden unseres Volkes zu dessen Zerstörung instrumentalisieren ließen und dieses in eine schwere Krise stürzten, aus der es sich immer noch nicht befreit hat.

Ihr Egoismus und ihre Gewissenlosigkeit bei hoher Intelligenz haben sicher auch erleichtert, daß sie in dem System, das sie zu beseitigen vorhatten, sich völlig anpaßten, bis zu Nadelstreifenanzügen, eigener Villa und hohen Pensionen, und später einflußreiche Stellungen bis zu Generalstaatsanwalt (Angela Uhlig-van Buren), Minister (Joschka Fischer, Jürgen Trittin, Ulla Schmidt u.a.) und Kanzler (Gerhard Schröder) einnehmen konnten.

Der Marsch durch die Institutionen

Die Ideen HORKHEIMERS vom »autoritären Staat« – dargelegt in seinem gleichnamigen Aufsatz von 1940 – und von der zur Abschaffung aller Autorität und Unterdrückung (›Repression‹) notwendigen ›anti-autoritären Opposition‹ hatten die studentische Linke in den sechziger Jahren wesentlich mit zum Aufstand gegen die ältere Generation und die herrschenden staatlichen und gesellschaftlichen Verhältnisse getrieben. Wichtig war dabei HORKHEIMERS Satz: »Wer aber vom Kapitalismus nicht reden will, sollte auch vom Faschismus schweigen.« (HORKHEIMER, *Gesammelte Schriften* Bd. 4, S. 308 f.) Der alternde Soziologe hatte zwar den Revolutionsbegriff in enger Anlehnung an MARX und ENGELS weiterentwickelt, der revolutionsbereiten Jugend jedoch keine konkreten Anweisungen geben können und sich dann recht bürgerlich in die Schweiz zurückgezogen.

Im jungen HABERMAS schien den vor allem im Sozialistischen Deutschen Studentenbund (SDS) – ein früherer Vorsitzender war der spä-

Jürgen HABERMAS im Juni 1968, in der Mensa der Frankfurter Universität. Unter dem Titel »Die Scheinrevolution und ihre Kinder« kritisiert er die von dem SDS befürwortete Form des Jugendprotestes, da sie von »einer falschen Einschätzung der Situation« ausgehe. HABERMAS' Kritik richtete sich vor allem, ohne sie zu nennen, gegen die Wortführer des SDS: den Vorsitzenden Hans-Jürgen KRAHL sowie Hans Magnus ENZENSBERGER und Oskar NEGT.

tere Bundeskanzler Helmut Schmidt – vereinigten linksradikalen Studenten der geistige Führer gekommen zu sein, als er nach kurzem Zwischenspiel als Philosoph an der Universität Heidelberg 1964 Horkheimers Lehrstuhl für Philosophie und Soziologie in Frankfurt erhielt. Er gehörte bezeichnenderweise im Oktober 1961 zu den Gründern der ›Sozialistischen Förderer-Gesellschaft der Freunde, Förderer und ehemaligen Mitglieder des SDS‹. Seine lebendigere Schreibweise sprach die Jugendlichen eher an als die abstrakte Theorie der alten Vertreter der Frankfurter Schule. Die revolutionären Studenten wurden dann sogar der SPD zu radikal, so daß diese sich schon im November 1961 vom SDS wie von der Förderer-Gesellschaft distanzierte und eine Mitgliedschaft darin mit der Zugehörigkeit zur SPD für unvereinbar erklärte. Als Ersatz war schon im Frühjahr 1960 der Sozialdemokratische Hochschulbund (SHB) in Bonn gegründet worden.

Als es dann zur Revolution 1967/68 kommen sollte, enttäuschte Habermas jedoch seine Anhänger. Bei der Trauerfeier des am 2. Juni 1967 in Berlin erschossenen Benno Ohnesorg entschlüpfte Habermas in später Stunde in Hannover der Vorwurf des »Linksfaschismus« gegenüber den radikalen Studenten, den er dann jedoch noch einmal öffentlich zurücknahm. (J. Habermas, *Protestbewegung und Hochschulreform*, Frankfurt 1969, S. 149 f.) Ein Jahr später verkündete er auf einem Frankfurter Schüler- und Studentenkongreß seine »6 Thesen zur Studentenbewegung«, in denen er die linksradikale studentische Bewegung als »Scheinrevolution« bezeichnete, weil »jedes, aber auch jedes bisher allgemein akzeptierte Anzeichen für eine revolutionäre Lage« fehle. (Negt 1968, S. 11) Anstatt auf die Straße zu gehen, müßten

Von oben: Fischer 1973 an der Frankfurter Uni, Scharping 1974 als Juso, Schröder 1980 bei einer Gorleben-Demo.

die linken Studenten die »Grenzen des Aktionsspielraumes« erkennen und mit einflußreichen Gruppen wie den Gewerkschaften zusammenarbeiten, die »Zugang zu den Massenmedien« hätten. (ebd., S. 15) In seiner Schrift *Protestbewegung und Hochschulreform* forderte HABERMAS dann, daß man das Prinzip der Demokratisierung auf bestimmte Massenorganisationen und Einrichtungen anwenden müsse, vor allem auf Kirchen und Kulturbetriebe, Justiz und Presse, Gewerkschaften und Parteien. (HABERMAS 1969, S. 29) Damit kündigte sich bereits das später verwirklichte Programm des »langen Marsches durch die Institutionen« an, zu dem insbesondere auch Rudi DUTSCHKE aufrief.

1970 entzog sich HABERMAS den von ihm enttäuschten Studenten, verließ das revolutionäre Frankfurt und ging an das Max-Planck-Institut im ruhigeren Starnberg. Während er wegen seines ›Verrats‹ an der Revolution und an der reinen Lehre HORKHEIMERS von den Radikalen heftig gescholten wurde (NEGT 1968; BOLTE 1989), machten sich immer mehr Angehörige der scheiternden APO seine Ideen vom Marsch durch die Institutionen zu eigen, gingen in Gewerkschaften und Parteien, vor allem in die SPD, wo sie später mit SCHRÖDER und LAFONTAINE, mit NAUMANN und SCHARPING sowie vielen anderen Regierungsverantwortung trugen. Andere aus diesem Kreis funktionierten insbesondere die Grünen um, die ursprünglich von konservativen Kreisen um Herbert GRUHL, Baldur SPRINGMANN und Werner Georg HAVERBECK gegründet worden waren, so daß dann Anarchisten und Kommunisten wie Joseph FISCHER – dessen Name bezeichnenderweise und nicht aus bündischer Kosakenromantik zu Joschka russifiziert wurde – oder TRITTIN maßgebliche Stellen bei den Grünen einnehmen (s. u., S. 76 ff.) und 1998 sogar Bundesminister in der rot-grünen Koalition werden und damit das politische Klima in der Bundesrepublik an entscheidender Stelle mitbestimmen konnten. Ihnen kam sehr entgegen, daß viele 68er inzwischen in den Massenmedien Stellungen gefunden hatten und ihre Geistesverwandten von dort stark unterstützten.

Die Unterwanderung der deutschen Justiz durch 68er nahm ebenso erschreckende Formen an, insbesondere bei den Prozessen wegen Äußerungen zur Zeitgeschichte. (EIBICHT 1997)Aufrechte Richter wie ORLET am Landgericht Mannheim, die nicht nach der politischen Korrektheit urteilten.,wurden durch vorzeitige Pensionierung aus ihren Stellen entfernt. Über die Lehrerbildung und die Hochschulen gelangte der bestimmende Einfluß der Frankfurter Schule auf die nachfolgende Generation.

Den großen Einfluß der 68er und ihrer Sympathisanten auf die Justiz erkennt man insbesondere bei der strafgesetzlichen Behandlung der Ermordung des Generalbundesanwaltes Siegfried Buback am 7. April 1977. Der Fall ist nicht nur bis heute unaufgeklärt, wie der Sohn, Michael Buback, in einem Buch (*Der zweite Tod meines Vaters*, München 2008) eindringlich schildert. Es sind danach auch offensichtlich mehrfach wichtige Hinweise bei den polizeilichen Ermittlungen nicht verfolgt und ablenkende Spuren gelegt worden. Einflußreiche Stellen hielten ganz offensichtlich ihre schützende Hand über die RAF-Mörder. Von Staatsstellen wurde offenbar verhindert, die wirklichen Schuldigen (*FAZ* 22. 8. 2009) zu bestrafen.

Der Journalist Ulf G. Stuberger schrieb nach jahrzehntelangen Recherchen mehrere Bücher über die bundesdeutsche Strafverfolgung von RAF-Terrorristen, zum Beispiel *Die Akte RAF – Taten und Motive. Täter und Opfer*. Insbesondere legte er dar, »wie der deutsche Staat mit Gesetzesbrüchen bei der RAF-Fahndung umgeht: Es verschwinden nicht nur Terroristen spurlos, sondern auch deren Akten«. (»Vertuschen und vernichten«, in: *Frankfurter Allgemeine Zeitung*, 5. 4. 2008). Er offenbart, daß wichtige Akten, die den Fall Buback betreffen, beim Generalbundesanwalt einfach verschwanden, daß Kopien dieser Akten nach ihrem Auftauchen vom Bundesinnenminister sofort gesperrt und damit der Öffentlichkeit wie der Forschung entzogen wurden. (s. *Stutt. Nachrichten* 21. 8. 2009)

Ähnliches geschah beim Fall des RAF-Terroristen Gerhard Müller: Stuberger wies nach, daß Akten aus dessen Verfahren, insbesondere ein frühes Geständnis, ebenso verschwanden, daß andere Akten umbenannt wurden, offenbar mit dem Ziel, daß sie nicht gefunden wurden, dann in einem Archiv versteckt wurden, dort teilweise vernichtet wurden und so bis heute erfolgreich vor der Öffentlichkeit verborgen werden. Müller trug offenbar 1975 zur Verhaftung von Ulrike Meinhof bei, wurde dann nicht wegen Polizistenmordes angeklagt, obwohl er schwer verdächtigt wurde, 1971 einen Polizeibeamten bei einer Kontrolle erschossen zu haben. Er verschwand nach einer milden Verurteilung, obwohl es damals noch keine Kronzeugenregelung in Deutschland gab. Ihm wurde anscheinend eine neue Identität verschafft, wobei amtliche Stellen geholfen haben dürften.

Über die vielfach zu beobachtende Verbürgerlichung der 68er schrieb Konrad ADAM die Glosse »Der wahre 68er« (*FAZ* 4. 7. 2000). Am Schicksal des Mitte der sechziger Jahre als revolutionärer Studentenführer auftretenden Detlev ALBERS, nun nach erfolgreicher Gewerkschafts- und Parteikarriere SPD-Vorsitzender im Land Bremen, zeigte er einen typischen Werdegang auf und meinte: »Daß er jetzt die Alten entdeckt und dafür eintritt, daß das Rentenniveau nicht allzu schnell und niemals unter 68 Prozent fällt, läßt hoffen: Der lange Marsch durch die Institutionen kommt an sein Ende, und dabei entdeckt man hinter dem vordergründigen den tieferen, den wahren Sinn der Floskel von den ›Achtundsechzigern‹: es ging um das Niveau der Rente.«

Die anarchistische und gewalttätige 68er Vergangenheit des bis 2005 amtierenden Bundesaußenministers FISCHER mit seinen freundschaftlichen Verbindungen zu RAF-Terroristen ist bekannt (SCHMIDT 1998), wenn auch Einzelheiten erst spät herauskamen. Der Sohn eines aus Budapest stammenden Metzgers wurde 1948 in Gerabronn (Baden-Württemberg) geboren. Er brach zweimal das Gymnasium ab und erreichte keinen Schulabschluß. Auch eine Fotographenlehre hielt er nicht durch. 1966 war er kurzzeitig in einem geschlossenen Erziehungsheim, nachdem er als Ausreißer im Hauptbahnhof Hamburg aufgegriffen worden war. Danach war er Pflastermaler in Frank-

Außenminister Joschka FISCHER, 4.v.r., mit Helm und Mundschutz, am 7. April 1973. Als sich Oskar NEGT im Juni 1972 an der Frankfurter Universität von den RAF-Bombenanschlägen distanzierte, war es übrigens und bezeichnend FISCHER selbst, der ihm laut widersprach.

Straßenkämpfer Joschka Fischer *(mit schwarzem Helm) 1973 in Frankfurt.*

reich sowie Aushilfsbriefausträger in Fellbach bei Stuttgart. 1967 trat er einer anarcho-kommunistischen Gruppe bei und erhielt eine sechswöchige Haftstrafe ohne Bewährung wegen Landfriedensbruch. 1968 ging er nach der linken, von der Studentenrevolution geschüttelten Hochburg Frankfurt, wo er bald Kopf der kommunistischen Gruppe ›Revolutionärer Kampf‹ wurde. Er stieg dann zum ›Comandante‹ der gewalttätigen ›Putzgruppe‹ auf, die sich nach entsprechender Schulung zur Gewaltanwendung bei Demonstrationen unter seiner Leitung oft mit der Polizei blutige Straßenschlachten lieferte. Nach eigenen Angaben hat er Steine auf Polizisten geworfen und bei gewaltsamen Demonstrationen und Hausbesetzungen »kräftig hingelangt«. Erst als er durch entsprechende Fotos überführt wurde, gestand er ein, daß er im April 1973, mit Motorradhelm und Handschuhen ausgerüstet, einen Polizisten persönlich niedergeschlagen und dann auf den am Boden Liegenden eingetreten habe. Er mußte ein zweites Mal einsitzen (*Stuttgarter Nachrichten*, 4. 1. 2001) In seinem Wagen wurde 1973, was er selbst zugeben mußte, die Tatwaffe transportiert, mit der der hessische Minister Kary ermordet wurde.

Aus einem zwischenzeitlichen Arbeitsverhältnis bei Opel im Jahre 1970 wurde er nach kurzer Zeit fristlos entlassen, wie auch andere Arbeitsverhältnisse nur von kurzer Dauer waren. FISCHER soll einige Zeit vom Verkauf in Bibliotheken gestohlener Bücher gelebt haben, bis er von 1976 bis 1981 Taxifahrer war. 1983 kam er nach Bewährung bei den Grünen in der Antiatomkraftwerkbewegung in den Bundestag, 1986 wurde er der erste grüne Minister (in Hessen) und erschien in Turnschuhen zur Vereidigung. Von 1998 bis 2005 war der Steinewerfer ohne Schulabschluß deutscher Außenminister. Von Teilen der SPD wurde er 2008 als Kandidat für das Amt des Bundespräsidenten vorgesehen, was an der Haltung des SPD-Vorsitzenden BECK scheiterte, der Gesine SCHWAN bevorzugte. Nach dem Ende der rotgrünen Koalition im Jahre 2005 wurde FISCHER, der nun im Nadelstreifenanzug auftrat und nach vier Ehen eine Villa in Berlin bewohnte, Gastprofessor in den USA – eine bezeichnende Karriere im Nachkriegsdeutschland.

FISCHERS grüner Ministerkollege Jürgen TRITTIN war früher beim Kommunistischen Bund (KB), der den freiheitlichen Rechtsstaat durch eine rote Rätediktatur ersetzen wollte. Er war von 1990 bis 1994 im Kabinett des SPD-Ministerpräsidenten Gerhard SCHRÖDER Minister für Bundes- und Europaangelegenheiten des Landes Niedersachsen, von 1998 bis 2005 war er Bundesumweltminister unter Bundeskanzler SCHRÖDER. Die von 1998 bis Januar 2001 amtierende grüne Bundesgesundheitsministerin Andrea FISCHER gehörte zur ›Gruppe Internationaler Marxisten‹ (GIM), die TROTZKIS Rätediktatur verwirklichen wollten. Ihre Nachfolgerin im Amt der Gesundheitsministerin wurde Ursula (Ulla) SCHMIDT. Diese war Mitglied in der ›Gesellschaft zur Unterstützung der Volkskämpfe‹ (GUV), einer Organisation des Kommunistischen Bundes Westdeutschland (KBW), kandidierte 1976 mit 27 Jahren bei der Bundestagswahl für den maoistischen Kommunistischen Bund Westdeutschland, trat 1983 der SPD bei und ist seit 1990 Mitglied des Bundestages. Seit 2001 ist sie Bundesgesundheitsministerin.

Pikant war auch die Tätigkeit des grünen Bundestagsabgeordneten (1985-87 und ab 1998) Hans Christian STRÖBELE, der während der rotgrünen Koalition im KOHL-Untersuchungsausschuß des Bundestages (*FAZ* 17. 7. 2000) sowie ausgerechnet als Mitglied des Kontrollgremiums des Bundestages tätig war, das die Geheimdienste überwacht.

STRÖBELE war einer der radikalsten 68er Anführer an den Universitäten in Heidelberg und Berlin, gründete als junger Rechtsanwalt mit Horst MAHLER, in dessen Praxis er Referendar gewesen war, 1969 das ›Sozialistische Anwaltskollektiv‹ zur Verteidigung gewalttätig gewordener 68er und war in den folgenden Jahren Rechtsbeistand für RAF-Terroristen, darunter Andreas BAADER. Weil er heimlich Prozeßunterlagen in die Gefängnisse geschmuggelt hatte und den Insassen auch andere Sachen hatte zukommen lassen, wurde er 1980 von der Großen Strafkammer des Landgerichts Berlin zu 18 Monaten Haft auf Bewährung verurteilt, die dann vom Gericht 1982 auf 12 Monate herabgesetzt wurden. 1972 wurde er von der SPD als Mitglied aufgenommen, die ihn aber schon 1975 wieder wegen seiner Radikalität ausschloß. Er war 1979 Mitbegründer der stark in kommunistischem Fahrwasser segelnden *Tageszeitung* (*taz*).

Auch der um 1968 an der Universität Heidelberg agierende SDS-Anführer Hans-Gerhart (Joscha) SCHMIERER kam zu Amt und Würden, als er 1999 von Außenminister FISCHER in den Planungsstab des Auswärtigen Amtes berufen wurde, wo er bis 2007 tätig war und dabei die Angriffskriege gegen den Irak (1991), Serbien (1999), Afghanistan (2001) und Irak (2003) befürwortete. Er gab in Heidelberg die kommunistische Studentenzeitung *Rote Fahne* heraus. Nachdem er Mitte November 1969 (*Rhein-Neckar-Zeitung* 15. 11. 1969) seinen Doktorvater, den Historiker Werner CONZE bei einer Diskussion in der Aula der Universität mit Eiern beworfen hatte, brach er seine Hochschultätigkeit ab. Er war Mitglied im Bundesvorstand des dann verbotenen SDS, gründete 1973 den ›Kommunistischen Bund Westdeutschland‹ (KBW) mit, dessen Generalsekretär er von 1973 bis 1983 war. Er war von 1983 bis 1999 Chefredakteur der roten Zeitschrift *Kommune* und später ihr Herausgeber. Auf einer KBW-Kundgebung erklärte er: »Wir Kommunisten sind revolutionäre Optimisten. Wir können Trauer in Kraft verwandeln. Das liegt daran, daß wir dialektische Materialisten sind und die Wahrheit in den Tatsachen suchen.« Weil er 1970 bei einer Demonstration schweren Landfriedensbruch begangen hatte, wurde er zu acht Monaten Haft verurteilt, die er in der Justizvollzugsanstalt Waldshut absaß, von denen ihm ein Drittel erlassen wurde.

Im Dezember 1978 fuhr er mit einer Abordnung des KBW in das kommunistische Kambodscha zu dem damals schon als Massenmörder bekannten Diktator POL POT und erkläre ihm die Solidarität des

KBW. Noch im Jahre 1980 sandte er dem POL POT-Regime eine Grußbotschaft, in der er dessen »Befreiungskampf gegen den US-Imperialismus« würdigte und den »entscheidenden Beitrag für die Sache der internationalen Arbeiterklasse und der Völker der Welt« hervorhob. Über ihn hieß es 2001: »FISCHERS Django. Er war ein glühender Kommunist, einst verehrte er MAO und besuchte POL POT. Nun berät Joscha SCHMIERER den grünen Außenminister. Eine bizarre Karriere.« (*Tagespiegel* 1. 4. 2001)

Diese in der Tat ungewöhnlichen Karrieren erklären sich zum Teil auch durch die frühere Revolutionsgenossenschaft. Über weitere einschlägig vorbelastete Mitlieder der ›FISCHER-Gang‹ berichtete der *Focus* (Nr. 27, 3. 7. 2000, S. 28 f.)

Der Berliner Theologe Richard SCHRÖDER (*FAZ* 24. 5. 2008) führte Beispiele der »lächerlich-skurrilen, weltfremden, aber eben auch verbohrten und gewalttätigen Exzesse der damaligen ›Achtundsechziger‹ an. . . Viel schlimmer als die ›salonrevolutionären Phrasen‹ war, daß die ›Achtundsechziger‹ nicht merkten, daß sie genau das waren, was sie um keinen Preis sein wollten, nämlich ›typisch deutsch‹ in ihrer Gründlichkeit, einem einmal verfallenen Wahn bis zum mörderischen Exzeß zu folgen und den harten Kern der Bewegung – die RAF-Mörder – nicht abzustoßen, sondern viele ihrer Gewalttaten ›mit klammheimlicher Freude‹ zu begleiten und vor staatlichen Zugriffen zu bewahren. Die Langzeitfolgen des damaligen Amoklaufs gegen die ›bürgerliche‹ Familie und Bildung, die entsprechenden Tugenden oder den Paragraphen 218 treffen uns heute mit voller Wucht: demographische Katastrophe, Bildungskatastrophe, Drogensucht, Kriminalität. Es mag sein, daß damals ›unter den Talaren der Muff von tausend Jahren‹ war – aber die deutschen Schulen und Hochschulen gehörten zur Weltspitze – und heute?« Das fragt mit Recht Gerhard GRASSL in einem Leserbrief (*FAZ* 6. 6. 2008).

In der zum 40. Jahrestag der 68er im Mai 2008 erschienenen Nummer 82 von *eigentümlich frei* urteilte André F. LICHTSCHLAG im Editorial: »Wohl keine Generation zuvor hat so selbstherrlich und dreist auf Kosten der eigenen (wenn nicht im Krieg gefallenen) Eltern und (wenn nicht ungeborenen) Kinder gelebt wie die Achtundsechziger. . . Noch wehren sich die Alt- und Neuachtundsechziger und lenken ein letztes Mal die Aufmerksamkeit auf den Anfang, auf die bunte Modem, die tolle Musik und die hehren Ziele, die sie doch bei allen augenzwinkernd gerne zugestandenen leichten Irrungen immer gehabt hätten. Diesen Blick auf den Beginn, die im Zeitumfeld nachvollziehbare kulturelle Faszination und die Ursachen haben sie ihren eigenen Eltern nie gewährt – hier urteilten sie ausschließlich vom Ende her, und das hieß bei ihnen nur Auschwitz.«

Die derzeitig herrschende Political Correctness beruht wesentlich mit auf diesem Erbe der 68er. Mit diesem »Mittel gesellschaftlicher Zensur« (*Brockhaus* von 1996), dessen »Gefahren« nicht zuletzt »in der Einschränkung des Grundrechtes auf Meinungsfreiheit« (*Lexikon der Politik,* 1992) liegen, versuchen die Linken, ihre wirklichkeitsfremde Ideologie an der Macht zu erhalten. Dazu dient nicht zuletzt die »Herrschaft durch Begriffe«, in deren Erfindung und Setzung die Frankfurter Schule stets Meister war. »Die Obhut über die Gewissen beginnt hier wie sonst mit der Begriffsautorität, die die Sozialwissenschaften in einer früheren Weltbildern unerreichten Mischung von radikaler Wirksamkeit und praktischer Unauffälligkeit erreicht haben.« (Tenbruck 1984, S. 247) Dieser »Herrschaft durch Sprache« haben sich praktisch alle Massenmedien unterworfen. Innerhalb weniger Wochen wurde so aus ›Mitteldeutschland‹ im Jahre 1990 ›Ostdeutschland‹. Der frühere ›Fremdarbeiter‹ wurde zum ›Mitbürger‹, der Warner vor zu großer Einwanderung ein ›Ausländerfeind‹. Alle, die nicht politisch korrekt denken, werden nach Stalinschem Vorbild als ›Faschisten‹ betrachtet, von politischer Verantwortung ausgegrenzt und sofort Diffamierungs- und Hetzkampagnen ausgesetzt, wenn sie sich äußern. Der international angesehene österreichische Professor Werner Pfeifenberger, Rechts- und Politikwissenschaftler an der Fachhochschule Münster, war das vorläufig letzte Opfer, indem er im Frühjahr 2000 nach übler Pressekampagne wegen eines Aufsatzes aus dem Jahre 1995 in den Selbstmord getrieben wurde (*Aula* Nr. 6, 2000).

Bundestagspräsident Philipp Jenninger, Bundespräsidentschaftskandidat Steffen Heitmann oder der Berliner Historiker Ernst Nolte sind frühere Beispiele von angesehenen Persönlichkeiten, die nach Angriffen von linker Seite von den Medien abgeschossen wurden und Amt, Einfluß oder Ansehen verloren.

Zusammenfassend läßt sich mit den Worten des Berliner Journalisten Richard Wagner aus dessen Buch *Es reicht. Gegen den Ausverkauf unserer Werte* (2008) feststellen, daß die Generation der 68er äußerst erfolgreich die neomarxistischen Denkmuster durchgesetzt hat, »die bis heute wirksam sind und nach wie vor unsere Gesellschaft und ihre Denkprozesse blockieren. Selten hat eine Generation es geschafft, ihre Machtinteressen so überwältigend als Menschheitsrettungsplan zu gestalten, indem sie sich zum einzig berufenen Dompteur des Monsters Drittes Reich erklärten. Sie schafften es, sich trotz allem in der defensiven, durch das Dritte Reich wehrlos gemachten deutschen Öffentlichkeit moralisch unangreifbar und gleichzeitig fit für die große Karriere zu machen. Die 68er sind die letzte Generation mit sicheren Arbeitsplätzen und mit sicherer Rente«. (zit. von Klaus MOTSCHMANN, »Politisch unhygienisch«, in: *Junge Freiheit*, 20. 3. 2009, S. 17)

Hinzu kommt, daß die 68er weiterhin die Begriffshoheit in der Bundesrepublik besitzen, die Fragestellungen vorgeben und darüber befinden, was politisch korrekt ist. Das Unverständliche ist, daß diese Tatsache von den meisten Zeitgenossen gar nicht bemerkt wird, daß die bürgerlichen Parteien und auch konservative Kreise sich von den Neomarxisten vorführen lassen und in das Horn der Antifaschisten blasen. Das ist besonders auf dem Gebiet der Vergangenheitsbewältigung gelungen, wo heute sich die STALINsche Kriegspropaganda in dem von Bundeskanzler Gerhard SCHRÖDER 2000 ausgerufenen »Aufstand der Anständigen« voll durchgesetzt hat und zur herrschenden Lehre geworden ist. Die Ehrung der 68er im Jubiläumsjahr 2008 gab weitere eindrucksvolle Beispiele (z.B. *FAZ* 11. 4. 2008).

Die 68er übernehmen die Grünen

Als ein besonders hervorstechendes Beispiel der Strategie der marxistischen 68er sei die von ihnen in den frühen achtziger Jahren durchgesetzte Unterwanderung und schnelle Übernahme der Macht bei der grünen Bewegung in der Bundesrepublik angeführt. Diese beharrlich und mit Anregung wie maßgeblicher logistischer wie finanzieller Unterstützung durch die SED der DDR und durch den sowjetischen Geheimdienst durchgeführte Taktik führte bis zum Einzug in den Deutschen Bundestag und ergab Ministerstellen für die kommunistischen Kader, die als Mitglieder der rotgrünen Regierung von 1998 bis 2005 unter Gerhard SCHRÖDER dann eine Reihe ihrer Forderungen durchsetzen konnten. Für eine ausführliche Beschäftigung mit dieser Machtübernahme und deren Vorbereitung in Pankow und Moskau sei auf das Buch *Rote Lügen in grünem Gewand* von Torsten MANN verwiesen.

Die schon aus dem 19. Jahrhundert stammende deutsche Umweltschutzbewegung (siehe Teil 2) bekam in der Bundesrepublik erstmalig durch Herbert Gruhl Bedeutung. Er war ab 1969 CDU-Bundestagsabgeordneter und setzte sich für Umweltfragen ein. 1975 wurde er durch sein Buch *Ein Planet wird geplündert* bekannt. Am 12. Juli 1978 trat er aus der CDU aus und gründete einen Tag später die »Grüne Aktion Zukunft« (GAZ) als erste ökologisch ausgerichtete Partei mit dem Programm »Das Grüne Manifest«. Sie nahm ab 1978 an Landtagswahlen und an der Europawahl 1979 als ›Die Grünen‹ teil. Am 13. Januar 1980 war die GAZ Mitbegründerin der Bundespartei ›Die Grünen‹ in Karlsruhe, blieb aber selbständig. Schon auf dem Programmparteitag der neuen Grünen in Saarbrücken im März 1980, stärker noch auf dem Parteitag am 21./22. Juni 1980 in Dortmund, zeigte es sich, daß marxistische Kader die Führung der neuen Partei übernommen hatten. Die konservativen Anhänger der GAZ zogen sich immer mehr zurück und gründeten unter Leitung von Gruhl am 23./24. Januar 1982 die Ökologisch-Demokratische Partei (ÖDP). Als die ÖDP auf ihrem Parteitag im Februar 1989 in Saarbrücken einen Grundsatzbeschluß »zur Abgrenzung von den Rechtsparteien« faßte und einen zunehmend linken Kurs mit Annäherung an die Grünen steuerte, trat Gruhl aus. Die ÖDP blieb eine kleine Partei.

Wie die Pazifistenbewegung wurde auch der Umweltschutz schon früh von den sowjetischen Ideologen als wirksames Mittel erkannt, im Westen die Ideen des Marxismus zu verbreiten und mit entsprechenden Kadern dem Ziel der kommunistischen Weltherrschaft zu dienen: »Tatsächlich wurde der Umweltschutz von sowjetischen Politbüro bereits 1956 als geeigneter Vorwand für die revolutionäre Umgestaltung der westlichen Staaten und für den Aufbau einer sozialistischen Weltregierung erkannt.« (Mann 2009, S. 53) Dementsprechend wurden die inszenierten ökologischen Massenpsychosen im Westen von der Atomreaktorgefahr (Anti-AKW-Bewegung), vom Waldsterben, vom Ozonloch, vom Treibhausgas propagandistisch vom Osten unterstützt und die entsprechenden Bewegungen unterwandert und gefördert.

Den wohl größten Erfolg in der Bundesrepublik hatte diese kommunistische Strategie bei der Partei der Grünen.

Seit der Gründung der Grünen im Frühjahr 1980 zeigte sich immer mehr, daß die sozialistischen und marxistischen Führunsgkräf-

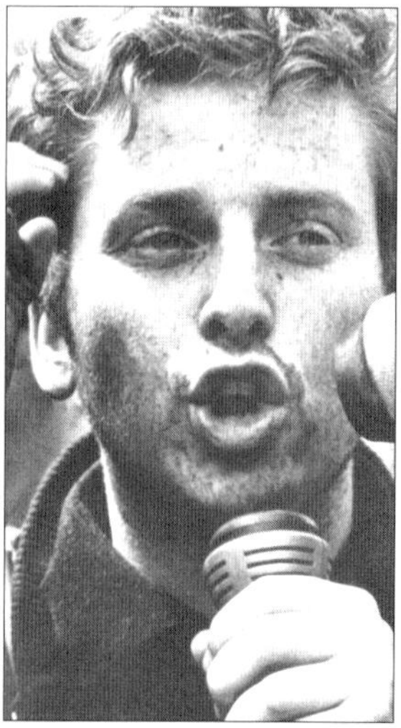

Alternative und Grüne Liste Tübingen, Wahlplakat 1980.

Grüne der ersten Stunde. Von oben: Daniel COHN-BENDIT, *Jürgen* TRITTIN, *Hans-Christian* STRÖBELE, *Mitte: Krista* SAGER, *rechts: Otto* SCHILY.

te der extremen Linken bei der neuen Partei die Macht übernommen hatten. Verschiedene Gruppen mit maßgeblicher Führung durch 68er waren schon Mitbegründer: neben Umweltschützern Feministinnen, Atomkraftgegner, Pazifisten, Anarchisten, sexuelle Randgruppen wie Homosexuelle und Lesben. Dazu kamen einzelne führende Personen des linksextremistischen Lagers, das die günstige Gelegenheit erkannt hatte, über die neue Gründung endlich zu politischem Einfluß in der Bundesrepublik zu kommen, und deswegen durch seine Kader ihre Anhänger zum Eintritt in die Partei der Grünen aufforderte: »Rudi Dutschke, der ›Lenin‹ der 68er Bewegung, und der aus der DDR rübergemachte SED-Genosse Rudolf Bahro riefen die Mitglieder verschiedener kommunistischer Organisationen dazu auf, aus den K-Gruppen aus- und in die neue grüne Partei einzutreten. Diesem Aufruf entsprechend verließ nicht nur Antje Vollmer das Umfeld der maoistischen KPD/AO, um zu den Grünen zu wechseln, es folgten vom Kommunistischen Bund (KB) unter anderem auch Jürgen Trittin, Rainer Tampert, Jürgen Reents und Thomas Ebermann. Vom Kommunistischen Bund Westdeutschland (KBW) kamen unter anderen Reinhard Bütikofer, Winfried Nachtwei, Krista Sager, Joscha Schmierer, Ralf Fücks, Winfried Kretschmann, Hermann Kuhn, Willfried Maier und Dieter Münzelburg.« (Mann 2009, S. 76) Dazu kamen einschlägig hervorgetretene APO-Anwälte wie Klaus Croissant, Hans-Christian Ströbele und Otto Schily sowie Frankfurter Spontis und Gewalttäter wie Joschka Fischer und Daniel Cohn-Bendit. Eine ganze Reihe von ihnen stieg in den neunziger Jahren zu Landes- oder Bundesministern auf, Antje Vollmer wurde 1994 Vizepräsidentin des Bundestages. Sie konnten dadurch ihre marxistischen und volkszerstörenden Ideen durchsetzen.

Die Partei vertrat die Leitlinien »sozial, ökologisch, basisdemokratisch, gewaltfrei« und verstand sich als »Anti-Parteien-Partei«. An der Basis traten viele besorgte Atomkraftgegner und idealistische Umweltschützer bei, die sich täuschen und als Steigbügelhalter der Linksextremen benutzen ließen. Sie sorgten dafür, daß die Grünen ab 1979 in Landesparlamenten und ab 1983 im Bundestag vertreten waren. 1985 gab es die erste Regierungsbeteiligung in der rotgrünen Koalition in Hessen, wo Josef Fischer (in Turnschuhen) hessischer Umweltminister wurde. Noch 1982 hatte der hessische SPD-Ministerpräsident Holger Börner über die grünen Radalierer an der Frankfurter Startbahn West, darunter Fischer, erklärt. »Ich bedauere, daß es mir mein hohes Staatsamt verbietet, den Kerlen selbst eins in die Fresse zu hauen. Früher auf dem Bau hat man solche Dinge mit Dachlatten erledigt.« (»Diese Koalition ist gut für unser Land«, in *Der Spiegel* 4. 11. 1985)

Am 14. Mai 1993 schlossen sich die Grünen mit dem Bündnis 90 aus Mitteldeutschland zusammen. Diese Partei erhielt bei den Bundestagswahlen 1998 auf Bundesebene 6,7 Prozent und konnte dann mit der SPD die erste rot-grüne Bundesregierung bilden, die 2002 bis 2005 fortgesetzt wurde: Fischer wurde Außenminister, Andrea Fischer Gesundheitsministerin, später durch Ulla Schmidt abgelöst, Jürgen Trittin Umweltminister, später durch Gabriel ersetzt. Mit Staatsekretären und Berater kamen weitere 68er in Amt und Würden (Ströbele, Schmierer) und konnten dort im Sinne der Frankfurter Schule an der Veränderung der bundesdeutschen Gesellschaft und der Entvolkung der Deutschen arbeiten. 2008 wurde mit Cem Özdemir erstmals ein Nichtdeutschstämmiger Bundesvorsitzender (mit Claudia Roth) einer deutschen Partei.

Über die Auswirkungen dieser marxistischen Grünen in der deutschen Politik (u. a. in der Ausländer-, Bildungs-, Familien-, Energie-, Wehr-, Erinnerungspolitik, bei Staatsangehörigkeit) ist unten Näheres aufgeführt.

Soziologie und Politologie als ideologische Treibriemen

Die alliierte Umerziehung im Nachkriegsdeutschland bediente sich für die Erziehung des akademischen Nachwuchses vor allem der Fächer Soziologie und Politische Wissenschaften, und nicht von ungefähr war gerade in diesen der Einfluß der Frankfurter Schule besonders hoch. Gegen den Rat deutscher Wissenschaftler wurde nach Kriegsende von den westlichen Siegern, insbesondere den USA, die Einführung des Faches ›Politische Wissenschaften‹ erzwungen (Schrenck-Notzing 1965, S.148 f.). Da es dafür kaum deutsche Bewerber aus dem alten Hochschulbetrieb gab, konnten Mengen von einschlägig links und antideutsch ausgerichteten Emigranten – insbesondere solche der Frankfurter Schule angehörende oder nahestehende – oder politisch besonders Angepaßte – etwa Theodor Eschenburg – in einflußreiche Stellen gelangen. Für die Haltung der meisten Soziologen in der Nachkriegszeit galt ähnliches, da viele

Theodor ESCHENBURG *– früher SS-Mann – 1969 im Gespräch mit den* Spiegel-*Redakteuren Winfried* SCHARLAU *und Joachim* FEST. ESCHENBURG *(1904–1999) beeinflußte die ›Politischen Wissenschaften‹ nachhaltig.*

Fachleute im Rahmen der Entnazifizierung der Hochschulen aus dem Lehrbetrieb entlassen worden waren.

Diese Generation zog sich dann ihre Nachfolger heran und bestimmte lange Zeit auch über die einschlägigen Fachzeitschriften die Geisteshaltung in diesen Fächern. Da es bei den Stellenbesetzungen weniger auf fachliche Leistung als auf politische Zuverlässigkeit angekommen war, erwies sich das Niveau als entsprechend. Als Soziologe der Universität Köln beklagte der am 4. März 2000 hochbetagt verstorbene Alphons SILBERMANN schon Mitte der siebziger Jahre (*Bild der Wissenschaft,* Nr. 2, 1975, S. 74), wenige Jahre nach seiner 1970 erfolgten Rückkehr nach Deutschland aus dem australischen Exil, den »Niedergang der Soziologie in Deutschland« und zog daraus das »Fazit: Die deutsche Soziologie, einfluß- und zwecklos, wie sie sich derzeit präsentiert, hat sich wiedergefunden – auf der untersten Stufe feigen, dafür aber um so höher getönten hohlen und praxisfernen Geredes.«

Ein ähnliches Urteil gaben die Herausgeber der Festschrift *Politische Lageanalyse* (BEISMANN 1993, S. 7) für Hans-Joachim ARNDT, dessen Schüler Volker BEISMANN und Markus Josef KLEIN, über die Politische Wissenschaft ab: »Wer die Situation an den deutschen Hochschulen im Fach ›Politische Wissenschaft‹ kennt, weiß um die Bedeutungslosigkeit, wenn nicht gar Sinnlosigkeit dieses Faches und seiner etablierten Vertreter. Ebenso wie der Fachbereich ›Zeitgeschichtsforschung‹ hat sich dieses nach 1945 in der vorliegenden Form in der damaligen Bundesrepublik neu eingeführte Hochschulfach zu einem sich selbst erhaltenden Perpetuum mobile entwickelt. Nicht einmal seine aus der amerikanischen Sozialwissenschaft hergeleiteten Gründungsabsichten vermag dieses Fach heute noch zu erfüllen, und so hat es, bar sowohl jeder theoretischen als auch praktischen Bedeutung, vor der politischen Wirklichkeit schon lange kapituliert.«

Einfluß- und zwecklos im negativen Sinne waren beide Wissenschaften allerdings nicht, denn sie versperrten Generationen deutscher Jungakademiker den Zugang zur Wirklichkeit, hielten sie von fruchtbareren Fächern, vor allem den für eine Industrie- und Exportnation wie die deutsche wichtigen Naturwissenschaften ab, füllten sie mit utopischen Ideologien und zerstörten jedes Gemeinschaftsbewußtsein. Aus dem geschichtsträchtigen und geschichtsmächtigen Volk, das die Väter des Grundgesetzes noch als Grundlage anerkannt hatten, war nicht zuletzt unter dem Einfluß fortschrittlicher Soziologen und Politologen innerhalb zweier Jahrzehnte die geschichtslose Gesellschaft geworden.

Neben den Theologen stellten kennzeichnenderweise dann auch die Soziologen und Politologen die wichtigsten Vertreter der 68er Bewegung, die das Volk für ihre linken gesellschaftspolitischen Utopien gewinnen wollte. Glücklicherweise war ihr Soziologendeutsch der arbeitenden Klasse aber so unverständlich, daß sie keine Anhänger in ihr fanden und nach dem Scheitern ihrer Umsturzversuche sich dann für den RAF-Terror oder den Gang durch die Institutionen entscheiden mußten. Die Auswirkungen des letzteren sind bis heute überall in Politik, Verwaltung, Justiz und Medien zu spüren.

Eine noch schonungslosere Abrechnung mit der Soziologie der zweiten Hälfte des 20. Jahrhunderts in Deutschland hat der inzwischen verstorbene Tübinger Soziologe Friedrich H. TENBRUCK in seinem Buch *Die unbewältigten Sozialwissenschaften oder Die Abschaffung des Menschen* (TENBRUCK 1984) vorgelegt.

Einleitend weist er auf die folgenreiche gesellschaftspolitische Wirkung der Soziologie hin, die sich nicht als Wissenschaft mit der Beschreibung der Wirklichkeit begnügt, sondern sie wesentlich mitgestalten will: »Wir leben in einer durch und durch verkehrten Welt, solange wir nicht die Unwahrhaftigkeit der Doppelrolle durchschauen, in der die Sozialwissenschaften öffentlich als die wissenschaftliche Autorität für die objektive Feststellung der gesellschaftlichen Realität auftreten, während sie insgeheim und unvermerkt diese Wirklichkeit durch ihre Erkenntnisse modeln und lenken.« (Tenbruck 1984, S. 16) Deshalb fordert er: »Nicht Aufklärung durch die Sozialwissenschaften brauchen wir, sondern Aufklärung über die Sozialwissenschaften.« (ebd., S. 17) Er hebt an anderer Stelle hervor: »Es gilt vielmehr, das Geheimnis der selbst ihren Vertretern verborgenen Macht der Sozialwissenschaften zu entschleiern, um geistig wieder frei atmen und den Daseinsfragen gefaßt und entschieden aus innerer Festigkeit und Klarheit entgegentreten zu können.« (ebd., S. 26) Und er verweist zustimmend auf Helmut Schelskys »Anti-Soziologie« in dessen Büchern *Die Arbeit tun die anderen* (1975) oder *Rückblicke eines Anti-Soziologen* (1981), in denen dieser von der »Klassenherrschaft der Sinn-Vermittler« und von der Soziologie als der neuen »Bewußtseinsführungswissenschaft« spricht. Diese Rolle machte sich vor allem die Frankfurter Schule zu eigen und gab damit die Richtlinien für das gesellschaftspolitische Bewußtsein bis in unsere Zeit.

Eine der verheerendsten Folgen der modernen Sozialwissenschaften sei, daß sie nur von der Gesellschaft sprechen und darüber den Menschen vergessen. »Denn das Bild, das die Soziologie von Geschichte und Gesellschaft entrollt, läuft, kaum anders als im Marxismus, auf die Abschaffung des Menschen hinaus. . . Nichtsahnend produziert die Soziologie jenen gesichtslosen Menschen, der trostlos über den Mangel an Identität klagt, die er nach Lehre der Soziologie als Gabe der Gesellschaft ansehen muß, oder sich kaltblütig an dem Spiel der Gesellschaft beteiligt, dessen blinde Interessenmechanismen er längst durchschaut hat. Hier, in dieser völligen Entleerung des Daseins, liegt die schlimmste Folge der Sozialwissenschaften, eine beispiellose neue Form der Inhumanisierung, die den Menschen vom Kulturwesen zum bloßen Sozialwesen zurückstuft, ja erstmals dazu erklärt.« (Tenbruck 1984, S. 22 f.) Damit ist ein heute allgemein erkannter und beklagter Zustand auf seine eigentliche Ursache zurückgeführt.

In den ersten Nachkriegsjahrzehnten haben die Sozialwissenschaften »unvermerkt Macht über unser Denken und Handeln gewonnen, weil sie zur Autorität der persönlichen und öffentlichen Daseinsauslegung geworden sind, die angibt, worum es im Leben geht und worauf es im Leben ankommt. Kraft dieser Macht haben die Sozialwissenschaften die Welt im Ablauf einer Generation zu ihrem Glauben bekehrt, daß die Gesellschaft die eigentliche Wirklichkeit, alles andere, wie Geschichte, Kultur, Sittlichkeit, Religion, nur Anhängsel sei, Produkt von der Gesellschaft und für die Gesellschaft.« (ebd., S. 30)

Dadurch setzte die sich heute noch auswirkende Fehlentwicklung auch in Deutschland ein, daß die Jugend falschen Propheten nachlief, daß sie von den eigentlichen und anstehenden Aufgaben für Volk und Staat abgelenkt wurde, daß sie sich von den Traditionen löste und sich aus der Geschichte abmelden wollte, daß sie Vergangenheitsbewältigung als Zukunftsaufgabe ansah, daß sie an der Wirklichkeit vorbei lebte. Denn »wenn die geistige Buchführung nicht stimmt, kann das Leben der einzelnen wie der Kulturen nicht aufgehen«. (ebd., S. 35)

Tenbruck bringt das deutsche Dilemma auf den Punkt, wenn er von der Lehre der Geschichte spricht, »daß eine Gesellschaft auch an ihrer Unfähigkeit zerbrechen kann, ihre wirklichen Schwierigkeiten zu erkennen. . . Sie sucht sie an falschen Stellen, erklärt sie aus falschen Ursachen, beantwortet sie mit falschen Lösungen und weiß ihre Lage nicht in richtige Ziele und Aufgaben umzusetzen«. (ebd., S. 35 f.)

Die Frankfurter Schule war wesentlich daran beteiligt, diese falschen Richtungen und Lösungen vorzugeben, und es gelang ihr, sie mit der Macht der Sieger im Hintergrund durchzusetzen. Die Richtung der früheren deutschen Soziologie eines Max Weber, der eine »Wirklichkeitswissenschaft« anstrebte und »die uns umgebende Wirklichkeit des Lebens, in welches wir hineingestellt sind, in ihrer Eigenart verstehen« (zit. in ebd., S. 134) wollte, kam praktisch ganz außer Kurs. Nicht zuletzt trugen auch besonders im Nachkriegsdeutschland »der auffällige Anteil der Juden unter den Soziologen (wie unter Marxisten und Sozialreformern)« (ebd., S.124) und ihr ausgesprochener Missionseifer mit zum Siegeszug der neuen ›amerikanischen‹ Soziologie bei. Die deutsche Gesellschaft sollte umgekrempelt werden. »Nie war die Sozialforschung eine empirische

Wissenschaft, die das Handeln bloß feststellen und erklären wollte, stets war sie ein aufklärerisches Unternehmen, belastet mit der Überzeugung, daß die Menschen durch ein falsches Bewußtsein am richtigen Handeln gehindert würden, berufen zu der Aufgabe, sie von diesem falschen Bewußtsein zu befreien.« (ebd., S. 209)

Im nachhinein ergibt die wissenschaftliche Analyse der Entwicklung der gesellschaftlichen Anschauungen – besonders deutlich am Beispiel des Kinsey-Reports zum Sexualleben zu erkennen – als Ergebnis: »So mußte die Einführung der Sozialforschung, je mehr sie das soziale Wissen von jedermann änderte, geradezu eine andere Art von Gesellschaft entstehen lassen.« (ebd., S. 212)

Und die »Befreiung von einem falschen Bewußtsein« wie von angeblich autoritären Strukturen gelang unter dem anfänglichen Druck der Besatzungsherrschaft und bei bereitwilliger Hilfe vieler deutscher Hilfswilliger weithin. Den Rest, der der sozialliberalen Koalition der siebziger Jahre noch nicht gelang, hat dann offenbar die ab 1998 regierende rotgrüne Koalition mit ihren Gesetzen vom Herbst 2000 zur ehelichen Gleichstellung von Schwulen und Lesben, zur Verringerung der elterlichen Rechte, zur weiteren Zerstörung der noch grundgesetzlich mit Vorrang zu schützenden Familie zu erreichen versucht. Im November 1999 drohte die Fraktionsvorsitzende der Grünen Müller: »Wir werden das Gesicht dieser Republik verändern.« (*FAZ* 8. 7. 2000)

Die Sozialwissenschaften wurden nach den sechziger Jahren zu einem Modestudium, sie lockten große Zahlen von Studenten an, die später vor allem in die Medienberufe und die Politik drängten und dort die ihnen vermittelten weltfremden Ideen zu verwirklichen suchten. Der ›Marsch durch die Institutionen‹ gelang für viele und führte zu den heutigen Verhältnissen. Über die wissenschaftliche Bedeutung der Soziologie urteilt Tenbruck: »Eine Sozialforschung, die sich nur noch selbst den Puls fühlt in dem Glauben, das natürliche oder sonstwie gesellschaftlich geprägte Handeln zu erfassen – das ist die zwar groteske, aber folgenschwere Paradoxie, auf die hier die Dinge zutreiben.« (Tenbruck 1984, S. 211)

Die »Herrschaft durch Begriffe« und die Verengung des Blickfeldes durch die Beschränkung der Soziologie auf die Gesellschaft und ihre Gegenwart stellen eine verhängnisvolle Begrenzung des Geistes dar. Sie täuschen die Betroffenen und verstellen einer ganzen Gesellschaft, so diese denn von diesen Vorstellungen beherrscht wird wie die deutsche, den Zugang zur Wirklichkeit, machen sie damit auf die Dauer lebensunfähig. »Denn auf eine Täuschung mit schweren individuellen und geschichtlichen Folgen läuft es ja hinaus, wenn die Wissenschaft den Menschen ihre Wirklichkeit einseitig verkürzt darstellt. . . Diese Soziologie ist ein Weltbild durch Reduktion und schreibt dies den ihr hörigen Sozialwissenschaften vor. Sie herrscht über unser Denken und Handeln, kaum durch den Zwang zu dogmatischen Bekenntnissen, als vielmehr durch das Angebot, die Wirklichkeit mit Begriffen zu erklären, in die unsichtbar ein Weltbild eingebaut ist.« (ebd., S. 99 f.)

Manches läuft sogar auf Täuschung hinaus und stellt allein schon deswegen ein Verbrechen am jungen Menschen dar: »Die Sozialforschung kann ohne Hintersinn und Hinterlist gar nicht auskommen.« (ebd., S. 215) Sie wird dadurch zu einer großen Gefahr für die Gesellschaft, die ihr ausgeliefert ist. Denn »nichts hilft an der Einsicht vorbei, daß die Sozialforschung, als Programm und Betrieb, im ganzen zwecklos, unsinnig und gefährlich ist. . . Sie bleibt ein wissenschaftlich dubioses, menschlich anrüchiges und gesellschaftlich verderbliches Unterfangen«. (ebd., S. 228) Sie bedroht dabei sowohl den Einzelnen wie die Gemeinschaft: »Person und Kultur werden durch die Sozialwissenschaften – so muß man es prägnant ausdrücken – vernichtet.« (ebd., S. 238)

Nicht zuletzt hat die Soziologie die Zerstörung des Geschichtswissens und des Geschichtsbewußtseins bewirkt. Sie hat dazu die »Entpersönlichung der Geschichte vollzogen« (ebd., S. 239), handelnde Personen kommen in ihrem Geschichtsbild kaum noch vor, an ihre Stelle sind die »gesellschaftlichen Verhältnisse« getreten, die aus ganz bestimmter marxistischer Sicht beleuchtet werden. Die Einzigartigkeit und Spontaneität historischer Vorgänge und Entwicklungen sind verdrängt und durch eine lebensfremde Matrix utopischer Vorstellungen ersetzt worden, die zur Gestaltung der Zukunft wenig tauglich ist. »Nation, Sittlichkeit, Geschichte, Kultur haben in dem universellen Raster der ›Gesellschaft‹, auf den die Soziologie alles reduziert, keinen Platz. So werden uns bestimmte Fragen an die Wirklichkeit – und damit die Einsicht in die Bedeutung des Geschehens – abgewöhnt.« (ebd., S. 307) Die betroffenen Menschen können die Wirklichkeit nicht mehr erkennen, leben in einer geistigen Scheinwelt, die ihnen die Soziologie vorgaukelt, und sind in solchem Zustand gut manipulierbar. Sie sind dann – insbesondere wie bei dem alten Kulturvolk der Deutschen – erfolgreich von ihrer eigenen Kultur und Tradition abgenabelt.

Der Siegeszug dieses Faches ist um so erstaunlicher, als die Soziologie im Gegensatz zu den Naturwissenschaften kaum auf vorzeigbare und objektiv beweisbare Leistungen verweisen kann. Als Insider urteilt Tenbruck sogar: »Niemals sind irgendwelche gesellschaftliche Fragen mittels ihres Wissens gelöst, sondern bestenfalls nur erläutert worden. Ohne Ausnahme sind vielmehr alle rein von der Soziologie inspirierten Programme gescheitert – durchaus nicht immer deshalb, weil die zugrunde gelegten Erkenntnisse *in toto* falsch waren, sondern weil sie fälschlicherweise für gesetzliche oder wesentliche Zusammenhänge gehalten wurden.« (ebd., S. 45)

Wenn man nach den Gründen fragt, warum dennoch wesentliche Teile und gerade intellektuell herausragende Persönlichkeiten der deutschen Jugend von der Frankfurter Schule fasziniert wurden, so sind vor allem die damaligen Umstände der beginnenden Vergangenheitsbewältigung und der Verteufelung der früheren geistigen deutschen Tradition mit zu betrachten. Die Nachkriegsgeneration, die das Dritte Reich nicht mehr selbst erlebt hatte, bezog ihr Bild wegen des Verbots objektiver Darstellungen und des Schweigens vieler Älterer aus der Lizenzpresse und deren Nachfolgern und begann, sich schuldig zu fühlen. Sie sehnte sich nach Freiheit aus allen Zwängen. »Der Einfluß, den Horkheimer und Adorno auf Generationen ausgeübt haben, war lange darauf gegründet, daß sie deutschen Studenten Absolution von den Vorwürfen und Gewissensqualen, sie seien ›autoritäre Persönlichkeiten‹, erteilen konnten.« (ebd., S. 252)

Für Deutschland kam hinzu, daß die neue Soziologie sich bestens für die Durchführung der von den Alliierten geplanten Umerziehung zum »demokratischen Menschen« eignete: »Sozialwissenschaftler wurden zur Vorbereitung und Ausführung der Besatzungspolitik systematisch von Regierung und Militär als Berater herangezogen; die entsprechenden Stellen, Stäbe, Ausbildungsstätten und Forschungsinstitute wurden eingerichtet – all dies in der Überzeugung, daß die Sozialwissenschaften die nötigen Erkenntnisse bereithielten, um Menschen, Völker, Kulturen, Staaten und Nationen nach Plan ändern und nach Muster demokratisieren zu können.« (ebd., S. 167) Diese Pläne wurden vor allem in den USA schon während des Krieges ausgearbeitet. Dazu »entwickelte Parsons in seinen *Essays in So-*

ciological Theory die Grundsätze und Maßnahmen, die in Deutschland und Japan durch Veränderung der Institutionen den demokratischen Menschen erzeugen sollten – unangefochten von jeder Sorge, damit am freiwilligen Kriegseinsatz der Wissenschaft teilzunehmen«. (ebd., S. 168) Die Frankfurter Schule bildete dabei einen der wirkungsvollsten Treibriemen.

Hinzu kam, daß ein wesentlicher Teil der nachwachsenden Hochschullehrer seine Ausbildung in den USA erfuhr. Der Aufenthalt an einer amerikanischen Universität mit der einschlägigen Prägung auf die neue Soziologie war die beste Voraussetzung für einen Lehrstuhl in Deutschland. Denn »die USA waren aus dem Krieg nicht nur als der eigentliche militärische, sondern als der wahre geistige Sieger hervorgegangen«. (ebd., S. 170) Amerika trug »die Sozialwissenschaften in alle Teile der Welt, wo es eine Besatzung, Stützpunkte oder kulturelle Vertretungen unterhielt«. (ebd., S. 169) Das Ergebnis war »die Soziologisierung der wissenschaftlichen, kulturellen und alltäglichen Wissensbestände«. »Unvermerkt hatte ein neues Weltbild seinen Einzug gehalten.« (ebd., S. 170)

Dieses war ganz auf die Gesellschaft fixiert und betrachtete die Wirklichkeit nur aus einem ganz bestimmten engen Gesichtswinkel. Bewußtseinsverengung, Verdrängung der Wirklichkeit und Anfälligkeit für lebensfremde Utopien waren die Folge, und daraus entsprang allmählich bei den Linken eine entsprechende Politik. »Wo die Erfindung der Gesellschaft zur Matrix der Daseinsdeutung wird, da sinken konkrete Identitäten – wie Volk, Nation, Ehe, Familie u.ä. – als bloße Befangenheiten in das Nichts, aus dem am Ende der verzweifelte Ruf nach der eigenen Identität ertönt, dem die Wirklichkeit nicht mehr antworten kann, weil sie, aller geschichtlichen und kulturellen Konkretion beraubt, den Blick nur noch auf jene Tatsachen fallen läßt, die im Sinne der Soziologie als ›gesellschaftliche‹ gelten.« (ebd., S. 201)

Das ist heute vielfach Wirklichkeit geworden, wenn vor allem die Grünen als treueste Erfüller der Ideen der Frankfurter Schule die Schwulen- und Lesben-Ehe durchsetzen, unkontrollierte Einwanderung fordern und das deutsche Volk abschaffen wollen, wenn es in dem Land, das früher die meisten Nobelpreisträger aufwies und die besten Hochschulen hatte, heute an Nachwuchs an Naturwissenschaftlern fehlt und Zigtausende von Computerspezialisten eingeführt werden müssen.

Der Kampf der Frankfurter gegen Arnold Gehlen

Die Einstellung der Vertreter der Frankfurter Schule gegen das konservative deutsche Denken kommt besonders gut an ihrem Kampf gegen den weltweit anerkannten Philosophen und Soziologen Arnold Gehlen seit den fünfziger Jahren zum Ausdruck. Zu Recht sahen sie in seiner Anthropologie eine der ihren entgegengesetzte und für ihre Ideologie gefährliche Geistesrichtung.

Arnold Gehlen, (30. 1. 1904 - 29. 1. 1976) hatte nach dem Studium der Philosophie und Soziologie in Köln und Leipzig und Habilitation 1930 im Jahre 1934 dort als Nachfolger von Driesch dessen philosophischen Lehrstuhl bekommen, wurde 1938 auf den angesehenen philosophischen Lehrstuhl nach Königsberg berufen und lehrte ab 1940 in Wien. Da er 1933 NSDAP-Mitglied geworden war, bekam er nach 1945 zunächst kein Amt. Er fand ab 1947 eine Stelle an der Verwaltungsakademie in Speyer. 1933 erschien seine *Theorie der Willensfreiheit*. Seine grundlegenden Bücher *Der Mensch* (1940) und *Urmensch und Spätkultur* (1956) hatten ihn als führenden Anthropologen hervortreten lassen. Mit seinem Spätwerk *Moral und Hypermoral* (1969) wurde er der Begründer des Neokonservativismus. Armin Mohler nannte ihn den »Meisterdenker der Konservativen«, für Habermas war er der »beunruhigendste Intellekt« der deutschen Nachkriegsrechten.

Als deutscher Anti-Rousseau schuf Gehlen eine Institutionenlehre und legte dar, daß der Mensch als ein Mängelwesen nur in Gemeinschaften und mit Institutionen leben kann. Letztere dienen zur »Bändigung der Verfallsbereitschaft des Menschen«. Für ihn waren Recht, Ehe, Familie und Eigentum »Bestände, die mit dem Menschen wesensmäßig zusammenhängen«. Diese seien in letzter Zeit bereits gefährlich angegriffen worden, und er setzte dem »Zurück zur Natur!« Rousseaus und der Linken das »Zurück zur Kultur!« entgegen, um die Menschen vor dem Abgleiten in das natürliche Chaos zu bewahren. Er warnte vor dem »Reich der Lüge« und befürchtete, daß den Deutschen von den Umerziehern das Selbstbewußtsein ausgetrieben und ihr Selbstbehauptungswille zerstört werde. Er geißelte das Unwesen der linken »Reformen« seit den sechziger Jahren als Zerstörung und kritisierte die bindungslose und unverantwortlich eingesetzte Macht, das »Maulburschentum«, der Intellektuellen, die sich besonders bei HABERMAS zeigte und zu dem 68er Aufstand führte. (WEISSMANN 2004)

Mit solchem aus dem deutschen Idealismus und mit biologischer Begründung versehenen Denken bildete GEHLEN geradezu den Gegenpol zur neomarxistischen und materialistischen Ideologie der Frankfurter Schule und ihrer Kritischen Theorie. Es ist daher nicht verwunderlich, daß diese ihn auszuschalten versuchte und danach trachtete, ihn keinen Einfluß auf die bundesdeutsche Nachkriegsgesellschaft nehmen zu lassen. Besonders GEHLENS Überwindung der Ideen der materialistischen Aufklärung und der Französischen Revolution, sein Konservativismus, seine Verteidigung der Kultur und sein Volksbewußtsein drohten das Wirken der Frankfurter beim Ringen um die geistige Vorherrschaft im Nachkriegsdeutschland zu verhindern.

Darum galt es für HORKHEIMER und seine neomarxistische Gruppe, GEHLEN auszuschalten. Eine Gelegenheit bot sich, als dieser Mitte der fünfziger Jahre an die angesehene Universität Heidelberg berufen werden sollte, um so wieder angemessen in der akademischen Welt tätig werden zu können. Dafür setzte sich auch der bedeutende Heidelberger Philosoph Karl LÖWITH ein. Doch ADORNO, der zu der Berufung ein Gutachten abgab, konnte das erfolgreich verhindern. Mit Hilfe seines damaligen Assistenten HABERMAS, der als guter Kenner des GEHLENschen Werkes belastende Stellen heraussuchen mußte, gelang es ADORNO und HORKHEIMER, der ebenfalls bei dieser Berufung mit von ADORNO geliefertem Material gutachterlich tätig wurde, von Frankfurt aus mit einer Intrige die Berufung GEHLENS an den Neckar zu Fall zu bringen. (WEISSMANN 2009) GEHLEN wurde weiterhin von der einflußreichen akademischen Welt ausgeschlossen, und die Frankfurter Schule konnte sich mit ihrer Ideologie durchsetzen.

Erst 1962 bekam GEHLEN einen Ruf auf den soziologischen Lehrstuhl der Technischen Hochschule in Aachen und mußte mit dieser nicht recht angemessenen Stelle sich bis zur Emeritierung zufrieden geben. Er bekam keinen anderen Ruf an eine deutsche Universität mehr. Als das bayerische Kultusministerium ihn der Münchener Universität zu berufen vorschlug, lehnte die Universität - nach entsprechendem Einsatz der Frankfurter - diesen Vorschlag glatt ab.

GEHLENS Spätwerk *Moral und Hypermoral*, eine schonungslose Bestandsaufnahme der Zeit mit deren auflösenden linken Angriffen auf Staat, Kultur und Volk, wurde von HABERMAS als unwissenschaftlich abgetan. Rudolf AUGSTEIN versuchte GEHLENS Buch mit der Kritik an den Intellektuellen unter der Überschrift »Wir Mundwerksburschen. Arnold Gehlens antiintellektuelle Wissenschaft« zu verreißen (AUGSTEIN 1970) und wandte sich insbesondere gegen GEHLENS Satz: »Ein Volk gewaltsam von seiner Geschichte abzutrennen oder zu entehren bedeutet dasselbe, wie es zu töten.«

Arnold GEHLEN (1904–1976): »Teuflisch ist, wer das Reich der Lüge aufrichtet und andere Menschen zwingt, in ihm zu leben. Das geht über die Demütigung der geistigen Abtrennung noch hinaus, dann wird das Reich der verkehrten Welt aufgerichtet, und der Antichrist trägt die Maske des Erlösers. . . Der Teufel ist nicht der Töter, er ist Diabolos, der Verleumder. . . Er verschüttet den letzten Ausweg der Verzweiflung, die Erkenntnis, er stiftet das Reich der Verrücktheit, denn es ist Wahnsinn, sich in der Lüge einzurichten.« (GEHLEN 1969)

Aufgrund des von der Frankfurter Schule geprägten Zeitgeistes und der von HABERMAS und seinen Schülern gegen GEHLEN geführten Auseinandersetzungen wurde der wohl bedeutendste Anthropologe des vorigen Jahrhunderts in keine bundesdeutsche Akademie der Wissenschaften berufen. Er bekam keine Auszeichnung und keinen Orden in der sonst so verleihbereiten Bundesrepublik, in der viele Kommunisten und Linksradikale geehrt wurden. Als er 1968 die Ehrendoktorwürde der Universität Münster verliehen bekommen sollte, verhinderten linke Studenten aus dem Geist der Frankfurter Schule mit Krawall und brachialer Gewalt die Übergabe. GEHLEN galt als Verfemter, weil er – nach heutiger Ausdrucksweise – nicht politisch korrekt war und sich nicht dem linken Zeitgeist anpaßte. Die gesellschaftliche Entwicklung hatte sich – zumindest vorerst – dank des Einsatzes der Frankfurter Schule nach links gewandt und grenzte eine so bedeutende und sicher für die Zukunft wegen ihrer Ideen noch wichtige Persönlichkeit wie GEHLEN aus.

Nach GEHLENS Tod gehörten die nächsten Jahrzehnte der Ideologie der Frankfurter Schule mit ihrer Volks- und Kulturzerstörung, die dadurch den Globalisierern in die Hände arbeitete. Neuerdings, nach dem Zusammenbruch des Weltfinanzsystems und den Einbrüchen in die Wirtschaft, wird der Ruf nach Ordnung, Regelung, Institutionen wieder laut. Die bisherige von der linken Ideologie angeführte Zerstörung aller Werte wird als falsch erkannt. Die Einsicht, daß die Frankfurter Schule den faschen Weg wies und daß GEHLENsche Gedanken für eine Gesellschaft unverzichtlich sind, nimmt zu.

Vergangenheitsbewältigung

Durch ihre marxistische Grundlage und die enge ideologische Verbindung fast aller Angehörigen zum Kommunismus – besonders deutlich etwa in der Person von STALINS Meisterspion Richard SORGE – war die Frankfurter Schule dem kommunistischen Geschichtsbild verpflichtet. Ihre Erfahrungen mit dem Nationalsozialismus verstärkten diese Haltung und ließen sie nach 1945 voll dem Programm der Umerziehung der Deutschen huldigen und als Teil des Antifaschismus an der Verteufelung der deutschen Geschichte teilnehmen. Ihr Kampf gegen alle deutschen Traditionen zur Zerstörung der Identität und zur Entwurzelung der Deutschen wirkte in die gleiche Richtung.

Es ist daher kein Zufall, sondern Folgerichtigkeit, daß ihre Zöglinge in der 68er Bewegung die angeblich bis dahin weitgehend unterbliebene Vergangenheitsbewältigung zu einem ihrer Hauptprogrammpunkte machten. Die ›Faschismuskeule‹ und der ›Auschwitzknüppel‹ fanden Eingang in die ›politische Kultur‹. Die Anklagen gegen die Kriegsgeneration der Väter sollten gleichzeitig den Generationenkonflikt verschärfen und den Gegensatz zur Elternschaft vergrößern. Damit sollten die Älteren beschuldigt, unter Anklage gestellt und verunsichert, damit die Familien gesprengt werden, die – wie weiter unten beschrieben – als angeblich autoritäre Bastionen aufgelöst werden sollten.

Schon in den frühen sechziger Jahren hatte es regelrechte linke Hetzjagden gegen Persönlichkeiten gegeben, die sich mit guten Gründen gegen diese einseitige Form der Vergangenheitsbewältigung gewandt hatten. Beispielhaft sei auf den Fall des Psychologen Peter R. HOFSTÄTTER verwiesen. Der auch im Ausland angesehene Ordinarius der Hamburger Universität hatte am 14. Juni 1963 in einem ausführlichen Artikel in der Wochenzeitung *Die Zeit* unter dem Titel »Bewältigte Vergangenheit?« Zweifel am Sinn der in den letzten Jahren vorangetriebenen Art und Weise der Beschäftigung mit der NS-

Vergangenheit angemeldet. Er hatte sich in dem Beitrag gegen die endlosen Gerichtsverfahren über Handlungen aus der Kriegszeit gewandt, die seit 1959 eingeführte übertriebene »Curriculararbeit« in den Schulen zu diesem Thema kritisiert, den Mord an den Juden als Kriegshandlung bewertet und behandelt haben wollen und dann zusammenfassend geschrieben: »Es gibt auf der ganzen Erde kein Volk, das seine Vergangenheit je bewältigt hätte... Es scheint mir unklug, wenn wir uns eine prinzipiell unlösbare Aufgabe stellen.«

Daraufhin fielen die Massenmedien über ihn her, und eine Verleumdungskampagne gegen den Wissenschaftler und seine »gemeingefährliche Lehre« begann. Es wurde Strafanzeige gegen ihn erstattet und ein Disziplinarverfahren gegen den international angesehenen Hochschullehrer eröffnet. Dieses wurde dann zwar noch einmal eingestellt, und der Gelehrte entging knapp einer Bestrafung oder gar Entlassung, aber der zuständige Senat der Hamburger Universität sah sich veranlaßt, ausdrücklich die Art zu mißbilligen, in der HOFSTÄTTER »besonders brennende Fragen unseres politischen Zusammenlebens behandelt« habe (*FAZ* 20. 10. 1983).

Dieses Vorgehen sollte abschrecken und wirkte auch so: Es war »ein Signal, das die westdeutsche Professorenschaft verstanden hat. Seither hat sich, bis heute, kein Ordinarius mehr mit derselben Offenheit kritisch mit der VB (Vergangenheitsbewältigung, R.K.) auseinandergesetzt«. (MOHLER 1987, S. 40)

Zwei Jahre später wurde der Diplom-Politologe Udo WALENDY als Lehrer an einer Gewerbeschule bereits entlassen, weil er kurz vorher (1963) das Buch *Wahrheit für Deutschland* mit vielen Dokumenten zur Kriegsschuldfrage des Zweiten Weltkriegs veröffentlicht hatte und darin zu anderen Ergebnissen als die herrschende Umerziehungsmeinung gekommen war. Der zuständige Detmolder Regierungspräsident schrieb dem ausgewiesenen Fachwissenschaftler dazu unter dem 10. Mai 1965: »Es ist... selbstverständlich, daß... von der Schulaufsicht darauf gesehen werden muß, nur solche Lehrkräfte... zu beschäftigen, die voll und ganz auf dem Boden unseres heutigen Staates stehen und vor allem auch die von der Bundes- und Landesregierung... vertretenen Ansichten und Konzeptionen ohne entscheidende Abweichungen wiederzugeben vermögen... (Es ist bekannt), daß Sie ein Buch geschrieben haben, in dem Sie zur jüngsten deutschen Geschichte in einer Weise Stellung nehmen, die den heutigen geschichtlichen Erkenntnissen nicht in allen Einzelheiten und vor

Oben: Der Diplom-Politologe und Verleger Udo WALENDY *(1965). Wegen seiner Veröffentlichungen in der Heftreihe* Historische Tatsachen *wurde er 1998 zu 14 Monaten Freiheitsstrafe verurteilt. – Unten:: Hellmut* DIWALD*: »Die Geschichte der Deutschen wurde nicht sachbezogen inspiziert und interpretiert, sondern moralisch disqualifiziert.«*

allem Folgerungen entspricht, die aber jedenfalls. . . nicht gebilligt werden kann.« (*Freies Forum* Nr. 5, 1966, S. 7 f.)

In der Folgezeit wurden weitere Lehrer entlassen, weil sie in Schriften oder Büchern oder durch Aussagen zur Zeitgeschichte gegen die herrschende Meinung in der Vergangenheitsbewältigung zum Dritten Reich verstoßen hatten, weil sie eine ›Verharmlosung‹ oder gar ›Verherrlichung‹ des ›NS-Regimes‹ betrieben hätten. Es ist bezeichnend, daß kein einziger Fall bekannt wurde, daß ein Lehrer oder Professor gemaßregelt wurde, wenn er sich einer nachweisbaren Übertreibung deutscher Schuld oder Verfälschung der Geschichte zu Lasten der Deutschen schuldig gemacht hatte.

Mit der 68er Bewegung setzte die geschichtsverdrehende Vergangenheitsbewältigung in Deutschland verstärkt ein, wurde das vor allem aus Moskau stammende Geschichtsbild der kommunistischen Antifa übernommen, das dann von den einflußreichen Medien immer stärker in die Öffentlichkeit gebracht wurde. Bundeskanzler BRANDTS Kniefall in Polen war ein Folgeereignis, die Verzichts- und Verratspolitik in bezug auf die deutschen Ostprovinzen ein weiteres. Entsprechend schärfer wurde darüber gewacht, daß keine Abweichler auftraten und daß solche, so sie denn erschienen, sofort diszipliniert würden. Es sei als ein Beispiel der Fall des Historikers Hellmut DIWALD im Jahre 1978 angeführt.

Der Erlanger Geschichtsordinarius hatte nach einer Reihe anderer gut beurteilter Geschichtsbücher in diesem Jahr im angesehenen Propyläen-Verlag sein umfangreiches Werk *Geschichte der Deutschen* veröffentlicht. Der bis dahin eher als ›linkslastig‹ und ›neutralistisch‹ beurteilte und gern als Autor in großen Zeitungen wie als

Beginn des Auschwitz-Prozesses am 20. 12. 1963 im Frankfurter Landgericht. 21 SS-Bewacher waren angeklagt worden. Die Urteilsverkündung fand erst am 19. August 1965 statt.

Wissenschaftler im Fernsehen herangezogene Professor für Neuere Geschichte an der Universität Erlangen hatte in diesem Band insbesondere die Geschichte des 20. Jahrhunderts ungleich differenzierter behandelt als die meisten seiner Kollegen. Er hatte vor allem einige weitverbreitete Geschichtslügen der Umerziehung und Zahlenübertreibungen im Zusammenhang mit den Konzentrationslagern des Zweiten Weltkrieges richtiggestellt und zur ›Endlösung‹ dann geschrieben: »Was sich in den folgenden Jahren tatsächlich abgespielt hat, ist trotz aller Literatur in zentralen Fragen noch immer ungeklärt.« (DIWALD 1978, S. 165) Damit äußerte er Zweifel an der Meinung, durch die bisherigen Ermittlungen und Forschungen, insbesondere durch den großen Auschwitz-Prozeß der sechziger Jahre, sei bereits alles zu diesem Thema geklärt.

Daraufhin erhob sich nach einigen zunächst wohlwollenden Besprechungen des großen und auch in seiner ›gegenchronologischen‹ Schreibweise – von der Gegenwart aus rückwärts gehend – eigenwilligen Werkes eine vor allem vom Wochenmagazin *Der Spiegel* ausgelöste Hetzkampagne gegen den Historiker. Von seinem Verlag wurde er gedrängt, die angegriffenen Stellen in seinem Buch zu ändern. Obwohl er im Dezember 1978 in einem Interview mit dem Bayerischen Rundfunk noch erklärt hatte, daß er keiner Änderung des Inhalts seines Werkes zustimmen werde und schließlich die Verbindung zu seinem Verlag abgebrochen hatte, ließ der Verlag, der einen Teil der ersten Auflage soll haben einstampfen lassen, »eine von Dritten retuschierte Neuauflage drucken, schickte aber jedem, der es wünschte, den Wortlaut der gestrichenen Stellen zu« (MOHLER 1996, S. 194). DIWALD hatte es wohl nur seinem wissenschaftlichen Ansehen zu verdanken, daß er mit einer Verwarnung von seiten seines Dienstherrn davonkam und dieser sich mit einer gewissen Zurückhaltung begnügte. Bezeichnend bei diesem Kesseltreiben gegen den Erlanger Ordinarius war, daß ›Ehemalige‹, sogar solche mit früherem SS-Offiziersrang und früherem Sitz im Reichssicherheitshauptamt, Wortführer bei den öffentlichen Angriffen gegen den Historiker waren (ebd., S. 193).

Für weitere ähnliche Fälle sei auf die betreffende Literatur verwiesen (z. B. MOHLER 1996, KOSIEK 1987).

Der Historikerstreit 1986

Besonders deutlich wurde der Einfluß der Frankfurter Schule durch das Eingreifen ihres Hauptvertreters Jürgen HABERMAS in den Historikerstreit von 1986, über den eine ausführliche Literatur entstand (PIPER 1987, KOSIEK 1987). Der durch sein Hauptwerk *Der Faschismus in seiner Epoche* (NOLTE 1963) und mehrere weitere Geschichtsbücher hervorgetretene Berliner Historiker Ernst NOLTE veröffentlichte am 6. Juni 1986 in der *Frankfurter Allgemeinen Zeitung* unter der Überschrift »Vergangenheit, die nicht vergehen will« einen ausführlichen Artikel mit dem Inhalt eines Vortrages, den er bei den Frankfurter Römerberg-Gesprächen 1986, zu denen er zunächst eingeladen, dann praktisch wieder ausgeladen war (HOFFMANN 1987, S.13 ff.), wegen dessen brisanten Inhalts nicht hatte halten dürfen. In diesem Beitrag hatte NOLTE sich erlaubt, an Fragen aus der Zeitgeschichte zu rühren, die für beamtete westdeutsche Historiker bis dahin als tabu galten: »War nicht der ›Archipel Gulag‹ ursprünglicher als Auschwitz? War nicht der ›Klassenmord‹ der Bolschewiki das logische und faktische Prius (Vorangehende, R.K.) des ›Rassenmords‹ der Nationalsozialisten?«

Ernst Nolte (geb. 1923), Träger des Konrad-Adenauer-Preises 2000 (siehe unten, S. 102).– Bei den Römerberggesprächen am 6. 6. 1986 hatte der spanische Schriftsteller und Buchenwald-Überlebende Jorge Semprún immerhin das Credo der Studentenbewegung Ende der achtziger Jahre stark erschüttert: »Wer. . . vom Stalinismus nicht reden will, der sollte auch vom Faschismus schweigen.« Damit sprach er dieselbe Problemstellung wie Ernst Nolte an.

Nolte stellte zunächst nur Fragen und bemerkte zu ihnen im Hinblick auf die in Westdeutschland damals herrschende ›politische Kultur‹: »Aber man scheut sich, sie aufzuwerfen, und auch ich habe mich lange Zeit gescheut, sie zu stellen. Sie gelten als antikommunistische Kampfthesen oder als Produkte des Kalten Krieges. . . Aber sie beruhen auf schlichten Wahrheiten. Wahrheiten willentlich auszusparen mag moralische Gründe haben, aber es verstößt gegen das Ethos der Wissenschaft.« Er kritisierte die Einseitigkeit der bisherigen Literatur zur Zeitgeschichte und warf seinen Fachkollegen vor, die jüngste deutsche Vergangenheit zu einem »Schreckbild« gemacht zu haben, das »wie ein Richtschwert über der Gegenwart aufgehängt« worden sei. Vor allem »führt doch eine Einstellung in die Irre, die nur auf den einen Mord und den einen Massenmord hinblickt und den anderen nicht zur Kenntnis nehmen will, obwohl ein kausaler Nexus wahrscheinlich ist«.

Als dann noch ebenso anerkannte Historiker wie der Kölner Ordinarius Andreas Hillgruber, der Erlanger Lehrstuhlinhaber Michael Stürmer und der Bonner Geschichtsprofessor Klaus Hildebrand an Noltes Seite traten, drohte das bisher herrschende Geschichtsbild der Umerziehung ins Wanken zu geraten. Insbesondere die Vertreter der Frankfurter Schule mußten durch solche Äußerungen angesehener Wissenschaftler um die Früchte ihrer jahrzehntelangen Bemühungen zur Indoktrinierung der Deutschen fürchten und gingen deswegen schon bald zum Angriff gegen NOLTE über. Kein geringerer als Jürgen HABERMAS, der nach dem Tod HORKHEIMERS und ADORNOS als deren einflußreichster Schüler die Frankfurter Schule und deren »Kritische Theorie« vertrat, eröffnete in der *Zeit* vom 11. Juli 1986 unter der Überschrift »Eine Art Schadensabwicklung – Die apologetischen Tendenzen in der deutschen Zeitgeschichtsschreibung« eine unqualifizierte Attacke gegen NOLTE. Er war als neomarxistischer Philosoph und Nichthistoriker dazu fachlich eigentlich gar nicht berechtigt. Er konnte auch die von den konservativen Historikern angeführten Tatsachen nicht widerlegen und versuchte auch erst gar nicht, auf die vorgebrachten Argumente einzugehen oder sie gar zu widerlegen. Er sah die Grundlehren der Umerziehung gefährdet, zu der er sich selbst früher bekannt hatte: »Ich selbst bin ein Produkt der ›reeducation‹, und ich hoffe, kein allzu negatives.« (zit. in *Criticón* Nr. 97, 1986, S. 195)

HABERMAS sah in den neuen Veröffentlichungen der genannten Historiker und ihren berechtigten Bemühungen um mehr Wissenschaftsfreiheit und Geschichtsbewußtsein eine für das bisher von der Linken bestimmte geistige Klima in Westdeutschland gefährliche Entwicklung. Eine breite Reaktion sei dabei, einen neuen Geschichtssinn einzuführen und HITLER zu verharmlosen. Die von NOLTE geforderte Historisierung des Dritten Reiches und das Leugnen der Einmaligkeit der NS-Verbrechen seien ein »Skandal« und unter keinen Umständen zu erlauben. Polemisch nannte er NOLTES von großer Sorge um die Wissenschaft getragene Äußerungen »die skurrile Hintergrundphilosophie eines bedeutend-exzentrischen Geistes«, die man »auf sich beruhen lassen« könne, »wenn nicht neokonservative Zeithistoriker sich bemüßigt fühlten, sich genau dieser Spielart von Revisionismus zu bedienen«. Er beschuldigte den Berliner Historiker auch unsachlich des Antisemitismus, weil dieser es kurz vorher in einem Artikel gewagt hatte (NOLTE 1985, S. 27 f.), die »Kriegserklärung« zu erwähnen, die »Chaim WEIZMANN im September 1939 (richtig Brief Chaim WEIZMANNS vom 29. 8. 1939 an den britischen Premierminister CHAMBERLAIN, R.K.) für den jüdischen Weltkongreß abgegeben und die HITLER dazu berechtigt habe, die deutschen Juden als Kriegsgefangene zu behandeln – und zu deportieren« (NOLTE hatte nicht ›deportieren‹, sondern »internieren« geschrieben, R.K). Kurz darauf wiederholte Habermas den hier völlig verfehlten Antisemitismusvorwurf und schrieb in der *Frankfurter Allgemeinen Zeitung* vom 11. August 1986, er könne in dieser Äußerung Noltes »die Unterstellung des Weltjudentums als eines völkerrechtlichen Subjekts von üblichen antisemitischen Projektionen nicht unterscheiden«. Peinlich für Habermas mußte es sein, daß Nolte den erst 1985 in englisch gedruckten Artikel bereits 1980 an der Universität von Jerusalem vorgetragen hatte, ohne dort auf Widerspruch gestoßen zu sein.

Hillgrubers kurz vorher erschienene Darstellung über das letzte Kriegsjahr im Osten in dessen Buch *Zweierlei Untergang – Die Zerschlagung des Deutschen Reiches und das Ende des europäischen Judentums* (Hillgruber 1986) wertete Habermas ebenso polemisch als eine »Rhetorik von Kriegsheftchen« ab, ohne auch hier sachliche Entgegnungen vorzubringen.

Als treuer Zögling der Frankfurter Schule wandte sich Habermas in völligem Einklang mit der kommunistenfreundlichen Haltung seiner akademischen Lehrer auch energisch dagegen, daß die Tatsachen über die weit größeren Verbrechen der Sowjets endlich angesprochen wurden. Er warf Nolte vor, an die lange unterdrückten Grausamkeiten der Sowjets im russischen Bürgerkrieg und unter Stalin sowie an den polnischen Antisemitismus der Vorkriegszeit erinnert zu haben: »Diese unappetitlichen Kostproben zeigen, daß Nolte einen Fassbinder (der ein Theaterstück gegen Ignatz Bubis geschrieben hatte, R. K.) bei weitem in den Schatten stellt.« Auch hier war der unberechtigte Antisemitismusvorwurf unübersehbar.

Den umerzogenen und ihrer Nation entfremdeten Deutschen malte Habermas in seinem genannten *Zeit*-Artikel eine große Gefahr an die Wand: »Die Ideologieplaner wollen über eine Wiederbelebung des Nationalbewußtseins Konsens beschaffen.« Das durfte natürlich unter keinen Umständen stattfinden, war es doch vornehmliches Ziel der Frankfurter Schule gewesen, jedes Gemeinschaftsgefühl zu zerstören. Er sah deswegen in dem von den Umerziehern angestrebten »Verlust der Geschichte« durchaus eine begrüßenswerte Entwicklung, weil sie Nationalbewußtsein verhindert. Für die Deutschen solle gelten: »Der einzige Patriotismus, der uns dem Westen nicht entfremdet, ist ein Verfassungspatriotismus.« Wer dagegen »Geschichtsverlust« oder »Schuldbesessenheit« beklage, erstrebe ein »vereinheitlichtes Geschichtsbild«, wolle »Geschichtsbewußtsein als Religionsersatz«, und das sei ja gegen die »Aufklärung«.

Ausgerechnet unter Bezugnahme auf die Aufklärung trat HABERMAS also für eine Beschränkung der Forschung durch Frageverbote ein, forderte er Tabus in der Zeitgeschichte, setzte er sich für Geschichtsmythen anstelle historischer Erkenntnisse ein. In einer für die ›Kritische Theorie‹ kennzeichnenden Verdrehung und Perversion der Begriffe nahm er für seine intolerante, wissenschaftsfeindliche, Wissen verhindernde und die wirkliche Aufklärung unterbindende Haltung den Begriff ›Aufklärung‹ in Anspruch und bezeichnete in unglaublicher Chuzpe die durch die Forderung nach Historisierung die Aufklärung wirklich voranbringenden Historiker als Gegner der Aufklärung.

Jede Wissenschaft braucht Revision. Ohne das dauernde In-Frage-Stellen bisheriger Erkenntnisse ist kein wissenschaftlicher Fortschritt möglich. Echte Forschung hat sich nicht an Ideologien oder deren Leitpersönlichkeiten wie LENIN oder STALIN auszurichten, sondern allein an der Wirklichkeit. Sie darf keine Tabus dulden, sondern muß offen sein. Allein diese im Abendland allmählich erst gegen erheblichen Widerstand aus Kreisen der Kirchen durchgesetzte Haltung hat die Fortschritte in Kultur und Geistesleben wie in der Wissenschaft und Technik ermöglicht und Europa in der Neuzeit zum geistigen, wirtschaftlichen und politischen Zentrum der Welt gemacht. Das gilt auch für die Geschichtswissenschaft, die über eine in bisher unbekannter Stärke polarisierende und die Gemüter tief aufwühlende Zeit zu berichten und zu urteilen hat. Nach mehr als einem halben Jahrhundert sollte endlich die sachliche Analyse die bisherige parteiische Beurteilung ablösen, sollte NOLTES Forderung nach Historisierung auch der Zeit des Dritten Reiches erfüllt werden und die bisherige (hyper-) moralische Betrachtung in Fortsetzung der Kriegspropaganda der Sieger auslaufen. Das ist auch eine Frage des Ethos der Wissenschaft. Einen Versuch der Neubewertung des Historikerstreits hat Volker KRONENBERG in einem Buch über Ernst NOLTE unternommen (KRONENBERG 1999).

Wer wie die Vertreter der Frankfurter Schule Tabus setzt, Frage-, Denk- und Forschungsverbote fordert, sie in Sondergesetzen mit Strafandrohung durchsetzt und damit eine ganze Gesellschaft wieder archaisiert und neurotisiert, ist wahrlich kein Anhänger der Aufklärung, sondern vergeht sich an ihr, führt längst überwunden geglaubte geistige Unterdrückung durch und vergeht sich an der Moderne. Die anschließende wissenschaftliche Disziplinierung und

Verfemung Noltes, seine »strafweise« Entfernung aus wissenschaftlichen Vorhaben (Kosiek 1987, S.143–149) und die erbärmliche Rolle der Deutschen Forschungsgemeinschaft dabei sind eine Schande für die deutsche Forschung und fallen auf ihre Hauptverursacher wie Habermas zurück. Daß Nolte dann ein Schreibverbot in der angesehenen und sich liberal nennenden *Frankfurter Allgemeinen Zeitung* erhielt, rundet die Sache ab und zeigt den Einfluß der politischen Korrektheit selbst auf Deutschlands führende Tageszeitung.

An diesem Beispiel des Historikerstreits von 1986/87 wurde vor aller Öffentlichkeit offenkundig, wo die Feinde der Freiheit des Geistes und einer geistigen Erneuerung des deutschen Volkes zu finden sind. Eine ganze Reihe angesehener westdeutscher Historiker hatte sich in dieser Art erstmalig für eine Revision des herrschenden Geschichtsbildes in Deutschland und für eine längst fällige Historisierung der Zeitgeschichte eingesetzt. Die ihnen statt einer sachlichen Auseinandersetzung von linker Seite entgegen schlagende Welle von Unterstellungen, Diffamierung, Abwertung bis hin zu offenem Haß von seiten der meisten Medien und Politiker zeigte auf, wie weit die Deutschen noch von einer Normalisierung entfernt sind. Sie machte auf der anderen Seite deutlich, wo die Kräfte zu suchen sind, die dieser Normalisierung, bisher leider erfolgreich, entgegenwirkten und immer noch entgegenwirken. Dabei sind sich die meisten Deutschen gar nicht darüber bewußt, in welchem Maße sie manipuliert werden und wie stark dadurch ihre Zukunft belastet wird.

Als ein weiteres Beispiel aus neuerer Zeit für den Versuch linker Kräfte, Wissenschaftler nach unkonventionellen Äußerungen zu disziplinieren, sei der Skandal am Hannah-Ahrendt-Institut in Dresden genannt (*Sächs. Ztg.* 16. 12. 1999; *FAZ* 6. 10. 00). Zu diesem Anlaß schrieb der in Mannheim lehrende Politologe Peter Graf Kielmansegg in der *Frankfurter Allgemeinen Zeitung,* was als direkte Antwort auf Habermas' Anmaßung angesehen werden kann, das politisch Korrekte verbindlich anzugeben (20. 3. 2000): »Aber es gibt in der freien Gesellschaft keine Instanz, die autoritativ darüber befinden kann, welche Thesen, welche Meinungen diskussionswürdig sind. Das Diskussionswürdige vom Unsinnigen oder Belanglosen zu trennen kann selbst nur in der Diskussion gelingen durch Austausch von Argumenten. Eine Gesellschaft, die mit Frageverboten einen korrekten Umgang mit der Vergangenheit erzwingen will, beschädigt sich selbst... Viel schlimmer ist die deutsche Praxis, sich das Argument dadurch zu ersparen, daß man jemanden ins braune Zwielicht rückt.«

NOLTES Hervortreten im Historikerstreit 1986 hatte im Sommer 2000 noch ein Nachspiel. Die unter der Schirmherrschaft von Bundeskanzler ADENAUER gegründete Deutschland-Stiftung beschloß, am 4. Juni den seit 1967 vergebenen Konrad-ADENAUER-Preis für das Jahr 2000 Ernst NOLTE wegen dessen »Bekenntnis zur Meinungs- und Wissenschaftsfreiheit« zu überreichen. Die Laudatio sollte der Leiter des Münchener Instituts für Zeitgeschichte, Horst MÖLLER, halten. An dieser Einrichtung war NOLTE zehn Jahre von 1978–1988 Angehöriger des Wissenschaftlichen Beirats gewesen. Als NOLTES Ehrung und MÖLLERS Zusage bekannt wurden, brach wieder ein Sturm der Entrüstung los (s.u.a. »Die Fahne hoch«, in *Süddeutsche Ztg.* 22. 5. 2000). Da die linken Ideologen keinen Einfluß auf die Stiftung ausüben konnten, konzentrierte sich ihr Druck auf den Institutsdirektor, daß er die zugesagte Rede absage. Heinrich August WINKLER, Historiker an der Berliner Humboldt-Universität und beim Historikerstreit einer der wortreichsten Unterstützer und treuen Gefolgsleute von HABERMAS, schrieb als Mitglied von MÖLLERS wissenschaftlichem Institutsbeirat dem Direktor einen Offenen Brief, in dem er ihn dringend riet, von der vorgesehenen Laudatio Abstand zu nehmen. Seit Mitte der achtziger Jahre sei NOLTES Name »unauslöschlich mit dem Versuch der Revision des deutschen Geschichtsbilds in nationalapologetischer Absicht verknüpft«. Er habe die These von der Judenvernichtung als »Putativnotwehr« in die Welt gesetzt. »Viele seiner Positionen sind seit langem von denen der äußersten Rechten kaum noch zu unterscheiden.« Wenn MÖLLER die Laudatio halte, würden durch diesen Akt NOLTES skandalöse Äußerungen zu läßlichen Sünden erklärt. In der Öffentlichkeit würde der Eindruck entstehen, der Direktor des Instituts für Zeitgeschichte halte »für vertretbar oder zumindest für tolerabel, was NOLTE zum Thema Nationalsozialismus seit Mitte der achtziger Jahre gesagt und geschrieben hat«. Ausdrücklich warnte WINKLER vor Schaden für MÖLLERS Einrichtung: »Das Haus, an dessen Spitze Sie stehen, wird ins Zwielicht geraten, wenn Sie die Laudatio auf Ernst NOLTE halten.« Als Beiratskollege bat er darum, die von MÖLLER der Deutschland-Stiftung gegebene Zusage zurückzuziehen: »Halten Sie keine Laudatio auf Ernst NOLTE!« (*FAZ* 31. 3. 2000)

Doch MÖLLER hielt die Preisrede, lobte NOLTES »Lebenswerk von hohem Rang« und forderte eine faire Auseinandersetzung. Die NOLTE, der als angesehener Gastprofessor in Cambridge, Yale und Jerusalem gelehrt hatte, gemachten Vorwürfe seien abwegig. Noltes methodische Vorgehensweise und sein Vergleich der totalitären Ideologien des 20. Jahrhunderts seien wissenschaftlich berechtigt und notwendig (*FAZ* 5. und 6. 6. 2000). In seiner Ansprache wiederholte Nolte seine frühere Feststellung, daß die KPdSU die »früheste und stärkste Vernichtungsorganisation des 20. Jahrhunderts« gewesen sei, und er wandte sich dagegen, daß ein »kollektiver Schuldkomplex der Deutschen« zur Quasi-Religion »einer Weltzivilisation« gemacht werde. Genau diesen Schuldkomplex zu erhalten und die viel schlimmeren Untaten der Bolschewisten zu verharmlosen ist aber das Hauptziel der volksfeindlichen Frankfurter Schule, was an diesem einen Beispiel wieder exemplarisch zum Vorschein kam.

Oben: Horst Möller: »In bestimmten Bereichen wird jeder, der eine abweichende Meinung vertritt oder auch nur abweichende Fragen stellt, mit dem Verdikt belegt, er sei ein Rechtsradikaler.« Unten: Hans Mommsen, Professor für Neuere Geschichte in Bochum; er befand, daß Möller sich am »äußersten rechten Rand« bewege.

Bezeichnend war auch, daß die CDU-Vorsitzende Merkel, die zwei Jahre vorher für den letzten Preisträger Wolfgang Schäuble noch die Laudatio gehalten hatte, im Gegensatz zur bisherigen CDU-Tradition bei den früheren Preisverleihungen der Adenauer-Stiftung der Feierstunde für Nolte fernblieb und sich politisch korrekt von ihm distanzierte. (*Süddeutsche Ztg.* 23. 5. 2000) Münchens Oberbürgermeister Ude hatte ein erbetenes Grußwort verweigert, viele eingeladene Prominente fehlten in dem dann nur halbvollen Herkulessaal der Residenz in München. (*FAZ* 6. 6. 2000)

Für Möller und sein Institut hatte diese Sache noch ein Nachspiel, und es rauschte im deutschen Blätterwald. Weil Möller, der schon wenige Monate vorher mit seiner scharfen Verurteilung der Heer-Reemtsmaschen Wehrmachtausstellung sich gegen die herrschende linke Political Correctness vergangen hatte (s.u.), was ihm jetzt unter anderem von der *Süddeutschen Zeitung* noch einmal übel angekreidet wurde, nun auch für Nolte gesprochen hatte, wenn auch nur als »Person und nicht als Institutsdirektor«, schrieb WINKLER am 15. Juni in einem zweiten Offenen Brief in sehr selbstherrlicher Weise, daß MÖLLER jetzt nicht mehr länger »an der Spitze des Instituts für Zeitgeschichte und der Gemeinsamen Kommission zur Erforschung der jüngeren Geschichte der deutsch-russischen Beziehungen verbleiben« könne. Als MÖLLER sich verteidigte und WINKLER vorwarf, daß er sich in »eine Rufmordkampagne einspannen« lasse und »vorsätzlich das Ansehen« des Instituts schädige, nahmen acht frühere Mitarbeiter des Instituts, darunter der einschlägig bekannte Wolfgang BENZ, dagegen Stellung und zeigten sich »über den Ansehensverlust tief besorgt«, den »das Haus unter der Leitung von Horst MÖLLER« erfahren habe. Am 22. Juni 2000 konnte WINKLER bei der Tagung der »Gemeinsamen Kommission für die Erforschung der jüngeren Geschichte der deutsch-russischen Beziehungen« zwar keine Mehrheit für eine Absetzung MÖLLERS als Vorsitzenden bekommen. Nach diesem Fehlschlag sollte sich aber der als Aufsichtsgremium des Münchener Instituts wirkende Stiftungsrat mit der Sache befassen. (*FAZ* 4. 7. 2000) Mit allen Mitteln wollten die Linken also MÖLLER wie andere früher abschießen: Intoleranz und Verstoß gegen jedes wissenschaftliche Ethos in Reinkultur. Es war ein Lichtblick, daß es ihnen wie auch im Falle Martin WALSER nicht gelang, und es bleibt zu hoffen, daß die jüngere Generation der Historiker sich solche Bevormundung in Zukunft verbittet.

Während sich die deutsche Historikerschaft nach dem Fall NOLTE, diesem neuerlichen Abstrafen eines unbotmäßigen Geschichtswissenschaftlers, wieder politisch korrekt verhielt, erfolgte im Nachbarland Frankreich ein Aufstand: Am 13. Dezember 2005 erschien in der Pariser Zeitung *Libération* ein Aufruf angesehener Historiker zur Freiheit in den Geschichtswissenschaften, der dann von Hunderten von Universitätsangehörigen unterschrieben wurde (deutscher Text in: *Deutschland in Geschichte und Gegenwart*, siehe Anhang). Darin wandten sich die Franzosen gegen Dogmen und Tabus in der Zeitgeschichte, gegen staatliche Vorgaben und gegen Kriminalisierung von historischen Aussagen.

Bezeichnenderweise brachten die deutschen Medien kaum etwas darüber, die *FAZ* (28. 12. 2005) einen Bericht ohne den Text des Aufrufes. Als der Verfasser rund 100 bundesdeutsche Zeitgeschichtler und Historikerverbände persönlich auf diesen Aufruf hinwies und eine Unterstützung der französischen Forderungen anregte, bedankte sich ein Verband, ohne sonst etwas in die Wege zu leiten, und ein einziger Historiker antwortete – und zwar, daß er nicht der Ansicht der französischen Kollegen sei.

Knapp drei Jahre später versammelten sich erneut französische Historiker und veröffentlichten in der gleichnamigen Stadt den »Appell von Blois« mit ähnlichen Forderungen (*FAZ* 16. 10. 2008, deutscher Text in: *Euro-Kurier*, Nr. 1, 2009, S. 14, siehe Anhang). Ausdrücklich wurde auch gegen die »Loi GAYSSOT« protestiert, die das Leugnen der Gaskammern in deutschen Konzentrationslagern unter Strafe stellt. Dieses Mal unterschrieben auch eine Reihe deutscher Geschichtswissenschaftler – vielleicht, nachdem auch Gabriel COHN-BENDIT, der Bruder des grünen Politikers, zugestimmt und die »totale Meinungsfreiheit für Historiker« gefordert hatte.

Das Hamburger Institut für Sozialforschung

Der von seinem Vater, der im Zweiten Weltkrieg durch die Belieferung der deutschen Wehrmacht mit Zigaretten ein Millionenvermögen errang, mit einem großen Erbe ausgestattete Jan Philipp REEMTSMA gründete mit einem Teil dieser Summe in Hamburg das Institut für Sozialforschung. Sicher nicht zufällig, sondern wohl eher als Programm wählte er als Ultralinker für seine private Einrichtung denselben Namen wie den des berüchtigten Instituts der Frankfurter Schule am Main. Zu seinen Mitarbeitern machte er ebenso einschlägig links ausgerichtete Personen, zum Teil mit kommunistischer Vergangenheit. Selbst Bestrafungen wegen Landfriedensbruch und Nähe zu den RAF-Terroristen bildeten keinen Hinderungsgrund für die Aufnahme in sein Institut, das sich trotz seines rein privaten Charakters den Anschein einer offiziellen wissenschaftlichen Einrichtung in der Öffentlichkeit zu geben versuchte.

Insbesondere widmete es sich der Aufgabe, die schon die frühen Vertreter der Frankfurter Schule verfolgt hatten, die deutschen militärischen Traditionen wie alle anderen historischen Bindungen zu zerstören und die Soldaten der deutschen Wehrmacht zu diffamieren. Dazu ließ es den einschlägig als Kommunisten vorbelasteten und vorbestraften Hannes HEER, der sich wissenschaftlich nicht weiter ausgezeichnet hatte, die Ausstellung »Vernichtungskrieg. Verbrechen der Wehrmacht 1941 bis 1944« zusammenstellen und seit 1995 an rund 30 Orten der Bundesrepublik und Österreichs zeigen.

Von oben: der frühere Kommunist und vorbestrafte Hannes HEER*; der Ausstellungsfinanzier Jan Philipp* REEMTSMA*.*
Ein Bild hatte HEER *der Rubrik ›Genickschüsse‹ zugeordnet, das Foto liegt aber in einem Warschauer Archiv und zeigt exhumierte Leichen von Häftlingen, die vom sowjetischen NKWD ermordet wurden.*

Rund 800 000 Besucher sollen die Ausstellung bis Ende 1999 angesehen haben, zu der ein dikker bebilderter Katalog verkauft wurde. Neben der Diffamierung der deutschen Soldaten war ein Ziel der Ausstellungsmacher, was auch Hauptprogrammpunkt der alten Frankfurter Schule gewesen war, Konfliktstoff in den Familien zu schaffen und die Kinder gegen ihre Eltern aufzubringen. Befriedigt äußerte sich HEER im Sommer 1999 darüber: »Die Ausstellung hat es geschafft, den Vernichtungskrieg in die Familien zu kippen, wo die Soldatenrolle der Väter und Großväter heute hinterfragt und in einem ganz andern Licht gesehen wird.« (zit. in *Köln. Rundschau* 12. 5. 2000) Viele linke Lehrer führten ihre Klassen geschlossen in dieses Machwerk und vergifteten die Seelen ihrer Schützlinge mit den dargebotenen Fälschungen.

Daß es sich vielfach um solche handelte, wurde schon früh geäußert und in einzelnen Fällen bewiesen. Zahlreiche Proteste von Zeitzeugen und Demonstrationen gegen die verleumdende Ausstellung fanden statt. Doch sie wurden als aus der ›rechten Ecke‹ und von ›Neofaschisten‹ organisiert abgetan und mit der ›Faschismus-Keule‹ erledigt. Einige wenige deutsche Wissenschaftler, die wie der Historiker Jörg FRIEDRICH (*Berliner Zeitung* 26. 4. 1977) die Ausstellung ablehnten oder wie der Münchner Zeitgeschichtler Franz W. SEIDLER auf offensichtliche Fälschungen hinwiesen und die einseitigen Kommentare zu den Bildern der Ausstellung kritisierten, wurden nicht beachtet und in der Medienöffentlichkeit weitgehend verschwiegen. Dafür wurden von Linken verwaltete Behördenbauten wie öffentliche Ämter bis hin zum SPD-beherrschten Landtag in Kiel der fälschenden Ausstellung zur Verfügung ge-

Die Anti-Wehrmachtausstellung zeigte mehrere Fotos von den Erschießungen an der Friedhofsmauer von Pancevo am 22. April 1941. In einem Artikel in der Zeit *gestand der verantwortliche Redakteur der Ausstellung, Walter* Manoschek*, am 8. Juli 1999 ein, daß es sich bei der Ermordung zweier deutscher Soldaten in Pancevo um einen freischärlerischen Anschlag nach der Kapitulation gehandelt habe. »Ein Standgericht wie in Pancevo genügte den Anforderungen des damals geltenden Kriegsvölkerrechts in vollem Maße.« (Walter* Post*)*

stellt. Daß die Präsidentin des Bundesverfassungsgerichts Jutta Limbach das Machwerk bei seinem Auftritt in Karlsruhe mit ihrer Autorität unterstützte, kann nur als ein Skandal bezeichnet werden. Der Bundestag debattierte am 13. März 1987 über die Ausstellung, und bei wenigen kritischen Anmerkungen sprach sich die Mehrheit der Volksvertreter für die Heersche Indoktrinierung aus, was deren Ansehen weiter verstärkte.

Erst als im Herbst 1999 der polnische Historiker Bogdan Musial in den *Vierteljahrsheften für Zeitgeschichte* (Heft 4, 1999, S. 563–591) des sicher nicht rechter Ideologie verdächtigten Münchner Instituts für Zeitgeschichte und fast gleichzeitig sein ungarischer Kollege Krisztian Ungvary in der ebenso angesehenen historischen Fachzeitschrift *Geschichte in Wissenschaft und Unterricht* (Nr.10/1999, S. 584–

595) überzeugend aufzeigten, daß die Mehrzahl der Bilder von Ausstellung und Katalog fälschlicherweise als Verbrechen der deutschen Wehrmacht ausgewiesen seien – nur rund 10 Prozent dokumentierten überhaupt wirklich Handlungen der Wehrmacht, davon nicht alle Verbrechen – , daß sie in vielen Fällen in Wirklichkeit Verbrechen der Sowjets an Ostvölkern betreffen, mußte die Ausstellung Anfang November 1999 unter dem Druck dieser ungeheuren Vorwürfe endlich zurückgezogen werden. Hannes HEER wurden bewußte Manipulation und schwere Verfälschung historischer Tatsachen nachgewiesen, und er wurde schließlich von der Ausstellungsleitung entbunden. Ein Verfahren gegen ihn und REEMTSMA wegen vielfacher Verunglimpfung des Andenkens Verstorbener fand aber ebenso wenig statt, wie auch vorher zahlreiche Strafanzeigen gegen die Ausstellung von der betreffenden Staatsanwaltschaft jeweils eingestellt wurden. Zu Lasten Deutscher und Deutschlands darf man eben immer noch die gröbsten Lügen und Fälschungen ungestraft vorbringen, während gleichzeitig angebliche ›Verharmlosungen‹ deutscher Verbrechen mit unverhältnismäßig hohen Geld- und Freiheitsstrafen belegt werden.

Um die so zahlreicher Fälschungen und methodischer Fehler überführte Ausstellung doch noch zu retten, setzte REEMTSMA eine ›Exper-

Das Bild im Ausstellungskatalog trägt die Bildzeile »Juden werden exekutiert«. Dasselbe Bild befindet sich allerdings in einer Werbeschrift der Zivilverwaltung des Generalgouvernements und trägt dort die Legende: »Wahrscheinlich zum ersten Male in ihrem Leben ist diese jüdische Mannschaft zum Baden angetreten, und, wie man sieht, scheint ihr dieses Bad nicht allzu schlecht bekommen zu sein.«

tenkommission‹ unter Gerhard HIRSCHFELD ein, die die Vorwürfe prüfen sollte. Die sehr linkslastige Gruppe, zu der auch der als Diffamierer der Wehrmacht unrühmlich bekannt gewordene Manfred MESSERSCHMIDT vom Militärgeschichtlichen Forschungsamt in Berlin gehörte, trat am 15. November 2000 in Frankfurt/Main mit einem sehr beschönigenden Bericht an die Öffentlichkeit. Ihr Verhalten gegenüber den anwesenden Kritikern MUSIAL, UNGVARY und SCHMIDT-NEUHAUS war peinlich. Die Kommission empfahl, die Ausstellung umzuarbeiten und neu zu gestalten – damit die deutschen Soldaten weiter diffamiert werden können. (*FAZ* 16 11. 2000) Schon in der folgenden Woche legte REEMTSMA in Hamburg das neue Konzept der Ausstellung vor. (*FAZ* 24. 11. 2000) Eine Gruppe junger ›Historiker‹, die beste Gewähr für gründliche Umerziehung boten, sollte mit der Gestaltung betraut werden. Der Grundtenor sollte bleiben: Die deutsche Wehrmacht soll als verbrecherische Organisation den Hirnen eingehämmert werden.

In diesem Zusammenhang sei auf mehrere interessante Gesichtspunkte hingewiesen. Zum einen ist das jahrelange Schweigen – mit wenigen Ausnahmen – der deutschen Historiker zu dieser skandalösen Ausstellung bezeichnend. Erst als die beiden genannten jungen Ausländer vorgeritten waren, getrauten sich auch beamtete Geschichtswissenschaftler, die Ausstellung zu kritisieren. Horst MÖLLER, Leiter des an der Umerziehung maßgeblich mitbeteiligten Münchner Instituts für Zeitgeschichte, der vor Jahren, als die Ausstellung in München große Demonstrationen vor allem junger Nationaler ausgelöst hatte, vornehm geschwiegen hatte, fällte nun ein vernichtendes Urteil über die Ausstellung, ihren Leiter und die Hintermänner (*Focus* Nr. 43/1999, S. 44 ff.): »Wenn in einem zentralen Bereich der Ausstellung so viele Fehler auftauchen, dann ist der Verdacht zwangsläufig, daß es den Ausstellungsmachern um Herrn HEER nicht um die Wahrheit, sondern einzig darum geht, eine These zu beweisen, die als solche keine wissenschaftliche ist. . . Es ist eine politische Aussage. . . Die Ausstellungsmacher agitieren. . . Herr HEER ist kein so harmloser Mensch, wie er gern vorgibt. . . Sie (die Ausstellung, R. K.) hat gravierende Mängel. . . Der historisch-wissenschaftliche Umgang mit den Bildern ist schlampig. Ähnliches gilt für die Texte. . . Die Ausstellung segelt ja unter falscher Flagge – von der Wehrmacht ist kaum die Rede. Redlich wäre es, sie auf das zu reduzieren, was sie wirklich bietet, nämlich Beispiele für die Barbarisierung des Krieges gegen die Sowjetunion an ausgewählten Frontabschnitten. . .

HEERS Grundthesen sind so, daß ich sie nicht als wissenschaftliche Thesen betrachten würde... HEERS Behauptung, daß die deutschen Soldaten gegen die Sowjetunion gekämpft hätten, um sadistische Triebe zu befriedigen..., ist wissenschaftlich undiskutabel.«

Mit Recht wandte sich MÖLLER auch gegen die ursprünglichen Pläne REEMTSMAS, die Deutschland diffamierende Ausstellung im Ausland zu zeigen, wo schon mehrere Orte in Aussicht genommen waren: »Was das Ausland angeht, ist die Sache viel bedenklicher (als im Inland , R. K.). Es kann nicht unser Anliegen sein, ein dogmatisches, einseitiges bis falsches Bild Deutschlands ins Ausland zu vermitteln... Das ist verantwortungslos... Wir können es uns aber nicht leisten, Geschichtsklitterung zu exportieren, zumal jenseits der Grenzen gelegentlich größere Aufnahmebereitschaft für solche Negativklischees besteht.« Damit fällte er im Grunde aber auch über die frühere Tätigkeit seines Instituts in den ersten Nachkriegsjahrzehnten das gleiche Urteil. Später wiederholte MÖLLER seine Kritik an der Ausstellung in einem Zeitungsbeitrag unter dem Titel »Eine Blamage, wahrlich keine Pionierleistung«. (*FAZ* 3. 1. 2000)

Zum Schweigen der deutschen Historiker, denen die offenkundigen Mängel und schweren Fehler der REEMTSMA-Ausstellung nicht verborgen geblieben sein konnten, schrieb der Chefredakteur des *Focus* (Nr. 43, 1999) sicher zutreffend: »Warum hat kein deutscher Historiker die vielen Fehler und Täuschungen aufgedeckt? Die Antwort geben Geschichtsprofessoren nur, wenn unsereiner verspricht,

Von links: Bogdan MUSIAL, Krisztian UNGVARY und Arno J. MAYER. Sie brachten im Zusammenhang mit der Anti-Wehrmachtausstellung entscheidende Richtigstellungen, indem sie die Tatzuordnung von Übergriffen in der ersten Phase des ›Unternehmens Barbarossa‹ korrigierten.

seinen Namen nicht zu nennen: ›Jeder Historiker hat sofort gesehen, wie schlampig und suggestiv die Ausstellung eingerichtet war, aber wer hat schon Lust, sich öffentlich fertig machen zu lassen?‹«

Und der junge Pole Musial antwortete auf die Frage, warum »weite Teile der politischen Klasse in Deutschland so positiv auf die Ausstellung reagierten«, mit der wohl zutreffenden Feststellung: »Ich habe den Eindruck, daß die Deutschen Schwierigkeiten haben, an gewisse Wirklichkeiten heranzugehen. Es herrscht ein Betroffenheitsklima, und dies ist eben günstig für Leute wie Hannes Heer oder Daniel Goldhagen. Man wagt nicht so recht, deren Thesen nach wissenschaftlichen Kriterien zu hinterfragen. Wer sich, wie ich es versuche, ohne Vorbehalte an die Dinge wagt, läuft Gefahr, als Revisionist abgestempelt zu werden.« (*Welt am Sonntag* 24. 10. 1999)

Das ist es eben: Die herrschende, von der Frankfurter Schule maßgeblich mit geprägte führende geistige Schicht und die ebenso gleichgeschalteten Medien haben in den letzten Jahrzehnten ein solches Abschreckungspotential aufgebaut, daß kaum jemand in Amt und Würden es wagt, gegen die Political Correctness zu verstoßen. Wer es dennoch unternimmt und als Forscher sein wissenschaftliches Ethos höher als die aufgezwungene Umerziehungsdirektive stellt, hat die schlimmsten Konsequenzen für Ansehen und Karriere zu erwarten. Der Heidelberger Professor für Kirchengeschichte Gerhard Besier beschrieb, »was in der Szene schon vielfach Wirklichkeit geworden ist: Witterung aufnehmen, sichernd über die Schulter schauen und erst reden, wenn zweifelsfrei feststeht, daß das Gesagte auch mehrheitsfähig und unter sozialhygienischen Gesichtspunkten unbedenklich ist«. Und er fügte hinzu: »Durch solche Selbstzensuren unter Androhung von Sanktionen raubt sich die Zunft selbst ihre akademische Freiheit.« (*Die Welt* 16. 6. 2000)

Trotz grundgesetzlich gewährleisteter Presse- und Meinungsfreiheit steht diese in der Gegenwart eben nur auf dem Papier. In Wirklichkeit herrscht die Diktatur der linken Meinungsmacher, und diese sind seit längerem maßgeblich von der Frankfurter Schule geprägt.

Sie wollen auf keinen Fall, daß das einseitige und überzogene Bild der Umerziehung durch eine historisierende Geschichtsforschung abgelöst wird. Sie trachten mit allen Mitteln danach, die Schuldzuweisung der Sieger an die Deutschen aufrechtzuerhalten oder gar noch zu erhöhen.

Ausländer können darüber nur den Kopf schütteln und sind ob dieser fatalen Eigenart mancher Deutschen berunruhigt. So schrieb der amerikanische Historiker und Völkerrechtler Alfred M. de ZAYAS: »Wenn mich etwas im heutigen Deutschland stört und beunruhigt, ist es die Neigung zur übertriebenen Selbstkritik, die für mich bedeutet, daß viele Deutsche den Sinn für Realität, für Geschichte, für Verhältnismäßigkeit verloren haben. Oder schlimmer, daß manche Deutsche wohl an einer Megalomanie leiden. Sie wollen die größten Verbrecher der Geschichte sein und die größten Büßer, dies halte ich für pathologisch.« (zit. in *Nation & Europa*, Juni 2000, S. 39) Für eine umfassende und mit vielen Quellen versehene Widerlegung der HEERschen Ausstellung und des Katalogs sei der Leser auf das Werk *Die verleumdete Armee* von Walter POST verwiesen. (POST 1999)

Auswirkungen der Frankfurter Schule

Charakterwäsche und Traditionszerstörung

Neben ihrem international ausgerichteten Marxismus waren für die emigrierten Mitglieder der Frankfurter Schule das Scheitern der Weimarer Republik, die Überwindung des Klassenkampfes im Dritten Reich und insbesondere die Auflösung des Frankfurter Institutes weitere Beweggründe, sich gegen die deutschen Traditionen zu stellen, den von ROOSEVELT gegen Deutschland schon Mitte der dreißiger Jahre vorbereiteten Krieg der USA zu begrüßen und sich auf die Zeit nach dem Zweiten Weltkrieg als zurückkehrende Sieger vorzubereiten. An den während des Zweiten Weltkrieges in den USA schon erarbeiteten Methoden zur geistigen Umerziehung der Deutschen, zur Entnazifizierung und Demokratisierung der Bevölkerung zwischen Rhein und Elbe waren die meist in New York tätigen Mitarbeiter HORKHEIMERS beteiligt, und insbesondere ihre Ideen des Neofreudianismus flossen in die auch von anderen Richtungen in Amerika herrührenden Vorstellungen über die Behandlung Nachkriegsdeutschlands wesentlich ein. Einzelheiten über die Planung und Durchführung dieser »Charakterwäsche« und ihre Folgen sind in Caspar VON SCHRENCK-NOTZINGS gleichnamigem Buch von 1965 aufgeführt.

Theoretische Grundlage der Umerziehungsrichtlinien, die sich schließlich gegenüber dem ursprünglichen brutaleren MORGENTHAU-Plan von 1944 durchsetzten, war im wesentlichen die von Erich FROMMS Arbeiten der dreißiger Jahre verstärkte, auf FREUD zurückgehende und in den USA weite Kreise bereits beeinflussende Psychoanalyse, die ab Mitte der dreißiger Jahre in weniger als einem Jahrzehnt ganz Amerika erfaßt hatte. Der Psychoanalytiker wurde danach nicht nur für die Behandlung geistig Kranker, sondern auch für die volle Selbstverwirklichung aller Gesunden als notwendig angesehen, da er erst ihnen die neue, angeblich wissenschaftlich untermauerte

Sigmund FREUD (im Jahre 1926), der Vater der Psychoanalyse. Erich FROMM, einer der Hauptvertreter der Frankfurter Schule (s. o., S. 40 f.) u. des sozialistisch angehauchten Neufreudianismus, hatte zu beweisen versucht, daß die Neurosen und die Aggressivität ausschließlich dem Kapitalismus entspringen und in einer ›vernünftigen‹ (sprich sozialistischen) Gesellschaftsordnung stark zurückgehen oder verschwinden würden.

richtige Methode zur Persönlichkeitsentfaltung vermitteln konnte. Pädagogik und Soziologie wurden durch diese Art der Psychoanalyse auf neue, in ihren Auswirkungen verheerende Grundlagen gestellt, und der Weltbeglückungstrieb der Amerikaner bekam ein weiteres dankbares Anwendungsfeld.

Das deutsche Volk als Ganzes wurde als ein seit Generationen fehlgeleitetes und psychologisch in die Irre geführtes Gemeinwesen angesehen und nun zum Objekt einer charakterlichen Umerziehung erklärt. Aus dem angeblich autoritären, militaristischen und leistungsbesessenen, kurz faschistischen Volk sollte mit den neuen Methoden der Sozialpsychoanalytik ein antiautoritäres, demokratisches und friedliches Volk werden, damit dann endlich ewiger Frieden auf Erden herrsche. Die Neofreudianer, oft auch marxistisch ausgerichtet, kamen sich den in ihren Augen staatsbürgerlich und moralisch zurückgebliebenen Deutschen gegenüber als geistige Ärzte vor, ähnlich wie man Verkommenen oder Süchtigen gegenübertritt, und fühlten sich als die berufenen Erzieher gegenüber geistig Rückständigen. Und die jahrzehntelange ›Behandlung‹ hatte durchschlagenden Erfolg: Das deutsche Volk wurde größtenteils neurotisiert und gelangte in den Zustand ›induzierten Irreseins‹.

Die Säuberung und Siebung der deutschen Lehrerschaft und des Lehrkörpers der Hochschulen wurden nach diesen Richtlinien vorgenommen, Lizenzen für Zeitungen in Deutschland erhielten nur tiefenpsychologisch einschlägig untersuchte und für geeignet befundene Personen. Als wünschenswerte Persönlichkeitsmerkmale wurden dabei in dem von den Amerikanern dafür 1945 eingerichteten ›Durchleuchtungszentrum‹ (*screening center*) in Bad Orb von den alliierten Presseoffizieren frühe sexuelle Betätigung, Konflikt zum Elternhaus, besonders zum Vater, kritische Grundhaltung zu allen Werten und Ablehnung von Traditionen angesehen. In der von dem nicht einer rechten Haltung verdächtigten Harry Pross 1965 herausgegebenen Geschichte der westdeutschen Presse nach 1945 heißt es dazu: »Absurd zum Beispiel war das sogenannte screening center der Amerikaner in der ersten Hälfte des Jahres 1946, in dem unter anderem ungeeignete Lizenzträger ausgesiebt werden sollten. Die Kandidaten mußten sich Intelligenz- und Rorschach-Tests unterziehen, an Diskussionen und psychiatrischen Interviews teilnehmen, sich betrinken und Aufsätze schreiben.« (Pross 1965, S. 38) Diese Absurdität prägte dann Jahrzehnte die deutsche Presse, die noch 1950 Millionen DM aus den USA erhielt, und wirkte sich bis zur Gegenwart aus. Die Zulassung zum Studium nach 1945 wurde nach Parteien kontingentiert, so daß mancher in Sorge um seine Ausbildung zur KPD getrieben wurde. (Schrenck-Notzing 1968, S. 113)

An den westdeutschen Hochschulen wurde die Politologie ein Treibriemen der Umerziehung. Dieses an den deutschen Universitäten bis dahin unbekannte Fach der Politischen Wissenschaften wurde, nachdem die linke hessische Landesregierung in ihrem Land damit bereits gute Erfahrungen gemacht und beste Erfolge in Richtung auf die politische Beeinflussung im marxistischen Sinne erzielt hatte, im Herbst 1949 auf Drängen der US-Stäbe in den anderen Bundesländern ebenso eingeführt, auch gegen die Bedenken der bisher mit diesem Themenbereich befaßten deutschen Soziologen und Juristen. Die USA erklärten sich großzügig bereit, zunächst alle neueinzurichtenden Lehrstühle dieses Faches mit Emigranten aus den USA zu besetzen, wodurch dann für Jahrzehnte die einschlägige Ausrichtung gesichert wurde.

Linksliberale bis marxistische Gesinnung konnte dabei wissenschaftliche Fähigkeiten durchaus ersetzen. So feierte der anachronistische Marxismus mit Förderung der US-Besatzungstruppen, nun meist gepaart mit Freudianismus und Linksliberalismus, in Deutschland fröhliche Urständ, wo er vor mehr als einem Jahrzehnt bereits einmal geistig bankrott gewesen war. Noch 1949, im Jahr der Rückkehr der Frankfurter Schule an den Main, hatte der Soziologe Arnold Gehlen geschrieben: »Wir sind in der Tat der Überzeugung, daß die Psychoanalyse den Höhepunkt ihres Einflusses, wenigstens in Mitteleuropa, insofern hinter sich hat, als sie kaum mehr als Theorienzusammenhang weiterlebt, sondern als Blickweise.« (Gehlen 1967, S. 94) Er konnte nicht ahnen, daß bald darauf in längst nicht mehr zeitgemäßer Weise auf den Grundlagen von Marxismus und Freudianismus jene »pseudodemokratische Doktrin« (Lorenz 1973b, S. 264), jener »Playboy-Demokratismus« (Ortlieb) aus bindungslosem Individualismus, illusionärem Sozialismus marxistischer Prägung, moraltriefendem Anarchismus und idealistischer Scheinhumanität entstehen und das deutsche Geistesleben beherrschen würde.

Die Frankfurter Schule war insbesondere gegen das traditionelle deutsche Geistesleben eingestellt und suchte es in Mißkredit zu bringen, wie schon Heinrich Heine sich gegen die ›Romantische Schule‹ als das »ekelhafte Gemisch von gotischem Wahn und modernem Lug« gewandt hatte. So trat Horkheimer in seinen Vorlesungen gegen das Bemühen der klassischen deutschen Philosophen auf, den Dualismus zwischen Gott und Mensch zu beseitigen, und er bezeichnete es als ein Zeichen von Hybris, daß in ihren Werken der Gedanke der Gnade fehle. (Jay 1981, S. 313) Adorno drückte deutlich die gegenüber dem ganzheitlichen deutschen Denken fremde Stellung der Frankfurter Schule aus: »Das Ganze ist das Unwahre.« (Adorno 1951, S. 80) Eine weitere deutsche Eigenart versuchte er herabzusetzen, wenn er schrieb: »Innerlichkeit ist das geschichtliche Gefängnis des urgeschichtlichen Menschentums«, (Adorno 1966, S. 111) oder wenn er mit Horkheimer den deutschen »Jargon der Eigentlichkeit« angriff, dem er ein Buch widmete.

Einen ähnlichen deutschfeindlichen Geist lassen Löwenthals Angriffe gegen Conrad Ferdinand Meyer erkennen, dem er vorwarf, in seinen Novellen die Geschichte auf die Funktion einer Bühne für Helden zu vereinfachen (Jay 1981, S. 169), und dasselbe bezeugt seine bissige Kritik an Knut Hamsun wegen dessen Verherrlichung des bäuerlichen Lebens und dessen Vorliebe für das Heldische (JAY 1981, S. 173). Weitere Beispiele der dem deutschen Denken fremden Haltung der Frankfurter Schule bietet der sogenannte Positivismusstreit der Soziologen und Philosophen nach 1961 (ADORNO 1969).

Daß wie bei MARX die Arbeit als Strafe angesehen wurde, die in der klassenlosen Gesellschaft als einer Art Schlaraffenland aufgehoben werden und durch ein lustvolles Dasein abgelöst werden sollte, unterschied die Frankfurter Vertreter ebenso von den meisten deutschen Denkern.

Die Vertreter der neuen Heilslehre verbanden sich natürlich in schärfstem Kampf gegen die noch bestehende traditionelle deutsche Schule der Staatsrechtler, etwa eines Carl SCHMITT oder eines Ernst FORSTHOFF. Andere Soziologenschulen, etwa die Arnold GEHLENS in Aachen oder die Helmut SCHELSKYS in Bielefeld oder Münster, hatten bei weitem nicht so große öffentliche Wirkung wie die der Neomarxisten. Rückblickend schrieb der Mannheimer Soziologe Rainer LEPZIUS in einer zusammenfassenden Darstellung der deutschen Soziologie nach dem Zweiten Weltkrieg über deren erste zehn Jahre: »Die innere Entwicklung der Soziologie wurde zunächst durch die Rezeption der zeitgenössischen Soziologie in den USA bestimmt.« (*FAZ* 5. 4. 1975) Für den dann folgenden »Niedergang der Soziologie in Deutschland« machte der Kölner Soziologe Alphons SILBERMANN die Frankfurter Schule vor allem verantwortlich: »Sie gebärdete sich so ›kritisch‹, wie es eben nur ging, schimpfte und verdammte kämpferisch alles, was da auch nur im geringsten nach Praxisbezogenheit und faktischer Beweisführung roch, um sich endlich gegenseitig totzuargumentieren. Mit ›Ignoranz und Arroganz‹ (René KÖNIG) stampfte sie einen potenten Negativismus aus dem Boden und gab sich einem ›kritischen‹ Vermittlungsfeldzug hin.« Für SILBERMANN war dann das schon erwähnte »Fazit: Die deutsche Soziologie, einfluß- und zwecklos, wie sie sich derzeit (1975) präsentiert, hat sich wiedergefunden – auf der untersten Stufe feigen, dafür aber um so höher getönten hohlen und praxisfernen Geredes«. (SILBERMANN 1975, S. 74)

Über die dann von der neuen Politologie und Soziologie stark beeinflußte Politische Bildung gelangte das fortschrittliche Gedankengut der Frankfurter Schule in die Schulen und Volkshochschulen und erfaßte allmählich somit alle Bildungsbereiche. Die in den sechziger Jahren durchgesetzte Einrichtung eines sozialwissenschaftlichen Grundstudiums für alle Lehrer, später auch für alle Ingenieur-

und Fachhochschulen, zielte in die gleiche Richtung und wertete diese Fächer erheblich auf. Die Zöglinge der links ausgerichteten Politologen und Soziologen besetzten dann auch die leitenden Posten in den Massenmedien und staatsbürgerlichen Vereinigungen, insbesondere auch in den Volkshochschulen, so daß nach einem Jahrzehnt ab Anfang der sechziger Jahre die linke Geistesrichtung der Frankfurter Schule in der westdeutschen Intelligenz einfach ›in‹ war, daß Begriffe wie ›Tradition‹ oder ›Elite‹, ›Volk‹ oder ›Gemeinsinn‹, ›Disziplin‹ oder ›Pflichtbewußtsein‹ nur noch belächelt wurden und ›konservativ‹ als reaktionär und rückständig galt. Ethische Werte wie Menschlichkeit (Humanität) und Befreiung (Emanzipation) verkehrten sich schließlich zu Mitteln von brutaler Herrschaft und intolerantem Gesinnungsterror.

Alle früheren und als zeitlos geltenden Werte sollten ›hinterfragt‹ und möglichst zerstört werden. Oskar LAFONTAINE klagte 1982 die »Sekundärtugenden« wie Pflichtgefühl, Berechenbarkeit, Machbarkeit, Standhaftigkeit, die vom SPD-Bundeskanzler SCHMIDT noch vertreten wurden, an, daß man mit ihnen ein KZ leiten könne. Es dauerte Jahrzehnte, bis man sogar auf der Linken erkannte, daß eine moderne Gesellschaft ohne verbindliche Werte auf die Dauer nicht bestehen und überleben kann, daß die 68er Ideologie der Zerstörung aller Werte gesellschaftsbedrohend ist. Anfang 2009 überraschte die Berliner SPD durch eine Plakatwerbung mit »Durch Werte überzeugen«. (Klaus MOTSCHMANN, »Politisch unhygienisch«, in: *Junge Freiheit* 20. 3. 2009, S. 17)

Objektiver Geschichtsunterricht wurde immer mehr abgeschafft und durch ›exemplarisches Lernen‹ vor allem von Konfliktsituationen und Revolutionen sowie durch einseitige Vergangenheitsbewältigung mit Hervorhebung angeblich deutscher Kriegsschuld ersetzt. Auf Grund von östlichen Geheimdiensten zu Weihnachten 1959 veranlaßter NS-Schmierereien an der Kölner Synagoge beschloß Ende September 1960 die Ständige Konferenz der Kultusminister mit ihren CDU-Angehörigen in der folgeschweren Saarbrücker Rahmenvereinbarung, für die Oberstufen der Schulen die »Gemeinschaftskunde« einzuführen, wodurch allmählich die Geschichte als Fach abgelöst wurde. Sozialistische Kultusminister, wie der aus der Frankfurter Schule hervorgegangene Ludwig VON FRIEDEBURG in Hessen oder der als marxistischer Theoretiker der Gewerkschaften hervorgetretene Peter VON OERTZEN in Niedersachsen sorgten für die schnelle und

Am 24. 12. 1959 wurde die Kölner Synagoge mit antisemitischen Parolen beschmiert. Zwei Mitglieder der Deutschen Reichspartei wurden als mutmaßliche Täter festgenommen. Inzwischen steht aber fest, daß der Anschlag von östlichen Geheimdiensten veranlaßt wurde.

gründliche Umsetzung der marxistischen Ideen in die Praxis der Schulen.

Das Fernsehen tat sich besonders bei der Überfremdung hervor, so daß der Vorstand des Deutschen Musikverleger-Verbandes 1983 erklärte, man habe beim Fernsehen den Eindruck, »daß alles gebracht wird, Hauptsache, es kommt nicht aus Deutschland«. (*Stuttgarter Nachrichten* 8. 6. 1983) Schon zehn Jahre vorher war zutreffend festgestellt worden: »Das Beweismaterial für den Mißbrauch der Presse zur Irreführung der Leser, für die ›verfassungsfeindliche Bewußtseinsbildung durch öffentlich-rechtliche Rundfunkanstalten‹, für die Revolutionierung der zur politischen Umerziehung wichtigsten Studiengänge an den Hochschulen (Lehrerbildung) ist kaum mehr zu überblicken.« (Brezinka 1974, S. 41) Ergebnis war, daß 1981 nach einer Untersuchung von Infratest im Auftrag der sozialliberalen Bundesregierung nicht weniger als 43 Prozent der westdeutschen Jugendlichen zwischen 14 und 21 Jahren die DDR als Ausland ansahen und gar 64

Prozent die Wiedervereinigung für nicht erreichbar hielten, die rund 30 Prozent von ihnen völlig gleichgültig war. (*Die Welt* 3. 8. 1983)

Im nachhinein ist es kaum faßbar, wie auch die mehr bürgerlichen Parteien der Union und der Liberalen, aber auch die Kirchen, trotz genügender Warnung jahrzehntelang das Einbringen dieses gefährlichen geistigen Giftes des Marxismus in den deutschen Volkskörper förderten oder zumindest doch tatenlos und ohne jeden Widerstand duldeten.

Die Folgen dieser Umerziehung in der von den tragfähigen Gemeinschaftswerten nun abgenabelten, zur Revolution verführten, geistig fehlgeleiteten und dann im entscheidenden Augenblick allein gelassenen Jugend zeigten sich insbesondere im Aufstand der APO Ende der sechziger Jahre, in dieser studentischen Protestbewegung, über die Carl Friedrich VON WEIZSÄCKER, der viel Verständnis für die Auffassungen der rebellierenden Jugend hatte, rückblickend mit Recht urteilte: »Die westliche Bewegung der Neuen Linken schließlich. . . war objektiv gescheitert, ehe sie begann.« (WEIZSÄCKER 1982, S. 599) Denn ihre Proteste gegen verkrustete Ordnungen und Wohlstandsmißstände gingen von völlig falschen, erkenntlich wirklichkeitsfernen geistigen Grundlagen aus, die maßgeblich von den Köpfen der Frankfurter Schule gelegt und der lebensunerfahrenen akademischen Jugend eingetrichtert worden waren. Auf Einzelheiten wurde schon oben verwiesen.

Ein weiterer Grund für das Scheitern dieser Bewegung waren neben dem falschen Inhalt ihrer Zukunftsvorstellungen die Art und die Sprache, mit der ihre Vertreter jene äußerten. Das Fachchinesisch der Soziologen und Politologen, hinter dem diese oft den Mangel an geistigem Inhalt verbargen, wurde von der werktätigen Bevölkerung gar nicht verstanden und konnte somit schon aus diesem Grund gar nicht angenommen werden. Die lebenserfahrene Arbeiterschaft konnte durch die wirklichkeitsfremden jungen linken Akademiker nicht angesprochen und mit den überholten Klassenkampfparolen nicht zum »revolutionären Befreiungskampf« gewonnen werden.

Der nach diesen Erfahrungen beschlossene »Marsch durch die Institutionen« von seiten der zunächst nicht erfolgreichen Neuen Linken, vor allem im Bereich der für die öffentliche Meinung maßgeblichen Massenmedien, der Justiz und des Bildungsbereiches, war – wie oben schon geschildert – erfolgreicher und hatte in einem Jahrzehnt zur Folge, daß im Gegensatz zur weiterhin gegen den Marxismus immunen Bevölkerungsmehrheit Anfang der achtziger Jahre die maßgeblichen Stellen vor allem in Funk und Fernsehen größtenteils von Linksliberalen und Neomarxisten besetzt waren, die wie die Frankfurter Schule an der Aufweichung von Staat und Gesellschaft in der Bundesrepublik Deutschland arbeiteten. Nun erst bemühten sich Unionskreise um fähige Journalisten für das Fernsehen, die vor allem die Eigenschaft aufweisen mußten, nicht in kurzer Zeit wegen des gegen sie durchgeführten Psychoterrors in der durchweg linken Umgebung durch Herzinfarkt auszufallen. Doch sie blieben stets in hoffnungsloser Minderheit und konnten sich nicht durchsetzen. Das Meinungsklima in den öffentlichen Medien wurde weiterhin vorwiegend von links und von den Zöglingen der Frankfurter Schule bestimmt.

Auflösung von Ordnungen

In der Natur herrscht eine wohlausgeglichene Ordnung, die seit den Zeiten der alten Griechen über KEPLER und LEIBNIZ die Naturforscher immer wieder beeindruckt hat. In den letzten Jahrzehnten ist der Begriff der ›Ordnung‹ von Biologen wie Rupert RIEDL (RIEDL 1975) der Wissenschaft als meßbare Größe zugänglich gemacht worden. Durchgehend zeigte sich das Prinzip, daß im Zuge der Entwicklung des Lebens, der biologischen Evolution, eine Zunahme an Ordnung in immer höher gegliederten Systemen auftritt. Vom Anorganischen über den Bereich des Lebendigen bis hin zur Kultur des Menschen und den großen Werken seiner Genies offenbart sich eine wachsende Ordnung, die sich nun auch mathematisch ausdrücken läßt. Die neuere Systemtheorie zeigt, daß allgemein hohe Leistungen nur in Systemen mit ausgeprägter hierarchischer Ordnung möglich sind.

Dichter haben seit alten Zeiten die Schönheit und Wohlgefälligkeit natürlicher Formen gepriesen, und Philosophen, wie vor allem LEIBNIZ, haben die Harmonie der Welt anerkannt und ihre Ordnung sogar als die beste aller möglichen gefunden. Der schwäbische PARACELSUS bekannte als früher Naturphilosoph: »Was ist Glück anders als Ordnung halten mit Wissenheit der Natur? Was ist Unglück, denn wider die Ordnung ein Eingang der Natur?« (zit. in SEIFERT 1962, S. 5)

Ordnung spielt auch in der Entwicklung der menschlichen Kultur eine wesentliche Rolle, sie ist die Grundlage jeder höheren Kultur: Kultur ist die Lebensform, die Lebensordnung, die ein Volk sich gegeben hat. Ein großer Teil der menschlichen Gesittung besteht in der Bändigung des Chaos, und schreckliche Notzeiten wie nach dem Dreißigjährigen Krieg in Deutschland oder nach der bolschewistischen Revolution in Rußland bringen mit dem Zusammenbruch alter Ordnungen einen Rückschlag in Barbarei und Primitivismus.

Es war ein wesentliches Anliegen der Umerziehung nach 1945, das von der Frankfurter Schule dann geistig unterstützt und philosophisch untermauert wurde, die völkische und gesellschaftliche Ordnung in Deutschland weitgehend aufzulösen. Mit der Begründung der angeblichen Unterdrückung des Einzelnen durch die bisherigen Ordnungen wurde der Befreiung (der Emanzipation) von allen Zwängen und einem bindungslosen Individualismus gehuldigt, wurden die früheren selbstverständlichen und bewährten Ordnungen in Familie, Lebenskreis und Volk gelöst und lächerlich gemacht, als altmodisch verhöhnt oder als nazistisch verteufelt. Der vor 1945 wohl zu starken Betonung des Volksganzen gegenüber, die manchen Einzelnen zwar einen zu geringen Spielraum gewährte, die Gemeinschaft aber zusammenhielt, wurde nun als das andere Extrem die völlige Vereinzelung und Bindungslosigkeit des Individuums durchgesetzt, deren staats- und volkauflösende Wirkung sich nach mehr als einer Generation nun erschreckend zeigt. Bezeichnend ist der Buchtitel *Das Ende des Individualismus. Die Kultur des Westens zerstört sich selbst* (MIEGEL 1996) von Meinhard MIEGEL und Stefanie WAHL. Die beiden Sozial- und Politikwissenschaftler zeigen die verheerenden Auswirkungen der Überbetonung des Einzelnen auf.

Der geistige Einbruch in die alten Ordnungen wurde auch in den äußeren Formen vernachlässigter Ordnung, bei den 68ern beginnend, sichtbar: in schlampiger Kleidung, Vernachlässigung der Hygiene und Abnahme der Sauberkeit, zunehmender Verlausung bei Schulkindern und ebenso in einer Verrohung und Primitivisierung der allgemeinen Sitten des Miteinanderumgehens, angefangen von den Brutalitäten der Kinder auf den Schulhöfen, der mutwilligen Zerstörung von Sachen über die erschreckend angewachsene Jugendkriminalität bis hin zu allgemeinen Verhaltensformen in der Erwachsenenwelt, nicht zuletzt auch bei den Tischsitten.

In der modernen Kunst spiegelt sich dieselbe Zerstörung der Ordnungen und Harmonien wider, von Hans Sedlmayer (Sedlmayer 1948) überzeugend schon aufgezeigt. Die Leidenschaft, mit der Millionen von Ausländern gegen ihren Wunsch und den von der Mehrheit der Deutschen ausgesprochenen Willen eingeschmolzen (integriert) werden sollen, zeugt ebenfalls von einem völligen Mangel an Sinn für natürliche Ordnungen. Auf die vielen Sünden gegen eine umweltfreundliche und menschengemäße Raumordnung in der Nachkriegszeit sei ebenfalls hingewiesen.

Zerstörung der Kultur

Die Deutschen waren zweifellos ein Kulturvolk. Sie haben in der Vergangenheit wesentlich zur Kultur des Abendlandes mit beigetragen. Das galt sowohl für die in den verschiedenen Landschaften unterschiedlich blühende Volkskultur als auch für die geistigen Größen. Nicht von ungefähr wurde Deutschland das ›Land der Dichter und Denker‹ genannt. Eine solche Geniedichte wie zur Zeit der deutschen Klassik in Philosophie und Dichtung, später in den Wissenschaften hat kaum ein anderes Volk aufzuweisen. Von der Kultur des mittelalterlichen Reiches zeugten die großen Ausstellungen über die Staufer, Salier oder Sachsen. Daß nicht kulturlose germanische Barbarenstämme das römische Weltreich auf der Höhe seiner Macht besiegen und schließlich beerben konnten, wurde schon oft hervorgehoben. Und über die hohe Kultur der Bronzezeit in Mittel- und Nordeuropa, die weit nach Süden ausstrahlte, kann man immer wieder nur staunen.

Unter Kultur sei dabei nach allgemeiner Ansicht die Gesamtheit der geistigen und gestalterischen Vorstellungen, Fähigkeiten und Leistungen eines Volkes verstanden. Die Kultur ist die Lebensform eines Volkes. Sie ist eine Gemeinschaftsleistung und setzt sich aus den vielen unterschiedlichen, aber doch im allgemeinen verwandten Leistungen einzelner zusammen. Zur Kultur gehören insbesondere Sprache und Weltbild, Werteordnung und Sittengesetz, Traditionen und religiöse Vorstellungen, Literatur und Musik, bildende Kunst und andere künstlerische Ausprägungen, Forschung und Wissenschaft, Rechtswesen und Sozialwesen, Bildungswesen und Wehrwesen, Technik und Wirtschaftsordnung. Die Kultur ist in normalen Fällen in langen Zeiten gewachsen und entwickelt sich organisch weiter. Sie bildet das geistige Erbe vieler Generationen und prägt die Nachkommenden, deren natürliche Pflicht die Erhaltung und Weiterentwicklung dieser Kultur ist.

Kulturen beruhen auf Völkern oder volksähnlichen Gebilden. Diese sind die Grundlage für die Entwicklung und den Fortbestand einer Kultur und eng mit ihr verbunden. Die Kultur ist wesentlich für ein Volk und seine Eigenart, seine Identität. Jedes Volk hat eine ihm eigene Kultur.

Deswegen ist eine Kultur im Grunde nicht auf ein anderes Volk übertragbar, ohne daß dieses seine Identität verliert. Eine Weltkultur ist daher ein Widerspruch in sich, es gibt höchstens eine Weltzivilisation. Der SPD-Politiker und Sozialreformer August WINNIG, zu Beginn der Weimarer Republik 1919/20 Oberpräsident von Ostpreußen, drückte diese Tatsache 1920 mit den Worten aus: »Alle Kultur gründet in der Sittengemeinschaft, die jedes Volk für sich darstellt. Es gibt eine Weltzivilisation, aber keine Weltkultur. Alle Kultur ist auf dem Boden einer Volksgemeinschaft erwachsen und von diesem Boden nicht zu trennen, sie ist zu vernichten, aber nicht zu übertragen. Straßenbahnen und Kinos, Grandhotels und Tennisplätze, Parlamentarismus und Journalismus, Ballroben, Seiltänzer und Schiebergeschäfte sind Zivilisation und darum übertragbar und internationale Erscheinungen. Der Bauernwagen und das große Drama, die Familienwohnung und die Kinderspiele, die Landesverwaltung und das Buch, die Volkstrachten und Volksfeste, die Schule und die gute Sitte sind Kultur, Schöpfungen des volklichen Eigengeistes und in ihrer Art nicht übertragbar; sie sind vielleicht nachzuahmen, aber nicht nachzuschaffen. Sie sind ebenso wenig übertragbar, wie die Ströme und Seen und Berge aus einem Land ins andere übertragbar sind. Sie sind ebenso wenig nachzuschaffen, wie wir Moskau oder Paris oder andere Völker Danzig oder Nürnberg nachschaffen können.« Und er fügte als Warnung vor sich schon damals abzeichnenden internationalisierenden Bestrebungen die heute wieder aktuellen Worte hinzu: »Die Kultur ist national bedingt, und ein starker Nationalgeist ist weit davon entfernt, die Kultur zu gefährden, er ist vielmehr ihr einziger Mutterboden. Man streiche die Nationen aus der Welt, und man hat die Kultur beseitigt.« (WINNIG 1935, S. 335 f., zuerst im *Morgen*, Oktober 1920)

Ob die Deutschen heute noch, mit denselben Maßstäben wie früher gemessen, ein schöpferisches Kulturvolk sind, wird oft bezweifelt, und ob sie angesichts der Masseneinwanderung aus anderen

Kulturkreisen ihre Kultur, insbesondere als tonangebende oder ›Leitkultur‹, in der Zukunft in ihrer Heimat durchsetzen können, muß die Entwicklung zeigen. Manches spricht dagegen.

Die großen politischen Brüche des 20. Jahrhunderts haben sich auch auf kulturellem Gebiet in Deutschland stark ausgewirkt. Die politischen Revolutionen von 1918 und 1933 im vom Feind unbesetzten Deutschen Reich ließen jedoch die kulturellen Traditionen weitgehend unangetastet, vor allem was die Bedeutung der deutschen Geschichte und der Klassik anging. Deutsche Literatur war weiterhin weltweit angesehen, die deutsche Wissenschaft führend, und der anspruchsvolle deutsche Film bildete einen wichtigen Exportartikel. Dagegen erfolgte nach 1945 durch die Umerziehung der die totale Macht im besetzten Restdeutschland ausübenden Sieger – im Verein mit der Frankfurter Schule – der weithin erfolgreiche Versuch, die frühere deutsche Kultur herabzusetzen, die Traditionen zu zerstören, das große geistige Erbe in Vergessenheit geraten zu lassen. Wie die deutsche Sprache hat auch die gesamte deutsche Kultur 1945 eine schwere Niederlage erlitten. So konnte in den sechziger Jahren in Heidelberg ein Germanist promovieren, ohne je in die *Edda* hineingeschaut zu haben, und viele Abiturienten brauchten für die Reifeprüfung nach der linken Bildungsreform von GOETHE, SCHILLER oder HÖLDERLIN nichts mehr zu wissen. Selbst das als konservativ geltende CDU-geleitete Kultusministerium in Baden-Württemberg gab in seinem Amtsblatt für die Lehrkräfte an Schulen um 1970 in einer Liste empfohlener Gedenktage den Geburtstag von Marylin MONROE an, während deutsche Geistesgrößen daraus verbannt waren.

So wurde mit dem Vorwurf des von den Deutschen begangenen ›Sonderwegs‹ von LUTHER über FRIEDRICH DEN GROSSEN zu HITLER das ganze deutsche Geisteserbe weitgehend verdrängt und durch Importe ersetzt. Der seit Jahrzehnten stark abgefallene deutsche Buchexport wie der überwiegende Auslandsanteil an den seitdem vorgeführten Stücken in der deutschen Film- und Fernseh- sowie der Musikbranche legen davon ein beredtes Zeugnis ab. Nicht von ungefähr überwiegt der amerikanische Anteil. Die starke Überfremdung der deutschen Sprache mit Anglizismen und die Neigung vieler deutscher Wissenschaftler, auch in Deutschland in englischer Sprache vorzutragen und zu veröffentlichen, beweisen ebenso, wie stark und nachhaltig das Selbstbewußtsein der Deutschen und ihr

Stolz auf ihre eigene Kultur durch die jahrzehntelange Umerziehung im Sinne der Frankfurter Schule zerstört wurden. Vergessen wurden die Worte Johann Gottfried HERDERS: »Wer sich seiner Nation und Sprache schämt, hat die Religion seines Volkes, also das Band zerrissen, das ihn an die Nation knüpft.« Und ebenso unbeachtet blieb Ludwig JAHNS Mahnung: »Ein Volk, das seine eigene Sprache verlernt, gibt sein Stimmrecht in der Menschheit auf und ist zur stummen Rolle auf der Völkerbühne verwiesen.« (zit. in HAUER 1959, S. 163)

Für den Bereich der gegenwärtigen Kunst hat nach Hans SEDLMAYER (1948) Hans Jürgen SYBERBERG, der anerkannte Theater- und Filmfachmann, den Verfall in seinem sehr lesenswerten, heutige Tabus nicht beachtenden Buch über die Nachkriegskunst beschrieben. (SYBERBERG 1990) Er ergänzt damit das schon von dem Kunstkritiker Richard W. EICHLER in dessen Werken zur Malerei und bildenden Kunst vor Jahrzehnten Dargestellte (EICHLER 1960, 1962, 1965, 1968, 1999) sowie Ephraim KISHONS bissige Anmerkungen zur modernen Kunst. (KISHON 1988) SYBERBERG bedauert die nach 1945 erfolgte »Umweltverschmutzung der Seele« (SYBERBERG 1990, S. 20) und urteilt: »Das Schlimmste aber ist das Sich-Wälzen im Abgrund und mutwillig und frech im Dreck.« (ebd., S. 22 f.) Er stellt fest: »Aber das eigentliche kulturelle Ereignis nach Ende dieses letzten Krieges war der Sieg des Gemeinen in der Kunst.« (ebd., S. 29) Denn »die Feinde der Natur hatten gewonnen und mit ihnen eine Ästhetik, die alle natürlichen Gesetze und Regeln ausgrenzte, verhöhnte, in Gestalt, Worten, im Innern der Gefühle. . . Die Hölle feierte den Sieg ohne Feier, im Kotzen vor sich selbst«. (ebd., S. 37 f.) Vernichtend beurteilt er die Kunst der Nachkriegszeit: »Das auffälligste Kriterium der heutigen Kunst ist die Bevorzugung des Kleinen, Niedrigen, der Verkrüppelung, des Kranken, des Schmutzes vor dem Glanz; des Unten, als Strategie von unten (Alexander KLUGE) mit dem Lob der Feigheit, des Verrats, der Verbrecher, der Huren, des Hasses, der Häßlichkeit, der Lüge und Verbrechen, von Unnatürlichkeit, Vulgarität usw. Die Müllabfuhr dient als Vergleich zur Notwendigkeit der Theater gegenüber den Stadtvätern. Das Gemeine als Gegenwelt des klassischen Ideals besiegt die nackte Schönheit. Die Zote wird zur Politik der Ästhetik. . . Das Häßlichkeitsgebot beherrscht Leben wie Kunst, und die Ratte wird zum Symbol des Interessanten, wie das Schwein.« (ebd., S. 38)

Hans Jürgen SYBERBERG, *hier bei den Dreharbeiten zum Film* Parzifal. *In seinem Buch* Vom Unglück und Glück der Kunst in Deutschland nach dem letzten Kriege *prangert er das heutige Deutschland an, ein Deutschland ohne Traditionen und Gedächtnis.*

Der Kult der Häßlichkeit führe schließlich zum Ende der Kunst: »Das Häßlichkeitsgebot als höchstes Prinzip führt zu einer Verdrängung der Schönheit der Kunst und der Beförderung jener Krankheitserscheinung der Verkrüppelung alles Heiligen im Triumph des Schmutzes, der die Kunst auslöscht.« (ebd., S. 57) Und er faßt dann zusammen: »Dies ist Deutschland in seinem heutigen Zustand und die Welt, die es so gebraucht von Stufe zu Stufe ihres apokalyptischen Endes. So sehen wir den Angriff auf alles, was heilig ist, hochsteht, heldisch erscheint und Unschuld bedeutet. Dieser Angriff kommt aus dem Materiellen, Rationellen, den Argumenten des Gelächters in der Sucht, durch Verlachen und Anpinkeln zu beschmutzen und zu vernichten.« (ebd., S. 40)

Ausdrücklich erwähnt er auch den Anteil der 68er Linken an diesem Zustand: »Und die Generation von 1968 erscheint als publizierender Büttel des Vatermords an den künstlerischen Traditionen.« (ebd., S. 50) »Die Ästhetik von ADORNO bis BLOCH und BENJAMIN, MARCUSE und KRAKAUER bestimmte... das kulturelle Leben nach 1945 in Deutschland.« (ebd., S. 14) Die Genannten gehörten alle der Frankfurter Schule an. Dazu bedarf es keines weiteren Kommentars.

Zwei Darstellungen zum Thema ›Mann und Frau‹. Rechts:»Zwei Menschen« (um 1940 entstanden) von Josef THORAK. Unten: ›Die Strandkönigin‹ – ein 1985 entstandenes Produkt der Gruppe ›endart‹ – der Name sagt schon alles! Von SCHILLERS Auffassung der Kunst als »Kind der Schönheit« sind wir hier wahrlich weit entfernt. Prof. Richard W. EICHLER spricht in diesem Zusammenhang zu Recht von »Miserabilismus«, um diese Abkehr von den ästhetischen Regeln und den Sturz in die Niederungen zu bezeichnen.

Eine weitere Bedrohung der deutschen Kultur setzte dann mit der vor allem von den Linken geförderten und zugelassenen Masseneinwanderung seit den siebziger Jahren ein. Der von Bundes- und Landesregierungen geduldete Mißbrauch des weltweit einzigartigen liberalen deutschen Asylrechts kam hinzu. Der Ansturm der Fremden sollte zunächst mit dem Konzept der Integrationspolitik bewältigt werden. Man ging von der falschen Annahme aus, daß die Millionen aus fremden Kulturkreisen Stammenden ihre volkliche Identität aufgeben und sich in den deutschen Volkskörper einschmelzen lassen würden, wie es immer wieder in früheren Jahrhunderten zum Vorteil aller Betroffenen mit kleinen Minderheiten aus kulturell verwandten Nachbarvölkern geschehen war. Doch die ganz andere Zahlendimension wie die vor allem bei den Moslems zu verschiedene Lebensweise und das eigene Identitätsbewußtsein ließen dieses Vorhaben der Integration schnell scheitern. Die dann entwickelte Vorstellung der multikulturellen Gesellschaft bildete schon eine unmittelbare Bedrohung der deutschen Kultur, weil dabei deren natürlicher allgemeiner Vertretungsanspruch in Deutschland angetastet wurde.

Wie sehr das aber auch nur ein Schritt auf dem Weg zur völligen Zerstörung der deutschen Kultur sein sollte und wie weit die Entwicklung zum Abbau der deutschen Kultur bereits gediehen ist, zeigte sich in aller Deutlichkeit im Herbst 2000 beim öffentlichen Streit um den Begriff der ›Leitkultur‹. Dieser vom CDU-Fraktionsvorsitzenden im Bundestag, Friedrich Merz, im Grunde nebenbei benutzte, von anderen schon früher verwendete Begriff veranlaßte sofort die vereinigte Linke zu schärfsten Angriffen bis hin zum Faschismus-Vorwurf. Man wollte also von den Regierungsparteien von vornherein den zaghaften Anspruch der CDU, der deutschen Kultur im Rahmen der multikulturellen Gesellschaft wenigstens noch eine führende Stellung zu sichern, unmöglich machen und auch diese Rückzugshaltung der Christdemokraten nicht zulassen. Die deutsche Kultur soll also nach Ansicht der Linken künftig in Deutschland nicht mehr maßgeblich vertreten sein, sondern nur noch eine unter den anderen inzwischen sich ausbreitenden darstellen.

Damit ist offen bekannt worden, wohin die von der Frankfurter Schule betriebene und von ihren Vertretern seit Jahrzehnten planmäßig vorangetriebene Entwicklung führen soll: zur Abschaffung der deutschen Kultur. Der von den 68ern in ihrer Aufruhrzeit an den Hochschulen Professoren vorangetragenen Parole »Muff von 1000 Jahren unter den Talaren« soll nun von den Vertretern dieser Ideen an den Schalthebeln der Macht zum endgültigen Sieg verholfen werden. Die Deutschen sollen sich ganz der Spaß- und Freizeitgesellschaft hingeben und sich für die schon weit eingedrungene Coca Cola- und Mac Donald-›Kultur‹ entscheiden. Dagegen sind alle geistigen Kräfte zu mobilisieren.

Wie man schon lange im Ausland über die fanatische Vergangenheitsbewältigung der Deutschen den Kopf schüttelt, so ist man auch über diese kulturellen Selbstmordabsichten verwundert. Im Zusammenhang mit der Diskussion über die Leitkultur kritisierte der amerikanische Schriftsteller Jeremy RIFKIN in einem ausführlichen Beitrag (*FAZ* 18. 11. 2000) nach einer Verteidigung der Deutschen gegenüber den auch nach seiner Meinung unberechtigten Rassismusvorwürfen, daß »die Deutschen sich kollektiv dazu entschlossen« hätten, »die Idee einer deutschen Kultur zu meiden«. Sie lebten in der Illusion, »sie seien ein Volk mit einer ökonomischen Zukunft, aber ohne kulturelle Vergangenheit«.

Im Hinblick auf eine durch Einwanderungsbewegungen, Globalisierung und elektronische Vernetzung unsicher gewordenen Welt schreibt er dann: »In dieser Lage gibt es für mich eine unumstößliche Wahrheit: Kultur ist in unruhigen Zeiten so wichtig wie nie zuvor. Wir suchen nämlich nach verläßlichen kulturellen Richtwerten in einer Welt, in der alles um uns herum immer unbestimmter und vorläufiger zu werden scheint. Sollten die Deutschen weiterhin... ihr kulturelles Erbe verachten,... so wird es gravierende Schwierigkeiten geben... (der Weg) wird nämlich in Nihilismus und Selbstzerstörung aller münden.« Aber das ist ja gerade das Ziel der von den zersetzenden Ideen der Frankfurter Schule geleiteten marxistischen und anarchistischen Linken, ohne daß sie einen sinnvollen Ersatz für die zu zerstörende bestehende Ordnung aufweisen können.

RIFKIN kommt dann auf die Bedeutung der Kultur auch für die wirtschaftlichen Belange zu sprechen und räumt ihr einen Vorrang vor den ökonomischen Forderungen ein. Er fährt dann fort: »Es geht darum, kulturelle Eigenarten in einer globalisierten Welt zu erhalten... Leider wird vielfach vermutet, kommerzielle Beziehungen reichten aus, um Menschen und Völker zusammenzuhalten. Diesen Anhängern der Globalisierung entgeht, daß der Mensch nicht vom

Brot allein lebt und daß innere Werte, die allein in der Kultur entstehen können, letztendlich immer stärker sind als die utilitaristischen Werte, von denen die Wirtschaft angetrieben wird. Zugespitzt formuliert: Ohne Kultur kann kein Handel getrieben werden. Im kulturellen Bereich entstehen nämlich jene Verhaltensregeln und Codes, entsteht also jenes soziale Kapital, ohne das Handel nicht möglich ist.« Es gebe in der Geschichte »kein einziges Beispiel dafür, daß Menschen zuerst wirtschaftliche und erst danach kulturelle Beziehungen etabliert« hätten.

Damit hat der Amerikaner den Nagel auf den Kopf getroffen und die Sache auf den Punkt gebracht. Es bleibt nur noch hinzuzufügen, daß hinter der Zerstörung der deutschen Kultur ein zielstrebiges System steckt, eben der unselige Geist der Frankfurter Schule und ihrer volks- und staatszerstörenden Ideen.

Viele – vor allem Ältere – resignieren angesichts solcher Zustände. Doch die Kultur eines Volkes, und damit es mit ihr, stirbt nur, wenn das Volk sich selbst aufgibt. Diese Gefahr besteht gegenwärtig zweifellos. Aber es sind sicher noch genügend Reserven in unserem Volk vorhanden, die dagegen ins Feld geführt werden können. Mehr als tausend Jahre deutscher Kultur sind in kurzer Zeit nicht zu vergessen und wirkungslos zu machen. Schon regt sich weithin im Land der Mißmut über die herrschenden Zustände, und damit wächst auch der Widerstand gegen die zersetzenden Erscheinungen. Die jüngere Generation wird sich ihrer Verantwortung und Aufgabe sicher gewachsen zeigen.

Zerstörung der Sprache

Zu den wichtigsten Grundlagen der Kultur eines Volkes gehört seine Sprache. Die deutsche Sprache ist im Gegensatz zu anderen größeren europäischen Sprachen bis 1945 nie überfremdet oder von einer anderen Sprache wesentlich aufgefüllt worden. Sie hat sich von den Anfängen bis zur Gegenwart nach eigenen Normen entwickelt, vom Indogermanischen über das Germanische und Alt- sowie Mittelhochdeutsch zur heutigen Hochsprache, die auch für Österreich und große Teile der Schweiz gilt.

Die deutsche Sprache hat, vor allem im Ausland, 1945 mit der deutschen Niederlage stark an Bedeutung verloren. Wie schon einmal nach dem Ersten Weltkrieg hat sie auch nach 1945 im Wissenschaftsbereich erhebliche Einbußen hinnehmen müssen. Trotz angeblicher Gleichberechtigung unter den verbundenen Staaten ist sie in den europäischen Gremien gegenüber Englisch und Französisch benachteiligt, obwohl sie die weitaus von den meisten Menschen der Gemeinschaft verwendete Muttersprache ist. Die nicht mit großer Energie von seiten verschiedener Bundesregierungen immer einmal wieder unternommenen Vorstöße zur Gleichberechtigung der deutschen Sprache in Straßburg, Luxemburg und Brüssel haben bisher nichts gefruchtet. Sie werden in der nun größeren Europäischen Union noch schwerer durchzusetzen sein.

In dieser Verteidigungslage der Sprache trafen diese in den letzten Jahrzehnten mehrere scharfe Angriffe. Einmal fingen die 68er an, mit englischen Ausdrücken den Bruch mit der traditionellen Sprache auszudrücken. Sie führten ›Sit ins‹, ›Go ins‹, ›Teach ins‹, ›make love‹ und ›No wars‹ ein, die dann später durch ›Nordic walking‹', ›Travelling‹, ›Wellness‹ und ähnliche Moden ergänzt wurden. Dazu kam das die deutsche Sprache in ihrer Genauigkeit zerstörende Soziologenchinesisch der 68er, die nur so mit Ausdrücken wie ›relevant‹, ›Kommunikation‹, ›Solidarität‹, ›Repression‹ usw. um sich warfen.

Zum anderen erfolgte unter dem Internationalismus der Linken, verbunden mit der antivolklichen Ideologie der 68er, die massen-

---

Ein Unding: In der neuen Rechtschreibung wurden die Kommaregeln nicht nur»stark vereinfacht«, die Kommasetzung wird in vielen Fällen freigestellt! »Mein Gewissen sagt das Gesetz ist Nebensache!« In diesem Beispiel ist die Kommasetzung wahrlich nicht Nebensache. Daß ein erfolgreicher Volksentscheid in Schleswig-Holstein gegen die Rechtschreibreform nachträglich vom Land wieder aufgehoben wurde, veranschaulicht das demokratische Verständnis der berufspolitischen Kaste. Es fragt sich außerdem, ob der gleichzeitig zu beobachtende Sprachverfall nicht ein Symptom ist für einen Prozeß, der sich auf das ganze geistige Bewußtsein des deutschen Volkes auswirkt und der von bestimmten Kreisen gefördert wird, also nicht zufällig verläuft.

Wilhelm von Humboldt befaßte sich ausführlich mit der Bedeutung der Sprache. Sie begründet insbesondere die Heimat. Durch Spachzerstörung geht Heimat verloren.

weise Einführung von im Grunde völlig überflüssigen ›Anglizismen‹, im Alltag gebrauchten Wörtern aus der englischen Sprache und dem amerikanischen Gebrauch. Vor allem die Werbung und die Wirtschaft verwenden seit einigen Jahrzehnten englische Ausdrücke in großem Maße. Das geht sogar so weit, daß für Neuerungen angeblich englische Ausdrücke benutzt werden, die in England nicht üblich sind und die kein Engländer zunächst versteht, wie etwa beim ›Handy‹. ›City‹, ›Service‹, ›Car port‹, ›Sightseeing‹ oder ›Brunchen‹ sind heute allgemein üblich, von dem häßlichen ›O.K.‹ der Besatzungssprache ganz zu schweigen. In einem Supermarkt würde sich ein Deutscher von vor 60 Jahren sprachlich gar nicht mehr zurechtfinden.

Der wohl folgenschwerste Angriff auf die deutsche Sprache erfolgte nach mehreren entsprechenden Vorstößen von linker Seite mit der Einführung der neuen Rechtschreibung seit 1996. Gegen den sogar durch Volksabstimmungen deutlich erklärten Willen der Mehrheit der Deutschen setzte die von den 68ern unterwanderte Kultusministerkonferenz mit Zustimmung auch der CDU/CSU die völlig unnötige und nur Schaden sowie hohe Nachfolgekosten bringende Schreibreform durch. Das Bundesverfassungsgericht wurde sogar bemüht und legalisierte dann die Reform unter falschen Voraussetzungen.

Der Erfolg war, daß schon nach wenigen Jahren die Reform auch dieser Reform stattfinden mußte: Zu viele Fehler waren bei der Einführung der neuen Schreibweise unterlaufen. Aber auch das neue Erzeugnis war ziemlich ungenießbar: Nach kurzem Gebrauch stellten große deutsche Zeitungen wie die *Frankfurter Allgemeine Zeitung* ihr Blatt wieder auf die alte Schreibweise um. Dichter und Schriftsteller verboten und verbieten, ihre Werke in der neuen Schreibweise zu veröffentlichen, so daß viele Verlage bei der alten Rechtschreibung blieben.

So besteht heute der unsinnige Zustand, daß neben der amtlichen neuen noch die alte Schreibweise benutzt wird und daß mehrere Zwischenformen bei Zeitungen und Verlagen bestehen. Die Einheitlichkeit und Geschlossenheit der deutschen Sprache wurde dadurch erheblich verringert, auch was die bisherige Gleichartigkeit in Österreich und der Schweiz betrifft. »Der Streit um die Rechtschreibung ist beendet, geblieben sind die Folgeschäden der Neuregelung«, beschrieb Peter EISENBERGER, ein Mitglied des neu eingerichteten Rates für deutsche Rechtschreibung, den jetzigen Zustand: »Die geltende Regelung enthält noch immer zahlreiche Ungereimtheiten und Fehlschreibungen. . . Die Rechtschreibfähigkeiten werden so keineswegs besser, nicht einmal dort, wo die Neuregelung nichts geändert hat.« (*Frankfurter Allgemeine Zeitung* 17. 4. 2009)

Und als Praktiker stellte Studiendirektor a. D. Wolfgang STEINBRECHT, Bad Nenndorf, ergänzend zu dem genannten Beitrag fest: »Das Grundgefühl der Lehrer in Sachen Rechtschreibung kann man am ehesten als Resignation bezeichnen. Rechtschreibung ist ein Gegenstand der Unlust geworden. . . Das Vertrauen in die neuen Regeln ist viel nachhaltiger zerstört, als es in dem Aufsatz (von EISENBERGER) durchklingt. Es wiederherzustellen wird eine ungleich schwierigere und länger dauernde Herausforderung sein als der sachgerechte Rückbau der Reform – vorausgesetzt, der Rückbau gelingt glaubwürdig.« (*Frankfurter Allgemeine Zeitung* 30. 4. 2009)

Doch auch diese Zerstörung des Vertrauens war gerade mit ein Ziel der destruktiven Frankfurter Schule und ihrer Zöglinge, der 68er.

Doch nicht genug damit. Ein weiterer für die Zukunft wichtiger Gesichtspunkt kommt hinzu, der sicher bei den Motiven der Neuerer ganz oben anstand: eine nun im Gefolge der neuen Rechtschreibung möglich gewordene große Büchervernichtungsaktion in den öffentlichen Büchereien, die Bundespräsident Horst KÖHLER bei sei-

Die am 24. Oktober 2007 mit viel Pomp wiedereröffnete Anna-Amalia-Bibliothek in Weimar. In Wirklichkeit findet hinter den Kulissen der deutschen Bibliotheken, die eigentlich als »Gedächtnisorte der Menschheit« wirken sollten (Horst KÖHLER), eine skandalöse politisch korrekte Säuberung statt. Wilhelm VON HUMBOLDT (1767–1855): »Die wahre Heimat ist eigentlich die Sprache. Sie bestimmt die Sehnsucht danach, und die Entfremdung vom Heimischen geht immer durch die Sprache am schnellsten und leichtesten, wenn auch am leisesten vor sich.«

ner Rede zur Wiedereröffnung der Anna-Amalia-Bibliothek am 24. Oktober 2007 mit Recht als besondere Orte und das Gedächtnis der Menschheit bezeichnete. Nun werden zunehmend die Bibliotheken gesäubert, da angeblich die in alter Rechtschreibung vorliegenden Bücher die Kinder und in der neuen Schreibweise Nachwachsenden verwirren. So haben die Linken einen Grund, die Büchereien zu säubern und alle alten Bücher hinauszuwerfen, insbesondere alle noch vorhandenen konservativen Titel, die die Säuberungen der letzten Jahrzehnte überstanden haben, und die politisch nicht korrekten Bücher. Die Jugend wird also von der Ideenwelt ihrer Vorfahren abgeschnitten. Sie wird bindungslos und damit leichter manipulierbar. Die Sprachkultur der Deutschen und ihr älteres Lesegut werden einseitig eingeschränkt, in Richtung links gerückt und antinational beschnitten. Diese Büchervernichtung ist bereits in vollem Gange Die Globalisierer freuen sich ob solchen vorauseilenden Gehorsams!

Die gegen den erklärten Mehrheitswillen der Deutschen von den Linken durchgesetzte Rechtschreibreform hatte noch diese andere Auswirkung, die ebenfalls in die Richtung der Kulturzerstörung wies und von den nun die entscheidenden Stellen in der Kulturverwaltung einnehmenden 68ern ausgenutzt wurde. Mit der Begründung, die Kinder verwirre und verunsichere es, wenn sie in den öffentlichen und den Schulbüchereien Bücher in der alten Schreibweise vorfänden, kam es in den auf die Schreibreform folgenden Jahren zu der wohl größten Büchervernichtung in der deutschen Geschichte. Die zur Zerstörung der deutschen Kultur und Traditionen angetretenen Alt-68er benutzten diese Gelegenheit, die in den Bibliotheken noch vorhandene Geistesüberlieferung zu vernichten, indem die Büchereien nun von den alten Büchern gesäubert wurden.

Rominte VAN THIEL brachte zu diesem Vorgang 2008 (*Deutsche Sprachwelt*, Sommer 2008, S. 4) einen ganzseitigen Artikel unter dem Titel »Die große Büchervernichtung«. Sie führte darin eine Reihe von Beispielen für die laufende moderne Säuberung an, der viele klassische Titel und konservative Bücher zum Opfer gefallen sind und in der nächsten Zeit noch zum Opfer fallen werden. Durch Spenden von Personen, die meinten, für die Öffentlichkeit und vor allem für die Jugend etwas Gutes zu tun, wurde etwa in Idstein-Hefterich erreicht, »daß fast alle Bücher mit alter Rechtschreibung aussortiert werden konnten«. In Lüneburg spendete ein Unternehmen für die Ersetzung (sprich die Vernichtung) alter Bücher durch solche mit neuer Rechtschreibung 50 000 Euro.

Eine Fülle von Beispielen brachte Theodor ICKLER vor (*Wiener Sprachblätter*, Nr. 3, 2008, S. 10 ff.): »Schulen und Leihbibliotheken glauben seit über zehn Jahren, ihren jungen Lesern keine Bücher in der herkömmlichen Rechtschreibung mehr zumuten zu können. Es wird bedenkenlos ausgesondert und weggeworfen.« So wurden am Stuttgarter Karls-Gymnasium »Hunderte von Büchern aufgrund der Rechtschreibreform ausgemustert und ersetzt«. Die Hemsbergschule in Bensheim erklärte schon im Dezember 2006: »Alte Bücher von ›anno tobak‹ und solche, die nicht mehr der neuen Rechtschreibung entsprachen, wurden ausgemistet.«

Diese Maßnahmen schlossen auch die Lehrerbibliotheken ein, obwohl die Lehrkräfte ja wohl weniger durch die alten Bücher als durch die Rechtschreibreform als solche »verwirrt« wurden. So meldete der Elternbrief der Grundschule in Unkel: »Beim Umräumen der

Lehrerbibliothek wurden viele Bücher, z. B. Bücher mit alter Rechtschreibung, aussortiert.« (ebd.)

Friedrich Gerstäcker und Edwin Erich Dwinger, August Winnig und Otto Ernst, Gertrud von le Fort und Agnes Miegel, Erwin Guido Kolbenheyer und Robert Hohlbaum, Börries von Münchhausen und Josef Weinheber werden neben vielen anderen in Zukunft wohl in den Bibliotheken für die nachwachsenden Generationen fehlen, da die entsprechenden Gesellschaften kaum die Mittel zu den benötigten Neudrucken in neuer Rechtschreibung aufwenden können.

In Österreich wurde von den Linken diese günstige Gelegenheit, konservatives Gedankengut zu entsorgen, ebenso benutzt: »Über 150 Bücher wurden, da sie in alter Rechtschreibung waren, aussortiert«, meldete die Hauptschule Altach (ebd.). Und die Stadtbücherei Neufeld gab im Dezember 2004 bekannt: »An Schulkinder werden nur mehr Bücher mit neuer Rechtschreibung ausgegeben.« Dabei hatte das Wiener Unterrichtsministerium ausdrücklich bekannt gegeben: »Von einem grundlegenden Austausch der Bestände, welcher nur das Kriterium der neuen Rechtschreibung ohne inhaltliche Erwägungen im Auge hat, ist auf jeden Fall abzusehen.« (ebd.) Denn ein Aussortieren von Büchern, die es nur in der traditionellen Rechtschreibung gibt, »würde einen Eingriff in die literarische Vielfalt bedeuten«. Von einer solchen den Schaden begrenzenden Verordnung eines bundesdeutschen Kultusministeriums wurde nichts bekannt.

Damit fallen die meisten Titel aus früheren Jahrzehnten, vor allem aus der Zeit vor dem gesellschaftlichen Umschwung der 68er, einfach weg. Die wenigsten der in der Vergangenheit in der alten Schreibweise aufgelegten Bücher dürften in neuer Schreibweise nachgedruckt werden. Sie fallen einfach in Orwells »Gedächtnisloch« und werden vergessen. So einfach läßt sich ein großes kulturelles Erbe vernichten. Und die bürgerlichen bundesdeutschen Kultusminister haben bei dieser folgenschweren Kulturzerstörung einfach mitgewirkt.

Sicher war es auch einer der Gründe für die linken Ideologen, die die Schreibreform gegen den erklärten Willen der Mehrheit der Deutschen durchsetzten, die nachwachsende Generation der Deutschen von ihrer Tradition und ihrem Bucherbe abzuschneiden. Insbesondere sollten den jungen Menschen die deutsche Klassik und die Literatur des 20. Jahrhunderts entzogen werden. Gleichzeitig findet eine Siebung der zeitgenössischen Literatur statt, da die meisten konservativen Verlage die alte Rechtschreibung beibehalten haben. Ihre Bücher werden bei Neuanschaffungen nun ganz einfach übergangen. Was öffentlich mit dem Streben zum Wohl der Kinder begründet wird, dient zur einseitigen Förderung der linken Ideologie und steht daher einer wirklichen Selbstfindung und Selbstverwirklichung der nachwachsenden Generation im Wege.

Im Jahre 1995 behaupteten die Kultusminister, die geplante Rechtschreibreform werde kostenneutral vor sich gehen, und deswegen wurde auch vorher keine Kosten-Nutzen-Analyse aufgestellt. Aber nicht nur auf dem Gebiet der Schulbücher, die ausgetauscht werden mußten, kostete die Reform Milliarden Euro, sondern auch bei der beschriebenen Änderung des Bestandes der Schul- und Ortsbüchereien wurden hohe Summen ausgegeben. Allein in Sachsen-Anhalt wurden im November 2006 vom Finanzausschuß zusätzliche 600000 Euro für die Bildung und Kultur bewilligt, die für die abschließende Einführung der Rechtschreibreform ausgegeben werden sollten. Diese Mittel dienten zum Teil auch der Vernichtung alter Bücher bei der Säuberung der Bibliotheken.

Wenn nun die öffentlichen Büchereien mit der oben genannten offiziellen Begründung gesäubert werden, so müßten folgerichtig auch die Eltern aufgefordert werden, ihre häuslichen Buchbestände durchzukämmen, da anderenfalls die danach greifenden Kinder ja ebenso von der alten Schreibweise verwirrt werden könnten. Anscheinend wurde diese Forderung bisher noch nicht in der Öffentlichkeit erhoben, aber man kann nie wissen, was alles noch geschieht, um die Umerziehung der Deutschen und ihre Abnabelung von ihrem großen kulturellen Erbe vollkommen zu erreichen.

Bundespräsident Horst KÖHLER nannte zwar bei seiner erwähnten Rede am 24. Oktober 2007 bei der Wiedereröffnung der Anna- Amalia-Bibliothek in Weimar die Büchereien mit Recht besondere Orte und das Gedächtnis der Menschheit. Aber die Wirklichkeit sieht leider anders aus. Mit einem gewissen Recht wies Rominte VAN THIEL gegen Schluß ihres oben erwähnten lesenswerten Beitrags auf eine weitere noch zu ziehende Folgerung hin: » Wenn aber allein die nicht mehr zeitgemäße Rechtschreibung ein Kriterium für Ausmisten, Wegwerfen, Verbrennen ist, Bücher aus dem 19. Jahrhundert und früher also noch viel unzeitgemäßer als solche des 20. Jahrhunderts sind, hätten dann nicht die am Anfang genannten Eltern und Lehrer angesichts des zerstörerischen Feuers in der Anna-Amalia-Bibliothek jubeln und frohlocken müssen?« Die 68er wollten in ihrer Hochzeit Kaufhäuser brennen sehen. Nun kommen wohl noch die Bibliotheken dazu. Doch das wagt man bisher noch nicht in der Öffentlichkeit zu vertreten. »Nur von brennenden öffentlichen Scheiterhaufen hat man bisher abgesehen«, stellte Frau VAN THIEL abschließend fest.

Diese werden allein den ›Nazis‹ vorgeworfen, deren Bücherverbrennung am 10. Mai 1933 mehr symbolisch gemeint war und keine Säuberung der wissenschaftlichen Bibliotheken nach sich zog. Da waren die Alliierten nach 1945 schon gründlicher, als sie nach dem Gesetz Nr. 4 des Alliierten Kontrollrates vom 13. Mai 1946 eine Liste von rund 35 000 Titeln aufstellten, die ausgesondert und vernichtet werden sollten. Was die Alliierten an deutschem Buchgut übrigließen und was seitdem mühsam wieder ergänzt werden konnte, wird nun von den Zöglingen der Frankfurter Schule vernichtet. Und dazu werden noch Milliarden Steuergelder bewilligt. Die Verhältnisse stehen auf dem Kopf.

Zersetzung von Staat und Institutionen

Die neomarxistische und neofreudianische Richtung der Frankfurter Schule zielte in der Nachfolge von MARX darauf hin, das gesamte staatliche, wirtschaftliche und gesellschaftliche Leben in Deutschland umzugestalten. MARCUSE trat für »die Wiederbelebung und notwendige Modifizierung der Tradition der Räte-Organisation, also ›direkte Demokratie‹ in der gesellschaftlichen Produktion und Verwaltung« ein und erklärte: »Der marxistische Sozialismus zielt nicht auf die Abschaffung, sondern auf die Verwirklichung der Demokratie, er sieht in der bürgerlichen eine repressive, unwirkliche Demokratie.« (zit. in *Deutsche Zeitung* 28. 11. 1975) HORKHEIMER stellte in marxistischer Utopie »jegliche politische Macht in Frage« (JAY 1981, S. 150) und schrieb 1942: »Die theoretische Konzeption, die nach ihren Vorkämpfern der neuen Gesellschaft den Weg weisen soll, das Rätesystem, stammt aus der Praxis.« (HORKHEIMER 1972b, S. 22) Der freiheitliche demokratische Rechtsstaat sollte so durch den marxistischen Gesinnungsstaat mit Räteterror abgelöst werden.

Geistige Grundlage der Frankfurter Schule war dabei der aus dem einseitigen Rationalismus folgende Egoismus, den besonders HORKHEIMER immer wieder verfocht und den MARCUSE 1938 in seinem Artikel »Zur Kritik des Hedonismus« hervorhob. Statt eines Gemein-

Von oben: Ralf Dahrendorf im Januar 1968 in Freiburg/Br. als Diskussionsteilnehmer (mit Rudi Dutschke) vor 3000 Studenten. – Helmut Schelsky (s. unten, S. 141), einer der wenigen deutschen Soziologen, die sich den Blick für die Wirklichkeit bewahrt hatten und die Frankfurter Schule kritisierten.

sinns und der Opferbereitschaft für die Allgemeinheit wurde das Streben nach persönlichem Glück – das Lustprinzip – als Sinn des Lebens bezeichnet, in vollem Gegensatz zur Ethik der traditionellen deutschen Denker.

Auf diesem Gebiet wie auf dem der Zerstörung gemeinschaftstragender Ordnungen war ein wesentlicher Wegbereiter für die marxistischen Ideen der uneingeschränkte Liberalismus mit seiner »prinzipiellen Grundsatzlosigkeit« gewesen, der »in der modernen Massengesellschaft einen kulturzersetzenden Einfluß ausübt«. (Brezinka 1974, S. 14) Einer seiner Hauptvertreter war der aus der Frankfurter Schule hervorgegangene Ralf Dahrendorf, der bis 1954 bei Horkheimer und Adorno am Institut für Sozialforschung tätig gewesen war. Zeitweise war er Mitglied im linksextremen Sozialistischen Deutschen Studentenbund (SDS), der später verboten wurde. Für ihn waren »Stabilität und Ordnung der pathologische Sonderfall des Lebens«. (Dahrendorf 1961, S. 81) Es grenzt schon an einen Aufruf zum Anarchismus, wenn er darlegte: »Es ist eigentlich für die deutsche Politik seit langem kennzeichnend, daß nahezu alle politischen Gruppen mehr Wert zu legen scheinen auf einen Gedanken der Ordnung... als auf Vielfalt, Interessenkonflikt und Auseinandersetzung... Das ist – wenn man so will – eine deutsche Krankheit, das Leiden an Ordnungsvorstellungen, eine Krankheit, der gegenüber man immer wieder die Fruchtbarkeit auch der ungeregelten, auch der lebhaften, auch der bis an die Grenzen der Unordnung führenden Auseinandersetzungen betonen müßte.« (zit. in Eucken-Erdsiek 1972, S. 17) Vorwurfsvoll schrieb er an die Adresse der SPD: »Noch im Godesberger Programm der westdeutschen Sozialdemokraten von 1959 ist ›Ordnung‹ eine der häufigsten Vokabeln.« (Dahrendorf 1965b, S. 221) Als Grund meinte er feststellen zu müssen: »Nichts hat den mißlichen Zustand der deutschen Gesellschaft stärker befördert und zementiert als der selbstmörderische Primat des Nationalen.« (Dahrendorf 1965b, S. 220) Mit dem maßgeblich von ihm entwickelten Hochschulgesamtplan im Kultusministerium von Baden-Württemberg erlitt er durch die NPD-Fraktion im Stuttgarter Landtag Schiffbruch, und das Land blieb vor der nivellierenden Gesamtschule bewahrt. Als dann die »Fruchtbarkeit der Unordnung« an den westdeutschen Hochschulen Wirklichkeit wurde, flüchtete er als einer ihrer geistigen Fürsprecher über Brüssel schnell auf einen ruhigen Direktorposten der Londoner School of Economics und wurde Rektor des St. Anthony's College der Universität Oxford. Dort neigte er dann wieder konservativen Anschauungen zu und wurde ein Lord. Zu seinem 80. Geburtstag (1. 5. 09) hielt Jürgen Habermas in Oxford eine Lobrede. (*FAZ* 2. 5. 09) Kurz darauf starb Dahrendorf am 17. Juni 2009.

Schon 1975 urteilte der Soziologe Helmut Schelsky wohl zutreffend: »Dahrendorf... hat als wahrscheinlich wirksamster Anreger seiner Generation deutscher Sozialwissenschaftler alle die Fragestellungen in die Welt gesetzt oder neu belebt, die zur politischen und neuideologischen Herrschaft der Linken, der Neomarxisten und der Sozialreligiösen geführt haben... So hat er den schon überwundenen Klassen- und Klassenkampfbegriff in der deutschen Soziologie theoretisch wieder belebt... so hat seine Überbetonung der Konfliktbeziehung im sozialen Leben zu eben den Konfliktanweisungen der Hessischen Rahmenrichtlinien geführt... so hat er eben die diffamierende Rechtssoziologie gegen die deutsche Justiz eröffnet... so hat er das ›Bürgerrecht auf Bildung‹ in die Welt gesetzt.« (Schelsky 1975)

Da nach dem »Zeitalter des Faschismus« die Marxisten erkannt hatten, daß die ›werktätigen Massen‹ gegenüber totalitären und völkischen Bestrebungen nicht immun waren, daß die von Marx vorhergesagte automatische Entwicklung zur Revolution mit Hilfe des Proletariats in den westlichen Industrienationen offenbar nicht eintrat, daß der allgemeine Wohlstand sich im Gegenteil in den westlichen Ländern und auch in Westdeutschland unter nichtmarxistischen Regierungsformen vergrößert hatte und sich nach der Währungsreform weiter wesentlich vermehrte, mußte Marx umgedeutet werden. Horkheimer und seine Mitarbeiter sahen es daher als ihre Aufgabe an, den werktätigen Massen erst einmal das ›richtige Bewußtsein‹ zu vermitteln. Man hatte erkannt: »Auch die Situation des Proletariats bildet in dieser Gesellschaft keine Garantie der richtigen Erkenntnis.« Die Frankfurter Hochburg des Marxismus und der Psychoanalyse wollte erst die »richtige Gesamtverfassung der Menschheit« vermitteln. Abgesehen von der intellektuellen Überheblichkeit dieser Anschauung zeugt sie auch von geistiger Arroganz und Verachtung des Volkes und spricht so allen Beteuerungen angeblich von ihr vertretener demokratischer Haltung hohn.

Das Trauma von der mißlungenen Novemberrevolution von 1918 und von der durch den Nationalsozialismus verhinderten Machtergreifung der Kommunisten im Jahre 1933 wurde dahin zu verwerten versucht, daß nun über eine dogmatische ideologische Ausrichtung der von den Amerikanern in ihrer Naivität den Marxisten anvertrauten Deutschen nachträglich noch die klassenkämpferischen Ziele aus den zwanziger Jahren angestrebt wurden. Die Lebenserfahrung der Kriegsgeneration und ADENAUERS praktische Politik des Wiederaufbaus und der Bindung an den Westen ließen zunächst diese Früchte nur langsam reifen. Erst nach einem Jahrzehnt konnten sich die staatszersetzenden und gemeinschaftsauflösenden Auswirkungen der linken Ideen stärker bemerkbar machen und dann voll durchsetzen. Schon 1981, nur ein Jahrzehnt nach den 68er Un-

Protestkundgebung gegen die Notstandsgesetze am 15. Juni 1965 auf dem Frankfurter Römerberg. Fünftausend Menschen sollen dem Aufruf der Gewerkschaften und der Professoren gefolgt sein.

ruhen, schrieb sogar die linke Gräfin Dönhoff: »An den Staat denkt heute niemand mehr. Heute denken die meisten in erster Linie an sich selbst, sorgen sich vor allem um ihr Wohlergehen, halten nur ihre eigenen Auffassungen, Urteile und Ideen für wahr, richtig und gut.« (*Die Zeit* Nr. 11, 6. 3. 1981)

In den sechziger Jahren setzten sich staatsauflösende Demokratisierung und Gleichmacherei immer mehr durch, vor allem von den Hochschulen aus. In einem Aufruf von 215 Professoren an die Gewerkschaften zur Verhinderung der Notstandsgesetze im Jahre 1965 waren die Vertreter der Frankfurter Schule und ihres Umfeldes fast geschlossen vertreten. Im Rahmen der Studentenproteste und insbesondere anläßlich der Demonstrationen gegen die Notstandsgesetzgebung im Frühjahr 1968 wirkten sich diese Bestrebungen fast staatserschütternd aus. Tagelange Hochschulbesetzungen, Verhinderungen von Prüfungen, Durchführung verbotener Demonstrationen mit Gewaltanwendung waren für Jahre beinahe Alltäglichkeiten. Die öffentliche Ordnung war zeitweise aufgehoben, und der Staat verzichtete oft auf die Durchsetzung seiner Ordnungspflicht, so daß zeitweise gesetzesfreie Räume entstanden.

Besonders Marcuse verteidigte als Revolutionsprediger die gesetzwidrige Gewaltanwendung der APO: »Wenn sie Gewalt anwenden, beginnen sie keine neue Kette von Gewalttaten, sondern zerbrechen die etablierte. Da man sie schlagen wird, kennen sie das Risiko, und wenn sie gewillt sind, es auf sich zu nehmen, hat kein Dritter, und am allerwenigsten der Erzieher und Intellektuelle, das Recht, ihnen Enthaltung zu predigen.« Mit dieser unverhüllten Aufforderung an die akademische Jugend schließt Marcuse seinen Artikel über »Repressive Toleranz« von 1966 (Wolff 1966), nachdem er darin die junge Generation auch eine andere Perversion staatsbürgerlicher Haltung gelehrt hatte: »Befreiende Toleranz,« so schrieb er in diesem folgenreichen Artikel, »würde mithin Intoleranz gegenüber Bewegungen von rechts bedeuten und Duldung von Bewegungen von links.« (Wolff 1966, S. 120) Das ist die bezeichnende, einseitige und damit perverse Auslegung von Toleranz, wie sie von seiten der Frankfurter Schule vertreten und von Habermas im Historikerstreit 1986 erneut beschworen wurde.

Die alte Erkenntnis, daß Gleichheit und Gerechtigkeit nicht gleichzeitig voll zu erreichen sind, war ideologisch vernebelt worden. Ebensowenig erinnerte man sich an die ähnliche komplementäre Beziehung, die GOETHE in seinen *Maximen und Reflexionen* mit den Worten zutreffend beurteilte: »Gesetzgeber und Revolutionäre, die Gleichheit und Freiheit zugleich versprechen, sind Phantasten oder Scharlatane.«

Denn inzwischen hatte die ideologische Ausrichtung aller Parteien in Deutschland durch die linken Politologen und Soziologen den Unterschied von Staat und Gesellschaft weitgehend verwischt, einmal, um damit den Staat unmittelbar zu schwächen und zur Systemveränderung reif zu machen, und zum anderen, um die Voraussetzung zu schaffen, daß für den staatlichen Bereich sinnvolle Prinzipien wie das der Gleichheit aller Bürger vor dem Gesetz oder bei der Wahl auflösend in Demokratisierungsforderungen auch auf die Gesellschaft und ihre Institutionen übertragen werden konnten. HABERMAS lehrte, daß die in früheren Zeiten bedeutsame Trennung von Staat und Gesellschaft »im Stadium des organisierten Kapitalismus« nicht mehr bestehe (HABERMAS 1971, S. 228 f.); beide würden »eine wechselseitige Verschränkung« zeigen.

Die Verwirrung der Begriffe führte so zu einem völlig falschen Bild der Wirklichkeit. 1971 mußte der Staatsrechtler Ernst FORSTHOFF an die inzwischen verlorengegangene Binsenwahrheit erinnern: »Die freiheitstiftende rechtsstaatliche Verfassung steht und fällt mit der Unterscheidung von Staat und Gesellschaft.« (FORSTHOFF 1971, S. 21) Er fügte angesichts der herrschenden linken Irrlehre hinzu: »Diese Feststellung ist weitgehenden Widerspruchs gewiß« (FORSTHOFF 1971, S. 21), um dann zu beweisen, wie unsinnig und oberflächlich durchdacht der Standpunkt der Frankfurter Schule in dieser Frage sei.

Ähnlich argumentierte der Staatsrechtler Ernst Wolfgang BÖCKENFÖRDE in seiner Schrift *Die verfassungstheoretische Unterscheidung von Staat und Gesellschaft als Bedingung der individuellen Freiheit* von 1973 (BÖCKENFÖRDE 1973).

Nicht nur für die Freiheit des Einzelnen ist der Staat unersetzbar, sondern vor allem auch im Hinblick auf eine lebenswerte Umwelt angesichts einer ihre Grenzen überschreitenden Technik. Mit seherischem Blick für die Zukunft begründete FORSTHOFF die Notwendigkeit eines starken Staates neben und unabhängig von der Gesellschaft: »Und es geht um mehr als die Freiheit. Es geht – angesichts der Expansion der Technik, von der ausführlich zu handeln sein wird – um den Schutz der Umwelt gegen die Zerstörung durch die Industrie und schließlich um die Integrität des Menschen selbst, nachdem dieser zum Gegenstand genetischer Forschung geworden ist.« (Forsthoff 1971, S. 25) Nur eine starke »organisierte Instanz« wie der Staat ist in der Lage, »der industriellen Expansion notwendige Schranken zu setzen«. (ebd., S. 27)

Diese Einsicht erweist sich gerade heute – eine Generation später – angesichts der Globalisierung und der Praxis von Global Players, deren Umsätze manche Staatsetats übersteigen, als unverzichtbar. Sie erscheint auch als unumgänglich im Hinblick auf die gewachsenen Gefahren der Gefährdung der Umwelt durch die moderne Technik. Die menschliche Umwelt und der Mensch selbst »bedürfen eines Garanten, und das unvergleichlich viel vordringlicher als der freiheitliebende Bürger früherer Zeiten. Angesichts dessen ist die so vielseitig verherrlichte (und ja gerade von der Frankfurter Schule angestrebte, R. K.) Ineffizienz des heutigen Staates ein fatales Symptom.« (ebd., S. 29)

Wie zur Verhinderung der Umweltzerstörung, so war und ist auch für die Bewältigung der sozialen Frage in der modernen Zeit ein starker unabhängiger, von den gesellschaftlichen Gruppen und Interessenverbänden nicht erpreßbarer Staat notwendig: »Nur der mit keinem Klasseninteresse identische und identifizierbare Staat war... zur Lösung der sozialen Probleme befähigt.« (ebd., S. 32)

Ähnlich deutliche Worte über die Unverzichtbarkeit der staatlichen Ordnung hat der Soziologe Arnold Gehlen gefunden: »Die Intaktheit der Rechtsordnung und überhaupt die Integrität von rechtlich sanktionierten Institutionen ist ausschlaggebend für die individuelle Moral des Einzelnen und für seine seelische Gesundheit.« (Gehlen 1967, S. 73) Als Begründung führte er in überzeugender Weise aus: »Die Institutionen wirken wie Stützpfeiler und wie Außenhalte... Zerschlägt man die Institutionen eines Volkes, dann wird die ganze elementare Unsicherheit, die Ausartungsbereitschaft und Chaotik im Menschen freigesetzt.« (Gehlen 1968, S. 24) Oder an anderer Stelle: »Wenn die äußeren Sicherungen und Stabilisierungen, die in den festen Traditionen liegen, entfallen und mit abgebaut werden, dann wird unser Verhalten entformt, affektbestimmt, triebhaft, unberechenbar, unzuverlässig... Und wenn man die Stützen wegschlägt, primitivisieren wir sehr schnell.« (ebd., S. 59)

Als ein auch der biologischen Anthropologie zugewandter Soziologe weiß Gehlen, daß »in dem Element ›Tradition‹ etwas für unsere innere Gesundheit Unverzichtbares steckt... Bei einem *per se* ›nicht festgestellten‹ Wesen gehören Traditionen überhaupt zu den Grundbedingungen nervöser Gesundheit, sie gehören in das kleine Einmaleins der Kultur«. (ebd., S. 64) Und er weist zur Notwendigkeit eines starken Staates auf die Worte von Thomas HOBBES hin: »Man muß Macht haben, um überhaupt handeln zu können, zumal in der moralischen Sphäre. Man hat gewaltig zu sein, um Gutes zu tun, und stark, um Schutz zu bieten.« (GEHLEN 1969, S. 118) In seiner herben Zeitkritik *Moral und Hypermoral* zeigte GEHLEN 1969 auf dem Höhepunkt der Neuen Linken deren Scheinhumanität und die logischen Widersprüche in ihren Zielen auf. (GEHLEN 1969)

Daß die auflösenden linken Bestrebungen in den siebziger Jahren nicht den Sieg davontrugen, hängt auch damit zusammen, daß in den USA Jahre nach Kriegsende das Erwachen über die linke Unterwanderung und den kommunistischen Landesverrat viele Illusionen zerstörte und Gegenkräfte wachrief, die sich dann auch auf Westdeutschland in seiner beschränkten Souveränität auswirkten. Die linksliberale Bundesregierung ging erst dann gegen die APO-Terroristen scharf vor, als sich diese mit ihren Attentaten auch gegen US-Besatzungskräfte gewandt hatten. Und die Amerikaner verstanden keinen Spaß!

Wenn auch der Staat in Westdeutschland 1968 seine Form wahren konnte und die jahrelangen Angriffe äußerlich intakt überstand, so wurde sein Ansehen und seine Verankerung in der Bevölkerung doch erheblich geschwächt. Staats- und Volksbewußtsein schwanden weiter, auch in den CDU-regierten Ländern fast völlig. Wehrdienstverweigerung wurde unter angehenden Akademikern als Selbstverständlichkeit angesehen. Der Staat konnte nur überdauern, weil er in einer langen Gutwetterperiode und durch wachsende Bereitschaft zum Verzicht auf deutsche Rechte keinerlei außenpolitischen Belastungen ausgesetzt war.

Die Trendwende in den siebziger Jahren konnte dann teilweise einen Riegel vor weitere Auflösungserscheinungen schieben, als durch das Scheitern der APO-Bewegung der revolutionäre Schwung der Frankfurter Schule und der von ihr geleiteten Studentenbewegung verlorengegangen war. Die offensichtlichen Mißerfolge und das Versagen der neomarxistischen Theorie vor der Wirklichkeit waren zu offenkundig geworden, so daß sich viele enttäuscht von ihr abwandten. Auch der brutale Terror der Rote Armee Fraktion (RAF) trug dazu bei.

Der von der Frankfurter Schule neu aufgezogene Marxismus hatte sich lediglich als »Ferment der Dekomposition« erwiesen. Der insbesondere für Deutschland anachronistische Versuch, den Klassenkampf erneut einzuführen und auf Gruppenegoismus und Neid eine marxistische Gesellschaft zu gründen, war zunächst wieder einmal gescheitert. Gerhard Szczesny, früher selbst ein ausgesprochener Linker, hatte dazu schon Jahre vorher geschrieben: »Es ist ein endgültiger Abschied auch vom Glauben an eine naive Freiheits- und Fortschrittsideologie.« (zit. in *Rhein-Neckar-Zeitung* 11. 12. 1971) Für die unüberzeugbaren Kader der Linken setzte dann jedoch der offene Kampf gegen den Staat im Rahmen der RAF oder der Marsch durch die Institutionen (s.o.) als neue Methode zur Systemveränderung und der Überwindung des freiheitlichen Rechtsstaates ein. Sie sollten den Geist der Gesellschaft völlig verändern

Die große Strafrechtsreform

Eine der ersten folgenschweren gesellschaftspolitischen Auswirkungen der Machtübernahme der vom Geist der 68er erfüllten Linken in der Bundesrepublik war die »Große Strafrechtsreform« (Erstes und Zweites Gesetz zur Reform des Strafrechts), die der Bundestag am 9. Mai 1969 mit großer Mehrheit verabschiedete. Die beiden Gesetze vom 25. Juni und 4. Juli 1969 traten am 1. September und 1. Oktober 1969 in Kraft.

Das Hauptziel wurde nun die Rückführung des Straftäters in die Gesellschaft, die Bestrafung der Schuld wurde nachrangig. Das Zuchthaus wurde abgeschafft; einige Straftatbestände wie Gotteslästerung oder Ehebruch wurden aufgehoben; kurze Freiheitsstrafen wurden eingeschränkt und sollten vorrangig erlassen werden; Bewährungsfrist sollte häufiger gewährt werden. Man sah nun in dem Straftäter statt des Schuldigen eher ein Opfer seines Milieus, machte die Gesellschaft für die in ihr vorkommenden Verbrechen verantwortlich, setzte die Resozialisierung an die Stelle der Abschreckung als Ziel des Strafvollzuges, der erheblich ›vermenschlicht‹ wurde, und das führte im allgemeinen zu milderen Strafen. Warnungen vor der dadurch zu erwartenden allgemeinen Steigerung der Kriminalität wurden in den Wind geschlagen.

Vierzig Jahre nach dieser Reform, die wesentlich mit zur Veränderung unserer Gesellschaft im Sinne der 68er beitrug, hat Hannes

SPENGLER, Professor für Quantitative Methoden und Volkswirtschaftslehre an der Fachhochschule Mainz, zusammen mit dem Volkswirtschaftler und Kriminologen Horst ENTORF von der Goethe-Universität in Frankfurt eine Studie im Rahmen des Deutschen Instituts für Wirtschaftsforschung vorgelegt, die die Auswirkungen dieser Strafrechtsreform statistisch untersucht. (Philip PLICKERT, in *Frankfurter Allgemeine Zeitung* 26. 3. 2009)

Die Studie beweist einen unmittelbaren Zusammenhang zwischen dem Druck der Strafverfolgung und der Zahl der verübten Straftaten. In den Bundesländern Bayern und Baden-Württemberg mit strengerer Verfolgung und Beurteilung ist die Kriminalität statistisch bezeichnend weniger gestiegen als bei der ›humaneren‹ Nordschiene Bremen, Niedersachsen und Schleswig-Holstein.

Nach den Ergebnissen wirkt das Strafrecht für die Täter nicht mehr sehr abschreckend, weil immer mehr Angeklagte bei der immer humaneren Gerichtspraxis ohne gerichtliche Verurteilung davonkommen. Die milde Strafverfolgung sei mitverantwortlich für die steigende Kriminalität. Dazu kommt der Frust bei den Polizisten, die nach harter Aufklärungsarbeit immer häufiger gefangene und überführte Täter straflos ausgehen sehen.

Wirklichkeit ist, daß sich die Gewaltkriminalität in der Bundesrepublik Deutschland in den letzten 40 Jahren mehr als verdreifacht hat, wobei insbesondere Raub und Körperverletzungen stark zugenommen haben. Die Zahlen für den Tatbestand Diebstahl haben sich seitdem verdoppelt.

Zugleich ist der Anteil der gerichtlich verurteilten Täter stark abgesunken, allein von 1981 von 64 auf 43 Prozent im Jahre 2008, weil immer mehr Verfahren eingestellt oder – oft mit geringen Auflagen – außergerichtlich geregelt werden. Nur noch 35 Prozent der schweren Diebstähle kommen vor Gericht, bei Körperverletzungen nur noch 30 Prozent.

Die bisher meist vertretene These, daß vor allem bei Jugendlichen ein förmliches Strafverfahren mehr schade als nutze, deswegen möglichst zu umgehen sei, weil Strafen allgemein wenig abschreckend wirkten, ist nach den Ergebnissen der Studie klar widerlegt. Die Täter können heute mit erheblicher Wahrscheinlichkeit damit rechnen, daß sie, auch wenn sie des Verbrechens überführt sind, ungeschoren davonkommen. Diese Praxis senkt also die Hemmschwelle bei den Tätern stark, wie sich in der Entwicklung der Straftaten kundtut.

Nach Ansicht der beiden Forscher kommt es neben der Höhe der Strafe wesentlich darauf an, daß die Täter überhaupt bestraft werden und nicht unbestraft bleiben. Die Neigung der bundesdeutschen Justiz, möglichst viele Fälle einzustellen, habe die Kriminalitätsrate nicht gesenkt, sondern erhöht. Bei gegenwärtig rund 25 Milliarden Euro Schaden im Jahr allein durch Eigentums- und Gewaltdelikte entstünden durch diese hohe Kriminalität große Kosten für die Volkswirtschaft.

Politische Korrektheit und Intoleranz

Als mit dem wirtschaftlichen Zusammenbruch des Ostblocks und der Wiedervereinigung von West- und Mitteldeutschland die Linke um 1990 in eine tiefe Krise geraten war, gelang es ihr, mit dem Rückgriff auf den schon von Stalin mit Erfolg beschworenen Antifaschismus die Reihen neu zu schließen und einen gemeinsamen Nenner für ihre verschiedenen Ausprägungen zu finden. Ein erster Höhepunkt der Propaganda gegen rechts ergab sich um 1993. Der von den USA herüber gekommene Begriff der ›Political Correctness‹ unterstützte diese Entwicklung. Diese politische Korrektheit löste den früher üblichen »Konsens der Demokraten« ab. Schon vor einiger Zeit meinte Stefan Breuer (*FAZ* 20. 12. 99), daß inzwischen die Kritische Theorie der Frankfurter Schule »zur political correctness ab(ge)magert« sei.

Das bedeutet jedoch nicht, daß diese dadurch an politischer Bedeutung verloren hat. Sie hat im Gegenteil an Einfluß gewonnen, insbesondere, als die rotgrüne Koalition 1998 an der Regierung kam und die ihr verpflichteten Medien die ausgegebenen Parolen verstärkt weitergaben.

Das erklärte Ziel dieser Kreise war und ist, durch Bewußtseinsänderung der breiten Massen das selbständige kritische Denken des Einzelnen auszuschalten und es durch die Annahme der indoktrinierten Vorstellungen – ganz nach Orwellschem Vorbild – zu ersetzen. Wer sich diesem Diktat nicht fügt, wird sozialethisch ausgegrenzt, gesellschaftlich geächtet und, wenn er vorher Ämter und Einfluß besaß, seiner Stellung und seiner Wirkungsmöglichkeit beraubt. Oben wurden schon Beispiele aus dem Bereich etablierter Politiker wie Jenninger und Heitmann oder angesehener Wissenschaftler wie Diwald und Nolte genannt.

Daß es sich bei den Gestürzten oder Diffamierten stets um rechts der Mitte stehende Persönlichkeiten handelt, ist kein Zufall, sondern beweist, wo die Weichen gestellt werden. Ein Rechter wird sofort mit HITLER und den seit 1945 den Deutschen vorgeworfenen Verbrechen in Verbindung gebracht. Gegen ihn wird die »Faschismuskeule« (KNÜTTER 1993) geschwungen oder gar der »Auschwitzknüppel« (WILLMS 1987, S. 293) angewandt, während die viel größere Zahl der bolschewistischen Opfer den bekennenden Marxisten nicht angekreidet, sondern schamhaft verschwiegen wird und Dokumentationen darüber (COURTOIS 1998) verdrängt werden.

Dabei liegt die Zeit des Nationalsozialismus schon mehr als sechzig Jahre zurück, und keine Nachfolgeorganisation ist in Sicht, während der rote Terror in Mitteleuropa erst 1989 verschwand, in anderen Staaten noch an der Macht ist und in der Partei der Linken als PDS- und SED-Nachfolgepartei mit deren früheren Kadern erfolgreich nach politischer Wirksamkeit strebt. Es ist eben für die Gegenwart bezeichnend, daß Linksextreme mit einschlägiger kommunistischer Vergangenheit, ohne daß sie sich davon überzeugend distanziert hätten, nicht nur nicht angegriffen, geschweige denn ausgegrenzt werden, sondern sich höchsten Ansehens erfreuen und ihre marxistischen Vorstellungen in einflußreichen Ministerstellungen durchsetzen können. Als jüngere Beispiele seien der langjährige Partei- und Fraktionsvorsitzende der SED-Nachfolgepartei PDS GYSI oder der früher kommunistische Umweltminister TRITTIN genannt. Besonders aufschlußreich – ja schon abstoßend – wirkten in dieser Hinsicht die Lobhudeleien, in denen sich tagelang Fernsehen und die meisten deutschen Zeitungen ergingen, als GYSI im Sommer 2000 seine Ämter niederlegte, um später wieder in die Politik, zusammen mit Oscar LAFONTAINE, einzusteigen.

Dieselbe einseitige Verzerrung der Verhältnisse ist im Bereich der Beurteilung der Parteien festzustellen. Wer hätte es geahnt, daß wenige Jahre nach der überraschend friedlichen Abschaffung des dem Bolschewismus verpflichteten und durch seine Unmenschlichkeiten hervorgetretenen SED-Regimes sich eben diese SED wieder ausbreiten und unter dem neuen Namen der PDS und später als Partei der Linken im Bundestag auftreten sowie an Landesregierungen beteiligt werden würde? Man stelle sich den Aufschrei in den Medien vor, wenn eine Regierungsbeteiligung der durch keinerlei Vergangenheit belasteten und sich keineswegs als radikal gebärdenden, lediglich für berechtigte Interessen des deutschen Volkes einsetzenden Partei der Republikaner nur zur Diskussion gestellt würde. Schon der anscheinend beweisbare Vorgang, daß Baden-Württembergs Ministerpräsident Teufel 1996 nach ergebnislosem ersten Wahlgang im zweiten mit den Stimmen von Republikanern zum Landeschef gewählt worden sei, gab Anlaß zu ausführlichen Presseberichten mit Angriffen und Distanzierungen. (*Stuttg.Nachr.* 2. 11. 2000) Wenn dagegen linke Politiker mit PDS-Stimmen gewählt werden oder die PDS in die Regierung aufgenommen wird, regt das in Deutschland kaum jemanden mehr auf. Das zeigte sich auch 2009 bei der Kandidatin der Linken, Gesine Schwan, für das Amt des Bundespräsidenten.

Für jeden unbefangenen Betrachter müssen die normalen Verhältnisse auf den Kopf gestellt erscheinen, wenn, wie seit Jahren festzustellen, eine erklärtermaßen internationalistische, die Umvolkung fördernde und damit staats- und volksfeindliche Partei wie die PDS, deren Kader aus der SED kommen, von Politikern und Medien gehegt und gepflegt und eine überzeugend für die Erhaltung von Volk und Vaterland eintretende, nicht durch die Vergangenheit belastete Partei wie die Republikaner verteufelt und diffamiert wird, von der öffentlichen Behandlung der NPD ganz zu schweigen.

Die eigentlich zur Kritik an solchen Mißständen in der Gesellschaft und zur Verteidigung der Meinungsfreiheit aufgerufenen und sich unabhängig nennenden Massenmedien erweisen sich als praktisch gleichgeschaltet und unterstützen ›politisch korrekt‹ einseitig diese Diffamierung der Rechten und die Intoleranz von seiten der Linken. Selbst angesehene Zeitungen wie die *Frankfurter Allgemeine* oder *Die Welt* veröffentlichen »aus grundsätzlichen Gründen« keine Buchanzeigen nationaler Verlage und begrüßen es, wenn rechte Verlage von Buchausstellungen ausgeschlossen oder ihnen Geschäftskonten gekündigt werden, wenn angesehene Wissenschaftler wie der Berliner Historiker Ernst Nolte Schreibverbot in der *FAZ* erhalten. Und wenn einmal eine systemkritische Anzeige wie der »Appell der 500« zur Meinungsfreiheit in der *Stuttgarter Zeitung* (19. 7. 1996) durchrutscht, entschuldigen sich anschließend die Verantwortlichen öffentlich dafür, in diesem Falle nicht richtig aufgepaßt zu haben.

Auf den in diesem Zusammenhang auch bezeichnenden Vorgang der von allen Linken und den meisten Medien geförderten Heer-Reemtsmaschen Anti-Wehrmachtausstellung mit ihrem Ziel, durch einseitige und die historischen Tatsachen verzerrende und verfälschende Darstellung die Kriegsgeneration und damit Deutschland zu belasten, wurde vorstehend schon ausführlich hingewiesen. Sie diente nicht der geschichtlichen Information oder der historischen Wahrheit, sondern dem Ziel, diese Republik gründlich zu verändern, indem tragende Werte und Vorstellungen zerstört werden sollten.

Eine neue Propagandawelle zur Verstärkung der herrschenden von links gesteuerten politischen Korrektheit setzte im Frühjahr 2000 mit dem erneut verkündeten ›Kampf gegen rechts‹ sowie ›gegen Ausländerfeindlichkeit und Intoleranz‹ ein. Dabei ist kein Volk so ausländerfreundlich, hat so viele Fremde einreisen lassen und hält sie aus wie das deutsche. Unter der unsinnigen, weil durch keinerlei beweisbare Tatsachen zu belegenden Behauptung, es habe die ›rechte Gewalt‹ zugenommen und es drohe dem Staat eine Gefahr von rechts, wurde von den Medien eine Massenpsychose eingeleitet. Nachweislich waren aber die Zahlen für die sogenannten ›Straftaten von rechts‹, bei denen es sich zudem meist um Propagandadelikte handelte, die es auf der linken Seite gar nicht gibt, in den letzten Jahren gesunken, insbesondere für das erste Halbjahr 2000 gegenüber dem Vorjahr. Sie stiegen erst nach dem August 2000 als Nachahmungstaten nach dem großen Medienrummel wieder an. Der Chemnitzer Politologe Eckhart JESSE brachte dazu eindrucksvolle Zahlen (*FAZ* 26. 10. 2000), die genau das Gegenteil von dem belegen, was die linken Massenmedien der Bevölkerung einzuhämmern versuchten, und aufzeigen, daß die Zahl linksextremer Straftaten höher liegt als die den Rechten zugeschriebenen. Eine Untersuchung des Bundesinnenministeriums (*Welt a. S.* 19. 11. 2000) kommt zu demselben Ergebnis: Die Zahl der rechtsextrem oder fremdenfeindlich motivierten Straftaten ist von 1997 bis 2000 stetig und erheblich zurückgegangen. Während in den ersten acht Monaten des Jahres 1997 in Deutschland 518 Ausländer Opfer fremdenfeindlicher Straftaten wurden, waren es im gleichen Zeitraum 2000 nur noch 280.

Für das Jahr 2007 gibt der Verfassungsschutzbericht des Bundesinnenministeriums 902 (2006: 691) Straftaten aus dem Phänomenbereich »Politisch motivierte Ausländerkriminalität« an, hiervon 129 (2006: 121) Gewalttaten.

Einzelne Verbrechen unpolitischer Wirrköpfe und ein unaufgeklärtes, dennoch sofort rechten Kreisen angelastetes Attentat am Düsseldorfer Bahnhof im Jahre 2000 mit rußland-jüdischen Opfern wurden als Anlaß genommen, ›gegen rechte Gewalt‹ zu mobilisie-

Über fünfzig Jahre nach seinem Tod ist HITLER *der absolute Bezugspunkt, der den Gedankenpolizisten (*ORWELL *läßt grüßen!) ermöglicht, ihre Gegner zu disqualifizieren. »Die Gleichung konservativ = rechts, rechts = = rechtsradikal, rechtsradikal = faschistisch scheint aufgegangen zu sein. Nur noch links oder linksliberale Positionen werden als demokratisch legitimiert angesehen.« (Günter* ROHRMOSER*)*

ren. Dabei mußte die gezielte Art des Attentats jedoch sofort an Spezialisten als Täter denken und an die – wie erst Jahre später herauskam – von östlichen Geheimdiensten veranlaßte Schmiererei von Hakenkreuzen an die Kölner Synagoge zu Weihnachten 1959 erinnern lassen, wodurch damals in gleicher Weise eine verstärkte Vergangenheitsbewältigung und ein weiterer Linksruck verursacht worden waren.

Was zunächst nur als Sommertheater der Presse für die an Ereignissen armen Sauregurken-Monate des Jahres 2000 erschien, erwies sich dann als wohl vorbereitete, systematisch geplante und abgestimmte Maßnahme der Linken gegen alle Kräfte rechts der Mitte. Inhaltlich voneinander verschiedene Begriffe wie ›verfassungsfeindlich‹, ›rechtsextremistisch‹, ›rechtsradikal‹ und ›rechts‹ oder gar ›konservativ‹ wurden bewußt zusammengeworfen und als gleich behandelt, und ihre Vertreter wurden in unzulässiger Weise mit den erfolgten Verbrechen in Verbindung gebracht.

Berthold KOHLER, einer der Herausgeber der *Frankfurter Allgemeinen Zeitung*, stellte fest (*FAZ* 24. 10. 2000): »Die Grenze zwischen

›rechts‹ und ›rechtsextrem‹ wurde in der politischen Auseinandersetzung und ihrer medialen Wiedergabe aufgehoben. Der zum Aufstand aufgerufene ›anständige‹ Deutsche darf seither keine rechten Demokraten mehr kennen, sondern nur noch Demokraten und Rechtsextremisten.« Durch die Linken sei festgelegt, »worüber in dieser Republik gesprochen und gestritten werden darf«. Insbesondere sei die »›multikulturelle Gesellschaft‹ zum unantastbaren Leitbild geworden; wer es grundsätzlich in Frage stellt oder die ihm zugrunde liegende Achtung kultureller Einzigartigkeit auch für deutsche Traditionen und Konventionen einfordert, wird, wenn er Glück hat, nur als Nationalist verschrieen«.

Täglich erschienen zur Untermauerung der Indoktrinierung im Fernsehen dieselben Bilder von Springerstiefeln und Glatzköpfen, um gar nicht bestehende Zusammenhänge zu suggerieren und in die Gehirne einzuhämmern. Dabei sollte eigentlich jedem Einsichtigen sofort klar gewesen sein, daß die von Großbritannien vor einigen Jahren ausgegangene internationalistische Bewegung der Skinheads überhaupt keinen rechten politischen Hintergrund haben kann, sondern daß es sich hier um Aussteiger und Wirrköpfe handelt, die aufgrund der Umerziehung und der Wertezerstörung durch die Frankfurter Schule ausgeflippt sind. Sie sind nicht Vertreter rechter Anschauungen, auch wenn sie ihnen in den Mund gelegte, angeblich rechte Parolen von sich geben, sondern bedauerliche Produkte linker Bildungspolitik. Solche Personen den Rechten zuzuordnen ist wieder eine der bezeichnenden Verdrehungen der Wirklichkeit von seiten der Linken.

Einen vorläufigen Gipfelpunkt in dieser Entwicklung zu einer von den Medien geschürten Massenpsychose setzte Bundeskanzler SCHRÖDER, als er am 4. Oktober 2000 nach einem ebenso zunächst unaufgeklärten Brandanschlag auf die Düsseldorfer Synagoge, für den später ein Marokkaner und ein Jordanier als Täter überführt werden konnten (*FAZ* 9. 12. 2000) – in Frankreich wurden in dieser Woche acht Brandsätze gegen jüdische Bethäuser geschleudert, nach Polizeiangaben von jungen Islamisten wegen der ausufernden Gewalttaten in Palästina verübt – erklärte: »Wegschauen ist nicht mehr erlaubt. Wir brauchen einen Aufstand der Anständigen«, und die Überprüfung der Erziehungskonzepte in den Schulen forderte. (*FAZ* 5. 10. 2000) Auch diese Forderung erinnert an die Folgen, die – wie sich nachher herausstellte, völlig unberechtigt – von den westdeutschen Kultusministern nach dem ebenfalls unberechtigt den Rechten angelasteten Synagogenanschlag von 1959 mit der Einführung des politischen Unterrichts in den Gymnasien gezogen wurden.

Schröders Aufruf zum »Aufstand der Anständigen« wie auch die von allen ›politisch relevanten‹ Kräften der Bundesrepublik veranstaltete Demonstration in Berlin gegen rechte Gewalt am 9. November 2000 waren weitere Schritte, politische Korrektheit vorzuschreiben und jede andere Haltung anrüchig zu machen. Wer will nicht zu den »Anständigen« gehören? Wer ist nicht gegen Verbrechen und Mordtaten? Haben wir aber nicht eine Justiz mit klaren Straftatbestandsmerkmalen, die zur Aburteilung solcher Taten zuständig und auch durchaus in der Lage ist? Warum muß da zu einem »Aufstand« aufgerufen werden, noch dazu zu einem Aufstand der Mehrheit, da die Anständigen wohl noch immer die Mehrheit in unserem Volk bilden? Soll gegen die Minderheit der ›Unanständigen‹ mobil gemacht werden, sind damit etwa die ›Rechten‹ gemeint? Werden hier nicht in einer für eine Demokratie unzulässigen Weise Emotionen gegen die politische Opposition geschürt, die leicht auch in Tätlichkeiten umschlagen können? Zeigt sich hier nicht ein bezeichnender Fall der von Arnold Gehlen kritisierten »Hypermoral«, und handelt es sich nicht um üble Volksverhetzung? Wann hat je ein amtierender Regierungschef zu einem »Aufstand« aufgerufen? Er vertritt doch die staatliche Ordnung und hat die Macht, dafür zu sorgen, daß eben kein Aufstand erforderlich wird. Schröders Aufruf kann nur in höchstem Maße als unanständig beurteilt werden, er sollte die ›Unanständigen‹ gegen rechts mobilisieren. Der kurz darauf erfolgte Aufruf des Bundesinnenministers Schily (*FAZ*

Altbundeskanzler Gerhard Schröder (1998–2005), der ›Moderator‹, der nach unaufgeklärten Verbrechen die Öffentlichkeit gegen rechts aufwiegelte, zum »Aufstand der Anständigen« aufrief und falsche Beschuldigungen in Sebnitz durch einen Empfang der Auslöserin der Vorwürfe aufwertete. Vor seiner Wahl zum Bundeskanzler hatte er eine kompromißlose Haltung gegenüber ausländischen Straftätern gefordert.

22. 11. 2000) zu einer »gesamtgesellschaftlichen Bewegung gegen Rechts« verstieß in ähnlicher Weise gegen dessen Eid, sein Amt gerecht auszuüben. Vor den Folgen mußte schon wenig später sogar der Verfassungsschutz warnen (siehe unten).

Der im November 2000 unberechtigt erzeugte Medienrummel um den angeblich am 13. Juni 1997 von Rechten ertränkten sechsjährigen Joseph ABDULLA aus Sebnitz bot ein weiteres Beispiel übler Pressekampagnen und politischer Vorverurteilungen. Die *Bildzeitung* titelte auf der ersten Seite: »Neonazi ertränken Kind«, und fügte in unverantwortlicher und volksverhetzender Weise hinzu: »Eine ganze Stadt hat es totgeschwiegen«. Von vorausgehender Folter des Kleinen, von Elektroschocks schrieb die Presse – alles Produkte der reinen Phantasie, um gegen die Rechte aufzuhetzen. Der Bundeskanzler empfing die Mutter am 27. November 2000 und wertete dadurch den Fall weiter auf. Wenig später erwiesen sich alle Vorwürfe als haltlos (*FAZ* 9. u.15. 12. 2000), die Zeugen erwiesen sich als von den Eltern gekauft und gestanden vor der Polizei. Die schon geplante Lichterkette gegen rechts mußte abgesagt werden. Die falschen Beschuldigungen wurden nicht gerichtlich verfolgt.

Demonstrationen sind in einer Demokratie das Mittel von Minderheiten, auf Mißstände aufmerksam zu machen und vorenthaltene Rechte einzufordern. Hat es aber einen Sinn, wenn alle Bundestagsparteien – wie in Berlin am 9. November 2000 – zu einer Demonstration ›gegen rechts‹ aufrufen? Gegen wen sollte von den Inhabern der politischen Macht demonstriert werden, gegen den sie nicht auch erforderlichenfalls im Rahmen der bestehenden Gesetze vorgehen könnten? Erinnern diese Umstände nicht an Praktiken totalitärer Systeme, die damit ihre Macht und Einheitlichkeit demonstrieren, legal nicht Durchsetzbares erreichen und zugleich alle Andersdenkenden einschüchtern wollen? Ist das noch demokratische Praxis oder schon die Entwicklung zum Eine-Meinung-Staat, bei dem die Herrschenden vorgeben, was gedacht werden darf, und die Menge – mit solchen Aufrufen und Demonstrationen – gegen alle Andersdenkenden eingestimmt und aufgewiegelt wird? Geht unser Rechtsstaat bei solchen Methoden von oben nicht einem totalitären Linksstaat entgegen? Kritische Beobachter sprachen zu Recht bereits davon, daß mit solchen Praktiken eine Pogromstimmung gegen eine politische Minderheit erzeugt wird, und warnten vor einer solchen Entwicklung.

Bei diesen Anlässen, nicht zuletzt bei der Demonstration am 9. November 2000 in Berlin, konnte die CDU, die seit der KOHL-Finanz-Krise noch immer nicht zu einer selbstbewußten Partei zurückgefunden hat, von den Linken erfolgreich vorgeführt werden. Die selbst aus Teilen der CDU geäußerten Bedenken gegen die zur zaghaften Verteidigung bisher vertretener Standpunkte vorgebrachte ›Leitkultur‹ bewiesen ebenso, daß diese Partei keine eigene feste Haltung mehr hat, sondern den Angriffen der Linken ziemlich hilflos ausgeliefert ist. Andererseits zeigten die äußerst wütenden Angriffe aus den rot-grünen Regierungsparteien gegen den Begriff der ›Leitkultur‹, daß man links der Mitte keine Abweichung von der bisher erfolgreich durchgesetzten politischen Korrektheit in zentralen Fragen mehr zulassen will. Politische Beobachter sahen wohl nicht zu Unrecht in dem immer mehr ausufernden ›Kampf gegen rechts‹ eine generalstabsmäßige Vorbereitung der SPD auf den nächsten Wahlkampf, der nach den früheren Niederlagen von den sich als unfähig erweisenden Christdemokraten nicht zu gewinnen war. Die Beschwörung des Antifaschismus diente der SPD zugleich zur Ablenkung von eigenen Fehlern und Schwächen und vermochte noch einmal die gesamte Linke auf ihren kleinsten gemeinsamen Nenner zu vereinen.

Die für unsere Demokratie äußerst bedenklichen Vorgänge der Verteufelung der Rechten haben inzwischen auch Auswirkungen auf andere Bereiche unserer verfassungsmäßigen Ordnung. Neben den schon seit einigen Jahren bestehenden Sonderstrafgesetzen zu Aussagen über besondere Fragen der Zeitgeschichte wurden weitere Sonderbestimmungen bei der Bestrafung ›rechter Täter‹ gefordert und teilweise verwirklicht: Schnellgerichte, Abschreckungswirkung des Urteils statt Resozialisierungsziel, Verweigerung des geltenden Jugendstrafrechts für 18- bis 21jährige, vorbeugende Haft vor besonderen Ereignissen, vorsorgliche Entziehung des Führerscheins für bekannte Rechte, Erschwerung des Führerscheinerwerbs für bekannte ›Neonazis‹, Erweiterung der Zulässigkeit des Lauschangriffs bei Verdacht der ›Volksverhetzung‹, Einsatz des Bundesgrenzschutzes gegen ›rechte Täter‹ usw. Die Vorsitzende der Regierungsverantwortung tragenden Partei der Grünen, Renate KÜNAST, verstieg sich sogar zu der Forderung, den Kampf gegen »rechte Gewalt« künftig als Schwerpunkt der Strafverfolgung festzusetzen: Zu Gunsten der Bestrafung rechter Gewalttäter müßten Polizei, Staatsanwaltschaft und Gerichte bei Personalmangel andere Delikte vernachlässigen. (*Stuttg.Nachr.* 14. 9. 2000)

Hinzu trat starker Druck von Regierungsseite auf die Gerichte: eine für eine Demokratie untragbare Einmischung der Exekutive in die Judikative. Bundeskanzler wie Landesminister griffen in unzulässiger Weise in die Unabhängigkeit der Gerichte ein und forderten besonders »harte Strafen« für rechte Täter. Das ging so weit, daß sich der Vorsitzende des Deutschen Richterbundes, Rainer VOSS, zu massiver Kritik gezwungen sah: Bundeskanzler Gerhard SCHRÖDER und der SPD-Innenminister von Sachsen-Anhalt, Manfred PÜCHEL, hätten im Zusammenhang mit der Verurteilung rechtsextremistischer Gewalttäter versucht, die Justiz »massiv zu beeinflussen« und ihr öffentlich »Ratschläge zu erteilen«, was nicht ihre Aufgabe sei. »Der Bundeskanzler hat sich da rauszuhalten.« PÜCHELS Forderung nach »harten Bestrafung« der Dessauer Täter sei gar ein »Skandal« und keine Methode, deren sich der »Minister eines Rechtsstaates bedienen« dürfe. (*Focus* Nr. 36/2000)

Als besonders üble Entgleisung im Rahmen der herrschenden politischen Korrektheit muß es angesehen werden, wenn in der öffentlichen Presse einzelne Personen wegen ihres Eintretens für rechte und nationale Gedanken persönlich angegriffen und diffamiert werden, wenn Nachbarschaften gegen sie mobilisiert und unpolitische Vereine wie das Deutsche Rote Kreuz dazu bedrängt werden, solche Personen auszuschließen. Als Beispiel sei auf die Hetzartikel der Susanne STIEFEL gegen die durch ihre ehrenamtliche Tätigkeit hervorgetretene Bisinger Familie SCHMIDT in der in Südwestdeutschland weit verbreiteten Zeitung *Sonntag Aktuell* (3. 9. und 19. 11. 2000) hingewiesen. Als ebenso undemokratisch muß es bezeichnet werden, wenn von Amts wegen Unternehmer aufgefordert werden, als Rechte bekannte Arbeitnehmer zu entlassen, oder auf Banken Druck ausgeübt wird, nationalen Vereinigungen oder Verlagen die Geschäftskonten zu kündigen.

Eine unlautere, aber dennoch oft geübte Methode der Vertreter der politischen Korrektheit ist die allgemeine Praxis, politische Gegner durch Aufbau falscher Zusammenhänge abzuwerten. So wird bei andersdenkenden Persönlichkeiten oft nicht herausgestellt, was sie gesagt haben, sondern, mit wem zusammen und vor welcher Zuhörerschaft sie etwas vortrugen, wer zufällig mit auf einer Tagung anwesend war und belastend angeführt werden kann. Nicht der Inhalt eines Artikels wird jemandem vorgeworfen, sondern, daß der Beitrag oder das Interview in einer Zeitschrift oder Zeitung erschien, in der auch ein als politisch inkorrekt Angesehener - zeitgleich oder früher - etwas veröffentlichte. Ein Musterbeispiel für diese haltlosen Angriffe stellen die vielen und nur der öffentlichen Belastung Rechter dienenden Anfragen der PDS-Abgeordneten Ulla JELPKE aus den letzten Jahrzehnten im Deutschen Bundestag dar. (s. z. B. die Bundestagsdrucksachen 14/4306 vom 11. 10. 2000; 12/800 vom 19. 6. 1991; 12/1887 vom 30. 12. 1991) Selbst etablierte Politiker mußten sich öffentlich verteidigen, als ihnen vorgeworfen wurde, in der als rechts angesehenen *Jungen Freiheit* geschrieben oder dieser Wochenzeitung ein Interview gewährt zu haben. (z. B. Staatsminister Christoph ZÖBEL, *FAZ* 26. 9. 2000) Die Bundestagsdebatte zum Rechtsextremismus vom 28. 9. 2000 bot dafür ausreichend Anschauungsmaterial, selbst von seiten des sich ›liberal‹ nennenden FDP-Abgeordneten Guido WESTERWELLE.

Nur mit der zur Zeit in Deutschland herrschenden Absurdität der politischen Verhältnisse ist es zu erklären, daß in dem mit einer CDU-FDP-Mehrheit regierten Baden-Württemberg der emeritierte Bonner Politologe Hans-Helmuth KNÜTTER, langjähriges CDU-Mitglied und Mitarbeiter der Konrad-Adenauer Stiftung, als durch verschiedene Schriften ausgewiesener Fachmann für Linksextremismus vom CDU-geleiteten Innenausschuß des Landtags zu einer Anhörung über links- und rechtsextreme Straf- und Gewalttaten am 20. Dezember 2000 zwar eingeladen, dann aber - obwohl angereist - nicht vorgelassen wurde, weil der Landesverfassungschef RANNACHER warnte, daß KNÜTTER »keine Berührungsängste gegenüber der rechtsextremistischen Szene« erkennen lasse. Die *Stuttgarter Zeitung* diffamierte den untadeligen Wissenschaftler als »rechtsextremistischen Referenten« und der FDP-Fraktionschef nannte ihn sogar einen »gefährlichen Neonazi«. (*Stuttgarter Ztg.* 20./21. 12. 2000) Er durfte vor dem Landtagsausschuß nicht reden.

Die bereits seit Jahren mit den Lichterketten und dem Mißbrauch von Kindern aufgerührten Emotionen dienen der Einstimmung in die Abtrennung der politischen ›Gutmenschen‹ - der Antifaschisten - von den ›Bösen‹ - den angeblichen ›Faschisten‹ -, zu denen nicht selten auch schon Teile der CDU gerechnet werden, etwa die Kreise, die sich zur ›Leitkultur‹ bekennen. SCHRÖDERS ›unanständiger‹ Aufruf war ein weiterer Schritt auf diesem Weg der Polarisierung unserer Gesellschaft.

Diese Verhetzung zeitigte schon die vorauszusehen gewesenen Folgen. Verfassungsschützer schlugen bereits Alarm gegen die »wachsende Gewalt von links gegen rechts« – so ein Zeitungstitel (*Stuttg.Nachr.* 14. 11. 2000). In diesem Beitrag weist der Vizepräsident des baden-württembergischen Landesamtes für Verfassungsschutz, Hans-Jürgen DOLL, darauf hin, »daß im allgemeinen Aufstand gegen den Rechtsextremismus« – so die Zeitungsformulierung – mit zweierlei Maß gemessen werde. Die Zahl der Gewalttaten, die Linke gegen Rechte verübten, sei in letzter Zeit deutlich angestiegen. Bundesweit sei die Anzahl der Straftaten »links gegen rechts« auf 746 im Jahr 1999 angestiegen, während die der »rechts gegen links« auf 59 gefallen sei und damit weit weniger als ein Zehntel der entsprechenden linken Kriminalität betrage. »Doch das spielt«, so DOLL anklagend, »in der öffentlichen Diskussion überhaupt keine Rolle.« Wenn Rechte Ausländer jagen, sei der Aufschrei groß; wenn Linke aber zum Beispiel bei Veranstaltungen der Republikaner Fensterscheiben einwerfen oder Autoreifen zerstechen würden, »dann wird das stillschweigend hingenommen«, kritisiert DOLL zu Recht. Er hätte auch die vielen Gewalttaten von Ausländern gegenüber Deutschen bis hin zu den zahlreichen Morden in diesem Zusammenhang nennen können. Er mahnte aus aktuellem Anlaß, daß linke Gewalttäter sich durch die einseitigen Pressekampagnen nicht ermuntert fühlen dürften. Und er vergaß auch nicht, auf die oben schon mehrfach erwähnte Tatsache hinzuweisen: »Für Linksextremisten ist der positiv besetzte Begriff Antifaschismus nur ein Vehikel. Ihr Ziel ist ein anderes gesellschaftliches System.«

Daß genau dieses Ziel der Umfunktionierung unserer Republik erklärtermaßen auch von einigen, noch immer den 68er Ideen verpflichteten Bundesministern – man denke nur an TRITTIN oder FISCHER – verfolgt und dieses zugelassen wurde und wird, ist eine der folgenschweren Paradoxien unserer heutigen Lage.

In diesem Zusammenhang muß auch das seit dem Sommer 2000 vom Bundesinnenminister SCHILY betriebene Verbot der Nationaldemokratischen Partei Deutschlands (NPD) genannt werden. Die im November 1964 gegründete NPD war Ende der sechziger Jahre mit Fraktionsstärke in mehreren Landtagen vertreten, bis im Vorfeld der Bundestagswahl von 1969 monatelang die Verbotsdiskussion die Republik beherrschte. Zu einem Verbotsantrag kam es letztlich nicht, da das Verfassungsgericht in Karlsruhe zu deutlich den Wink gegeben hatte, daß das vorhandene Material zu einem Parteiverbot nicht ausreiche. Nachdem die Bundestagsparteien erhebliche staatliche Mittel gegen die NPD eingesetzt hatten und die ›Straße‹ mobilisiert worden war, verfehlten die Nationaldemokraten bei der genannten Bundestagswahl die Fünf-Prozent-Hürde nur um wenige Zehntel Prozent und erholten sich nicht mehr von dieser Niederlage.

Nach längerer und gegensätzlicher Behandlung während des Sommers 2000 in der Öffentlichkeit – die FDP sprach sich gegen ein Verbot aus – hat Anfang November 2000 die Bundesregierung den Verbotsantrag gegen die NPD beschlossen, der Bundesrat zog am 10. November 2000 mit der Mehrheit der SPD-geführten Länder nach, und der Bundestag folgte am 8. Dezember 2000. Von Anfang an hatte die Bundesregierung zur Teilung der Verantwortung und möglichster Einbindung der Opposition darauf hingewirkt, daß alle drei antragsberechtigten Organe zusammen den entsprechenden Antrag stellen sollten. Von gewissen linken Kreisen wurde auch gleich das Verbot der Deutschen Volksunion (DVU) und der Partei der Republikaner gefordert, so von NRW-Ministerpräsident CLEMENT. (*Stuttgarter Nachr.* 11. 12. 2000)

Die Forderung ist ein Hinweis darauf, daß die Linke offenbar im Bewußtsein ihrer damaligen Macht gegen alles Rechte vorgehen und möglichst alle politischen Gegner beseitigen wollte. Es hat sie dabei kaum gestört, daß solches gegen Buchstaben und Geist des Grundgesetzes verstößt und unsere politische Kultur wie die freiheitliche Ordnung schwer schädigt.

Diese Intoleranz gegen alle Andersdenkenden ist ein kennzeichnendes Erbe der Frankfurter Schule, wie es vor allem Herbert MARCUSE immer wieder betonte und mit dem Schlagwort von der »repressiven Toleranz« seinen Jüngern mit auf den Weg gab. Die Linken predigen »mehr Demokratie wagen« – und verbieten, selbst erst einmal an der Macht, sie kritisierende Parteien. Sie rufen auf gegen Intoleranz – und zeigen keinerlei Toleranz gegen Andersdenkende. Sie nennen sich eine Volkspartei – und betreiben die Abschaffung des deutschen Volkes zugunsten einer multiethnischen und multikulturellen Gesellschaft. Sie berufen sich auf unser Grundgesetz – und führen einen linken Staatsstreich von oben mit einer völligen Veränderung unserer gesellschaftlichen und staatlichen Verhältnisse durch. Sie beschwören die angebliche Gefahr von rechts für unsere freiheitliche Grundordnung – und arbeiten daran, den schon angeschlagenen freiheitlichen Rechtsstaat in einen totalitären Linksstaat umzuwandeln. Sie geben vor, für die Menschenrechte einzutreten – und lassen zumindest – auch nach den Tatbestandsmerkmalen der UNO – offenkundigen Völkermord am deutschen Volk durch Entvolkung und Umvolkung zu.

Sie verstoßen mit ihrer Politik massiv gegen unsere Verfassung – und versuchen gleichzeitig, für die Erhaltung des Volkes eintretende und verfassungstreue Parteien unter Berufung auf eben diese Verfassung verbieten zu lassen. Das ist eine wirkliche Perversion aller normalen Verhältnisse – wie sie Karl MARX schon erstrebte, als er die Verhältnisse auf den Kopf stellen wollte, und wie sie das erklärte Ziel der Frankfurter Schule sowie des langen Marsches ihrer Vertreter durch die Institutionen war und anscheinend noch immer ist.

Statt über das Verbot der NPD müßte das Karlsruher Bundesverfassungsgericht darüber befinden, ob die Bundesregierung und die sie tragenden Parteien nicht – außer wegen Verstoßes gegen das Grundgesetz – wegen Völkermords am deutschen Volk belangt oder zumindest der Beihilfe zu diesem Verbrechen bezichtigt werden müßten.

Es bedarf großer Anstrengungen, dieses »Reich der Lüge« (Arnold GEHLEN) zu entlarven und seiner Wirksamkeit zu berauben.

Am 18. März 2003 entschied das Bundesverfassungsgericht, daß das begonnene Verfahren zum Verbot der NPD eingestellt werden müsse, weil eine Reihe von Belegen zur Untermauerung der Vorwürfe der Antragsteller von Spitzeln des Bundesverfassungsschutzes stamme. Das war bis dahin dem Gericht nicht mitgeteilt worden, was dieses als nicht tragbaren Verfahrensfehler beurteilte.

Die Antragsteller kündigten daraufhin an, daß sie keinen neuen Verbotsantrag stellen würden. Dennoch wurde in den folgenden Jahren immer wieder, besonders von seiten der SPD, das Verbot der NPD gefordert, ohne daß es jedoch zu einer allgemeinen Diskussion, geschweige denn zu einem solchen Antrag kam. Das Ansinnen, für ein solches Verbot die Agenten des Verfassungsschutzes aus den Gremien der Partei abzuziehen, wurde von einigen Bundesländern als unverhältnismäßig zurückgewiesen.

Abbau der Autorität

Jedes menschliche Miteinander bedarf gewisser Regeln, und alle Kulturen haben dafür bestimmte Ordnungen hervorgebracht, die, weil auf sie nicht verzichtet werden konnte, von Autorität getragen waren. Diese in Westdeutschland abzubauen war eines der Hauptziele der Umerziehung nach 1945. Das Ansehen der Eltern, vor allem des Vaters, der Lehrer, der Vorgesetzten wurde durch den vereinten Einsatz aller Möglichkeiten in Schule und Öffentlichkeit herabgesetzt. Die junge Generation wurde bewußt zum Mißtrauen und zur Auflehnung gegen die Älteren erzogen. »Trau keinem über 30!« wurde zum Losungswort. Die ›Familie als reaktionäre Zelle‹ der Unterdrückung der Kinder wie der Frauen sollte aufgebrochen werden. Antifamiliäre Maßnahmen des ›Familienministeriums‹, der Ehegesetzgebung und im Rahmen der Beeinflussung der öffentlichen Meinung trugen in wenigen Jahrzehnten die Früchte, die heute von allen Einsichtigen bedauert werden: Ein Generationenbruch noch nie erlebten Ausmaßes liegt vor und bedroht die Kultur; er gefährdet durch die vielen Aussteiger, Verweigerer und durch Dro-

Kindergarten in Frankfurt Anfang der siebziger Jahre, nach dem Motto: »Spielt, was ihr wollt, lernt, was ihr wollt.« Die Spiegel-*Redakteurin Ariane* BARTH *bemerkt im Rückblick (20/1999) zu Recht: »Ausbrüche von Jugendgewalt und Fremdenhaß in den neunziger Jahren haben einstige Adepten der antiautoritären Erziehung nachdenklich gemacht. Sind ihre Ideen, die sie längst nicht mehr hegen, ein Teil des gesellschaftlichen Desasters?«*

gen körperlich Geschädigten auch schon unsere Zivilisation. Jung und alt stehen sich in Deutschland wie völlig verschiedene Kulturen gegenüber, so daß die Verhaltensforschung schon auf die daraus entspringenden Gefahren für unser geistiges Leben aufmerksam machte und vor ihnen warnte. (LORENZ 1971, S. 316)

Erst langsam erkennen weitere Kreise seit der Tendenzwende in den siebziger Jahren, daß eine natürliche Rangordnung notwendig ist, daß sie keineswegs die menschliche Würde verletzt, sondern eine Voraussetzung zu würdigem Leben ist, daß sie insbesondere für jede Erziehung eine unersetzliche Rahmenbedingung bildet. Ohne ein Mindestmaß an Achtung und Respekt vor dem Älteren ist die Übernahme kulturell notwendiger Traditionen nicht möglich. Die Erziehung des jungen Menschen ist erblich auf eine bestimmte Rangordnung hin programmiert und kann ohne diese nicht in natürlicher, gesunder, lebensgemäßer Weise ablaufen: Eine antiautoritäre Erziehung ist zweifelsfrei ›falsch programmiert‹. Ein Lehrer, der sich durch zu große Vertraulichkeit, durch Anbiederung mit dem ›Du‹ beliebt machen will, versündigt sich an seinen Schülern. Er untergräbt die erblich vorgesehenen Voraussetzungen jeder Erziehung, da er gegen die genetisch festgelegten Regeln der Entwicklung zur Lebenstüchtigkeit verstößt.

Die vor allem aus der Frankfurter Schule hervorgegangene ›emanzipatorische Pädagogik‹ mit ihrem antiautoritären Unterricht, mit dem ausdrücklichen Verzicht auf Ordnung und Selbstbeherrschung, mit dem Durchgehenlassen aller kindlichen Ungezogenheiten hat sich als ›Verbrechen am jungen Menschen‹ erwiesen. Die Praxis wie Ergebnisse von Pyschologie und Pädagogik unterstreichen das eindrucksvoll. (BREZINKA 1974; MEVES 1974) Hohe Kultur verlangt ein hohes Maß an Ordnung, an Übernahme und Verwertung von Traditionen, an Einübung in kulturelle Techniken, und dazu gehört ein Mindestmaß an Disziplin. Antiautoritärer Unterricht erweist sich als mindestens so schädlich wie das andere Extrem sadistisch-brutaler Erziehung, die es früher jedoch auch nur in seltenen Ausnahmefällen gegeben hat, und nicht, wie es heute oft hingestellt wird, als Normalfall.

Als ein Versuch, die Autorität der Eltern schon bei den Grundschülern abzubauen, muß auch die in den sechziger Jahren gegen die Warnung von Fachleuten vorgenommene Einführung der Mengenlehre in den Grundschulen gewertet werden. Sie erwies sich als hervorragendes Mittel, das Ansehen der Eltern abzuwerten, da diese davon nichts verstanden und von ihren Kindern nun schon in den ersten Schuljahren als ›dumm‹ erfahren werden konnten. Mit den Verständnisschwierigkeiten zwischen Kindern und Eltern oder älteren Geschwistern konnte ein wirksamer Konfliktstoff in die Familien getragen werden: ein teufliches, dennoch wohl bewußt angestrebtes Ziel der progressiven Pädagogik. Viel menschliches Leid entwickelte sich daraus. Daß der Begriff der Menge der Ausbreitung des Materialismus, der reinen Quantifizierung wie der Ablösung der Qualität diente, sei am Rande erwähnt. Denn die Zahlen stehen für Werte, betonen Eigenartigkeiten und Besonderheiten, auch im übertragenen Sinne, während Mengen gleiche Massen bezeichnen, die Vermassung fördern, der Gleichmacherei dienen. Daß daneben durch diese sogenannte neue Mathematik auch die allgemeine Rechenfähigkeit abnahm, das mathematische Niveau sank, die Schulen auf Jahre hindurch verunsichert wurden, viele Lehrer Unsinniges neu lernen mußten, Unsummen von Geldern in neue Lehrbücher gesteckt wurden, sei ergänzend angeführt, um das Bild dieser fachlich nicht sinnvollen, nur linken ideologischen Zielen dienenden ›Reform‹ abzurunden. Nach einem Jahrzehnt verschwand die Mengenlehre dann wieder aus den Schulen, ein Beweis für die auch in der schulischen Wirklichkeit erwiesene Untauglichkeit dieser ›Reform‹. Als Mittel gesellschaftszerstörender Gruppen hat sie jedoch über ein Jahrzehnt an den westdeutschen Schulen mit großem Schaden wirken können. Damit soll nichts gegen die Mengenlehre als wissenschaftliche Disziplin an den Hochschulen gesagt werden.

Konflikttheorie gegen die Familie

Die wesentlich auf der Frankfurter »Kritischen Theorie« beruhende Konfliktlehre der Neuen Linken richtete sich nicht nur gegen den Staat, sondern rüttelte auch an den geistigen Grundlagen der Familie und anderer Einrichtungen der Gesellschaft. Die Familie als »eine Institution von großer Beharrlichkeit« ist wegen »ihrer Verwurzelung im biologischen Untergrund der Geschlechtsbeziehungen und der mütterlichen Daseinsfürsorge für die Nachkommenschaft sowie durch andere sich in ihr auswirkende Kräfte« (SCHELSKY 1955, S. 11) den Marxisten stets ein Dorn im Auge gewesen. Vor allem in der Kriegs- und Nachkriegszeit hatte die Familie sich »als letzter

Eine deutsche kinderreiche Familie um das Jahr 1900. Sie bildete traditionell den Kern der gesellschaftlichen Organisation. Als Stabilisierungsfaktor und Garant der echten Verwirklichung des Menschen stand sie der sozialen Revolution oder einer grundlegenden Systemänderung im Wege.

Stabilisierungsrest und sozialer Halt in einer sich auflösenden Welt« (ebd., S. 107) gezeigt, und in der Zeit der Not hatte sich der »hohe soziale Bindungswert der Familie für den Jugendlichen« erwiesen (SCHELSKY 1963, S. 109). STALINS Hoffnung, daß die durch die Millionen aus dem Osten Vertriebenen in Westdeutschland erhöhte Not den Boden für den Kommunismus bereite, erfüllte sich nicht.

Schon MARX sah in seinem *Kommunistischen Manifest* als »eine der Hauptaufgaben der sozialen Revolution die Auflösung der Familie« an, da sie ein »Monument der Entfremdung« sei. Da er später aus Altersgründen darüber nicht mehr ausführlich schreiben konnte, legte Friedrich ENGELS die marxistischen Ansichten zur Familie in seinem Buch *Der Ursprung der Familie* dar. Dabei gab er auch seiner Überzeugung Ausdruck, daß die Gruppenehe wie in prähistorischer Zeit wieder entstehen werde. In den ersten Jahren der Sowjetunion versuchten die Bolschewisten, ohne Familie auszukommen, mußten sich aber bald davon abkehren. In den Kommunen der 68er tauchte die Gruppenehe für einige Jahre wieder auf, um dann auch wieder zu verschwinden.

In seinen Studien über *Autorität und Familie* hatte HORKHEIMER 1936 der Familie das Entstehen des »autoritären Verhaltens« angelastet und sie für den »autoritären Charakter« verantwortlich gemacht: »Die Familie in der Krise produziert jene Einstellung, die die Menschen für blinde Unterwerfung anfällig macht.« (zit. in JAY 1981, S. 143) Die Frankfurter Neomarxisten forderten so in der Nachfolge von MARX, die traditionelle Familie als konservatives Bollwerk zu zerstören, und die sexuell gemischte Kommune wurde nicht zufällig ein Kennzeichen der linken studentischen Protestbewegung von 1968.

Der Familie als reaktionärem Überbleibsel des angeblich überlebten Bürgertums galt der Kampf der linken Meinungsmacher. Die schon dem alten HOMER zugeschriebene Erkenntnis, daß, wer außerhalb des Familienverbandes lebe, ein verkommenes Subjekt sei, sollte aus dem Bewußtsein des Volkes verschwinden. Folgerichtig ging auch die Stoßrichtung der von der Frankfurter Schule maßgeblich gesteuerten emanzipatorischen Pädagogik dahin, das natürliche Vertrauensverhältnis zwischen Eltern und Kindern sowie zwischen Lehrern und Schülern zu zerstören. Jede Autorität sollte abgeschafft werden, auch weil darin angeblich eine wichtige Voraussetzung totalitärer Herrschaft bestehe.

HORKHEIMER kennzeichnete den »autoritären Charakter« durch folgende Merkmale: ». . . eine mechanische Auslieferung an konven-

Kommune in München, Anfang der siebziger Jahre. Die Kinder haben mehrere Väter.

tionelle Werte; blinde Unterwerfung unter die Autorität, die mit blindem Haß auf alle Opponenten und Außenseiter einhergeht; Ablehnung introvertierten Verhaltens; streng stereotypisches Denken; ein Hang zum Aberglauben; halb moralische, halbzynische Abwertung der menschlichen Projektivität.« (HORKHEIMER 1972b, S. 51) Der für die Frankfurter Schule positive Gegensatz zum autoritären Charakter bestand zunächst im ›Revolutionär‹, später im ›Demokraten‹: eine bezeichnende Ausdrucksverschiebung während der USA-Zeit HORKHEIMERS.

So wurde die Familie als der angebliche Ort ›repressiver Zwänge‹ diffamiert. Als ›zentrale reaktionäre Keimzelle‹ sollte sie schon in der Schule ›entlarvt‹ und von hier aus verunsichert werden. Das Schlagwort »Trau keinem über 30« wies in die gleiche Richtung, in der der Generationenkonflikt verschärft, statt gelöst und fruchtbar gemacht werden sollte. Die aus der FREUDschen Psychoanalyse über Wilhelm REICHS marxistische »sex-ökonomische Richtung« bewirkte Sexualisierung traf die Familie ebenfalls in ihrem Kern und trug zu ihrer Abwertung bei. Diese besondere Entwicklung ist weiter unten ausführlich dargestellt.

Unter dem Vorwand, das Wohl des Kindes im Auge zu haben und seine angeblich unterdrückten Interessen zu fördern, wurde die Familie verunsichert und verleumdet, wurden die natürlichen und für jede Erziehung notwendigen Bindungen an die Eltern in Frage gestellt. Mit vielerlei Mitteln wurde versucht, die Kinder möglichst der Familie zu entfremden und sie der elterlichen Einwirkung zu entziehen.

Ein eindrucksvolles Beispiel für die politische Wirksamkeit dieser Bestrebungen bietet in aller Deutlichkeit der Zweite Familienbericht der linksliberalen Bundesregierung vom 15. 4. 1975 über die Lage der Familie in der Bundesrepublik Deutschland, insbesondere der darin enthaltene »Bericht der Sachverständigenkommission«, die von der Bundesregierung eingesetzt und personell berufen war. Unter der Leitung des jungen Soziologen Friedhelm NEIDHARDT arbeitete die Kommission fast vier Jahre an ihren Empfehlungen.

Ist schon das Soziologendeutsch des Berichts schwer lesbar, so wird mit der Sprache offen Bewußtseinsveränderung zu bewirken versucht.

Statt von der Erziehung als der grundlegenden Aufgabe der Familie im Hinblick auf die Kinder wird meist von einer »Sozialisationsaufgabe« (S. IX) gesprochen, wobei der Familie bisheriger Art dann eine mangelhafte »Sozialisationsqualität« (S. 62) zuerkannt wird, weil angeblich in ihrem Bereich »soziale Kontakte, die dem Intimitätsmuster der Familie nicht mehr entsprechen, unbekannt und deshalb auch ungekonnt bleiben« (S. 63). Offenbar wurde dabei auch an den damals zur Blütezeit der Neuen Linken sehr modischen Gruppensex und das nun stärkere Auftreten von Schwulen und Lesben gedacht.

Nach Ansicht der Kommission zeige die Familie »totalitäre Erziehungseinwirkungen« (S. 63) und führe zu »gesellschaftlicher Isolierung« (S. 62). Deswegen wurde sowohl die »Kontrolle des elterlichen Erziehungsverhaltens« (S. 28), die »deshalb sehr beschränkt ist, weil die Vorstellungen vom unstörbaren Elternrecht auf Erziehung in der Bevölkerung noch ziemlich verbreitet sind« (S. 28), als auch die »Mitbestimmung der Kinder« (S. 37) gefordert. Auch seien »Alternativen zu herkömmlichen Organisationsformen der Familie« (S. 59) mit besserer »Ausbalanciertheit der familiären Machtverhältnisse« (S. 38) zu entwickeln, insbesondere dürften »nichtlegalisierte Partnergemeinschaften, Wohngemeinschaften, Kollektive etc. gegenüber der historischen Form der heutigen ›Normalfamilie‹« (S. 74) nicht benachteiligt werden, was wohl nur als eine regierungsamtliche Werbung für die Kommunen angesehen werden kann. Das im Jahre 2000 abgelaufene Gesetzgebungsverfahren der rotgrünen Koalition zur Angleichung gleichgeschlechtlicher Partnerschaften an die Ehe stellt eine gewisse Neuauflage dieser Vorstellungen dar und beweist, wie weit sich die damaligen linken Ideen im Laufe weniger Jahrzehnte durchsetzen konnten.

Eine allgemeine Abwertung der Familie und der Versuch, den schon erschreckenden Geburtenschwund in Westdeutschland noch zu verstärken, kommen auch darin zum Ausdruck, daß die Kommission unter einseitiger Zugrundelegung der falschen Milieutheorie den Eindruck zu erwecken versucht, als ob eine größere Geschwisterzahl Intelligenz und Schulerfolge herabsetze, wenn in unverantwortlicher Weise behauptet wird, »daß bei einer größeren Kinderzahl eine ungünstigere Entwicklung der meßbaren Intelligenz festzustellen ist« und daß es ein »schulisches Leistungsversagen bei Kindern aus kinderreichen Familien« (S. 47) häufiger gebe. Das normale Elternpaar mußte daraus schließen, daß weitere Kinder sich nachteilig auf die Entwicklung der erstgeborenen auswirken würden – eine völlige Verkehrung der wirklichen Verhältnisse –, und im Interesse dieser auf mehrere Kinder verzichten.

Ihre Neigung zur Systemveränderung gibt die Kommission schon zu erkennen, wenn sie sich ausdrücklich weigert, »daß jene Zielformulierungen für die Sozialisation von Kindern ungeprüft übernommen werden können, die die heute vorhandenen Einrichtungen der Kindererziehung, also Familie und Schule, gemäß ihrem Grundverständnis ihren Mitgliedern verbindlich gemacht haben«. (S. 13) Noch deutlicher schreibt sie dann in unmittelbarer Anknüpfung an die gesellschaftsverändernden Bestrebungen der Frankfurter Schule in bester marxistischer Tradition, in der jetzigen Form »tradiert und stabilisiert die Familie das bestehende System sozialer Ungleichheit. Dieser Zusammenhang läßt sich nur in dem Maße durchbrechen, in dem der Sozialisationseinfluß der Familie zurückgedrängt und/oder die soziale Schichtung und damit auch die Ungleichheit zwischen den Familien reduziert wird«. (S. 71) Ist das schon deutlich gegen den Geist des Grundgesetzes gerichtet, das die Familie unter den besonderen Schutz des Staates stellt, so heißt es anschließend noch offener und in bester kommunistischer Überlieferung: »Ein radikales Gleichheitsprogramm müßte freilich davon ausgehen, daß nur die vollständige Preisgabe der Familie und damit einhergehend: eine totale Kollektivierung der Erziehung die Chance schaffen würde, im Sozialisierungsprozeß den Kindern gleiche Entwicklungsmöglichkeiten anzubieten.« (S. 71) Anscheinend bedauernd wird dann hinzugefügt: »Desgleichen erscheint aber in der heute kalkulierbaren Zukunft weder machbar noch wünschbar« (S. 71); im Grunde ist also für diese Kommission die völlige Aufgabe der Familie durchaus diskutier- und vertretbar!

Die damalige Bundesfamilienministerin FOCKE widersprach dem nicht etwa, sondern die eher als »Antifamilienministerin« tätig werdende Dame schrieb, diese Tendenz befürwortend, im ersten Teil des Familienberichtes: »Eine Familienpolitik, die sich an einer idealisierten Familie orientieren würde, hätte für die Familie keinen Nutzen.« (S. VII) Im Gegensatz zu dem im Grundgesetz deutlich verankerten Schutz der Familie und der Ehe sowie dem ebenfalls dort garantierten Recht der Eltern auf die Erziehung ihrer Kinder – und damit in verfassungswidriger Weise – gab die Ministerin den linken Systemveränderern praktisch den Freibrief für ihre weiteren Angriffe auf die Familie, wenn sie erklärte: »Das Grundgesetz ist offen für unterschiedliche Denkansätze und Zielvorstellungen, es ist offen für den Fortschritt« (S. VII), worunter im Ministerium ganz offensichtlich die Veränderung in Richtung der Ideen der Frankfurter Schule gemeint war. Zu ihrer Begründung zugunsten der Abschaffung der Familie erklärte die Kommission: »Erziehung der Kinder ist eine gesellschaftliche Aufgabe besonderer Art und Bedeutung. Die Wahrnehmung dieser Aufgabe überträgt unsere Gesellschaft der Familie und außerfamiliären pädagogischen Einrichtungen.« (S. 120) Hierin stimmt schon nicht einmal die Voraussetzung, daß die Gesellschaft dieses Recht überhaupt habe, um es übertragen zu können. Neben dem folgenschweren Fehler, hier wieder die Gesellschaft mit dem Staat zu verwechseln, wird das im Grundgesetz ausdrücklich den Eltern zugestandene Grundrecht auf Erziehung ihrer Kinder unterhöhlt.

Unmittelbar als Forderung zur Auflösung der Familie muß ferner die aufgestellte These gewertet werden: »Familienpolitik muß zur erweiterten Partizipation von Familien an außerfamilialen Gruppen und öffentlichen Einrichtungen beitragen, die Familien aus der Isolation führen und im Hinblick darauf ein offenes gesellschaftspolitisches Kommunikationsfeld für Familien aufbauen.« (S. 135) Dieses brauchte dann nur noch von fortschrittlichen, »gesellschaftsrelevanten« linken Kräften und Einrichtungen gelenkt zu werden, die damit schrittweise die Aufgaben und die Bedeutung der Familie übernehmen würden. Daß maßgebliche Teile der Neuen Linken für die Überbetonung der Sexualisierung und für die freie Ehe eintraten, sei in diesem Zusammenhang auch schon erwähnt.

Natürlich wurde die ausdrückliche Emanzipationsforderung MARCUSES von der Regierungskommission nicht aufzustellen vergessen: »Familienpolitik muß um der Sozialisationschancen der Kinder willen die gesellschaftlichen Zwänge hinsichtlich der Rolle der Frau abbauen.« (S. 135) Wenn sich auf eine Befragung von 1973 noch 77 Prozent der westdeutschen Mütter für glücklich oder sehr glücklich hielten und sogar 82 Prozent von ihnen angaben, daß sie sehr zufrieden mit dem seien, »was sie (und ihr Mann) im Leben erreicht haben« (S. 38), so findet die Kommission das überraschend – denn nach ihrer Theorie dürfte es ja gar nicht so sein –, und sie versucht, das klare Ergebnis abzuschwächen und umzudeuten: »Offen bleibt bei Fragen und Antworten wie dieser freilich, was sie wirklich bedeuten. . . Es hat eher den Anschein, daß die Rollenkonflikte der Frau in starkem Maße von ihr selbst verinnerlicht werden müssen.« (S. 38)

Der Frau und Mutter in Westdeutschland fehlte also damals nach Ansicht der Kommission das richtige Bewußtsein ihrer Lage und das richtige Wissen um ihre Möglichkeiten; sie mußte erst zur Erkenntnis ihres wahren Glücks als familienablehnende und kinderfeindliche Emanze nach der Theorie der Frankfurter Schule angehalten werden: eine dem Wesen der Frau, der Aufgabe der Familie wie dem Leben als Ganzem widersprechende Haltung, die sich dann in den anschließenden Jahrzehnten weithin durchsetzte.

Auch in den folgenden Jahren änderte sich an dieser Einstellung im Familienministerium kaum etwas. Selbst als Helmut KOHL 1982 mit dem Versprechen einer geistigen Wende, das er dann nicht hielt, an die Regierung kam, erfolgte kein Kurswechsel. Die folgenden Familienministerinnen der CDU sorgten sich eher um Randgruppen als um das Wohl der Familie und trieben eine familienfeindliche Politik mit dem Ergebnis, daß die Zahl der Eheschließungen weiter zurückging, das Zusammensein mit ›Lebenspartnern‹ oder ›Lebensabschnittspartnern‹ Mode wurde und die Zahl der Alleinlebenden (Singles) stark zunahm. Ebenso wuchs der Anteil der allein erziehenden Mütter. (KÖCHER 1987, S. 74–163) Daß bei Kindern, die ohne Vater aufwachsen, verstärkt anhaltende psychische Störungen auftreten können, belegen neuere Forschungen (*Zeitschrift für Psychosomatische Medizin und Psychotherapie,* Bd. 45, S. 260, 1999). Dieser Befund werde zunehmend sozialpolitisch brisant, warnten die Wissenschaftler (*FAZ* 8. 9. 1999). »Jedes Kind braucht Vater und Mutter zu seinem Glück, alles andere ist Selbstverwirklichungs-Quark«, titelte *Die Welt* zu Recht (15. 3. 2000), wenn auch Jahrzehnte zu spät.

Sogar das Bundesverfassungsgericht bescheinigte der KOHL-Regierung eine die Familien benachteiligende Politik und forderte Abhilfe, insbesondere beim Steuerrecht und beim Kindergeld. Der Richter am Landessozialgericht in Darmstadt Jürgen BORCHERT veröffentlichte dazu eindrucksvolle Zahlen (*FAZ* 19. 10. 2000). Mit der bisherigen nachwuchsfeindlichen Rentenpolitik rechnete der Bielefelder Soziologe Franz Xaver KAUFMANN ab. (*FAZ* 29. 12. 2000)

Daß auch nach der Spendenaffäre vom Herbst 1999 und dem KOHL-Rücktritt die CDU anscheinend immer noch nicht gelernt hat, was für unsere Gesellschaft notwendend ist, zeigte der damalige Programmentwurf der CDU-Programmkommission: Von 1333 Zeilen waren lediglich 49 der Familie gewidmet. (*FAZ* 26. 6. 2000)

Dabei wäre hier einer der entscheidenden Ansatzpunkte, um die rotgrüne Koalition auszuhebeln, die im Sommer 2000 mit ihren Gesetzesvorhaben zur Gleichstellung gleichgeschlechtlicher Partnerschaften mit der Ehe einen weiteren schweren Angriff auf die Familie ganz im Sinne der Frankfurter Schule unternommen hat. Das verstößt auch gegen das Grundgesetz. In diesem heißt es in Artikel 6: »Ehe und Familie stehen unter dem besonderen Schutz der staatlichen Ordnung.« Diesen besonderen Schutz auch auf andere Gruppen und die umstrittenen Partnerschaften auszudehnen, wie es die rotgrüne Koalition dann vollzog, bedeutet, ihn praktisch aufzuheben und damit der Familie zu schaden. Schon die parlamentarischen Umstände dieses Vorhabens waren einmalig und wiesen auf die Verfassungsfeindlichkeit der neuen Bestrebungen hin: »Am Vortag der Einbringung eines Gesetzentwurfes in den Bundestag läßt der Innenminister, man nennt ihn auch den ›Verfassungsminister‹, verbreiten, er habe verfassungsrechtliche Bedenken.« (*FAZ* 10. 7. 2000) Sollte der Minister dann nicht lieber gleich zurücktreten und damit seine Meinung zu dem vor allem von den Grünen vorangetriebenen Vorhaben kundtun?

Die überwiegende Mehrheit des deutschen Volkes denkt, was der Rechtsprofessor und frühere OLG-Richter Bernd RÜTHERS ausdrückte (*FAZ* 18. 5. 2000): Das Grundgesetz gehe vom »natürlichen Zusammenhang zwischen Ehe, Familie und Kindern« aus, schütze Ehe und Familie »als Keimzelle der Gesellschaft und des Staates«. Deshalb widerspreche die Homosexuellenehe »den Normzwecken des Artikels 6« des Grundgesetzes.

Der Jurist vertiefte die auf das Grundgesetz abgestützte Kritik an dem Regierungsvorhaben wenig später noch weiter. (*FAZ* 15. 7. 2000) Die Väter des Grundgesetzes hätten mit dem Artikel 6 eine »objektive Wertentscheidung« getroffen, die bei jeder Ausübung hoheitlicher Gewalt zu beachten sei. Es sei dem Staat »von der Verfassung verboten, Ehe und Familie als elementare Lebensgemeinschaften und als garantierte Rechtsinstitute in ihrem Bestand und ihrer Entwicklung zu gefährden oder gar zu beeinträchtigen«, was ja gerade erklärtes Ziel der Frankfurter Schule und der Linksradikalen ist. Der Ehebegriff unserer Verfassung knüpfe »an die jahrhundertealte rechtskulturelle Tradition Europas an« und dürfe »in seiner Bedeutung nicht beliebig manipuliert werden«. Die Schöpfer des Grundgesetzes hätten die Ehe »für den Regelfall als notwendig, mindestens als nützlich im Interesse des Gemeinwesens« angesehen. Zweck des Artikels 6 des Grundgesetzes sei es, »diese bewährte Lebensform und damit zugleich die biologischen und sozialen Strukturgrundlagen von Staat und Gesellschaft zu sichern«. Nicht zuletzt brauche der Staat »Steuerzahler der nächsten Generation, die aus gleichgeschlechtlichen Partnerschaften kaum in ausreichender Zahl erwachsen werden«. Es gehe auch darum, »daß Ungleiches ungleich behandelt werden muß«. Eine Gleichstellung der Schwulen und Lesben mit den Familien sei verfassungswidrig. Der im Bundesministerium der Justiz unter der – die Vergangenheit ihres Vaters bewältigenden und mehrfach umstrittenen – Justizministerin Herta DÄUBLER-GMELIN entstandene Gesetzesentwurf lege aus verfassungsrechtlichen und rechtspolitischen Gründen »die Frage nahe, ob die gesetzgebungspolitische Rechtsvernunft in diesem Ressort in die Minderheit geraten sei oder ob die vernünftige Mehrheit sich beugen mußte. Ein solcher Entwurf wäre in keiner der vergangenen Legislaturperioden und Koalitionen denkbar gewesen.« Das ist mehr als deutlich!

Dennoch beurteilte das Bundesverfassungsgericht das am 1. August 2001 in Kraft getretene Gesetz der rotgrünen Koalition zu gleichgeschlechtlichen Lebenspartnerschaften am 17. Juli 2002 mit der knappen Mehrheit von fünf gegen drei Stimmen als verfassungsgemäß und erlaubte somit die Homo-Ehe. Damit wurde der eingereichte Normenkontrollantrag der CDU-regierten Länder Bayern, Sachsen und Thüringen abgelehnt. Die Richter meinten, durch das neue Ge-

Homo-Hochzeit in Bochum (1997)

setz werde die Ehe »weder beschädigt noch beeinträchtigt«. Nun können gleichgeschlechtliche Paare die eingetragene Lebenspartnerschaft schließen, füreinander Verantwortung übernehmen und so Rechte und Pflichten miteinander teilen. Die regierende rotgrüne Koalition kündigte nach diesem den Damm brechenden Spruch aus Karlsruhe die Einführung weiterer Rechte für Homosexuelle an. Der Lesben- und Schwulenverband, dem diese Öffnung noch nicht weit genug ging, forderte weitergehende gesetzliche Schritte und kündigte an, solche notfalls einzuklagen.

Um diese Forderungen auch durchzusetzen, machte die Bundesjustizministerin ZYPRIES (SPD) 2009 einen neuen Vorstoß, die eingetragene gleichgeschlechtliche Lebenspartnerschaft durch eine Grundgesetzänderung zu schützen. Sie meinte, das Grundgesetz sei nicht mehr zeitgemäß: »Artikel 6, der allein die Ehe unter den besonderen Schutz des Staates stellt, greift daher zu kurz.« Und deswegen müsse es ergänzt werden: »Weil Lebenspartner nicht weniger Respekt und rechtliche Anerkennung verdienen als Ehepartner, sollte hier das Grundgesetz ergänzt und neben der Ehe auch die eingetragene Lebenspartnerschaft geschützt werden.« (*FAZ* 22. 5. 2009, S. B 5) Das Interesse des Staates an den mit Kindern für seinen Bestand gesegneten Ehen wird also verantwortungslos dem Egoismus des Individuums geopfert. Im Juli 2009 verkündete Frau ZYPRIES, daß künftig homosexuelle Paare auch Kinder adoptieren dürfen. Deutschland müsse sich auch den europäischen Regelungen anpassen (*FAZ* 24. 7. 2009). Grüne und FDP begrüßten den Vorschlag.

Daß Frau ZYPRIES in diesem Zusammenhang den »Modernisierungsschub, für den das Jahr 1968 eine Chiffre bleibt und der Willy BRANDT zum Kanzler machte«, ausdrücklich erwähnt und begrüßt, beweist erneut, woher der Geist dieser volkszerstörenden Entwicklung kommt.

Vorreiter auf diesem Gebiet war Außenminister FISCHER von den Grünen, der im ersten Halbjahr 2000 gegen alle deutschen Traditionen die 9000 Mitarbeiter seines Amtes in Berlin und in allen Auslandsmissionen angewiesen hat, Homosexuelle in allen Rechten mit Ehepartnern gleichzustellen, insbesondere beim Diplomatenpaß, bei Mietzuschüssen, Staatsempfängen und informellen Aufgaben gegen Entschädigung.

Angeblich wegen Aufhebung von Benachteiligung kleiner umstrittener Randgruppen, in Wirklichkeit zur weiteren Zerstörung der

Familie, ist also die bisherige Verfassungsnorm zum Schutz der Familie aufgelöst worden. Das bedeutet wiederum einen weiteren Erfolg der Vertreter der Frankfurter Schule zur Zerstörung unseres Volkes und seiner biologischen Grundlagen. Die von den Linken und Grünen bereits vor wenigen Jahren durchgesetzte Aufhebung des Schwulenparagraphen zeigt hier eine folgenschwere Konsequenz.

Emanzipatorische Pädagogik

In *Kröners Wörterbuch der Pädagogik* heißt es zur »emanzipatorischen Pädagogik« in aller Deutlichkeit: »In die deutsche Pädagogik wurde der Begriff 1968 eingeführt, um im Anschluß an die Kritische Theorie der Frankfurter Schule die Erziehung ganz aus ihrem emanzipatorischen Interesse heraus zu begründen.« (BÖHM 1982, S. 150) Die geistige Urheberschaft des Kreises um HORKHEIMER für diese verderbliche Entwicklung im Schulwesen ist also nicht zu leugnen.

Wie die frühen Marxisten die Verarmung des Proletariats anstrebten, damit es, von der Not getrieben, zum revolutionären Kader würde, und wirkliche Sozialpolitik bekämpften – etwa bei der Ablehnung von BISMARCKS vorbildlicher sozialer Gesetzgebung durch die damalige SPD –, so versuchte die auf die Emanzipationsideen der Frankfurter Schule sich berufende linke Pädagogik, außerhalb des Elternhauses Kinder, Jugendliche und Heranwachsende für die künftige gesellschaftliche Umwälzung auszubilden. Über den ›kulturellen Apparat‹ sollte die marxistische Revolution vorbereitet werden. Nicht die Entfaltung der Fähigkeiten und der Persönlichkeit des jungen Menschen – seine Selbstverwirklichung –, sondern die revolutionäre Veränderung der Gesellschaft stand als Aufgabe und Ziel im Vordergrund. Die Jugend wurde als Mittel mißbraucht, noch dazu zu einem verwerflichen Zweck, so daß gleich zwei pädagogische Todsünden begangen wurden neben dem Verstoß gegen die erzieherische Binsenweisheit, daß echte Selbstverwirklichung sich nur über vollzogene Identifikation erreichen läßt, und nicht über Distanzierung und durchgehende Kritik. Die emanzipatorische Erziehung erzeugt nur Unzufriedene, Entwurzelte, Unbehauste und Entfremdete, wie die Gegenwart erneut schrecklich beweist. Eine erschreckende Folge ist die hohe Selbstmordrate bei verhältnismäßig großem Wohlstand.

Nach Klaus MOLLENHAUER hat die »Erziehung unter dem Anspruch der Emanzipation«, die auf HABERMAS maßgeblich zurückgeht, die Aufgabe, »in der heranwachsenden Generation das Potential gesellschaftlicher Veränderungen hervorzubringen«. (zit. in *FAZ* 16. 12. 1982) Noch deutlicher heißt es dazu in den »Thesen zu emanzipatorischer Erziehung« von Johannes BECK, dem damals jungen Pädagogen an der roten Universität Bremen: »l. Emanzipatorische Erziehung ist kein pädagogischer Grundbegriff, sondern. . . die Theorie und Praxis des politischen Kampfes. 2. Dieser Kampf beginnt mit der Bildung von Freiräumen in gesellschaftlich relevanten Institutionen. Emanzipatorische Erziehung muß von ihr gewonnene Freiräume politisch nutzen. 3. Freiräume emanzipatorischer Erziehung können in dieser Gesellschaft primär in den Bildungsinstitutionen geschaffen werden. . . die Gesamtschule (ist) die zentrale Basis emanzipatorischer Erziehung. 4. In den geschaffenen repressionsarmen Freiräumen kann die Vorbereitung auf den Kampf gegen die autoritäre Leistungsgesellschaft. . . geschehen.« (zit. in *FAZ* 16. 12. 1982)

Die emanzipatorische oder kritische Erziehung begann im antiautoritären, bereits mit Klassenkampfparolen befaßten Kindergarten, setzte sich in der progressiv gewordenen Schule fort und erreichte in den marxistisch eingestellten Hochschulen die Krönung der Ausbildung zum Systemveränderer. Statt Erziehung zur eigenen Leistung wurde Kritik an allem und das Stellen von Forderungen eingeübt. Verdrängt wurde MIRABEAUS Lebensweisheit: »Es gibt nur drei Formen, um im Leben zu bestehen: stehlen, betteln oder etwas leisten.«

Der Einfluß der Frankfurter Schule geht schon allein aus der bezeichnenden Tatsache hervor, daß ab Ende der sechziger Jahre HABERMAS zum meistzitierten Autor der westdeutschen pädagogischen Fachzeitschriften wurde, obwohl seine philosophischen Arbeiten unmittelbar mit der schulischen Erziehung wenig zu tun haben. Seine Ideen von der Emanzipation wurden als Modetorheiten von den inzwischen zu ›Wissenschaftlern‹ emporgestuften Pädagogen voll und unkritisch übernommen, bis man Ende der siebziger Jahre plötzlich ernüchtert feststellen mußte, wie unbrauchbar, pädagogisch schädlich und unwissenschaftlich ihre Anwendung gerade in der Erziehung war. »An wissenschaftlichen Maßstäben gemessen ist die Politische Pädagogik der Neuen Linken bis jetzt nichts mehr als ein dürftiges System von Schlagworten und deren Interpretation«, schrieb schon 1974 Wolfgang BREZINKA als Fachmann. (BREZINKA 1974, S. 77)

Radikal waren MARCUSES Forderungen nach einer »Erziehungsdiktatur« (MARCUSE 1970, S. 61) wie auch seine utopischen, den natürlichen Bedingungen und Erfordernissen widersprechenden Vorstellungen von einer »Veränderung in der Natur des Menschen« (MARCUSE 1969b, S. 17) durch Erziehung und sein Ziel, »einer ganzen Generation Vernunft auferlegen zu wollen« (MARCUSE 1970, S. 26), sie damit unter den marxistischen Geistesterror zu zwingen.

Für den Bereich der Hochschulen gab Ernst BLOCH aus Tübingen in bestem SED-Geist, dem er vorher in Leipzig gehuldigt hatte, die Parole aus: »Die Fahne des Verstandes ist rot. Die wieder lebendig gewordene Parteilichkeit in der Wissenschaft, die konkret gewordene Aufklärung heißt Marxismus... Marxistische Richtung, objektive Wahrheit sind notwendig eins.« (BLOCH 1971, S. 89) Dafür wurde er dann wenige Jahre später Ehrendoktor der Tübinger Universität.

Die in den fünfziger und sechziger Jahren von der Verhaltensforschung und der nichtmarxistischen und freudunabhängigen Psychologie auch wissenschaftlich untermauerten Ansichten, daß eine kindgemäße Erziehung auf Vertrauen beruhen müsse; daß alle künstlich in Familie und Schule hineingetragenen Konflikte dem Reifen des Jugendlichen schaden; daß antiautoritärer Unterricht »ein Verbrechen am jungen Menschen« bedeutet und im Gegenteil ein »gerüttelt Maß an Respekt und Achtung« vor Eltern und Lehrern unabdingbar, weil genetisch programmiert gefordert, für jede sinnvolle Erziehung ist; daß eine Zeit des Verzichts auf Triebbefriedigung für die jugendliche Reifung notwendig ist, alle diese von der Erfahrung und der Wissenschaft bestätigten Erkenntnisse wurden von der emanzipatorischen Erziehung wütend bekämpft und als »faschistoide Rückfälle« verleumdet. Warner wie Konrad LORENZ, Paul LEYHAUSEN und Christa MEVES oder konservative Pädagogen und rechte Politiker wurden verhöhnt, lächerlich gemacht oder totgeschwiegen, so daß deren richtige Ideen erst langsam ab Mitte der siebziger Jahre wieder die Öffentlichkeit erreichen konnten. Erst Anfang der achtziger Jahre setzte in einzelnen Kultusministerien mit der ›Reform der Reformen‹ zaghaft die Abwendung von der emanzipatorischen Erziehung ein, nachdem diese fast ein Jahrzehnt geherrscht hatte. Die linken Ideen wirkten jedoch weiter.

So war der Bildungsbereich insbesondere nach PICHTS Ausrufung des »Bildungsnotstandes« im Jahre 1964 das Einfallstor für die Ideologie der Frankfurter Schule. Mit PICHTS Aufruf demonstrierten am

Eine bezeichnende Parole an der Fassade der Juristischen Fakultät in Frankfurt.

1. Juli 1965 die Studenten in allen Universitätsstädten gegen die bundesrepublikanische Bildungspolitik. Nicht zufällig galt lange Zeit das sozialdemokratisch regierte Hessen mit seinen marxistischen Kultusministern als das ›progressivste‹ Bundesland, das in seinen ›fortschrittlichen Reformen‹ das Schulwesen zur linken Indoktrinierung mißbrauchte und jede kindgemäße und leistungsbezogene Erziehung allmählich abzuschaffen versuchte. Bezeichnend waren die Vorgänge am Frankfurter Abendgymnasium, wo schließlich jede Leistungsbewertung abgeschafft war, wo »aus einem Schulhaus ein Tollhaus wurde« (FAZ 7. 3. 1980 u. 11. 1. 1980) und diese Zustände von den sozialdemokratischen Aufsichtsbehörden wie vom hessischen Kultusministerium lange gedeckt wurden. Das Leistungsniveau der hessischen Schulen war dann auch jahrelang entsprechend.

An den Universitäten herrschten ähnliche Verhältnisse: So berichtete die *Zeit* (29. 6. 1973) über die unglaublichen Zustände »im Tollhaus an der Spree« - so der Haupttitel - und über »die Ohnmachtsgefühle der Uni-Präsidenten« in diesem »Irrenhaus« bei Sitzungen des Senats der Freien Universität in Berlin. »Prüfungen wurden fast überall erleichtert. An manchen ›linken‹ Hochschulen wurden sie zur reinen Farce.« (MEVES 1982, S. 149) Erst im August 1983 rügte ein CDU-Bildungssprecher den »Notenskandal« an den nordrhein-westfälischen Gesamthochschulen mit ihrer »Inflation guter Noten«. Bis zu 80 Prozent der Prüflinge erhielten die Noten ›sehr gut‹ oder ›gut‹, und in vielen Fächern sei in den letzten Semestern kein einziger Student an einer Gesamthochschule in Nordrhein-Westfalen mehr durchgefallen. (*Stuttgarter Nachrichten* 25. 8. 1983)

Ein später Nachzügler dieser Bestrebungen auf Abbau aller Leistungszeugnisse und der aus schlechten Noten zu ziehenden schulischen Folgerung war ein Dringlichkeitsantrag der hessischen Grünen im Wiesbadener Landtag am 23. Juni 1983, daß der Kultusminister durch Erlaß sämtliche in den Zeugnissen des Landes am Vortage ausgesprochenen Nichtversetzungen aufheben und alle davon betroffenen Schüler in die nächste Klasse versetzen solle. (*FAZ* 24. 6. 1983)

Von Hessen aus wurde insbesondere die gleichmachende und leistungsmindernde Gesamtschule als wichtigstes strategisches Mittel zur linken Gesellschaftspolitik aus ideologischen Gründen gefordert. Im Jahre 1980 gab der zur Blütezeit der Neuen Linken verantwortliche hessische SPD-Kultusminister VON FRIEDEBURG – Sohn des wegen der schmachvollen Umstände bei der Verhaftung der Reichsregierung am 23. Mai 1945 freiwillig aus dem Leben geschiedenen Admirals – zu, daß bei der Gesamtschule natürlich mit den »sehr weitgehenden Versuchen der inhaltlichen Reform« ein Anlauf zur Durchsetzung linker, gesellschaftskritischer, »ja gesellschaftsverändernder Ansätze durch junge Lehrer« verbunden gewesen war. (zit. in *FAZ* 25. 7. 1980)

Linke Lehrer an der Frankfurter Ernst-Reuter-Schule beriefen sich ausdrücklich auf das Wort von Karl LIEBKNECHT, des Mitbegründers der KPD: »Die Schule ist das mächtigste Mittel der Befreiung, und die Schule ist das mächtigste Mittel der Knechtung – je nach der Natur und dem Zweck des Staates.« (zit. in *Deutsche Zeitung/Christ und Welt* 27. 4. 1973)

Ludwig VON FRIEDEBURG (ganz links) gehörte in der Nachkriegszeit zu den Größen der Frankfurter Schule, hier bei einem Treffen des Instituts im April 1955; in der Mitte: HORKHEIMER und ADORNO.

Mittagspause in der Gesamtschule: ›entspannte‹ Stimmung. Durch das breitgefächerte Kurs- und Freizeitangebot wurde bis zu einem Drittel des Unterrichts auf den Nachmittag verlegt. Die meisten Schüler ›hingen dann sozusagen in den Seilen‹. Viele Gesamtschulen sind auch aus diesem Grund zu Reformattrappen verkümmert, weil sie zu einer ›Entschulung‹ von der Schule beigetragen haben.

Inzwischen haben viele Gesamtschulversuche in mehr als drei Jahrzehnten gezeigt, daß die hohen Erwartungen, die progressive Pädagogen in sie hineingesteckt hatten, insbesondere in die integrierte Form, sich nicht erfüllten. Leistungsstarke Schüler wurden in ihr zu wenig gefordert, während leistungsschwache kaum die Möglichkeit der Durchlässigkeit für eine Höherstufung ausnutzen konnten. Trotz höherer Lehrerzahlen und größerer Kosten erreichten die Gesamtschulen nicht das Bildungsniveau der üblichen Schulen. Selbst die für die Gesamtschule zunächst mit überdurchschnittlichem Eifer eingetretenen Lehrer haben vielfach nach einigen Jahren aufgegeben und sich für das bisherige dreigliedrige Schulsystem ausgesprochen. Auch die Eltern haben sich dort, wo beide Schularten angeboten wurden, zunehmend von der Gesamtschule abgewandt, bezeichnenderweise einschließlich führender SPD-Politiker. So hat auch die oft als besonderes Musterbeispiel hervorgehobene Tübinger Gesamtschule im Sommer 1983 auf eigenen Entschluß ihre progressive Form abgelegt: »Lehrer- und Schulkonferenz haben deshalb ohne Gegenstimme beschlossen, von der ›integriert-differenzierten Gesamtschule‹ Abschied zu nehmen« und zu den üblichen Bildungsgängen Hauptschule, Realschule und Gymnasium zurückzukehren.« (*FAZ* 20. 7. 1983)

Die Wirtschaft, die gut ausgebildete Nachwuchskräfte benötigt, wandte sich ebenso nach den gemachten Erfahrungen gegen die verbliebenen Gesamtschulen. Der Präsident der Bundesvereinigung der Deutschen Arbeitgeberverbände (BDA), Dieter HUNDT, sprach sich für das differenzierte System von Hauptschule, Realschule und Gymnasium aus. Die Gesamtschule solle abgeschafft werden, da ihre Leistungen »einfach schlechter« seien. Allgemein urteilte der Wirtschaftsführer über das Ergebnis der Bildungsreformen: »Zu viele Schulen und Hochschulen in Deutschland bieten Mittelmaß und schlechten Durchschnitt.« (*Stuttg. Nachr.* 27. 7. 2000) Und das in einem Land, das früher für sein Bildungswesen weltweit anerkannt war und deswegen beneidet wurde.

Trotz großer Mittel ist auch das Niveau der Gymnasien gesunken, und dringende Reformen werden gefordert. »Erschütternde Ergebnisse in Mathematik, Physik und Chemie« wurden bei Hochschulanfängern gefunden. Einzelheiten dazu brachte unter anderen Prof. Dr. Manfred L. HALLENSLEBEN, Hannover. (*FAZ* 29. 3. 2000)

Nach dem Abschlußbericht der internationalen mathematisch-naturwissenschaftlichen Vergleichsstudie TIMSS für die gymnasiale Oberstufe liegen »deutsche Schüler im unteren Mittelfeld«. »Vor allem bei den Spitzenleistungen werden die deutschen Schüler von anderen europäischen weit übertroffen, auch der Anteil der testschwachen Schüler ist erstaunlich groß«, schreibt dazu die *FAZ* (22. 11. 2000). Aus der Praxis gab dazu ein Gesamtschullehrer aus Hessen die Erklärung: Der lange Zeit nicht geregelte Zugang zum Gymnasium habe Kinder ohne Rücksicht »auf Eignung und Leistung« dorthin gebracht; die Kinder kommen »auch ohne Mühe zu guten Noten«; man habe »in Hessen aus den Lehrplänen für die Mittelstufe fast alles herausgenommen, was nur im entferntesten Sinne als ›schwierig‹ gelten kann. Der gymnasiale Bildungsgang – und mit ihm das Abitur – wurde von der Lernleistung zur Sozialleistung umgewandelt.« (Wolfgang JANSSEN in *FAZ* 18. 12. 2000)

Zu den inhaltlichen Reformen gehörte auch die Verdrängung des Deutschunterrichtes und damit die Abnabelung der Jugend von der deutschen Literatur, insbesondere von der deutschen Klassik und Romantik. Sogar die deutsche Hochsprache wurde in Zweifel gezogen. In diesem Zusammenhang ist auf einen ins Auge springenden Unterschied in der Kulturpolitik der alten SPD und der unter dem Einfluß der Frankfurter Schule stehenden unserer Zeit hinzuweisen. Während seit Ende des vorigen Jahrhunderts und noch in der Weimarer Republik es ein Ziel der meisten Sozialdemokraten war, den ›Proletariern‹ die bürgerliche Bildung zu verschaffen und sie an die deutsche Bildungstradition heranzuführen, unternahmen die roten Kultusminister in Hessen, Niedersachsen und Bremen nach 1970 alles, um die Jugend von dieser fernzuhalten und die Schüler in Brechtschem Geist und damit zu Egoisten und Genießern oberflächlicher Sinnesreize zu erziehen. Besonders die sozialistischen Kultusminister von Friedeburg, der aus Horkheimers Institut stammte und darin Direktor war, in Wiesbaden und von Oertzen in Hannover verstanden sich in der Ausführung der Ideen der Frankfurter Schule als Vorkämpfer der Zerstörung der deutschen Bildungswerte.

In demselben Geist wurden vom Land Hessen die Massenschulen mit Tausenden von Kindern – in seltsamem Gegensatz zum scheinbaren Individualismus der Frankfurter Schule – eingeführt, wurde der antiautoritäre Unterricht erprobt, wurde die Aufhebung aller Prüfungen und Leistungsnachweise angestrebt, wurden Fächer wie Geschichte, Erdkunde und Heimatkunde zugunsten der linker Beeinflussung offenen Sachkunde, Weltkunde, Friedenskunde oder Politik abgeschafft, wurden nahe Frankfurt gesundheitsschädliche Schulen ohne Fenster als »progressive Modelle« gebaut, obwohl Kinder »krank durch fensterlose Schulen« werden. (*Rhein-Neckar-Zeitung* 5. 10. 1972) In der Lehrerbildung nahmen überall, auch in den CDU-Ländern, die sogenannten politischen Wissenschaften als wichtiges Pflichtfach eine besondere Rolle ein, nun meist von der zweiten Generation der Frankfurter Schule an den Pädagogischen Hochschulen einschlägig vertreten.

Nachdem rechte Abgeordnete bereits in der zweiten Hälfte der sechziger Jahre in den Landtagen vor dieser gefährlichen Entwicklung gewarnt hatten, aber nicht gehört worden waren, gaben 1976 die CDU/CSU-Kultusminister eine Rahmenrichtlinie für Politische Bildung an den Schulen heraus, in der die Minister im Vorwort ausdrücklich von einer »Alternative zu jenen Ansätzen, die der Kritischen Theorie verhaftet bleiben«, sprachen (Grosser 1976). Ab Mitte der siebziger Jahre erschienen auch von Erziehungswissenschaftlern enthüllende Bücher über die linke ›Reformpädagogik‹, von denen *Erziehung und Kulturrevolution – Die Pädagogik der Neuen Linke*n aus der Feder des Konstanzer Pädagogikprofessors Wolfgang Brezinka wohl die ausführlichste und eindrucksvollste Darstellung ist. Über die Auswirkungen der linken Bildungsmaßnahmen und die Anfälligkeit auch der CDU-Landesregierungen gegenüber dieser Ideologie schrieb der in dieser Zeit als Kultusminister in Stuttgart tätige Wilhelm Hahn in seiner Biographie *Ich stehe dazu* 1981. Dann veröffentlichte auch der CDU-Wirtschaftsrat *Gefährliche Tendenzen in Schulbüchern* und machte darin mit vielen Beispielen der marxistischen Indoktrination in westdeutschen Lehrmitteln die Öffentlichkeit auf diese gefährlichen Verhältnisse aufmerksam.

Nach einer Generation waren schon die Ergebnisse der emanzipatorischen Pädagogik überall zu sehen. Die neurotische Verwahrlosung der Jugend, vor der Christa Meves seit drei Jahrzehnten mit objektiver und beweisbarer Begründung gewarnt hatte, hat, durch die linke ›Reformpädagogik‹ gefördert, erschreckende Ausmaße angenommen; die Leistungsverweigerung als Ausfluß Marcuseschen Geistes stellt ein echtes Problem für die Zukunft unserer auf hohe Leistung in allen Bereichen angewiesenen Gesellschaft dar; Staats- und Volksbewußtsein sind durch die zersetzende Kritik der Frank-

Im Sammelband Strategie der Verdummung. Infantilisierung in der Fun-Gesellschaft *(Hg. J. Wertheimer, München* [4]*2002) schreibt M. Doehlemann: »Alles, was nach Überlegung und Esprit riecht, wird als abgehoben und dünkelhaft verdächtigt und verdirbt den Spaß. Zum Nachdenken will eigentlich nur die Werbung anregen: Was brauche ich noch, um fit for fun zu sein?.. . Dumme Sinnsysteme erleichtern das Leben,. . . bieten ausgedehnte Denkferien.«*

furter Schule auf einem unfaßbaren und auf der ganzen Welt wohl einmaligen Tiefstand angelangt. Mangels echter Vorbilder gleiten Jugendliche in das Skinhead- oder Hooligan-Milieu ab und werden zunehmend kriminell.

Trotz des Einsatzes größter Finanzmittel und vorher nicht gekannter Ausbilderzahlen war das Ergebnis der mit so hohen Erwartungen und soviel Vorschußlorbeer bedachten Bildungsreform der siebziger Jahre katastrophal. Die Schulen wurden verunsichert wie nie zuvor. Über das Niveau der Schulabgänger klagen seitdem Wirtschaft und weiterführende Bildungseinrichtungen. Es gibt »mehr und mehr deutsche Analphabeten«. (*FAZ* 14. 6. 2000) Statt besserer Bildung wächst die »Infantilisierung« der Jugend, »womit die Weigerung altersmäßig erwachsener Menschen gemeint ist, sich entsprechend zu verhalten«. (*FAZ* 14. 6. 2000)

Der wissenschaftliche Beweis für die Schwäche des deutschen Schulsystems kam dann überzeugend und unwiderlegbar am 4. Dezember 2001 heraus, als die erste PISA-Studie veröffentlicht wurde. Unter den 32 untersuchten Ländern kamen die deutschen Schüler je nach Schulart beim Lesen, der wichtigsten Voraussetzung für Lernen und Weiterbildung, auf Rang 21 bis 25. In der Mathematik, der Grundlage für die Technik und die exakten Wissenschaften, erreichten sie Platz 20 bis 22. In den Naturwissenschaften, die unser heutiges Leben maßgeblich beeinflussen, lagen sie an Stelle 19 bis 23. Bei den bedeutsamsten Lernbereichen landeten also die deutschen Schulen, die vor den linken ›Bildungsreformen‹ der siebziger Jahre weltweit führend gewesen waren, im Mittel abgeschlagen im letzten Drittel.

Und das ergab sich nach Jahrzehnten des größten Wohlstandes, in denen es an üppigen Fördermitteln nicht gefehlt hatte. Auf mangelnde finanzielle Zuwendungen konnte dieses schlechte Ergebnis nun wirklich nicht zurückgeführt werden.

Einen entscheidenden Hinweis gab die am 24. Juni 2002 veröffentlichte PISA-E-(Ergänzungsstudie) Studie, in der die Leistungen der Schüler in den verschiedenen Bundesländern verglichen wurden. Dabei zeigte sich, daß in allen drei Prüfungsbereichen – Lesen, Mathematik und Naturwissenschaften – die Leistungen der Schüler in Bayern an der Spitze lagen, gefolgt von Baden-Württemberg und Sachsen. Alle diese Länder sind von der CDU/CSU regiert. Schlußlichter in der Leistungsliste waren Bremen, Brandenburg und Sachsen-Anhalt, alles SPD-Länder. Auf den letzten sieben Rängen standen nur klassische SPD-Länder, einschließlich des für seine früheren linken Reformen (»Hessen vorn!«) bekannten Landes Hessen. Der Unterschied wäre sicher noch stärker gewesen, wenn die CDU/CSU-Ländern nicht im Laufe der Zeit auch linke Reformen übernommen hätten, die inzwischen teilweise wieder abgeschafft wurden: Mengenlehre, Abitur ohne Deutsch, Kollegstufe, Wahlfächer, Fächerabwahl, Förderstufe, Verzicht auf Betragensnoten usw.

Bezeichnend ist auch, daß in den drei Bundesländern, die je Schüler die höchsten Aufwendungen getätigt hatten – Hamburg, Bremen und Berlin –, die schlechtesten PISA-E-Ergebnisse auftraten. Alle drei sind klassische SPD-Länder mit ›progressivem‹ Schulwesen. Dagegen lag Sachsen (CDU) mit den je Kopf niedrigsten Mitteln auf einem der ersten Plätze. An finanziellen Mitteln liegt der Schulerfolg also sicher nicht. Diese Tatsachen sind statistisch ›relevant‹, also gesichert und auch mit der größten Rabulistik nicht hinwegzuleugnen.

Nicht materielle Fördermittel sind also in erster Linie ausschlaggebend und erforderlich, um das deutsche Schulwesen zu verbessern und wieder den Erfordernissen unserer Zeit anzupassen, sondern der Geist der Erziehung muß ein anderer werden. Begriffe wie ›Leistung‹, ›Pflichtbewußtsein‹, ›Ordnung‹, ›Disziplin‹ und ›Einsatzfreude‹ – lange Zeit als Ausfluß ›reaktionärer‹ oder ›konservativer‹ Gesinnung angesehen und vom Zeitgeist verspottet oder sogar verteufelt – sind nun einmal für eine moderne leistungsausgerichtete Erziehung unverzichtbar, ganz zu schweigen von dem Ansporn durch großen Stolz auf das eigene Volk. Es ist endlich an der Zeit, Abschied zu nehmen von dem falschen Menschenbild der Linken, dem zufolge alle Menschen gleich geboren werden und dann beliebig zu begaben wären.

Es kam auch ein klares Urteil über die verschiedenen Schularten bei den PISA-Studien heraus: Wo wie in den drei leistungsstarken CDU–CSU-Ländern das traditionelle dreigliedrige Schulwesen mit Grund- und Hauptschule, Realschule und Gymnasium im wesentlichen erhalten geblieben war und sich die linke antiautoritäre Erziehung mit teilweisem Wegfall von Benotungen nicht durchgesetzt hatte, zeigten sich die besten Leistungen.

Dennoch werden immer noch aus ideologischen Gründen von Linken Gesamtschulen gefordert. Besonders die für die »Bankrotterklärung für die Bildungspolitik der SPD« (*FAZ* 25. 6. 2002) verantwortliche ›Gewerkschaft Erziehung und Wissenschaft‹ (GEW), die

Vorreiterin der linken ›Bildungsreformen‹ seit den siebziger Jahren, versucht immer noch, für die Gesamtschulen und Ganztagschulen einzutreten. Da letztere die Familie zerstören, weil die Kinder kaum noch in ihr leben, kann sie als Mittel zur Wiederaufnahme eines alten ideologischen Ziels der Frankfurter Schule, die Auflösung der Familie, angesehen werden.

An die eigentlichen Gründe für den echten Bildungsnotstand in Deutschland – das falsche Welt- und Menschenbild der Linken – wird leider kaum gerührt. Auch die Unionsparteien finden aus der Angst vor dem herrschenden Zeitgeist nicht den Mut, die wahren Ursachen anzusprechen. Echte Verderber der Jugend wie Jürgen HABERMAS werden immer noch mit Preisen geehrt, anstatt für ihren verderblichen Einfluß auf die Jugend und das Schulwesen verantwortlich gemacht und dafür zur Rechenschaft gezogen zu werden.

Die linke Konfliktpädagogik hat große Teile der Jugend zum Mißtrauen gegen Volk, Staat und Gesellschaft erzogen, gemeinschaftstragende Ideale zerstört und viele junge Menschen zum völligen Aussteigen aus der Gemeinschaft nach dem Rezept von MARCUSES »großer Verweigerung« getrieben. Ferdinand Graf BISMARCK stellte im Mai 1983 die berechtigte Frage, »wie lange wir noch schweigend hinnehmen sollen, daß unsere Nachkommenschaft allmählich zu Jüngern sozialistischer Prediger wird«. (*Welt am Sonntag* 29. 5. 1983) Die durch die linke Erziehung entstandenen Verluste und Schäden für Volk und Staat sind gar nicht abzuschätzen. Der Münsteraner Sozialethiker und Pädagoge Johannes SCHWARTE fragt zu Recht (*Neue Ordnung* Nr.1/2000): »Wie sollen in einer so gearteten Öffentlichkeit junge Menschen zu ›mündigen Bürgern‹ heranwachsen können, die sich durch ›öffentliche Tugenden‹ auszeichnen, wenn ständig gegen solche öffentliche Tugenden verstoßen wird? Unsere Gesellschaft lebt in der gefährlichen Illusion, sie könne dauernde Attacken auf fundamentale Werte unserer Lebensordnung amüsiert hinnehmen, sie vielleicht sogar als ›Unterhaltung‹ genießen – ohne daß die Fundamente unserer Lebensordnung auf Dauer untergraben würden.« Die in den letzten Jahren üblich gewordenen und von den Linken unterstützten Schwulen-Demonstrationen (s. Abb. nächste Seite) und Love-Paraden – etwa in Berlin – geben erschreckende Beispiele für die Fehlentwicklungen.

Ein besonders kennzeichnendes Merkmal der von der emanzipatorischen Erziehung betroffenen Jugend ist, daß sie nicht mehr von

Schwule in Brautkostümierung beim sogenannten Berliner Christopher Street Day. Solche provokativen Demonstrationen finden breite Zustimmung in den linken Medien. In den angelsächsischen Staaten wird die gleichgeschlechtliche Partnerschaft meist nicht anerkannt; 32 US-Staaten verbieten die Homo-Ehen gesetzlich.

Herzen lachen kann. Ein verbissener Ernst verzerrt die jungen Gesichter, die für Humor und Spaß kaum zugänglich sind. Wenn alle mitmenschlichen Beziehungen nur noch als Rollen im Kampf gegeneinander angesehen werden, wenn Mißtrauen gegen jeden anderen das leitende Gefühl ist, wenn die Gesellschaft nur noch auf das Gegeneinander von Faschisten und klassenkämpferischen Revolutionären verengt wird, dann muß jede jugendliche Freude am Leben ersticken. Die Lehre vom grundsätzlichen Mißtrauen »betrachtet den Menschen nicht nur als schlechter, als er an sich schon ist, sondern sie bewirkt auch, daß er noch schlechter wird. . . Das Mißtrauen schafft die Entfremdung«. (SACHSSE 1978, S. 264 f.)

Echte Lebensfreude beruht auf Vertrauen zueinander, auf Optimismus, auf dem jugendlichen Verdrängen der sicher nicht idealen Zustände der jeweiligen Gegenwart zugunsten der augenblicklichen Erlebnislage, statt diese Mißstände hervorzuheben und nur sie allein zu sehen. »Lachen ist gesund«, sagt ein altes Sprichwort. Eine Generation, die nicht mehr lachen kann, ist seelisch krank gemacht worden. Die Feststellung von Traurigkeit, Mißmutigkeit und Greisenhaftigkeit, damit verbunden der Antriebslosigkeit vieler heutiger Jugendlicher gehört mit zu den vernichtendsten Urteilen über die linke Reformpädagogik. Diese Erscheinungen bilden auch die wesentlichen Unterschiede zwischen der APO-Bewegung der sechziger Jahre und der aufbauenden, lebensfrohen, naturbejahenden deutschen Jugendbewegung der ersten Hälfte unseres Jahrhunderts.

Die ideologische linke Bewußtseinsverengung ließ keinen Platz für das Erlebnis der Natur, wie umgekehrt das Fehlen der anregenden, ausgleichenden, Harmoniegefühl fördernden Beschäftigung mit der natürlichen Umwelt die Einseitigkeit des ideologischen Denkens verstärkte und die Bedeutung der Umweltfragen verdrängte. Der Antibiologismus der linken Reformbewegung bewirkte sowohl ein mangelndes Umweltverständnis als auch, im Sinne einer Rückkopplung, eine Verzerrung des geistig-seelischen Innenlebens, womit statt der Entfaltung und besseren Selbstverwirklichung der Persönlichkeit eine Verengung des Gesichtsfeldes entsprechend dem Verlust an Wirklichkeit erfolgte.

Erwähnenswert ist in diesem Zusammenhang noch folgende Tatsache. Die von US-Soziologen für die unmittelbare Zeit nach dem für Deutschland verlorenen Zweiten Weltkrieg vorausgesagte Verwahrlosung und große Kriminalität unter der deutschen Jugend traten nicht auf. Von »umherziehenden Banden demoralisierter, verrohter Jungen und Mädchen, die fast völlig frei sind von jeglicher Erziehung und Beaufsichtigung«, war in den ersten Nachkriegsjahren nichts zu spüren. (BECKER 1949, S. 268) Die damals noch gesunde Familie bewährte sich als sozialer Halt auch im größten Elend wie bei schlechtesten Schulverhältnissen, und das Bewußtsein der Volksgemeinschaft war als tragfähige Grundlage für das erste Jahrzehnt nach dem Krieg noch stark genug, auch diese Notzeit zu bewältigen. Erst als Familie und Gemeinschaft nach den fünfziger und sechziger Jahren des Wohlstandes dank der Umerziehung, der linken Indoktrination und der emanzipatorischen Schulerziehung ihre selbstverständliche Anerkennung verloren hatten, setzten die erwähnten Erscheinungen in der Jugend mit ihren verheerenden Folgen – bis hin zur Jugend- und neuerdings verstärkten Kinderkriminalität – ein, die man bis heute nicht in den Griff bekommen hat, weil man ihre wirklichen Ursachen nicht erkennen will: die Zerstörung der Innenwelt durch den von der Frankfurter Schule beschworenen und vertretenen Ungeist der Verneinung, Bezweiflung und Verweigerung. Eine grundlegende Besserung ist kaum zu erkennen, da auch die CDU-Kultusminister nur sehr zaghaft an die Wurzeln dieses Übels gehen. Die derzeitige öffentliche Beschwörung eines ›Kampfes gegen rechts‹ verkennt die Ursachen der jugendlichen Gewalt und greift sicher viel zu kurz. Es ist sogar zu befürchten, daß dieser Niedergang mit wachsender Jugendkriminalität, wie in den USA, noch katastrophalere Ausmaße annimmt, wenn ihm nicht mit wirklich durchgreifenden Maßnahmen entgegengewirkt wird.

Als eine Stimme der Vernunft meldete sich kürzlich Bernhard BUEB, der jahrzehntelange Leiter des Internats Schloß Salem, das einen hervorragenden Ruf für sein Erziehungssystem besitzt. Er veröffentlichte 2006 das Buch *Lob der Disziplin*. Darin geht er mit den lebensfeindlichen Bildungsreformen der Linken ins Gericht und fordert eine bestimmte Verhaltensnormen betonende Erziehung sowohl der Kinder als auch der Erwachsenen, denen zu ihrem großen Schaden eine solche für das Leben notwendige Anleitung in der Schule nicht geboten wurde.

Insbesondere wendet er sich gegen die antiautoritäre Erziehung und die Zerstörung des elterlichen Ansehens. Der erfahrene Pädagoge stellt fest, daß die absolute Macht der Eltern über die Kinder und deren Ausgeliefertsein gegenüber Vater und Mutter zwar in Ausnahmefällen dem Kind schaden können, sie aber zu seinem Schutz normalerweise unverzichtbar sind: »Der Mangel an Autorität führt zu Angst, Unsicherheit und Orientierungslosigkeit«, die sich viel schlimmer auswirken als eine strenge Erziehung. Kinder und Schüler erwarten Eltern und Lehrer, die wissen, was sie wollen, die ihre natürliche Macht vertreten und deutlich aufzeigen, wo es lang geht. »Jugendliche sehnen sich nach Autorität. . . Wer Selbstbestimmung lernen will, muß Unterordnung gelernt haben.«

Die antiautoritäre Erziehung sei eine klare Fehlentwicklung gewesen, »weil sie zu viele Torheiten anthropologischer und praktischer Natur propagierte. . . Die Folgen dieser Haltung sind verheerend«. Und BUEB stellt mit Recht fest. »Der Begriff der antiautoritären Erziehung war schon deswegen absurd, weil Erziehung ohne Autorität keine Erziehung ist.«

Aus seiner Erfahrung urteilt der Pädagoge heute zutreffend: »Bei der Gratwanderung zwischen Disziplin und Liebe entscheiden sich Eltern heute sehr schnell für mehr Liebe. Aber gerade ihre Liebe würde eine strenge Haltung rechtfertigen. Die Rechnung zahlen sie sonst später.«

Das wußte schon das *Alte Testament*. In den *Sprüchen Salomons*, 13,

24, heißt es: »Wer seine Rute schont, der hasset seinen Sohn; wer ihn aber lieb hat, der züchtiget ihn bald.«

»Ich! Alles! Sofort!« sei die Haltung vieler Jugendlicher heute als Folge der falschen oder gar ganz fehlender Erziehung. Im Vordergrund der Erziehung müßten dagegen wieder das Lernen von Verzicht, Selbstorganisation und die Bereitschaft zur Übernahme von Verantwortung stehen, erklärte Bueb in einem Vortrag in Nürtingen (*Nürtinger Zeitung* 20. 10. 2006).

Die Zerstörung der deutschen Universität

Die deutschen Universitäten hatten nach den Humboldtschen Reformen im ersten Jahrzehnt des 19. Jahrhunderts alle Stürme und Umbrüche der Zeit überstanden und waren in ihrer freiheitlichen Ausrichtung sowohl für die Ausbildung staatlich benötigter Führungskräfte wie ausgezeichneter Wissenschaftler weltweit vorbildlich gewesen. Die Fülle von Nobelpreisen in der ersten Hälfte des 20. Jahrhunderts ist dafür ein Beweis. Besonders auf dem Gebiet der Naturwissenschaften, hier vor allem in Physik, Chemie und Astronomie, waren die deutschen Forscher führend, und in deutscher Sprache wurden viele angesehene wissenschaftliche Zeitschriften herausgegeben.

Die Niederlage des Reiches im Ersten Weltkrieg wurde vom Ausland ausgiebig genutzt, das Ansehen der deutschen Wissenschaft herabzusetzen, deutsche Angehörige aus Akademien auszuschließen und deutsche Fachzeitschriften zu meiden. Aber dennoch blieben die deutschen Universitäten auf der Höhe der Zeit. An deutschen Hochschulen und in deutschen Labors wurden die weltweit wichtigsten Entdeckungen für die Zukunft gemacht und die entsprechenden technischen Entwicklungen vollzogen: die Atomkernspaltung, der Transistor, der Computer, die Raumfahrt neben vielen anderen.

Die Auswanderung und die Ausweisung vieler Wissenschaftler nach 1933 brachten bedauerliche Verluste, hatten aber bei weitem nicht den Umfang der personellen Säuberung der deutschen Universitäten nach 1945. Tausende hervorragender Wissenschaftler wurden nach Ende des Zweiten Weltkrieges mit ihren Technikern in die USA und in die Sowjetunion verschleppt und mußten dort als moderne »Sklaven« jahrelang arbeiten. (Georg 2008) Die Bibliotheken wurden radikal gesäubert. Über 35 000 Titel wollten die Alliierten ausmerzen.

In Westdeutschland galten zudem ab 1945 teilweise bis 1955 strenge Verbote, auf bestimmten Gebieten überhaupt wissenschaftlich oder technisch zu arbeiten, etwa auf dem Bereich der Reaktortechnik oder der Raumfahrt.

In manchen, vor allem den soziologischen und politischen, Fächern waren viele zurückgekehrte Emigranten als Lehrpersonen eingesetzt worden, die der Ideologie der Frankfurter Schule zuneigten und die Umerziehung unterstützten. In den frühen sechziger Jahren waren die größten Notstände teilweise überwunden, und die Hochschulen konnten wieder einigermaßen normal arbeiten.

Da traf sie Ende der sechziger Jahre der Angriff der 68er unter dem Motto »Mief aus tausend Jahren unter den Talaren«. Während der Jahre 1967 bis 1970 herrschten teilweise chaotische Zustände an den Universitäten, vor allem in Berlin, Frankfurt, Heidelberg und Marburg, den Hochburgen der 68er: Tagelang wurden Institute und Rektorate von den revolutionierenden Studenten besetzt; Vorlesungen fielen aus; in den neuen Hochschulgesetzen wurde die ›Demokratisierung‹ eingeführt, die fortan das wissenschaftliche Leben lähmte; Leistungsprinzip und Ethos der Wissenschaften wurden zerstört; ein Massenansturm setzte nach Herabsetzung der Anforderungen im Abitur und nach Einführung von Studentengehältern (BAFÖG) auf die Hochschulen ein; die nivellierende Gesamthochschule entstand in einigen Bundesländern; viele gute Lehrkräfte wanderten ins Ausland ab und gingen der deutschen Forschung verloren. Die deutsche Universität bildete im internationalen Vergleich höchstens ein Mittelmaß. Daß sich doch einzelne herausragende Leistungen ergaben und mehrere Nobelpreise an Forscher in der Bundesrepublik fielen, bestätigte die Regel.

Schon bald nach diesen ›Reformen‹ wurde in den achtziger Jahren die ›Reform der Reformen‹ an den Hochschulen nötig, die durch den immer noch bestehenden anachronistischen Bildungsföderalismus stark gehemmt wurde. Die inzwischen nach ihrem Marsch durch die Institutionen auch an den Universitäten tonangebenden Vertreter der Frankfurter Schule und der 68er verhinderten jedoch eine wirklich fortschrittliche Reform und die Zurücknahme unsinniger Neuerungen. Vieles wurde ausprobiert, leider ohne ein einheitliches und modernes Konzept.

Als ein Fehlschlag erwies sich auch die erst um 2001 unter dem Namen ›Bologna-Prozeß‹ eingeführte Veränderung in der Struktur der Studiengänge mit der Einführung von Master- und Bachelor-Abschlüssen. Allein die Namenswahl beweist, daß es sich hier um keine deutsche Entwicklung handelt, sondern daß aus einer unsicheren eigenen Haltung heraus ausländische ›Vorbilder‹ von den nun in den Schlüsselstellungen des Hochschulbetriebs sitzenden 68ern nachgemacht wurden. Die Studienzeit sollte für die meisten Studenten mit der neuen Reform verkürzt, die Quote der Abbrecher verringert, der internationale Austausch vergrößert und die gegenseitige Anerkennung der Studienabschlüsse in anderen Ländern vereinfacht werden. Im Jahre 2010 sollten diese Ziele erreicht sein.

Nach einigen Jahren der praktischen Erfahrung zeigt sich für den Leipziger Soziologen Georg Vobrura jedoch nun »die Universität als System von Unverantwortlichkeiten« (*FAZ* 18. 3. 2009, S. N5), die im Zuge des Bologna-Prozesses offenbar geworden seien. Das Bologna-Modell sei offensichtlich gescheitert. Die Hochschulrektorenkonferenz, die diese Reform stark unterstützte, ist nach knapp zehn Jahren auch enttäuscht, weil eher das Gegenteil der erstrebten Ziele auftrat. Nun sollen aber an deutschen Hochschulen trotzdem noch die neuen Bologna-Strukturen und Studiengänge auch in der Medizin eingeführt werden. Das ist inzwischen von neunzehn der Staaten, die früher die Bologna-Erklärung unterschrieben haben, ihren Universitäten untersagt worden. Die reformwillige Bundesrepublik bildet mit sieben anderen Staaten eine Minderheit. (Josef Pfeilschifter u. Helmut Wicht, »Bologna, Bachelor, Feldscher und Bader«, in: *FAZ* 22. 4. 2009, S. N5)

Auf einer Tagung zur Hochschulreform, die im März 2009 in Paderborn am Institut für deutsche Studentengeschichte stattfand, war man im Grunde ratlos, fürchtete um die Einheit von Forschung und Lehre und trat für die Freiheit der Wissenschaftler ein. Treffend überschrieb Mara Delius ihren betreffenden Bericht (*FAZ* 18. 3. 2009, S. N5) mit: »Da steh ich nun, ich armer Tor, bin reformbereit als wie zuvor.« Bei einer Podiumsdiskussion an der Universität Heidelberg wurden im April 2009 der neuen Reform eine »McDonaldisierung des Bildungswesens« und die »Freiheitsberaubung mit Mitteln der Privatwirtschaft« vorgeworfen. Und damit soll die deutsche Zukunft in scharfer Konkurrenz zu anderen Völkern gestaltet werden!

In zunehmender Weise halten deutsche Wissenschaftler in

Deutschland ihre Vorträge oder sogar Vorlesungen in Englisch. Sie folgen damit dem herrschenden linken Zeitgeist in der Bundesrepublik, der die deutsche Sprache durch das Englische überfremden läßt – ein Mittel zur Zerstörung der deutschen Kultur und des deutschen Volkes. Daß viele deutsche wissenschaftliche Fachzeitschriften seit einiger Zeit in englischer Sprache erscheinen, ist ebenso die Folge der inzwischen unter dem Einfluß der linken 68er erfolgten Zerstörung des Volks- und Selbstbewußtseins. Das hat auch dazu beigetragen, daß die deutschen Hochschulen ihr Ansehen in der Welt verloren haben. »An deutschen Universitäten ist Englisch inzwischen an 250 von insgesamt 1976 weiterführenden Studiengängen (›Master‹) alleinige Unterrichtsprache« (Stefan KLEIN, »Dümmer auf Englisch«, in: *FAZ* 6. 7. 2007). Die daraus entspringende Gefahr für das Deutsche als Wissenschaftssprache wird also durchaus gesehen und die Forderung erhoben (ebenda), daß die Sprache in Seminaren und Vorlesungen wieder das Deutsche wird. Aber die politisch korrekten Politiker setzen sich als von den 68er Vorstellungen geprägte Zeitgenossen nicht für die deutsche Sprache als Wissenschaftssprache ein. Das könnte ja als Zeichen von Rechtsradikalität angesehen werden, deren sich keiner verdächtigen lassen möchte!

Mit dem Schicksal des Deutschen als einer wichtigen Wissenschaftssprache hat sich der Bamberger Germanist Helmut GLÜCK in einem längeren Artikel befaßt (*FAZ* 25. 4. 2008), nachdem Baden-Württembergs Ministerpräsident Günther OETTINGER in bezeichnender Anpassung an den internationalen Zeitgeist gemeint hatte, das Deutsche sei für die einheimischen Eliten nur noch eine »Feierabendsprache« im Kreise der Familie oder bei einem Schwätzchen mit den Nachbarn. Dem gegenüber stellte GLÜCK als Tatsachen fest: »In vielen Wissenschaften ist die Sprache das entscheidende Mittel des Erkenntnisgewinns, denn Sprache und Denken sind voneinander nicht zu trennen. Sprache ist nicht nur ein ›Werkzeug‹. Die geistige Durchdringung eines Forschungsgegenstandes ist sprachgebunden, sprachfreies Denken gibt es nicht.« Das führt ihn dann zu dem Ergebnis: »Die Anglisierung der Wissenschaften. . . gefährdet eine Tradition, auf der das geistige Leben des Landes beruht.« Ohne deutsche Wissenschaftssprache gibt es nämlich auch keine deutsche Spitzenforschung mehr: »Wer das Englische als einzig maßgebliche Wissenschaftssprache akzeptiert, verdammt die Forschungen in unserem Land zur Bedeutungslosigkeit.« Und er stellt deswegen die berechtigten aktuellen Forderungen auf: »Bei Tagungen in Deutschland sollte das Deutsche als Kongreßsprache nicht nur zugelassen, sondern gefördert werden. Die akademische Lehre sollte grundsätzlich auf Deutsch erfolgen, schon weil muttersprachliche Lehre bessere Lernerfolge ermöglicht. Lehrbücher und Lexika sollten in jedem Fach auf Deutsch greifbar sein oder wieder werden.« Schließlich weist er mit Recht darauf hin: »Die Wissenschaftssprache Deutsch ist eine Errungenschaft, an der Generationen von Gelehrten fünfhundert Jahre lang gearbeitet haben. Ihr Niedergang bedeutet die Verschleuderung eines immensen geistigen und materiellen Kapitals, das über Jahrhunderte hinweg angesammelt worden ist. Es darf nicht von einer einzigen Generation verjuxt werden.«

Während nach dem Ersten Weltkrieg die deutsche Sprache in der wissenschaftlichen Literatur gegen den Widerstand der Deutschen vom Ausland behindert wurde und sie sich erst wieder langsam durchsetzen mußte, tragen in unserer Zeit die Deutschen selbst unter dem Einfluß des internationalisierenden Zeitgeistes dazu bei, daß sie an Ansehen und Wirksamkeit verliert. Dabei könnte sie, vor allem in Osteuropa, die verbindende Wissenschaftssprache wieder werden.

In kleinen Ländern wie Schweden oder den Niederlanden, die Englisch als Vorlesungssprache einführten, überlegt man dagegen bereits, wieder die Landesprache an den Hochschulen verbindlich vorzuschreiben, da damit bessere Studienergebnisse erzielt wurden. Es zeigte sich, daß bei Benutzung der Fremdsprache eindeutig das Leistungsniveau bei den Studenten sinkt (ebd.). Doch wie bei dem Problem der Gesamtschule interessieren deutsche Linke nicht die Wirklichkeit und die Ergebnisse der Erfahrung, wenn die herrschende Ideologie es anders will. Die dadurch entstehenden Verluste gehen leider zu Lasten der Zukunft des deutschen Volkes.

Demokratisierung und Emanzipation

Als ROOSEVELT bei seinen Verhandlungen mit STALIN gegen Ende des Zweiten Weltkrieges die Forderung nach Einführung der Demokratie in Osteuropa erhob, beruhigte ihn STALIN mit der Versicherung, daß er sogar »Volksdemokratien« einführen werde, was den US-Präsidenten sehr zufriedenstellte. Auf ähnlich naiver Leichtgläubigkeit und Weltfremdheit beruhte das Vertrauen leitender US-Stellen, die nach 1945 in Westdeutschland vorzunehmende Demokratisierung in der Hauptsache Neomarxisten anzuvertrauen. Auch hier zeigten sich die Früchte am deutlichsten im Rahmen der Revolte von 1968 und der parallel dazu bis weit in alle Bundes- und Landtagsfraktionen der Bundestagsparteien hinein sich erstreckenden sogenannten Demokratisierungsbestrebungen. Die von führenden deutschen Staatsrechtlern mit Recht und guten Begründungen vertretene Auffassung der Unterschiedlichkeit von Staat und Gesellschaft mit der wissenschaftlich abgesicherten Lehre, daß in einem demokratischen Staat nicht auch noch die Institutionen demokratisiert werden dürfen, wenn man irgendeine Leistung verlangt, wurde sturmreif geschossen, und allzu viele Opportunisten in leitenden Stellungen bekannten sich dann Ende der sechziger Jahre zur allgemeinen Demokratisierung. Universitäten und Hochschulen, Schulen und Kindergärten, Kirchen und Bundeswehr, kurzum alle mit ganz bestimmten Aufgaben befaßten Einrichtungen sollten demokratisiert werden, und viele Institutionen erlitten auch dieses Schicksal. Die Volks- oder Basisdemokratie in Form der Räteherrschaft wurde im Gegensatz zur bestehenden Rechtsordnung an manchen Hochschulen für einige Zeit folgenschwer geübt. Das allgemeine Gesetz wurde praktisch aufgehoben und die individuelle Willkür eingeführt, so daß anarchische Zustände herrschten. Unter dem Hinweis auf die notwendige ›Pluralität‹ der Lehrmeinungen sollten überall marxistische Lehrstühle errichtet werden, und mancherorts wurde dieser unsinnigen und die Freiheit der Forschung wie des Staates bedrohenden Forderung nachgegeben. Im Sommer 1970 meldete *Der Spiegel* – anscheinend voll Freude – über den Zustand an den westdeutschen Universitäten: »Nur in Gießen, Würzburg und Freiburg konnten Nicht-Linke zuletzt noch etwas bestellen.« (*Spiegel* Nr. 22, 1970, S. 92)

Der Hinweis auf die geistigen Fehlschlüsse bei der Forderung nach dieser Demokratisierung von Einrichtungen ging im Chor der sich kurz vor ihrem Ziel wähnenden Systemveränderer unter, etwa wenn der Soziologe Helmut SCHELSKY feststellte und begründete, »daß eine solche Konfliktserhöhung zur Demokratisierung zu bezahlen ist mit einer ideologischen Reprimitivisierung, mit apolitischer Manipulation des Wählers und mit einer Reduzierung auf Personalkult und ›Führer-Wahl‹«. (SCHELSKY 1973, S. 61) Auch die von seiten der Systemtheorie bestätigte Erkenntnis des gesunden Menschenverstandes, daß der von HABERMAS geforderte friedliche ›Diskurs‹ bis zur Überzeugung aller Teilnehmer unendlich viel Zeit erfordere und schon allein deswegen utopisch sei, wurde weggewischt. (HABERMAS 1974, S. 336)

Das Ergebnis für die Hochschulen war: »Funktionsminderung und Funktionsverlust, Verschwendung öffentlicher Geldmittel zu Gruppen- und Autonomieinteressen, Rückgang der persönlichen Verantwortungsbereitschaft und -initiative und schließlich – für Forschung und Lehre wissenschaftlich tödlich – Herrschaft des Durchschnitts und seiner Funktionäre«. (SCHELSKY 1973, S. 76)

Im Sommer 1977 kam ein Gutachten australischer Wissenschaftler im Auftrag des in Toronto tagenden Rates der »Konferenz über die Zukunft der Universität« über die westdeutschen Universitäten zu dem Ergebnis, daß der den Studenten eingeräumte Einfluß auf die Hochschulen in der Bundesrepublik Deutschland katastrophale Auswirkungen auf das akademische Niveau und auf die Personalpolitik der Universitäten gehabt habe. Nichts werde dagegen unternommen, da es sich um linksgerichtete Studenten handele. Bei der Einstellung von Lehramtskandidaten komme der politischen Haltung enorme Bedeutung zu. Wörtlich heißt es in dem Gutachten über die eingeführte Mitbestimmung an den Universitäten: »Wir kommen um den Schluß nicht herum, daß die Einführung von der trügerischen, wenn nicht sogar perversen Vorstellung inspiriert wurde, daß eine Universität in eine Miniaturausgabe der demokratischen Gesellschaft umgewandelt werden kann«, was ja gerade das Bestreben der Frankfurter Schule, besonders das von HABERMAS, war. Zutreffend stellte das Gutachten dagegen fest: »Eine Universität kann ihrer Natur nach nicht demokratisch in dem Sinne sein, daß ihre Angehörigen Bürger sind, die gleiche Rechte besitzen und identische Bürgerpflichten haben.« (*FAZ* 2. 9. 1977)

Wie sehr die besonders von der Frankfurter Schule bekämpften Traditionen auch Voraussetzung jeder erfolgreichen Wissenschaft sind, betonte der Präsident der Münchener Technischen Universität, der Physiker Wolfgang WILD: »Innovation erwächst aus dem Nährboden einer lebendigen wissenschaftlichen und technischen Tradition. . . Nur auf der Basis einer bewährten Tradition gibt es eine effiziente wissenschaftliche Forschung.« (*FAZ* 16. 1. 1982)

Erst Ende der siebziger Jahre getrauten sich einige CDU-Landesregierungen, ihre Hochschulgesetze wieder von den unsinnigsten Bestimmungen dieser Demokratisierung zu befreien und damit aus dem Betrieb der Universitäten die gröbsten Störungen zu entfernen, die lange Forschung und Lehre behindert oder unmöglich gemacht hatten. Welchen Rückschlag dieses Jahrzehnt in Forschung und Entwicklung brachte, kam erst langsam heraus.

Wie die Demokratisierung zur Auflösung der lebensnotwendigen Ordnungen und leistungermöglichenden Hierarchien im staatlichen und gesellschaftlichen Bereich dienen sollte, so wurde von der Frankfurter Schule unter dem Vorwand der Befreiung von angeblichen Unterdrückungen die ›Emanzipation‹ auf allen Bereichen zur Störung der zwischenmenschlichen Verhältnisse angestrebt. Schon im Fremdwortcharakter dieses Begriffes wird der grundsätzliche Unterschied zur alten deutschen Überlieferung der persönlichen Freiheit deutlich, von der GOETHE zu ECKERMANN im Gespräch am 6. April 1829 feststellte: »Die Germanen brachten uns die Idee der persönlichen Freiheit, welche diesem Volke vor allem eigen war.« In der Tat geht die Tradition der Freiheit in Deutschland viel weiter zurück als in den anderen westlichen Demokratien, und nur unbedarfte Gemüter konnten auf die Umerziehungspropaganda hereinfallen, daß die Deutschen es nötig gehabt hätten, die Freiheit aus den USA gelehrt zu bekommen.

Frauenprotest Mitte der siebziger Jahre gegen den Paragraphen 218.

Die Frankfurter Schule forderte die Emanzipation insbesondere für die Frauen, die Heranwachsenden, die irgendwie Untergeordneten, die Randgruppen. Die bestehenden zwischenmenschlichen Beziehungen, insbesondere die Vertrauensverhältnisse in Familie, Schule und Betrieb, sollten damit zerstört werden. Die natürlichen Unterschiede zwischen Mann und Frau wurden als belanglos angesehen, die auf den verschiedenen biologischen Merkmalen beruhenden Stärken und Schwächen beider Geschlechter über einen Leisten geschlagen; die auf Liebe beruhende Einheit der Ehe galt als altmodisch, während die auf bloßer Sinnlichkeit beruhende unverbindliche Partnerschaft - etwa in einer Kommune - als fortschrittlich angesehen und vom linken Familienministerium gefördert wurde.

Die für ihre Kinder sorgende, damit die entscheidende Erziehungsaufgabe wahrnehmende und zu persönlichen Opfern bereite Hausfrau wurde als veraltet und reaktionär belächelt, die zwitterhafte, kinderlose, nur ihrem Egoismus lebende Emanze als fortschrittlicher Frauentyp in den Massenmedien gepriesen. Unnatürliche, lebenswidrige und im wahrsten Sinne des Wortes unmenschliche Aktionen wie der linksliberale Kampf um die Straffreiheit auch der nicht medizinisch notwendigen Abtreibungen unter dem Motto »Mein Bauch gehört mir« gingen von denselben progressiven Kreisen aus, angeregt von den emanzipatorischen Ideen der Marxisten der Frankfurter Schule. Die Millionenzahl heute einzeln lebender Singles ist ein Ergebnis dieser Geisteshaltung, das den Volksbestand gefährdende Geburtendefizit der letzten Jahrzehnte ein anderes.

Der französische Historiker Pierre CHAUNU sprach 1981 vom »Todestrieb« bei dieser bewußten Verweigerung der Weitergabe des Lebens und

Plakat des Produktionskollektivs Kreuzberg gegen § 218: »Das Bundesverfassungsgericht beruft sich bei der Ablehnung der Fristenlösung auf den Art. 1 Abs. 1 des Grundgesetzes: Die Würde des Menschen ist unantastbar. Beschlagnahmt: § 130 a + § 88 a = § 218.«

374 Frauen erklären öffentlich (im Stern, *Juni 1971), daß sie abgetrieben haben.*

schrieb dann: »Die Abtreibung ist zwar nur eine Etappe, aber eine bedeutende Etappe. Sie ist die Etappe von Menschenverachtung und Menschenhaß.« (CHAUNU 1981, S. 212)

Nach einem Überblick über die kulturellen und wirtschaftlichen Leistungen der einzelnen Länder kam CHAUNU angesichts des damals in Deutschland weltweit größten Geburtendefizits zu dem Schluß: »In Deutschland entscheidet sich das Schicksal der Industriewelt. Hier also muß man es abfangen, ehe es zu spät ist. Rettet sich Deutschland, so rettet es mit sich auch uns. Entgeht Deutschland nicht mehr zu Zeiten dem Todesurteil, das es eben gegen sich selbst unterzeichnet hat, dann wird es uns und die gesamte Industriewelt mit sich in den Abgrund reißen.« (CHAUNU 1981, S. 197)

Der ab Mitte der sechziger Jahre einsetzende erschreckende Geburtenschwund und die starke Verringerung der Zahl der Heiratenden bei gegenüber früher vergleichbar vielen Heiratsfähigen haben als eine wesentliche Ursache neben dem wachsenden Egoismus die einseitige und widernatürliche emanzipatorische Ansicht von der modernen Frau. Unter dem Schlagwort höherer Selbstverwirklichung wurden viele Frauen widersinnigerweise dazu angehalten, auf Kinder zu verzichten und im Beruf – etwa am Fließband – ein viel unselbständigeres und entwürdigenderes Dasein zu führen als das einer unabhängigen freien Hausfrau, sehr zum Nachteil der Kinder und der Ehe, aber auch des ganzen deutschen Volkes, das seit eben diesen Jahren mit höheren Sterbe- als Geburtszahlen zu einem sterbenden Volk geworden ist: auch ein Teil der den genannten Kreisen zuzuschreibenden Umweltzerstörung. »Dieses Modell der größten Industrienation Europas, der Heimat LUTHERS, BACHS, KANTS, MOZARTS, GOETHES und BEETHOVENS, ist das Modell des stillschweigenden Todes binnen 50 Jahren, es ist das Modell des, namens der geheiligten Prinzipien des Individualismus, tatenlosen Zusehens, wie dessen maßlose Übersteigerung die Freiheit und die Person zerstört.« (CHAUNU 1981, S. 203)

Der Einfluß der Emanzipationsbestrebungen in der Pädagogik wurde bereits im vorvorigen Abschnitt beleuchtet. Die ›emanzipatorische Erziehung‹ erstrebte vordergründig und mit scheinhumanitären Schlagworten die Selbstbefreiung des Menschen. Durch ›kritisches Wissen‹ aus ›Hinterfragung‹ und ›Bezweiflung‹ aller Zusammenhänge sollte die Möglichkeit der Überwindung der gegenwärtigen Zwänge gegeben werden. Nach Wolfgang BREZINKA ist dagegen »emanzipatorische Erziehung in dieser individualistischen Deutung nichts anderes als Erziehung zum wohlverstandenen Eigennutz, zum klugen Egoismus«, gekennzeichnet durch »Libertinismus, extremen Individualismus, utopischen Anarchismus und Nihilismus«. (*FAZ* 16. 12. 82) Und da die Familie mit mehreren Kindern sich bei der bestehenden Gesetzeslage als große Fehlinvestition herausstellte, wurde und wird weitgehend auf sie verzichtet.

Für die linken Drahtzieher und Ideologen war die Emanzipation in der Erziehung nur ein Mittel zur Vorbereitung revolutionsreifer Zustände. Obwohl es keine Klassen mehr gab, wurde der Klassenkampf zur Weckung des Neides vertreten. Daß der Begriff der ›Emanzipation‹ um 1968 zum zentralen Wert der Pädagogik wurde, stellt den Vertretern dieses Faches kein gutes Zeugnis aus, insbesondere, als sie diese Bewertung in der Pädagogik Ende der siebziger Jahre voll zurücknehmen mußten. Sarkastisch urteilte BREZINKA darüber: »Die ›emanzipatorische Pädagogik‹ ist zwar von Professoren mit dem Imponiergehabe von Wissenschaftlern verkündet worden, aber sie hat mit Wissenschaft nie etwas zu tun gehabt. Sie ist ein weltanschauliches Gedankengebilde, ein Wunschbild, ein Produkt des politischen Wollens, aber nicht der wissenschaftlichen Erkenntnis.« (*FAZ* 16. 12. 1982)

Gender-Mainstreaming

Nach dem Zweiten Weltkrieg hatte die Milieutheorie als Mitsieger gegen den angeblichen deutschen Rassismus großen Einfluß gewonnen erlebt. Unter ihr versteht man die bereits zwischen den Kriegen wissenschaftlich überzeugend widerlegte Anschauung, daß für Körper, Geist und Seele des Menschen vorrangig die Umwelt, das Milieu, verantwortlich sei und nur weniger bedeutsam die Erbanlagen beitrügen. Mit der Diffamierung Andersdenkender wurde diese falsche Lehre verteidigt, die dann auch von der Umerziehung in Deutschland zur Zerstörung des deutschen Bildungswesens benutzt wurde. Bereits im Jahre 1972 (siehe Anhang) erschien ein von 50 international anerkannten Anthropologen, darunter vier Nobelpreisträgern, unterzeichneter Aufruf in den USA, der sich gegen diese damals von der Linken in den Vereinigten Staaten wie in Deutschland vertretene Milieutheorie wandte, der die vorrangige Bedeutung der Erbeinflüsse hervorhob und der gegen die ideologisch begründete Bekämpfung der Erblehre in der Öffentlichkeit protestierte. Seitdem ist die vielfach von marxistischen Ideologen, etwa den Vertretern der ›Frankfurter Schule‹, als ›Rassismus‹ unberechtigt angeprangerte Vererbungslehre weiter durch neuere Forschungen untermauert worden, so daß daran eigentlich kein moderner Wissenschaftler mehr zweifeln kann.

In unseren Tagen versuchen gewisse Kreise bewußt oder unbewußt, der Milieutheorie erneut und diesmal über das sogenannte ›Gender Mainstreaming‹ Bedeutung zu verschaffen. Darunter versteht man die in dem letzten Jahrzehnt verbreitete Anschauung, daß die Geschlechterrollen beim Menschen im Gegensatz zum offensichtlichen biologischen Geschlecht in der Jugend erlernt seien und damit von der jeweiligen Umwelt abhingen. Linke Politiker, liberale Gutmenschen, Feministinnen und allgemein als modern gelten wollenden Unbedarfte haben sich hinter dieser Fahne vereinigt. Sie haben bei der Europäischen Union wie bei der Bundesregierung bereits erste Erfolge erzielen können, indem ihre Richtung entgegen den Warnungen von Fachleuten zur offiziellen Politik auf diesem Gebiet erklärt wurde.

Eine auch für den Laien verständliche Beschreibung dieses ›Gender Mainstreaming‹ brachte kürzlich der auch durch andere politisch nicht immer korrekte Beiträge hervorgetretene *FAZ*-Mitarbeiter Volker ZASTROW (*FAZ* 7. 9. 2006, S. 8) in einem ganzseitigen Artikel seiner Zeitung. Darin ging er insbesondere auf das jahrelang als Beweis für diese Hypothese angesehene und behauptete *experimentum crucis* ein und hob hervor, daß dieses sich dann jedoch eindeutig als Gegenbeweis für diese Gender-Anschauung (*gender* = Geschlecht) herausstellte. Vor allem der Begründer und Namengeber (›gender identity‹, ›gender role‹) dieser unbiologischen These, der 1921 in Neuseeland geborene und in den USA lebende Psychiater John MONEY vom John-Hopkins-Krankenhaus in Baltimore, bediente sich jahrelang zu Unrecht dieses Vorgangs, dessen Ablauf im nachhinein nur als ein Verbrechen an einem jungen Menschen bewertet werden kann.

Dabei handelte es sich um folgenden Vorgang. Am 22. August 1965 wurden im kanadischen Winnipeg der Familie REIMER zwei eineiige männliche Zwillinge Bruce und Brian geboren. Bei der Beschneidung sieben Monate nach der Geburt wurde das männliche Glied von Bruce so stark verbrannt, daß es schwarz wurde und abfiel.

Mediziner wußten keinen Rat. Die Eltern sahen dann im Fernsehen MONEY, der sich mit Inter- und Transsexuellen sowie Geschlechtsumwandlungen beschäftigte und behauptete, daß man aus Männern ohne weiteres Frauen und umgekehrt machen könne. Ihm schrieben die Eltern, und er erkannte, daß hier ein dankbarer Fall und endlich der Beweis für seine Theorie vorliege. Denn ihm war 1965 in der *Quarterly Review of Biology* mit Recht vorgehalten worden: »Wir kennen kein Beispiel für ein normales Individuum, das als eindeutig männlich geboren wurde und erfolgreich als weibliches Wesen aufwuchs.«

Die Eltern ließen auf MONEYS Drängen Bruce im Alter von 22 Monaten im Juli 1967 von einem plastischen Chirurgen kastrieren, der dazu aus dem Hodensack weibliche Schamlippen zu formen versuchte. Das Kind bekam den weiblichen Namen Brenda. MONEY schärfte den Eltern ein, das Kind konsequent als Mädchen zu erziehen und ihm die Operation zu verheimlichen, was diese auch streng befolgten. Dazu kamen Behandlungen des Kindes mit weiblichen Hormonen.

In seinem Hauptwerk *Gender Identity* von 1973 beschrieb MONEY ausführlich das Experiment an Bruce-Brenda als Bestätigung seiner Theorie der umweltbedingten Geschlechterrolle und erregte damit großes Aufsehen und wissenschaftliche Anerkennung.

Doch schon um diese Zeit zeigte sich, daß das Experiment das Gegenteil von dem ergab, was der Psychiater sich von ihm erhofft hatte. Denn Brenda, die nie Hosen tragen durfte, verhielt sich trotz Mädchenkleidern sehr jungenhaft, wollte mit Jungenspielzeug spielen, raufte gern, verhielt sich ruppig und kratzbürstig, interessierte sich für Autos und Waffen statt für Puppen oder Schmuck. Mit seiner Mädchenrolle war das Kind nicht zufrieden, wandte sich gegen die regelmäßigen Besuche bei MONEY, der es in seinem Mädchensein auch durch grobe Methoden bestärken wollte, und trug sich schon mit elf Jahren mit Selbstmordgedanken. In der Pubertätszeit fühlte sich Brenda von Mädchen angezogen und bekam trotz weiblicher Hormone den Stimmbruch. Mit 13 Jahren wehrte sich das Kind, das Besuche bei MONEY nun strikt ablehnte, erfolgreich gegen weitere Operationen an seinen Geschlechtsteilen und antwortete auf die Frage eines damit befaßten Endokrinologen, »Willst du ein Mädchen sein oder nicht?« entschieden mit »Nein«.

Daraufhin klärten die Eltern das manipulierte Kind über seine

Oben: John William MONEY *(1921–2006). Der Zwilling Bruce* REIMER, *oben rechts als zweijährige Brenda, unten als 14jähriger David. Aus:* Der Spiegel *Nr. 40, 2000.*

Vergangenheit auf, daß es als Junge geboren sei, was es zunächst sehr erleichterte. Es wählte den Namen David, lebte als Junge und ließ sein männliches Glied soweit wie möglich operativ wiederherstellen. Doch der junge Mann kam mit seinem Leben nicht mehr zurecht: Im Jahre 2004 erschoß er sich mit einer Schrotflinte. Sein Zwilllingsbruder hatte bereits im Vorjahr mit Tabletten Selbstmord begangen.

Obwohl das Experiment eigentlich schon um 1973 bei MONEYS ersten Veröffentlichung darüber als gescheitert anzusehen gewesen war, hat MONEY erst 1980 begonnen, es bei seinen Schriften und Büchern wegzulassen, in denen er aber weiter seine falsche Theorie der umweltbedingten Geschlechterrolle vertrat. Doch nun sank sein wissenschaftliches Ansehen. 1979 wurde MONEYS ›Gender Identity Clinic‹ geschlossen, die Praxis der Geschlechtsneuzuweisungen am John-Hopkins-Krankenhaus wurde eingestellt.

MONEY versuchte in bezeichnender Weise, die berechtigten Vorwürfe gegen seine unnatürliche Hypothese als ›Bestandteil der antifeministischen Bewegung‹ herabzusetzen und abzulehnen. Der Zeitgeist war auf seiner Seite und sah in den wissenschaftlich begründeten und sachlich vorgetragenen Vorbehalten gegen die vor allem ideologisch erwünschte These des Psychiaters nur den Versuch, die Frauen »zu ihrer angestammten Rolle im Bett und in der Küche« zurückzuzwingen. Das gilt leider auch noch für die Gegenwart.

So wirkt MONEYS verderblicher Einfluß in der Öffentlichkeit weiter. Insbesondere die Frauenpolitik nahm sich weltweit seiner These an und verbreitete sie. In Deutschland vertrat vor allem Alice SCHWARZER das ›Gender Mainstreaming‹, indem sie MONEY und seine Irrlehre in höchsten Tönen lobte und ausgerechnet von ihm sowie von seiner Mitautorin Anke EHRHARDT als Ausnahmewissenschaftlern sprach, die »nicht manipulieren, sondern dem aufklärenden Auftrag der Forschung gerecht werden« (*FAZ* 7. 9. 2006, S. 8). Daß das Gegenteil richtig ist, erwies sich damals schon deutlich. Aber wie auch auf anderen Gebieten hat die Wirklichkeit für linke Ideologen eben hinter der Theorie zurückzutreten.

Die Natur läßt sich aber nicht ins Handwerk pfuschen. Wer das versucht und schlauer als die Natur sein will, muß auf die Dauer scheitern. Die PISA-Studien haben offenbart, wohin die seit dem linken siebziger Jahrzehnt des vorigen Jahrhunderts unter dem Einfluß der neomarxistischen Frankfurter Schule und ihrer von der Kritischen Theorie vertretenen Milieutheorie stehende Bildungspolitik Deutschland geführt hat: Diese Schulexperimente mit antiautoritä-

Die Wiener Stadtverwaltung plant anhand von Piktogrammen in den Straßen der österreichischen Hauptstadt eine großangelegte Werbung für Gender Mainstreaming. Rechts: Alice SCHWARZER

rer Pädagogik, früher Sexualisierung, Verharmlosung von Drogen, Vernachlässigung von Disziplin, Kult des Häßlichen sind wie das individuelle Versuch an Bruce REIMER ein Verbrechen am jungen Menschen.

Der erfahrene Kinderarzt Prof. Dr. Theodor HELLBRÜGGE aus München klagte zu Recht an (*FAZ* 1. 11. 2003): »Die biologischen Grundtatsachen der kindlichen Entwicklung werden bisher nicht erörtert, obwohl sie die Unterschiede zwischen Jungen und Mädchen natürlicherweise begründen.« Das sei vor allem für die Schule wichtig: »Sie muß erkennen, daß zwischen Mädchen und Jungen fundamentale Unterschiede bestehen.« Weil zum Beispiel die Entwicklung der Mädchen schneller ablaufe, sei etwa die Koedukation Gleichaltriger nicht sinnvoll.

Doch gegen den Rat erfahrener Pädagogen wird linke Ideologie im bundesdeutschen Bildungswesen immer noch durchgeführt.

Und die Vertreter der dafür mit verantwortlichen Frankfurter Schule wie Jürgen HABERMAS werden – auch von der bürgerlichen CDU – mit Preisen und Orden geehrt.

Gleichheitsdogma und Abbau der Eliten

Eng verbunden mit Demokratisierung wie Emanzipation und teilweise theoretische Grundlage der beiden sind die aus der Französischen Revolution stammende und von der Linken stets vertretene Gleichheitslehre, die auf Abschaffung aller menschlichen Unterschiede gerichtet ist, und die seit mehr als einer Generation bereits wissenschaftlich widerlegte Milieutheorie, wonach die nicht zu leugnenden Unterschiede in den Fähigkeiten und Merkmalen der Menschen umweltbedingt seien. Die durchgehend falsche Ansicht, durch richtige ›Konditionierung‹, durch richtige Beeinflussung von außen her, insbesondere durch entsprechende Erziehung, könne man aus allen Menschen alles machen, wurde zum Glaubenssatz der emanzipatorischen Pädagogik. Sie hätte allein schon damit den Anspruch auf Wissenschaftlichkeit verlieren müssen, daß diese Meinung im Gegensatz zu den wissenschaftlich seit Jahrzehnten zweifelsfrei abgesicherten Kenntnissen von der Bedeutung der Erbanlagen steht. Insbesondere sollten die beobachtbaren Unterschiede in der Intelligenz nach den Vorstellungen der Milieutheorie allein Einflüssen der geistigen Umwelt entstammen, eine seit langem als falsch erkannte

Aussage, die seit dem Sturz des biologischen Scharlatans Lyssenko selbst in dessen Heimat Rußland aufgegeben werden mußte. Aus dieser widerlegten Ideologie entsprangen die Gesamtschulen zur Ablösung des bewährten dreigliedrigen deutschen Schulsystems, die Ende der sechziger Jahre selbst die Gunst von CDU-Kultusministern erlangten und dann erst im letzten Augenblick durch die dann später anlaufende Tendenzwende gebremst wurden, nachdem Warner vor ihnen lange Zeit verleumdet worden waren.

Auf dem Prinzip der Gleichmacherei beruhten die Demokratisierungsbestrebungen an den Hochschulen, wonach Anfang der siebziger Jahre zeitweise die Stimme einer ›Raumpflegerin‹ der eines Ordinarius auch in Fachfragen gleichgestellt war. Dieser Geisteshaltung entsprang auch die Forderung – etwa im Bildungsbericht 70 der sozialliberalen Bundesregierung –, daß ein Vielfaches der bisherigen Abiturienten die Reifeprüfung in Zukunft ablegen und etwa 90 Prozent von ihnen studieren sollten, ohne daß dabei beachtet wurde, ob sie überhaupt von ihren erblich bedingten Fähigkeiten her dazu in der Lage sein würden.

Nach Untersuchungen haben nur etwa 30 Prozent aller Schüler die Fähigkeit, den Anforderungen der höheren Schule voll oder bedingt gerecht zu werden, und davon ist nur ein Teil für ein Studium geeignet. (Müller 1959, S. 318) Frühere Untersuchungen ergaben, daß von der deutschen Jugend rund zehn Prozent für eine Fachausbildung und fünf Prozent für ein Hochschulstudium geeignet sind (Huth 1957), wobei unter Hochschulen noch die Universitäten alter Art verstanden wurden. Im sozialistisch regierten Land Bremen löste die Hochschule für Lehrer Mitte der siebziger Jahre die Frage der Eignung einfach dadurch, daß keine schlechten Noten vergeben wurden: Über 88 Prozent der Studenten erhielten als Abschlußnote ›gut‹ oder ›sehr gut‹, und eine Note schlechter als ›befriedigend‹ gab es gar nicht. (*FAZ* 6. 10. 1977)

Im klassischen Marxismus wurde systematisch der Neid der Vielen auf die höheren Löhne und Vermögen der Wenigen genährt. Schon Marx hatte den im Kommunismus wirksamen »und als Macht sich konstituierenden Neid... die versteckte Form, in welcher die Habsucht sich herstellt« (zit. in *Deutsche Zeitung* 20. 1. 1978), genannt und erklärt: »Der Kommunist ist nur die Vollendung dieses Neides und dieser Nivellierung.« (ebd.) Auf die gleiche Weise wurde von der Neuen Linken, vor allem im Bereich der Bildung, die Gunst der größeren Zahl der auf niederer Ebene Lehrenden durch die Gleichmacherei der Bildungsstufen, der Titel und Gehälter erkauft. Aus dem bewährten Lehrerseminar mit seiner engen Verbindung zur Praxis wurde über die pädagogische Akademie die Pädagogische Hochschule, aus dem Technikum über die Ingenieurschule die Fachhochschule, deren Lehrkräfte, früher biedere Praktiker, nun Professoren mit wissenschaftlichen Ansprüchen wurden, ohne daß vielfach die Möglichkeit oder die Notwendigkeit zu wissenschaftlicher Lehre oder Forschung gegeben war.

Aus Schülern dieser Bildungseinrichtungen wurden Studenten, obwohl das Studium reichlich verschult blieb. Als Beigabe dieser Nivellierung auf niedrigerem Niveau setzte eine Inflation von Titeln und Inhabern höherer Gehälter ein, die mit ein Grund für die große Explosion der Bildungskosten wurde. Die Verbürokratisierung feierte wie in jeder Funktionärsgesellschaft groteske Auswüchse.

Obwohl - oder weil - die Zahl der nun sich so nennenden Wissenschaftler und Forscher um ein Vielfaches stieg, sanken das Niveau und das Ansehen der deutschen Forschung im Ausland gegenüber früheren Zeiten erheblich, und nicht selten waren in den letzten Jahren die Stimmen Ernstzunehmender, die auf das Übergewicht des Mittelmaßes auf Professorenstellen hinwiesen: eine Entwicklung, die nach dem Zweiten Weltkrieg begann, als Linientreue und entsprechende Vergangenheitsbewältigung durchaus Fachkenntnisse und wissenschaftliche Fähigkeiten ersetzen konnten.

Jahrzehntelang war unter dem Druck der Gleichheitslehre der Frankfurter Schule allein schon der Begriff der ›Elite‹ verpönt, so daß niemand, der Wert auf öffentliche Anerkennung legte, sich seiner zu bedienen wagen durfte. Natürliche Unterschiede oder Rangordnungen mit Eliten wurden geleugnet oder verteufelt. Die sich in der Wirklichkeit zusammen mit Eliten bildenden hierarchisch gegliederten Ordnungen wurden im vorherrschenden Demokratisierungsbestreben möglichst abgebaut.

Ein Blick in die Natur und in die uns umgebende Wirklichkeit zeigt jedoch jedem Sehenden, daß die Natur keine Gleichmacherei kennt, daß ihre Ordnung auf Rangbeziehungen beruht. Auch in der menschlichen Geschichte haben sich stets Eliten gebildet, nicht auf Grund von Absichten großer Bösewichter, sondern aus ganz natürlichen Notwendigkeiten heraus. Keine hohe Kultur, keine anspruchsvolle Zivilisation kommt ohne Eliten aus, beide brauchen zumindest Funktionseliten, Spezialisten auf den verschiedensten Gebieten, darüber hinaus aber auch Werteliten, die den jeweiligen Lebensgemeinschaften gemeinsame Werte verkörpern und vorleben. Statt eine Förderung der Hochbegabten vorzunehmen, wurden seit den sechziger Jahren den Minderbemittelten bevorzugt Hilfsmaßnahmen zugeführt. Mit scheinhumanitären Begründungen wurden für die Zukunft der ganzen Gesellschaft notwendige Maßnahmen der Elitebildung unterlassen oder gar in ihr Gegenteil verkehrt. Die alte Erkenntnis, daß Gleichheit und Gerechtigkeit nicht voll vereinbar sind, wurde verdrängt, erkennbare Wahrheit mit moralischem Geschwätz zugedeckt.

Erst langsam kommt diese Erkenntnis von der Bedeutung der Eliten wieder zur Geltung, nachdem sich die bedrohlichen Ergebnisse der gleichmacherischen Politik, vor allem im Erziehungsbereich, in der letzten Zeit immer deutlicher zeigen. Die Verantwortlichen großer Wissenschaftsinstitutionen und der Hochschulen weisen nun zunehmend auf die Notwendigkeit von bisher vernachlässigten Eliten und auf die Förderung von Hochbegabten hin. Besonders ein hochindustrialisiertes und auf den Export angewiesenes Volk wie das deutsche kann auf bestens ausgebildete und geförderte Eliten nicht verzichten. Daß man diese Zusammenhänge lange Zeit verdrängte oder trotz besseren Wissens gegenüber dem von der Demokratisierung beherrschten Zeitgeist nicht auszusprechen wagte, rächt sich heute schon bitter.

Eine weitere Folge der Demokratisierung war die Aufhebung persönlicher Verantwortung für die Auswirkungen von Entscheidungen. Gleichzeitig sank die Verantwortungsfreude und Verantwortungsbereitschaft. Entscheidungen wurden nun anonymen, in kurzen Zeiten in ihrer Zusammensetzung wechselnden Gremien überlassen, die oft weniger von Sachverstand als von politischen Erwägungen, von Wahlüberlegungen oder Gruppeninteressen bestimmt wurden. Erst dadurch wurde auch eine Reihe für den Umweltschutz verhängnisvoller Entscheidungen ermöglicht, konnten linke Fraktionen, ohne persönlich dafür zur Rechenschaft gezogen werden zu können, umwelt- und naturzerstörerische Entscheidungen durchsetzen. Manche historische Innenstadt in deutschen Landen wäre wohl kaum so brutal zerschlagen und mit so häßlichen Betonklötzen angefüllt worden, wenn statt schnellwechselnder Gemeinderatsfraktionen mit ideologischer Ausrichtung persönlich haftende Vertreter verantwortlich gewesen wären. Die menschlichen wie volkswirtschaftlichen Verluste durch diese ideologischen ›Reformen‹ aus gleichmacherischem Geist sind kaum abzuschätzen und werden sich noch weithin in der Zukunft bemerkbar machen.

Konflikttheorie wie Gleichheitslehre förderten auch das Anspruchsdenken insbesondere jugendlicher Kreise. Überzogene Forderungen an Staat und Gesellschaft wurden üblich, ohne daß entsprechende eigene Gegenleistungen dafür in Aussicht gestellt wurden. Mit der klassenkämpferischem Denken entstammenden Verstaatlichung und Vergesellschaftlichung von Eigentum verband sich auch die Forderung nach allgemeiner Nivellierung der Vermögensverhältnisse. Da im marxistischen Denken Eigentum als Diebstahl an anderen gilt und eigene herausragende Leistungen nicht gewertet werden, wurden die Vermögenderen als zur Abgabe an die Ärmeren verpflichtet angesehen. Die »Expropriierung der Expropriateure«, ein altes Schlagwort des 19. Jahrhunderts, das mit der Überwindung des Klassenkampfes in Deutschland in der ersten Hälfte des vorigen Jahrhunderts bereits überholt war, wurde aus der Mottenkiste der Geschichte wieder hervorgeholt und fiel in der falsch informierten jüngeren Generation auf fruchtbaren Boden.

Überhöhte Ansprüche der Jugend entsprangen dieser Ansicht ebenso wie die immer höher werdenden allgemeinen Anforderungen an das soziale Netz, auch bei offensichtlichem Mißbrauch wie bei öffentlicher Unterstützung bei Drogensucht und freiwilliger Abtreibung.

Statt nach preußischer Art Diener des Staates zu sein, wurde es modern, am Staat zu verdienen und höchste Ansprüche gegen ihn zu erheben. Statt an die Gemeinschaft und ihr Wohl, auch damit an die Umwelt, zu denken, wurde allein das eigene, höchstenfalls das Gruppeninteresse gesehen und zur Grundlage bei allen Einflußnahmen gemacht, etwa bei den gruppenparitätisch zusammengesetzten Beratungs- und Entscheidungsgremien der demokratisierten Einrichtungen. Mit scheinbarer Humanität und oft von Scheinheiligkeit triefenden Argumenten wurde so lebens- und gemeinschaftsfeindlicher Unsinn eingeführt, der auf den verschiedenen Ebenen und Gebieten unnötigerweise große Opfer forderte und für die Zukunft notwendige Maßnahmen verhinderte. Daneben verstärkte er die Polarisierung im Volk und hemmte so die Möglichkeit gemeinsamer Bewältigung der anstehenden Aufgaben, auch des Umweltschutzes.

Außerdem löste er eine Kostenlawine aus, so daß für wirklich zukunftsträchtige Aufgaben – etwa die Förderung Hochbegabter, neuer umweltfreundlicher Technologien oder des Umweltschutzes – bald nicht mehr genügend Mittel zur Verfügung standen.

Antibiologismus

Eine Reihe folgenschwerer Ideen hat der klassische wie der Neomarxismus neben der Gleichheitslehre von der Französischen Revolution übernommen und trotz des offensichtlichen Widerspruchs dieser Gedanken zur Lebenswirklichkeit bis heute beibehalten und vertreten. Dazu gehört die besonders durch ROUSSEAUS Schriften verbreitete Ansicht, daß der Mensch bei seiner Geburt geistig und seelisch einer Tabula rasa, einem unbeschriebenen Blatt, gleiche und alle seine später auftretenden Fähigkeiten und Eigenschaften ausschließlich Einflüssen der Umwelt verdanke. Diese ›Milieutheorie‹ hat seitdem unglaublichen Schaden angerichtet. Ihre Ansicht, daß bei richtiger ›Konditionierung‹, der richtigen Weise der Beeinflussung durch die Umwelt unter passenden Bedingungen, aus jedem Kind alles gemacht werden könne, bildet bis heute die Grundlage linker Erziehungsprogramme, obwohl Biologie, Genetik und Verhaltensforschung längst zweifelsfrei aufgezeigt haben, wie falsch diese Ansicht ist.

Nach übereinstimmender Meinung der Fachleute sind bei einer normalen Umwelt die Erbanlagen weitaus stärker für die später vorhandenen Fähigkeiten und Merkmale eines Menschen verantwortlich als die Umgebung in der Jugend. Eine entsprechende Erziehung ist zwar notwendig zur vollen Entfaltung der im Erbgut angelegten Fähigkeiten, doch welche Möglichkeiten in einem jungen Menschen überhaupt entfaltbar sind, welche Grenzen der Entwicklung insbesondere seines Geistes bestehen, ist durch das Erbe bereits bei der Geburt vorgegeben und damit entschieden. Eine ohne diese uralten, durch die moderne Wissenschaft bestätigten Kenntnisse von der Bedeutung der Erbanlagen begründete Erziehung, wie die sich so stark auf HABERMAS berufende emanzipatorische Pädagogik, ist notwendigerweise menschenwidrig und muß, weil sie im Widerspruch zur Natur des Menschen steht, sich am Kind vergehen und sich lebensfeindlich auswirken.

Welche verhängnisvollen Folgen die Milieutheorie daneben als Begründung der Gleichheitslehre hat, ist schon erwähnt worden. Wer die – falsche – Ansicht vertritt, daß alle Menschen gleich geboren seien, kann zwar wie die Neomarxisten – naturwidrig – versuchen, durch Schaffung einer möglichst gleichen Umgebung, auch gleicher Erziehung, größtmögliche Gleichheit zu erzielen, was an sich schon sowohl gegen die auf möglichste Verschiedenheit hinzielende Natur gerichtet ist, als auch dem auf möglichste Vielfalt durch Unterschiedlichkeit beruhenden Bestreben der Kultur widerspricht. Wer darüber hinaus noch Gleichheit erzwingen will, vergeht sich am einzelnen Menschen und seiner Selbstverwirklichung. Da die Menschen sich auf die Dauer nicht widernatürlich behandeln lassen wollen, ist solch eine Gesellschaftspolitik letztlich nur auf der Grundlage von Terror und Gewalt möglich, was in den kommunistischen Staaten jedem Betrachter ohne eine Ausnahme vor Augen geführt wurde. Gleichmacherei ist nur mit Gewaltherrschaft und Beschneidung der Freiheit möglich.

Aus dem heute wissenschaftlich abgesicherten Wissen über die Bedeutung der Erbanlagen ergibt sich zweifelsfrei, daß die Menschen bereits mit ganz unterschiedlichen Möglichkeiten und Bandbreiten ihrer Fähigkeiten geboren werden, daß sie gar nicht gleich sein können, daß also ein Bestreben nach Gleichheit nicht nur nicht zu ihrer Selbstverwirklichung beiträgt, sondern sie daran hindert und ihre Menschenwürde vergewaltigt.

Die falsche Milieutheorie wurde im Rahmen der Frankfurter Schule von deren beiden Grundströmungen, sowohl vom Marxismus als auch von der FROMMschen Psychoanalytik, getragen und vertreten. Die von FROMM und MITSCHERLICH geförderte Richtung der Psychoanalyse verdrängte den ursprünglich bei FREUD vorhandenen Anteil des Erbgutes und bevorzugte im Anschluß an die Schule der Behavioristen in den USA die – heute auch längst als zu einseitig widerlegte – Reflextheorie. Danach sollen menschliches Tun und Handeln bis in die Bereiche des Denkens hinein aus Reflexen auf Reize aus der Umgebung bestehen, während die neuere Verhaltensforschung nachgewiesen hat, daß angeborene Instinkte und im Menschen angelegte Auslöser – »angeborene auslösende Mechanismen« – auch ohne Anreize aus der Umwelt ein aktives Handeln veranlassen. Mit dem Aufkommen besonders der LORENZschen Schule und den weiterführenden Forschungen ihrer Schüler wurde der Milieutheorie und damit im Grunde auch der ganzen linken Pädagogik endgültig der theoretische Boden entzogen, nachdem die an sich schon überzeugenden Beweise der Genetik aus politischen Gründen bis dahin nicht durchgedrungen waren.

Damit wäre eigentlich mit einem Bedauern über die Entwicklung in der Vergangenheit und über die dadurch verursachten Schäden und Opfer, die vermeidbar waren, eine weitere Erwähnung überflüssig. Doch leider spielt diese Irrlehre der Milieutheorie in der politischen Wirklichkeit wie in der pädagogischen Praxis immer noch eine weithin beherrschende Rolle und wirkt weiterhin bei der Ideologisierung in marxistischem Geist mit.

Die Milieutheorie als solche ist nur ein, wenn auch ein herausragendes Beispiel für den Antibiologismus des Neomarxismus und des Linksliberalismus. Die Tragödie der russischen Biologie und Genetik unter dem Scharlatan Lyssenko (Medwedjew 1971; Kosiek 1972, S. 20 ff.; Szczesny 1975, S. 31 ff.) von 1935 bis 1965 gibt ein eindrucksvolles Beispiel dafür, wie zur Erhaltung der Reinheit der marxistischen Ideologie Unsinniges und aller Wissenschaftlichkeit Widersprechendes dogmatisch verordnet wurde und geglaubt werden mußte. Kritiker verschwanden in Sibirien. Die Mißerfolge der russischen Landwirtschaft in den letzten Jahrzehnten der Stalin-Ära sind nicht zuletzt auf die unter Lyssenko vertretene Milieutheorie und die nachweislich falsche Ansicht von der Möglichkeit einer Vererbung individuell erworbener Eigenschaften zurückzuführen.

Unter dem Einfluß der Frankfurter Schule war in den Nachkriegsjahrzehnten die genetische Forschung an den westdeutschen Hochschulen behindert, lernten angehende Ärzte nur ein Minimum der wichtigen Vererbungsgesetze, gingen die Junglehrer ohne jedes Wissen um die gerade für die Erziehung so wichtige Erblehre in die Schulen, dafür angefüllt mit den Thesen der falschen Milieutheorie. Jahrzehnte gab es Universitäten ohne genetische Lehrstühle, während ein solcher der Politologie nirgends fehlte. Die Erwähnung des naturwissenschaftlichen Begriffes der ›Rasse‹, der nun einmal eine biologische Wirklichkeit beschreibt, galt lange Zeit als ein intellektuelles Verbrechen und Ausweis nazistischer Gesinnung, was unangenehme Folgen haben konnte. Noch Mitte der siebziger Jahre scheuten auch CDU-Innen- und Kultusministerien sich nicht, Erwähnungen von Ergebnissen der Vererbungslehre als verfassungsfeindliche Äußerungen anzuklagen, und ›Rassismus‹ wird seit einiger Zeit juristisch verfolgt.

Dieser Antibiologismus machte sich auch in den Lehrplänen der

Schulen bemerkbar: Biologie wurde zurückgesetzt, Genetik fast ganz ausgeschaltet. In den ersten Nachkriegsjahren galt sogar körperliche Ertüchtigung im Sport als des Nazismus verdächtig, da dieser den Sport sehr gefördert hatte. Die Jugend sollte von der Natur abgeschnitten werden und in der künstlichen Ideologie Ersatz finden. Die Überbetonung des von der Lebenswirklichkeit gelösten Intellektuellen ging in dieselbe Richtung. Statt des der Natur entsprechenden Gesunden und Lebenstüchtigen wurde das Anomale und Krankhafte in den Vordergrund geschoben und gepflegt, in der Kunst offen zum Vorbild und zur Zeitmode erhoben. Geist und Seele der Jugendlichen wurden so bewußt von der natürlichen Umwelt abgeschnitten, eingeengt oder sogar zerstört. Nicht zufällig wuchs die Zahl der Neurotiker erheblich an, die es in den Notzeiten des Zweiten Weltkrieges und der anschließenden Hungersnot praktisch nicht gegeben hatte. Sie waren dann den auf FREUD geprägten Psychoanalytikern ausgeliefert, ohne die bald keine Hochschule für ihre Studenten mehr auskommen konnte.

Im Antibiologismus drückte sich sowohl die Ablehnung alles Natürlichen und Eigenständigen seitens der Frankfurter Schule aus als auch deren Neigung, die Augen vor der Wirklichkeit zu verschlie-

Wolfgang PETRICK, Mann und Frau, *1970 (Blei- und Farbstifte)*

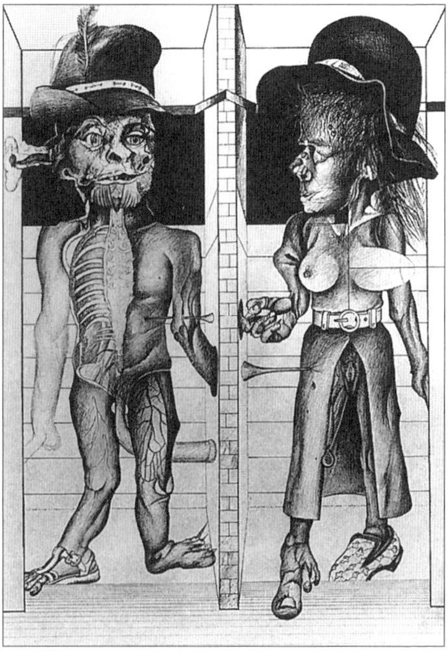

ßen und in der Ideologie eine Scheinwirklichkeit aufzubauen. Das verstieß mit dem bewußten Verdrängen und Unterdrücken der naturwissenschaftlichen Erkenntnisse auch gegen das grundlegende Ethos der Wissenschaften, vorurteilsfrei der Wahrheit zu dienen und durch neue Erkenntnisse notwendig gewordene Änderungen einer bestehenden Theorie stets vorzunehmen, auch wenn es sich dabei um die schmerzliche Aufgabe liebgewordener Ansichten handelte. Allein schon aus diesem Grund ist der Frankfurter Schule ihr Anspruch auf Wissenschaftlichkeit abzusprechen: durch ihr eigenes intolerantes, unangenehme Wahrheiten unterdrückendes Verhalten erwies sie sich als eine Glaubensschule und Indoktrinierungsstätte und damit als der Gegensatz zu einer Stätte freier wissenschaftlicher Forschung.

Diese antiwissenschaftliche Dogmatik der Frankfurter Schule hatte einen seit dem Mittelalter nicht mehr gekannten und für die moderne Zeit nicht mehr für möglich gehaltenen Wirklichkeitsverlust durch Bewußtseinsverengung zur Folge. Statt den menschlichen Geist durch Aufklärung weiter zu befreien, wie die Emanzipationslehre vorgab, wurde er an nachweislich falsche Erkenntnisse gebunden und von der wissenschaftlichen Wahrheit ferngehalten. Ideologische Scheuklappen umstellten den Horizont, statt ihn für die Moderne zu erweitern. Die Theorie hatte für die Frankfurter Schule, insbesondere für MARCUSE, wie bei den Sowjets unbedingt den Vorzug vor der Wirklichkeit: »Die Theorie wird an der Wahrheit festhalten, selbst wenn die revolutionäre Praxis von ihrem rechten Pfad abweicht. Die Praxis folgt der Wahrheit, nicht umgekehrt.« (MARCUSE 1962, S. 282)

An überholte ideologische Dogmen gefesselt, wurde so der Geist der von der Frankfurter Schule Beeinflußten der sie umgebenden Wirklichkeit entzogen und nach Art der Scholastik mit begrifflicher Spitzfindigkeit und wohltönenden Worten in einen utopischen Bereich der Unwirklichkeit entführt. Noch im Sommer 1983 ließ die CDU-geführte Bundesregierung auf den Fünfmark-Gedächtnismünzen zum 100. Todestag von MARX statt des sonst üblichen »Einigkeit und Recht und Freiheit« am Rand einprägen: »Wahrheit als Wirklichkeit und Macht«, was in diesem Zusammenhang mit MARX und dem im Osten praktizierten Marxismus nur als eine zynische Verhöhung der Wirklichkeit wie der Wahrheit aufgefaßt werden kann.

In einem materialreichen Artikel über »Den prinzipiellen Konflikt zwischen Biologie und Marxismus« hat der Freiburger Biologe Hans

MOHR 1975 sowohl die Wissenschaftsfeindlichkeit des Marxismus als auch seine ganz offenkundigen Verstöße gegen die biologische Wirklichkeit dargelegt. Danach kam er zu dem Urteil: »Unter den maßgebenden Naturwissenschaftlern und Wissenschaftstheoretikern der westlichen Welt besteht hingegen weitgehend Konsensus darüber – und zwar unabhängig von jeweiliger Parteizugehörigkeit –, daß der Diamat [dialektischer Materialismus] als philosophische Basis der Naturwissenschaften unbrauchbar ist (S. 35) . . . Die Dialektik als Realkategorie hat sich in der Naturforschung nicht bewährt (S. 37) . . . Der Marxismus beruht auf einer illusionären Anthropologie (S. 47) . . . Es ist blanke Illusion,. . . auf den ›neuen Menschen‹ zu hoffen (S. 49).« (SZCZESNY 1975, S. 31–50)

Der Karlsruher Kybernetiker Karl STEINBUCH hatte schon kurz vorher festgestellt: »Die ›kritische Theorie‹ ist fixiert auf Wünsche, Hoffnungen und Ansprüche des Subjekts, hat aber kein Verständnis für deren Realisierbarkeit. Sie ist zwar geeignet, unsere Universitäten in Tollhäuser zu verwandeln, aber sie ermöglicht kein Zusammenleben und Zusammenarbeiten, d. h. sie liefert uns keine Orientierung für die Zukunft. Die ›kritische Theorie‹ hat Scheuklappen gegenüber der Realität.« (STEINBUCH 1973, S. 25) Ähnlich vernichtend äußerte sich der früher selbst dem Marxismus verhaftet gewesene französische Molekularbiologe und Nobelpreisträger Jacques MONOD: »Der historische Materialismus beruht vielleicht in noch stärkerem Maße als die anderen animistischen Lehren auf einer totalen Verwirrung von Wert- und Erkenntniskategorien. . . Auf diese kindliche, wenn nicht sogar tödliche Illusion muß ein für allemal verzichtet werden. Wie kann ein wahrer Sozialismus jemals auf einer ihrem Wesen nach unwahrhaftigen Ideologie errichtet werden – einer Karikatur der Wissenschaft?« (MONOD 1971, S. 218)

Nur die Abnormität der politischen Verhältnisse im besetzten und entnazifizierten Westdeutschland mit der völligen Ausschaltung wirksamer Gegenwehr durch gesellschaftliche Ächtung bis politische Verfolgung sich nicht Anpassender machte es möglich, daß die so unsinnige Geisteshaltung der marxistischen Frankfurter Schule so weite Kreise der unbedarften und von den wirklichen Problemen des Lebens wie des Volkes ferngehaltenen Jugend erfassen konnte.

Wenn im Neomarxismus der Frankfurter Schule auch einige Ideen der klassischen Lehre von MARX nach deren offensichtlichem Scheitern den modernen Umständen angepaßt wurden, so waren von diesen Veränderungen die schon vor hundert Jahren mit Recht kritisierten Äußerungen von MARX zur Natur wie zur Biologie meist ausgenommen. Hier erhielt sich die falsche Theorie des 19. Jahrhunderts einschließlich des Dualismus von Körper-Geist, Natur-Kultur, Mensch-Gott usw.

Grundlegend für die Neomarxisten und damit für die Naturbetrachtung der bestimmenden politischen und meinungsbildenden Kräfte im Nachkriegsdeutschland blieb die MARXsche Naturauffassung oder, besser ausgedrückt, das MARXsche Unverständnis der Natur. Seine Auslassungen zur Natur zeigen, daß er keinen sinnvollen Zugang zu ihr gefunden hatte, und ebenso wenig fanden ihn die Vertreter der Frankfurter Schule. Alfred SCHMIDT, der als Schüler HORKHEIMERS und Nachfolger ADORNOS in der Leitung des Frankfurter Institutes der professorale Statthalter dieser Ideen wurde, schreibt in seinem Buch über das *Naturverständnis von Marx*: »Was den MARXschen Naturbegriff im Ansatz von anderen Naturkonzeptionen unterscheidet, ist sein gesellschaftlich-geschichtlicher Charakter. MARX geht von der Natur aus als ›der ersten Quelle aller Arbeitsmittel und -gegenstände‹, das heißt, er sieht sie von vornherein relativ auf menschliche Tätigkeit. Alle sonstigen Aussagen über Natur ... setzen

Alfred SCHMIDT, der vom hessischen Kultusminister Ludwig von FRIEDEBURG im Mai 1972 zum Nachfolger HABERMAS' ernannt wurde, in einer Vorlesung.

die Gesamtheit der technologisch-ökonomischen Aneignungsweisen der Menschen, gesellschaftliche Praxis, jeweils schon voraus.« (SCHMIDT 1971, S. 7 f.)

Und SCHMIDT schreibt an anderer Stelle: Für MARX »gibt es auch keine reine geschichtlich unmodifizierte Natur als Erkenntnisgegenstand der Naturwissenschaften. Natur, die Sphäre des Gesetzmäßigen und Allgemeinen, ist ihrem Umfang und ihrer Beschaffenheit nach jeweils bezogen auf die Zwecke gesellschaftlich organisierter Menschen, die von einer bestimmten historischen Struktur ausgehen«. (SCHMIDT 1971, S. 45) Dasselbe gilt für Friedrich ENGELS, für den auch »die Naturwissenschaft ihrem jeweiligen Arbeitsmaterial wie ihrer Methode und Problemstellung nach Ausdruck und Hebel der fortschreitenden Produktionskräfte in einem ist«. (SCHMIDT 1971, S. 45)

HORKHEIMER urteilte und schrieb ähnlich: »Die ganze Natur ist Medium des menschlichen Lebens, ›Lebensmittel‹ des Menschen« (HORKHEIMER 1969, S. 53), und ebenso: »Der Geist vermag sich weder in der Natur noch in der Geschichte wiederzuerkennen.« (HORKHEIMER 1932, S. 197) MARCUSE meinte gar in völliger Überhebung über die Natur, »daß das Seiende nicht unmittelbar schon vernünftig sei, sondern erst zur Vernunft gebracht werden müsse«. (zit. in JAY 1981, S. 84)

MARX will die Gegebenheiten der Natur nicht nur nicht zur Kenntnis nehmen, sondern will die selbst von ihm nicht zu leugnenden Tatsachen in maßloser Überheblichkeit einfach abschaffen: »Selbst die naturwüchsigen Gattungsverschiedenheiten, wie Rassenunterschiede etc. . . können und müssen historisch beseitigt werden.« (zit. aus MARX, *Deutsche Ideologie,* 1845, S. 449, in SCHMIDT 1971, S. 43) Dieses weltfremde und naturwidrige Programm liegt auch den widersinnigen und für alle Betroffenen Unheil bringenden Bestrebungen der gegenwärtigen Antirassismus-Fanatiker zugrunde.

Darüber hinaus vertrat MARX die Auffassung, die Natur sei nur zur Ausbeutung durch den Menschen da: »Sie soll mit gigantischen technologischen Mitteln bei geringstem Arbeits- und Zeitaufwand beherrscht werden und als materielles Substrat aller nur erdenklichen Gebrauchsgüter allen Menschen dienen.« (SCHMIDT, 1971, S. 159) Das ist das Programm der Ausbeutung der Natur und damit der Zerstörung der Umwelt. Ausdrücklich setzte SCHMIDT an dieser Stelle hinzu: »Wo die (marxistischen) Autoren sich einmal darüber beklagen, daß seither die Natur heillos ausgeplündert worden sei, geschieht dies nicht aus Sorge um die Natur selber, sondern aus öko-

Die ursprüngliche innere Beziehung zwischen Mensch und Natur/Kosmos ist heute zerbrochen. Der Mensch muß wieder nach Harmonie mit der Welt streben.

nomischen Zweckmäßigkeitserwägungen. . . In Zukunft soll nicht die Ausbeutung der Natur aufhören, sondern die menschlichen Eingriffe in sie sollen so rationalisiert werden, daß auch ihre entfernteren Auswirkungen kontrollierbar bleiben.« (SCHMIDT 1971, S. 159)

Diese Einstellung steht in völligem Gegensatz zum germanisch-deutschen Denken, bei dem die Natur niemals etwas Relatives, nur auf den Menschen Bezogenes war und ist, sondern das Absolute, den Kosmos, die große Ordnung darstellte, der der Mensch sich als ein Teil zugehörig fühlte, die der Mensch bestaunen und verehren konnte, die er zu erkennen und zu verstehen sich bemühen sollte. »Haine und Waldwiesen sind die geweihten Stätten der Götter«, schrieb TACITUS in seiner *Germania* über unsere Altvorderen. PARACELSUS lehrte vor 500 Jahren: »Es gibt keinen größeren Feind der Natur als den, der sich für gescheiter hält als sie, die doch unser allerhöchster Meister ist.« Und er bekannte: »Wer in der Natur lebt, lebt in Gott.«

Mehrfach hat GOETHE sich in diesem Sinne geäußert: »Die Natur hat jederzeit Recht, und gerade am gründlichsten, wo wir sie am wenigsten begreifen ... Natur, wir sind von ihr umgeben und umschlungen – unvermögend, aus ihr herauszutreten. Wir leben mitten in ihr und sind ihre Freunde ... Der Mensch mag sich wenden, wohin er will, er mag unternehmen, was es auch immer sei, stets wird er auf jenen Weg wieder zurückkehren, den ihm die Natur einmal vorgezeichnet hatte.« NOVALIS bekannte für die Romantik: »Ein Verkünder der Natur zu sein, ist ein schönes und heiliges Amt«, und WIELAND schrieb in seinem *Agathon*: »Wen anders als die Natur können wir fragen, um zu wissen, wie wir leben sollen, um wohl zu leben?«

Aus dieser abendländischen Haltung gegenüber der Natur entstanden auch die Naturwissenschaften, deren Denken die moderne Welt wesentlich bestimmt. Der Deutsche will nicht wie die Marxisten die Natur ›zur Vernunft bringen‹, sondern sie ergründen, an ihr lernen und reifen. GOETHE läßt im *Faust* den Erdgeist mahnen:

»Nur wenn Natur dich unterweist,
dann geht die Seelenkraft dir auf,
wie spricht ein Geist zum andern Geist.«

Als ein Vertreter der gegenwärtigen Naturforschung schrieb der Chemiker Hans SACHSSE: »Vom organischen bis zum geistigen Bereich besteht eine tiefgreifende Formverwandtschaft von Mensch und Natur... Diese Form-, diese Blutsverwandtschaft des Lebendigen ermöglicht es uns, die Natur zu verstehen.« (SACHSSE 1978, S. 248 f.) Und er führte dann, den Neomarxisten voll widersprechend, weiter aus: »Die Natur als Form verstehen hebt sie von der Stufe des Materials in den Rang des Partners. Das verlangt nicht nur eine Änderung der erkenntnistheoretischen, sondern auch der ethischen Haltung der Natur gegenüber.« (SACHSSE 1978, S. 251) In seinem philosophischen Werk *Die Rückseite des Spiegels* begründete Konrad LORENZ diese innere Verwandtschaft unseres Geistes mit der Natur aus der stammesgeschichtlichen Entwicklung, wodurch der Zusammenhang des Menschen und der Natur als noch enger bewiesen wurde. (LORENZ 1973 b)

Es ist diese seit den frühen Griechen bezeugte indogermanische Denkweise, die überhaupt erst die Natur sowohl verständlich und objektiv begreifbar machte, als auch immer mehr zu erfassen trachtete, wie es bereits der uralte Mythos von Odin ausdrückt, der ein Auge für das Wissen hergab, oder GOETHE es in die Worte kleidete: »Was kann der Mensch im Leben mehr gewinnen, als daß sich Gott-Natur ihm offenbare.« LEIBNIZ lehnte den einseitigen Rationalismus der französischen Aufklärer auch aus dem Grunde ab, »weil sie keine genügend großen Ideen von der Majestät der Natur hatten« (LEIBNIZ 1965, S. 213) und ihre Ideen »sogar gegen die Ordnung der Dinge verstoßen«. (ebd. S. 203)

Zur heutigen Bedeutung eines richtigen Verhältnisses zur Natur und damit zu der eines biologisch ausgerichteten Weltbildes schrieb der Direktor des Max-Planck-Instituts für molekulare Genetik in Berlin, Hans LEHRACH, die klaren Worte: »Das Verständnis der Lebensvorgänge ist von zentraler Bedeutung für den einzelnen und für die Gesellschaft. Unsere Gesundheit, unsere Existenz in unserer Umwelt und in einem immer größeren Maß auch unserer Wirtschaftskraft hängen von unserem Verständnis biologischer Prozesse ab.« (*FAZ* 8. 11. 2000) Und den Vorrang der Vererbung auf diesem Bereich hervorhebend, fügte er hinzu: »Diese Prozesse sind das Produkt der Umsetzung der Erbinformation«, nicht etwa das der Umwelteinflüsse, die die Marxisten für wichtig halten.

Studie von LEONARDO DA VINCI. Der Mensch steht mitten im Fluß des Lebendigen. Auch in seinem 1983 erschienenen Buch Der Abbau des Menschlichen *legt Konrad LORENZ den engen Zusammenhang von Mensch und Natur dar.*

Es wird für die menschliche und vor allem für die geistige Entwicklung in dem gerade begonnenen Jahrhundert von entscheidender Bedeutung sein, ob eine auf biologischen Grundlagen beruhende Weltsicht zum Durchbruch kommt und endlich die lebensfeindlichen Ideologien ablöst. Nicht wenige der Mißstände unserer Zeit haben ihre Ursachen darin, daß die verantwortlichen Politiker zu wenig von den Gesetzen des Lebens wissen.

Einen ähnlichen Gegensatz zur Haltung der deutschen Tradition zeigen die Neomarxisten, wenn sie sich zur Frage des letzten Zieles aller Bemühungen, zum Sinn des Lebens, äußern. So fragte Alfred Schmidt als Doktorand Horkheimers sich, »was die ungeheueren und nicht nur theoretischen Anstrengungen der Menschen, über den Kapitalismus hinauszugelangen, für einen Wert haben sollen, wenn es nicht auch um die Lust, um die Herbeiführung sinnlichen Glücks dabei gehen soll«. (Schmidt 1971, S. 34) Noch deutlicher wurde Heinz Maus: »Es geht den Materialisten nicht um die absolute Vernunft, sondern um das Glück – auch in seiner verpönten Gestalt: der Lust.« (in Burgmüller 1947, S. 63) Und bei Marcuse finden sich ähnliche Betonungen reiner Glücks- und Genußphilosophie.

Über diese niedere Sinnlichkeit hebt sich die deutsche Tradition weit hinaus, und bei jedem ihrer Großen lassen sich Belege dafür finden, daß der Sinn des Lebens vor allem im Erfüllen einer Aufgabe, in einem Werk, in einer Pflicht beruht, und nicht im platten Glücksstreben. So schrieb Fichte: »Darin eben besteht die Schlechtigkeit, daß man nur sein sinnliches Wohlsein liebe und nur durch Furcht oder Hoffnung für dieses, sei es nun im gegenwärtigen, oder in einem künftigen Leben, bewegt werden könne.« Goethe riet: »Versuche deine Pflicht zu tun, und du weißt gleich, was an dir ist. Was ist aber deine Pflicht? Die Forderung des Tages.« Nietzsche als einer der tiefsten und kennzeichnendsten deutschen Denker äußerte sich häufig in diesem Sinne; vor allem im *Zarathustra*: »So will ich ihnen vom Verächtlichsten sprechen: das aber ist der letzte Mensch . . . ›Wir haben das Glück erfunden‹, sagen die letzten Menschen und blinzeln.« . . . »Was liegt am Glücke; trachte ich denn nach Glück? Ich trachte nach meinem Werke.« . . . »Was ist das Größte, das ihr erleben könnt? Das ist die Stunde der Verachtung . . . Die Stunde, wo ihr sagt: ›Was liegt an meinem Glücke! Es ist Armut und Schmutz und ein erbärmliches Behagen.« . . . »Das ist euer Durst, selber zu Opfern und Geschenken zu werden: und darum habt ihr den Durst, alle

Reichtümer in eure Seele zu häufen.« ... »ein Grauen ist uns der entartende Sinn, welcher spricht: alles für mich.«

Für das 20. Jahrhundert beschrieb Werner SOMBART in seinen »patriotischen Besinnungen« des Buches *Händler und Helden* diese Eigenart des Deutschen, wenn er als kennzeichnend den alten Schifferspruch nannte, der über dem Hause der Seefahrt in Bremen eingemeißelt ist: »Navigare necesse est, vivere non est« und ihn übersetzte mit »Leben brauchen wir nicht; aber wenn wir leben, so haben wir unsere verdammte Pflicht und Schuldigkeit zu tun«, oder »sein Werk hat der Mensch zu verrichten, solange er lebt«. Und er wies in diesem Zusammenhang auf den Ausspruch FRIEDRICHS DES GROSSEN hin: »Es ist nicht nötig, daß ich lebe; wohl aber, daß ich meine Pflicht tue und für das Vaterland kämpfe, um es zu retten, wenn es noch zu retten ist.« (SOMBART 1915, S. 57)

Diese ethischen Einwände gegen reines Glücksstreben werden heute von der Verhaltensforschung bestätigt. Konrad LORENZ schrieb über den »phylogenetisch entstandenen Lust-Unlust-Mechanismus« beim Menschen: »Die vernichtenden Fehlleistungen, die derselbe Mechanismus unter den Lebensbedingungen heutiger Zivilisation hervorbringt, erklären sich aus seiner phylogenetischen Konstruktion und aus den beiden fundamentalen physiologischen Eigenschaften der Gewöhnbarkeit und der Trägheit. Schon in grauer Vorzeit haben die Weisen der Menschheit ganz richtig erkannt, daß es für den Menschen keineswegs gut ist, wenn er in seinem instinktiven Streben nach Lustgewinn und Unlustvermeidung allzu erfolgreich ist.« (LORENZ 1971, S. 299)

Diese Erkenntnisse unterstreichen die Meinung, es sei »einer der gefährlichsten und wahrscheinlich auch folgenreichsten Irrtümer unserer Zeit, anzunehmen, das Ideal des kleinen sozialen Glücks genüge als Gegengewicht gegen die furchtbare und erbarmungslose Herausforderung der Weltgeschichte«. (FRIEDRICH 1982, S. 134)

Als wirklichkeitsfremd ist auch die Haltung der Neomarxisten gegenüber der Technik zu bezeichnen, worauf weiter unten noch näher eingegangen wird.

Als eine weitere verheerende Folge des Antibiologismus und der Verleugnung natürlicher Zusammenhänge wurde von der Frankfurter Schule und den Neuen Linken die Wirklichkeit des Volkes als notwendiger natürlicher Lebens- und Kulturgemeinschaft geleugnet und ein Eintreten für dieses grundsätzlich bekämpft. Statt der

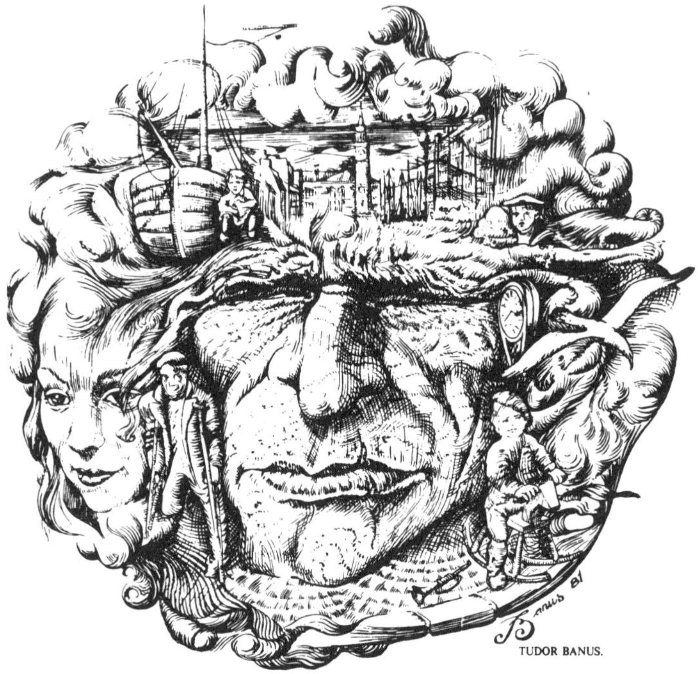

Diese Zeichung aus der Feder des baltischen Illustrators Tudor BANUS *(1981) veranschaulicht die organische Auffassung des Volksbegriffs: eine Symbiose aller Gruppen und Schichten, eingebettet in einen ausgewogenen ökologischen Rahmen. In diese Richtung gingen schon in der ersten Hälfte des 20. Jahrhunderts Bestrebungen der Jugendbewegung und nationaler Kreise (s. u., S. 303 ff.).*

durch Erbe und Tradition von der Vergangenheit in die Zukunft ausgerichteten Gemeinschaft des auf biologischen und kulturellen Gemeinsamkeiten beruhenden Volkes wurde auch hier in Anlehnung an die oberflächlichen Ideen der Französischen Revolution die nur auf die Gegenwart hin ausgerichtete, durch möglichst großen Vorteil des Einzelnen verbundene Gesellschaft vertreten. Sprache, Geschichte und Blutsgemeinschaft wurden als begründende Merkmale des Volkes abgelehnt. Als Ersatz wurde die marxistische internationale Klassengesellschaft oder die liberalistische pluralistische Gesellschaft angeboten, deren oberflächliche Scheinhumanität unter dem Zeichen der Völkerfreundschaft den Idealismus der Nachkriegsdeutschen anzusprechen vermochte. So verurteilte HABERMAS einen nationalen Patriotismus und setzte sich für einen liberalen Verfassungspatriotismus ein.

Der innere Widerspruch des Marxismus, der die Entfremdung des Menschen angeblich aufheben will, sie durch Lösung aller Bindungen zu Volk und Heimat aber erst richtig erzeugt und entwurzelte Menschen dadurch schafft, wurde von dem inzwischen eingerissenen oberflächlichen Denken und den mit meist unverstandenen Schlagworten vollgestopften Gemütern nicht mehr wahrgenommen. Tiefer lotende Geistesrichtungen wie die kennzeichnend deutsche Romantik oder die deutsche Jugendbewegung mit ihrer wirklichkeitsnahen natur- und volksbezogenen Ausrichtung wurden im Zuge der Vergangenheitsbewältigung als Vorläufer des Nationalsozialismus betrachtet und erfolgreich unterdrückt.

Es ist offensichtlich, daß der Geist des Antibiologismus und der Verdrängung des Natürlichen nicht nur ein richtiges Bild von der Natur verhindert, sondern auch das grundlegende Verständnis für die Notwendigkeiten der Umwelt blockiert. Die Ideologie der Frankfurter Schule und der Neuen Linken steht daher in unmittelbarem Zusammenhang mit dem Geist der Naturzerstörung im Nachkriegsdeutschland. Wer die Natur nicht kennt, ihre Gesetze leugnet, für ihre Schönheiten aus ideologischer Beengtheit kein Auge hat, alles nur mit materialistischen Grundsätzen betrachtet, für den ist die Natur und die Umwelt nichts anderes als ein Objekt zur Ausbeutung, das keinen eigenen Wert an sich hat.

Diese, wie jeder Vergleich mit der Vergangenheit zeigt, ausgesprochen undeutsche Geisteshaltung konnte erst zu den großen Umweltschäden führen, die heute allgemein beklagt werden und nun mit großem Aufwand zu beheben sind. Die Naturferne und Naturblindheit der Linken, vergleichbar mit gewissen Sackgassen der Scholastik im deswegen ›dunkel‹ genannten Mittelalter, haben zu den verheerenden Folgen für die Gegenwart geführt. Jede Umweltschutzpolitik muß sich daher stets der Gefährlichkeit des Marxismus bewußt sein, wenn sie für die Zukunft ähnliche Fehlentwicklungen vermeiden will und Wirksamkeit anstrebt. Daß die marxistischen Linken in den achtziger Jahren sich an die Spitze der ursprünglich konservativen grünen Bewegung in Deutschland setzen und die Idealisten aus der Basis für ihre gemeinschafts- und umweltzerstörende Politik ausnutzen konnten, ist ein Treppenwitz der deutschen Nachkriegsgeschichte (siehe oben, S. 76 ff.).

Das Wissen um die Gesetze des Lebens und um die biologischen Voraussetzungen des Menschen, vor allem um die Bedeutung der Erbregeln, sollte wieder in den Schulen gelehrt werden und zu einem Schwerpunkt zukünftiger Erziehung werden. Daneben sollte die nicht minder wichtige Erkenntnis Allgemeingut werden, die der Londoner Psychologe Hans Jürgen EYSENCK in die Worte faßte: »Ein Politiker, der realistisch handeln will, muß vor allem etwas über Vererbung wissen.« (zit. in *Aula* Nr. 4, 1977, S. 1)

Im DARWIN-Jubiläumsjahr 2009 kam verstärkt aus Kreisen der Wissenschaft das neue antilinke Weltbild zum Tragen, trotz großer Bemühungen, auch in den USA, DARWINS Lehre als überholt abzutun, die stammesgeschichtliche Entwicklung zu leugnen und die Evolution anzuzweifeln. So stellte der Vorsitzende des Stiftungsrates der Charité in Berlin über die »Macht des Genoms« (so der Titel) fest: »Die Evolution liefert daher ein wissenschaftliches Fundament der gesamten Biologie, ist damit eine wesentliche naturwissenschaftliche Grundlage für die Medizin und spielt eine herausragende Rolle im Verständnis des Natur des Menschen.« (*FAZ* 15. 5. 2009)

Charles DARWIN begründete die moderne Evolutionstheorie mit seiner Erklärung, daß der Artenwandel und die Entstehung neuer Arten durch natürliche Selektion realisiert werde.

Wirklichkeitsverlust

Die marxistische Ideologie hat sich von Anfang an durch ihre Wirklichkeitsfremdheit ausgezeichnet. Schon früh und überzeugend wurde immer wieder dargelegt, daß MARX das Wesen der Technik gar nicht verstanden hatte und er von einem falschen Menschenbild ausging. Daß alle seine wesentlichen wirtschaftspolitischen Voraussagen nicht eintrafen, ist oft betont worden. Deswegen mußte LENIN den damaligen Marxismus schon erheblich abändern, deswegen versuchten später die Neomarxisten der Frankfurter Schule durch weitere Umformungen diese Ideologie der modernen Zeit anzupassen und die offensichtlichen Widersprüche zur Wirklichkeit zu verdecken. Ihre Bemühungen waren zum Scheitern verurteilt: Der Marxismus ist für die Moderne nicht zu retten, weil er von falschen Voraussetzungen ausgeht. Der Lyssenkoismus in der russischen Biologie ist ein ebenso besonders deutliches Beispiel zeitweise gewaltsamer Verdrängung der Wirklichkeit wie die durch dauernde Mißerfolge gekennzeichnete kommunistische Planwirtschaft, die Enteignung des Privateigentums oder die emanzipatorische Erziehung. Der Zusammenbruch des marxistisch ausgerichteten Ostblocks um 1990 führte dann den ganz offenkundigen Beweis aus der wirtschaftlichen Praxis.

Der Marxismus hat ein falsches Menschenbild und nimmt auch heute die gesicherten Erkenntnisse der Naturwissenschaft, der Anthropologie, der Biologie, Genetik, Verhaltensforschung und Psychologie, nicht zur Kenntnis. Bezeichnend für diese Naturfeindlichkeit im Denken von MARX ist seine oben schon erwähnte Äußerung: »Selbst die naturwüchsigen Gattungsverschiedenheiten, wie Rassenunterschiede etc. . . können und müssen historisch beseitigt werden.« (MARX 1845, S. 449) MARX zeigt damit, daß er das Werk der Natur zerstören und an dessen Stelle die Ausgeburt seines Gehirns setzen will. Ein derartiges Denken mit dem daraus entspringenden politischen Wollen grenzt, da es die Gesetze des Lebens nicht einsehen und befolgen will, an Merkmale von Geisteskrankheit, nämlich an die Unfähigkeit, offen erkennbare Regeln der Wirklichkeit wahrzunehmen.

Allein schon deswegen kann seine Ideologie nicht der Wirklichkeit in einer menschengemäßen Gesellschaft gerecht werden, sondern muß sich stets, da sie sich gegen die grundlegenden natürlichen, weil ererbten Anlagen des Menschen richtet, in eine Diktatur mit Terrorherrschaft entwickeln. Nicht von ungefähr sind alle bisherigen Versuche kommunistischer Gesellschaftsgestaltung in Ost und West durch Gewalt und Unterdrückung gekennzeichnet.

Der Wirklichkeitsmangel des Marxismus hatte in den letzten Jahrzehnten zur Folge, daß mit seiner geistigen Herrschaft bei den jüngeren Intellektuellen in Westdeutschland ein falsches Weltbild entstand. Der Bezug zur Wirklichkeit ging weitgehend verloren: Erkenntnisse der Vererbungslehre wurden tabuisiert oder geleugnet; die Erwähnung von Rassen galt als faschistisch; die Gesellschaft wurde nur in klassenkämpferischen Gegensätzen gesehen, die Geschichte als unwesentlich abgetan; die Natur wurde neben dem ideologischen System kaum beachtet und bestenfalls als Ausbeutungsobjekt angesehen. Die gerade von der Natur angesprochenen und ihr unmittelbar zugewendeten Bereiche des Gemütes und des Unbewußten wurden von den so ausgerichteten Intellektuellen geleugnet oder stark unterbewertet und mit der FREUDschen Psychoanalyse bewältigt.

Daher haben das Unverständnis für die Natur und die daraus folgende rücksichtslose Verschandelung und Zerstörung der Umwelt eine ihrer wesentlichen Wurzeln in dieser Weltfremdheit der Neomarxisten. Während in früheren Jahrzehnten, wie später noch auszuführen sein wird, Natur- und Landschaftsschutz in Deutschland vorbildlich waren, verloren sie unter dem Einfluß der marxistischen wie der ihnen geistig in vielem verwandten liberalistischen Strömungen an Bedeutung. In einem marxistischen Gesellschaftsverständnis ist für die Natur und die lebendige Umwelt kaum Platz. Der ›neue Mensch‹ der Revolution und Klassenkämpfe ist das Maß aller Dinge, Umwälzung und Zerstörung der bestehenden Ordnungen sind die wichtigsten Ziele. Für ein harmonisches Miteinander von Natur und Mensch findet sich in dieser Ideologie kein Verständnis, deren Vertreter die Gewaltherrschaft einer kleinen Funktionärsclique anstreben.

Der bekannte jüdische Publizist Raymond ARON, früher selbst Marxist und Mitarbeiter im Pariser Büro der Frankfurter Schule in den dreißiger Jahren, hat den Wirklichkeitsverlust als die eigentliche Krankheit Europas bezeichnet. Er sei das Ergebnis der »größten Mystifikation des Jahrhunderts«: des Marxismus-Leninismus. (zit. in *FAZ* 12. 4. 79) ARON hat deswegen vor dem Abgleiten in Illusionen und utopische Vorstellungen gewarnt, die besonders für den Neomarxismus kennzeichnend sind. Wer die linken Bildungs- und

Wirtschaftsträume aus den siebziger Jahren nach der Bildung der sozialliberalen Koalition in Bonn erneut liest, kann es kaum fassen, daß so große Kreise von solchen Utopien geblendet wurden. Gleichgeschaltete Massenmedien und Unterdrückung aller Alternativen vermögen eben kurzzeitig große Teile der Bevölkerung, die außerdem durch eine Besatzungsmacht noch eingeschüchtert ist, hinters Licht zu führen. Des Kaisers neue Kleider sind keine weltfremde Parabel, sondern haben sich auch im sich aufgeklärt vorkommenden 20. Jahrhundert in Westdeutschland durchaus noch als möglich erwiesen. Dennoch kam überraschend schnell die Ernüchterung.

Der Wirklichkeitsverlust durch die linke Indoktrination hat sich nicht nur auf den unmittelbaren Schutz der natürlichen Umwelt verheerend ausgewirkt, sondern auch auf geistigem Gebiet. Die Erkenntnis der lebenswichtigen Ordnungen von Familie und Volk und damit die Bedeutung von deren Bewahrung gingen verloren.

Mit der Verdrängung oder einseitigen Verzerrung der Geschichte wurden auch die haltgebenden Traditionen weitgehend abgebaut, so daß heute vielfach ohne diese lebensnotwendigen Erfahrungen argumentiert wird. Statt auf die Lebenswirklichkeit ausgerichtet zu sein, befassen sich heute weite Kreise der jüngeren Generation ausgiebig mit Scheinproblemen, sind in ihrem instinkthaften Bedarf nach irrationaler und gefühlsmäßiger Bindung auf abwegige Gebiete geleitet worden, meinen, in Diskotheken und Rocker-Kameradschaft Ersatz für ihnen Vorenthaltenes zu finden, und glauben, sich in Selbstkasteiungen, Sühnekampagnen und Schuldübungen ergehen zu müssen. Der jahrzehntelange idealistische Einsatz westdeutscher Jugendlicher für unterdrückte Gruppen in fremden Kontinenten angesichts der damaligen Unterdrückung von Millionen Deutschen in Mitteldeutschland und Osteuropa war auch ein deutlicher Hinweis auf die einseitige Verzerrung des Weltbildes vieler junger Menschen.

Als eine neue Weise der Wirklichkeitsfremdheit bildete sich seit den siebziger Jahren eine Wissenschaftsfeindlichkeit unter der jungen Generation aus. Aus Angst vor unverstandenen Zusammenhängen und drohenden Gefahren, durch die progressive Erziehung des notwendigen Urvertrauens beraubt, wenden sich diese Jugendlichen pauschal gegen die Wissenschaften und die Technik als angeblichen Kern alles Bösen, wollen zurück zur Natur und erstreben einen naiven Ausstieg aus der Lebenswirklichkeit. Während noch 1966 78 Prozent der jungen Menschen zwischen 21 und 29 Jahren die Tech-

Das Atomkraftwerk als Symbol der modernen Technik. Die Stillegung mit hohen Sicherheitsvorkehrungen gebauter Kraftwerke in Deutschland ist wenig sinnvoll, wenn die Nachbarn unsicherere betreiben oder sogar neu bauen.

nik bejahten und für einen Segen hielten, waren es fünfzehn Jahre später nur noch 25 Prozent, bei den Sechzehn- bis Zwanzigjährigen fiel diese Zahl sogar von 83 auf 23 Prozent in Westdeutschland, und etwa zwei Drittel aller Bundesbürger verbanden dann die Technik spontan mit Umweltzerstörung. (KOCH 1983, S. 6) Statt von den Naturwissenschaften wurden die Heranwachsenden vor allem von den Sozialwissenschaften angezogen, was den heutigen Mangel an Technikern, Ingenieuren und Naturwissenschaftlern zur Folge hat und Deutschland von einem führenden Land auf dem Gebiet moderner Entwicklung zu einem technischen Entwicklungsland werden ließ, das schon im Jahre 2000 Tausende von Computerfachleuten aus dem Ausland einführen mußte. Seitdem fehlen immer stärker Ingenieure und Tausende von Lehrern in den naturwissenschaftlichen Fächern.

Trotz berechtigter Vorwürfe gegen Auswüchse der heutigen Technik ist die Wissenschafts- und Technikfeindlichkeit jedoch ein falscher Weg, der für die ganze Gemeinschaft bedrohlich werden kann, wenn Massenpsychosen dieser Art wie zur Zeit der Kinderkreuzzüge oder der Geißlerhorden auftreten, wenn weite Kreise in Befolgung der »großen Verweigerung« MARCUSES davon ergriffen werden und aus dem Leben und seinen gegenwärtigen Pflichten fliehen. Dieses Verhalten ist in Wirklichkeit eine Verweigerung gegenüber der Natur selbst, deren harten Lebensgesetzen man entfliehen will, um schließlich unter Aufgabe der eigenen Möglichkeiten sich blinder Willkür von Funktionären zu unterwerfen.

Angesichts nicht nur menschenfreundlicher Nachbarn kann sich das kein größeres Volk auf die Dauer leisten. Warnend schrieb der Freiburger Biologe Hans MOHR 1983: »Die wissenschaftsfeindlichen Bewegungen unserer Tage, die häufig von den Universitäten ihren Ausgang nehmen und in den Medien bereitwillige Multiplikatoren finden, sind gefährliche Atavismen. Sie treffen uns in einem Augenblick, in dem objektive Erkenntnis mehr denn je gebraucht wird, um eine vernünftige Überlebensstrategie für den Homo sapiens und für unseren Planeten zu finden. Der Verzicht auf objektive Erkenntnis würde beim gegenwärtigen Stand der kulturellen Evolution fast zwangsläufig den Selbstmord der menschlichen Spezies bedeuten. Wir können ohne wissenschaftliche Erkenntnis nicht mehr überleben.« (in LORENZ 1983, S. 315 f.)

Ein jüngstes Beispiel ideologischer Technikfeindlichkeit lieferte die rot-grüne Bundesregierung mit dem teilweisen Ausstieg aus der Atomenergie und der vorzeitigen Stillegung intakter Kernkraftwerke in Deutschland, während im Ausland technisch unsichere Kraftwerke weiterlaufen oder neue gebaut werden, selbst in Rußland. Auch die Beschränkungen auf dem Gebiet der Genforschung sind hier zu nennen.

Die Wissenschaft als solche ist weder gut noch böse, sondern als Erzeugnis des Geistes des Menschen ein Teil seiner Kultur und seiner geistigen Leistungen. Ihre Entwicklung und Förderung ist eine dauernde Herausforderung an die Elite der jeweiligen Zeit. Ihre Grenzen sollten zu erweitern versucht und nicht als Sachzwänge bedauernd anerkannt werden. Die Technik hat dem Leben als Ganzem zu dienen, nicht das Leben der Technik und der angeblich ihr innewohnenden Eigengesetzlichkeit. Der Verzicht auf Technik und Wissenschaft würde den Tod von Hunderten von Millionen Menschen auf der Erde zur Folge haben. Die Wiederentdeckung der Wirklichkeit hinter dem allmählich sich verflüchtigenden Qualm der Ideologien ist daher eine wesentliche Aufgabe zur Bewältigung der Zukunft, insonderheit auch für ein neues Verständnis der Beziehungen zwischen Mensch und Umwelt.

Zerstörung der Innenwelt durch Sexualisierung

Als HORKHEIMER 1930 die Leitung des Instituts für Sozialforschung übernahm, setzte er sich für die Vereinigung von Marxismus und FREUDscher Psychoanalyse ein und holte den FREUDschüler FROMM in seinen Kreis. Nach einschlägigen Artikeln während der dreißiger Jahre schrieb HORKHEIMER 1942: »Wir sind FREUD und seinen ersten Mitarbeitern einfach tief verpflichtet. Seine Gedankenwelt ist eine der Bildungsmächte, ohne die unsere eigene Philosophie nicht das wäre, was sie ist. Gerade in den letzten Wochen habe ich seine Größe aufs neue erkennen können.« (zit. in JAY 1981, S. 131)

Mit der Rückkehr der Frankfurter Schule an den Main wurde die von FROMM stark politisierte und dann vor allem von MITSCHERLICH, besonders in dessen Frankfurter »Sigmund-FREUD-Institut«, vertretene, die Bedeutung des Sexuellen stark übertreibende Lehre Sigmund FREUDS und seines Wiener Schülers Wilhelm REICH im Nachkriegsdeutschland wirksam. Zu FREUDS hundertstem Geburtstag brachte HORKHEIMERS Institut 1956 einen Sonderband in seiner neuen Reihe der *Frankfurter Beiträge zur Soziologie* heraus. ›Institute für Sexualforschung‹ wurden in Frankfurt und Hamburg im Rahmen der Psychoanalyse gegründet. Besonders die Neue Linke der sechziger Jahre griff auf REICHS Forderung nach ungehemmtem und bindungslosem Ausleben der Sexualität als Verwirklichung der Emanzipation wie als angebliche Vorbeugung gegen faschistische Haltung zurück. Der Kampf gegen die angebliche ›Triebversklavung‹ wurde Bestandteil des neomarxistischen Versuchs zur Umwälzung der Verhältnisse in Deutschland Ende der sechziger Jahre wie neuerdings wieder.

Der aus einer jüdischen Familie Mährens stammende Sigmund FREUD (1865–1939) hatte in Wien die Psychoanalyse als medizinische Forschungsrichtung begründet. Er hatte die Bedeutung des Geschlechtstriebes als mächtigen Antrieb menschlichen Denkens und Handelns hervorgehoben, vor allem dessen Wirken aus dem unbewußten Bereich heraus erforscht, ihn jedoch dabei einseitig weit überzogen, indem er alle menschlichen Regungen darauf zurückzuführen versuchte. Er lehrte insbesondere, daß eine Unterdrückung des Geschlechtstriebs im Kindesalter schwere geistig-seelische Fehlentwicklungen und allgemeine Neurosen verursachen könne. Freud wandte sich jedoch zeit seines Lebens gegen eine Politisierung der Psychoanalyse und trat damit seinen Schülern entgegen.

Sein Hauptassistent von 1922 bis 1928 war Wilhelm Reich, 1897 in Galizien als Sohn jüdischer Eltern geboren. Er verband als Marxist Freuds Trieblehre mit kommunistisch-klassenkämpferischen Ideen und entwickelte daraus seine noch einseitigere »sex-ökonomische Lehre«, insbesondere nach seiner Emigration in die USA im Jahre 1939. In seinen Büchern (*Die Massenpsychologie des Faschismus*, 1933; *Die sexuelle Revolution*, 1936–45) wollte er die Folgerungen aus den Erfahrungen der damaligen Zeit ziehen. Wie die Frankfurter Schule hatte er erkannt, daß die Volksmassen sich nicht immun gegenüber totalitären Regierungsformen erwiesen hatten. Die Massen hätten offensichtlich nicht die »richtige Einsicht« in ihre angeblich unterdrückte Lage, würden deswegen selbst nicht zur Erhebung schreiten und wären deswegen allein zur marxistischen Revolution unfähig. Als Ursache für die mangelnde Einsicht und Bereitschaft der Werktätigen zur Revolution glaubte Reich erkannt zu haben: »Was die Masse unfähig zur Freiheit macht, ist die Unterdrückung des genitalen Liebeslebens in Kindern, Heranwachsenden und Erwachsenen... Sexuelle Unterdrückung ändert die Struktur des ökonomisch unterdrückten Individuums so, daß es gegen seine Interessen handelt.« (zit. in Schrenck-Notzing 1965, S. 117)

Auch die in den verschiedenen Ländern Europas in den zwanziger Jahren entstandenen faschistischen Bewegungen versuchte er in kaum nachvollziehbarer Weise mit der Unterdrückung der Sexualität zu erklären: »Faschismus ist auf einer Religiosität aufgebaut, die aus einer sexuellen Perversion stammt; er ändert den masochistischen Charakter der alten patriachalischen Religion in eine sadistische Religion... Der Faschist ist der Unteroffizierstyp in der großen Armee unserer kranken Zivilisation.« (ebd., S. 118)

Da Reich nicht nur wissenschaftliches Interesse besaß, sondern als überzeugter Marxist politische Einflußnahme anstrebte, zog er auch die Folgerung aus diesen neuen ›Erkenntnissen‹. Eine erfolgreiche Bekämpfung des Faschismus sei nur über die Zerstörung der »zentralen reaktionären Keimzelle« der Familie und die Lösung der Beziehung des kleinen Kindes zur Mutter möglich: »Da die autoritäre Gesellschaft sich in der Struktur des Massenindividuums durch die autoritäre Familie reproduziert, folgt, daß die politische Reaktion die autoritäre Familie als Basis des Staates, der Kultur und Zivilisation verteidigt.« (ebd. S. 118) Dagegen müsse vorgegangen werden. Weil die Mutter die »Heimat des Kindes und die Familie die Nation en miniature« (ebd. S. 118) sei und »metaphysisches, individualistisches und familiäres Verhalten nur verschiedene Aspekte ein und desselben Prozesses der Sex-Negation« seien, müsse durch »sex-ökonomische Massen-Hygiene« auf Grund einer neuen »sex-ökonomischen Moral« ein allgemeines Klima der Bejahung sexueller Freiheit geschaffen werden. Als Folgerung aus diesen unsinnigen Deutungen ergab sich dann für REICH die Forderung: »Realistisches, nicht metaphysisches Denken. . . geht Hand in Hand mit der Lockerung der Familienbande und zum mindesten Indifferenz gegenüber asketischen sexuellen Ideologien.« (ebd. S. 118)

Die Unsinnigkeit von REICHS Forderungen wurde schließlich so groß, daß er Mitte der dreißiger Jahre sogar aus der Kommunistischen Partei und aus der psychoanalytischen Bewegung ausgestoßen wurde. Erst MARCUSE knüpfte in den fünfziger Jahren in seinem Buch *Eros and Civilization* (*Triebstruktur und Gesellschaft,* 1965) wieder daran an. REICHS Ende ist bezeichnend: Er wurde in Amerika wegen Sexualverbrechen an Minderjährigen verurteilt und starb an Syphilis.

Die Forderungen REICHS nach freiem sexuellen Ausleben verbanden sich dann mit den verwandten Bestrebungen der Frankfurter Schule, besonders denen MARCUSES und HABERMAS', nach »Emanzipation« von allen »konventionellen Zwängen«. Sie erhielten zudem mit dem scheinbar wissenschaftlich untermauerten Anspruch, wirksamstes Mittel zur Vorbeugung gegen den Faschismus und zur Verhinderung totalitärer Herrschaft zu sein, einen humanitären und demokratischen Glorienschein, dem nach 1945 in Westdeutschland niemand zu widersprechen wagte. In den *Studien zum autoritären Charakter* hatten die Mitarbeiter der Frankfurter Schule in New York dazu geschrieben: »Wenn Furcht und Destruktivität die wichtigsten emotionalen Quellen des Faschismus sind, dann gehört der eros vornehmlich zur Demokratie.« (zit. in Jay 1981, S. 113) Insbesondere Marcuses *Eros and Civilization*, 1955 in den USA erschienen, hatte mit seiner Würdigung der Lehren von Reich und Fromm eine große Wirkung in Westdeutschland.

Teilweise ging Marcuse darin noch über die eigentlichen Psychoanalytiker hinaus, wenn er erklärte, daß die entfremdende Arbeit nur überwunden werden könne, wenn der ganze Körper erotisiert werde. «Schönes Spiel« müsse das überholte »repressive Leistungssystem« ablösen. »Wo der Körper ganz zur Sache, zum schönen Ding geworden ist, kann er ein neues Glück ahnen lassen.« (Marcuse 1965, S. 84)

Endlich schien die Wurzel alles Übels in der Welt und zugleich die Methode zu seiner Verhinderung in der Zukunft erkannt worden zu sein: Abbau aller bisher in den Kulturnationen seit Jahrhunderten geübten Sittlichkeit zwischen den Geschlechtern und Auflösung der Familie. Enthaltsamkeit vor der Ehe und auch Triebsublimierung durch Askese – früher als Voraussetzungen zu hohen kulturellen Leistungen betrachtet – wurden nun als rückständig angesehen, während enthemmtes und ungehemmtes Liebesleben als Ausweis erfolgreicher Demokratisierung und als Garant gegen alle autoritären Anwandlungen gepredigt wurde. »Sexmachen als Waffe des Klassenkampfes« wurde um 1968 eine der wichtigsten Parolen der Neuen Linken, durch welche die von den jungen Studenten an der Hochschule erlebte geistige Umwelt jahrelang ziemlich beeinflußt wurde. Dagegen verbannte man Freuds sicher zutreffende Erkenntnis, »die Abwesenheit von Schamgefühl ist ein sicheres Kennzeichen von Schwachsinn«, aus seiner Lehre, wie auch seine folgende wohl zutreffende Äußerung nicht mehr beachtet wurde: »Kinder, die sexuell stimuliert werden, sind nicht mehr erziehungsfähig, die Zerstörung der Scham bewirkt eine Enthemmung auf allen anderen Gebieten, eine Brutalität und Mißachtung der Persönlichkeit des Mitmenschen.« (zit. in Illies 1983, S. 169)

Diese Politisierung der Sexualität bedeutete besonders für die dafür natürlicherweise sehr anfällige Altersgruppe der Studenten und älteren Schüler eine große Verführung. Verstärkend kam hinzu, daß diese Geistesverwirrung in einer Zeit auftrat, in der die Studentenzahlen plötzlich stark vermehrt wurden, der Anteil der Studentinnen sich wesentlich vergrößerte und das staatliche Förderungswesen für Studierende großzügig ausgebaut wurde. Viele an sich für das Studium Ungeeignete bezogen als ›Studenten‹ die Hochschulen und fanden nun in der revolutionären Bewegung mit der sexuellen Freiheit einen in Moral verpackten Ersatz für ausbleibende Studienerfolge auf wissenschaftlicher Ebene.

Die Sexualisierung wirkte zugleich als verderbliches Mittel, den Gegensatz der Heranwachsenden zur Generation der Eltern mit deren anderen Sittenvorstellungen zu vergrößern und auch damit die Familie nachhaltig zu schwächen. So verstärkte sie den von der Frankfurter Konflikttheorie unternommenen Angriff auf die Familie zusätzlich, indem sie die erhaltende Moral und Ethik zerstörte und die bisherigen Sittengesetze als veraltet und demokratiefeindlich anprangerte. »Man schläft nicht mehr ohne Puppe«, verkündeten Plakate von den Wänden der Hochschulen; geschlechtlich gemischte Kommunen wurden üblich, und häufiger Partnerwechsel galt als Zeichen fortschrittlicher und demokratischer Gesinnung. Nicht zufällig haben mehrere der derzeit führenden linken Politiker bereits mehr als drei Ehen hinter sich.

Das Unnatürliche dieser Verhältnisse nach dem Moto »Wer zweimal mit derselben pennt, gehört schon zum Establishment« unter dem Programm der sexuellen Befreiung der Frau kam selbst damals schon manchen Beteiligten zu schmerzlichem Bewußtsein. Gretchen DUTSCHKE-KLOTZ, die Frau Rudi DUTSCHKES, meinte nach ihrer leidvollen Erfahrung: »Frauen habe ich als Bedrohung empfunden und sie so wahrgenommen, daß sie nur mit meinem Mann ins Bett steigen wollten.« Und sie fühlte wohl, daß die von den 68ern betriebene politische Sexualisierung weit über alle sinnvollen Grenzen getragen worden war: » Ich war nicht prinzipiell dagegen, hatte aber schon ein Problem bei der Vorstellung, mit allen Männern schlafen zu müssen.« Im Rückblick erklärte die ehemalige »Großkommunardin« Karin ADRIAN, das »Herumgeschlafe« habe sie »als besonders hart« empfunden. »Viele Frauen haben unter diesem Fremdgehen der Männer gelitten, auch unter den Trennungen. Viele sind mit den Kindern alleinstehend zurückgeblieben. Sie mußten dann ihre Frau stehen, so wie ich alles alleine managen mußte. Die Männer hatten meistens schon eine Woche später die nächste Beziehung und sind gleich bei ihr eingezogen.« (Zitate bei Ellen KOSITZA, »Der heiße Herd«, in: *eigentümlich frei*, Nr. 82, Mai 2008, S. 30 f.) Ähnliche Geständnisse finden sich in Erinnerungsbüchern alter 68er (COHN-BENDIT/DAMMANN 2007).

Es war kein Zufall, daß sich diese lebenswidrigen Kommunen nicht lange hielten. Und neuere Untersuchungen unter dem Motto »Wie werden die sogenannten Achtundsechziger älter?« ergaben (OTTEN 2008), daß auch die meisten Alt-68er schließlich eine dauerhafte Beziehung oder sogar die althergebrachte Ehe eingingen: »Immerhin achtzig Prozent dieser Altersgruppe sind verheiratet, zehn Prozent fest liiert.« (Dorothea SIHLER, »Keiner braucht sich alt zu fühlen«, in: *Frankfurter Allgemeine Zeitung* 30. 4. 2009) Die Lebenswirklichkeit erwies sich auf die Dauer wieder einmal stärker als die linke Ideologie.

Die Forderung nach freiem Bezug der Anti-Baby-Pille nahm daher in den sechziger Jahren bei den Studentenprotesten auch einen hohen Rang ein, und die nach Legalisierung der Abtreibung schloß sich bald an. Die Verbindung von Klassenkampf, Leistungsverweigerung und ungehemmter Sexualität wurde so zu einem Kennzeichen des Studentenaufstandes der späten sechziger Jahre. Schon aus diesen Gründen ist jeder Vergleich der APO-Proteste mit der deutschen Jugendbewegung vom Anfang unseres Jahrhunderts völlig abwegig und bedeutet eine Herabsetzung der letzteren.

Die Enthemmung begünstigte auch bis dahin als abartig angesehene Gruppen, deren Tun als gemeinschaftsschädlich noch unter Strafe stand und im christlichen Abendland – wie auch immer noch im islamischen Bereich – seit Jahrhunderten nicht offen geduldet wurde. Homosexualität galt bald in linken Kreisen als ›in‹ und normal, ihre Ablehnung wurde als Unterdrückung der persönlichen Freiheit, als Verletzung der Menschenwürde und des Rechtes auf Selbstverwirklichung angeklagt. Dem Drängen linker und liberaler Kreise gaben auch die völlig verunsicherten Unionsparteien nach, so daß der Gesetzgeber 1969/73 durch Änderung oder Aufhebung der einschlägigen Paragraphen 175 und 184 des Strafgesetzbuches der progressiven Entwicklung in Westdeutschland nachgab, die im Herbst 2000 durch weitgehende Gleichstellung der gleichgeschlechtlichen Partnerschaften mit der Ehe weitergeführt wurde.

Vereinigungen für Homosexuelle wurden gegründet, und Veranstaltungen von ihnen und für sie, von der Presse gefeiert, fanden vor allem an den Hochschulen statt. So wurden im Juni 1979 an der Universität Göttingen »Schwule Filmtage« abgehalten, über die das *Göttinger Tageblatt* (20. 6. 1979) sehr anerkennend und wohlwollend berichtete, und die »Grünen« gründeten im September 1982 in München eine landesweite Arbeitsgruppe »Schwule und Lesben«. Hamburgs »Grüne Alternative Liste« (GAL) spendete mehrere tausend DM als Startkapital zur »Unabhängigen Homosexuellen Alternative« (UHA e. V.), deren Hamburger Zentrum nach dem jüdischen homosexuellen Sexualforscher Magnus HIRSCHFELD (1868–1935) genannt wurde, dem »Einstein of Sex«. Die Schirmherrschaft über ein Galafest dieses Zentrums im Juni 1983 übernahm Hamburgs Kultursenatorin Helga SCHUCHARDT, die einige Zeit vorher nach Verlust ihres Bundestagsmandats von der FDP zur SPD übergetreten war (*Die Zeit* 10. 6. 1983). Hamburg war auch Vorreiter für dieses Thema an Schulen. Anfang 1999 ordnete eine Richtlinie der Hamburger »Schul- und Gleichstellungsbehörde« in Erfüllung einer Vereinbarung der rot-grünen Koalition an, daß Kinder in der Schule künftig sich auch mit Fragen zu »homosexuellen Partnerschaften« auseinandersetzen. Schon im ersten und zweiten Schuljahr sollten sie sich mit »hetero- und homoerotischen Spielen« dem Thema nähern. In den Klassen 7 bis 10 sollte das Thema »gleichgeschlechtliche Beziehungen« mit Hilfe von Fotos und Videos vertieft werden. (*Bild* 8. 3. 1999)

Im Frühjahr 2000 setzte – wie oben schon ausgeführt – die rotgrüne Koalition das Gesetzesvorhaben zur weitgehenden Gleichberechtigung gleichgeschlechtlicher Partner mit der Ehe in Gang, nachdem Bundesaußenminister FISCHER schon kurz vorher für alle Dienststellen seiner Behörde die Gleichstellung angeordnet hatte.

Es ist bezeichnend, daß selbst Bundesinnenminister SCHILY am 9. Juli 2000 starke verfassungsrechtliche Bedenken gegen dieses Vorhaben der Koalition anmeldete, aber dennoch die Entwicklung mittrug. (*FAZ* 10. 7. 2000) Der Deutsche Bundestag beschloß am 10. November 2000 die beiden entsprechenden Gesetze zur Angleichung gleichgeschlechtlicher Partnerschaften an die Ehe. Das Bundesverfassungsgericht bestätigte später, daß diese Gesetze noch verfassungsgemäß seien.

Am 8. Dezember 2000 beschloß der Bundestag einstimmig die Rehabilitierung der in der NS-Zeit verfolgten Homosexuellen und forderte die Bundesregierung auf, einen entsprechenden Gesetzesentwurf vorzulegen. Und Bundespräsident Johannes RAU, der nicht einmal aus Sorge um Volk und Staat von rechter Seite an ihn gerichtete Briefe bestätigen ließ, geschweige denn sie beantwortete, lud zum 14. Dezember 2000 offiziell Vertreter von Schwulen und Lesben zu einem Gespräch ins Schloß Bellevue ein. (*FAZ* 11. 12. 2000) Im Jahre 2009

Der ehemalige Bundesaußenminister Joschka Fischer, *der noch vor jeglichem Gesetzesvorhaben die Gleichstellung von gleichgeschlechtlichen Partnerschaften mit der Ehe in seinem Ministerium eigenmächtig durchsetzte. Bereits Ende 1998 (Nr. 50) hatte* Der Spiegel *nicht zu Unrecht getitelt: »Rosa-Zeiten mit Rot-Grün – Deutschland gibt sich schwulenfreundlich wie nie zuvor.«*

will Bundesjustizministerin Zypries (SPD) das Adoptionsrecht für gleichgeschlechtliche Paare durchsetzen (*FAZ* 24. 7. 09). Am 1. August 2009 nahm jede der Bundestagsparteien mit einem eigenen Wagen am Umzug zum Christopher Street Day in Stuttgart teil (*Stuttgarter Nachrichten* 1. 8. 09)

Von den Universitäten aus schwappte Anfang der siebziger Jahre die Welle der sexuellen Enthemmung auf die Schulen über. Pornographische Schülerzeitungen hatten Hochkonjunktur und wurden von linken Lehrerkreisen gefördert. ›Sex-Fibeln‹ liefen um und wurden von den Massenmedien sehr gelobt. Die Zahl der minderjährigen Mütter nahm trotz zunehmender Mittel und Methoden der Geburtenverhütung zu, und Geschlechtskrankheiten breiteten sich in erschreckendem Maße aus. Oft genug folgte Rauschgiftgenuß dieser Enthemmung und zerstörte vollends die Gesundheit. Namenloses Unglück und Leid zogen in viele Familien deswegen ein.

Fernsehen und andere Massenmedien trugen zu dieser Entwicklung durch Verherrlichung der ›fortschrittlichen‹ Denkweise bei und verharmlosten die schrecklichen Folgen. Die führenden Literaten schlossen sich der Porno- und Sexwelle an. So urteilte das Münchener Landgericht, daß der Schriftsteller und SPD-Wahltrommler Günter

GRASS sich gefallen lassen müsse, als »Verfasser übelster pornographischer Ferkelein« bezeichnet zu werden. Und der Feuilleton-Chef der *Frankfurter Allgemeinen Zeitung,* Marcel REICH-RANICKI, stellte – wohl zustimmend, weil die wirkliche deutsche Literatur zerstörend – 1973 fest, »daß in der neuesten deutschen Epik unaufhörlich masturbiert wird. Übrigens scheint mir das auffallende Interesse für die Onanie das einzige Element zu sein, das die Schriftsteller der ehemaligen ›Kölner Schule‹ – BRINKMANN, SEUREN, WELLERSHOFF und nun auch HERBURGER – immer noch miteinander verbindet«. (REICH-RANICKI 1973, S. 97)

›Happening-Künstler‹ veranstalteten als ›neue Form von Gruppentherapie‹ mit psychoanalytischem Hintergrund unbeschreibliche und eklige Orgien in aller Öffentlichkeit, vornehmlich an Hochschulen. So trat Otto MÜHL »anläßlich des Weihnachtsfestes« – wie es auf den einladenden Plakaten hieß – am 17. Dezember 1969 an der Braunschweiger ›Staatlichen Hochschule für bildende Künste‹ auf, wo er

Es gibt kaum noch eine Werbung, die nicht erotische Elemente mit einbezieht oder gar sexuelle Phantasien hervorruft; hier: Werbung für einen Hamburger Radio-Sender. Rechts: Prof. Hermann NITSCH, »Doppelkreuzigung« (eines Schweines und einer Frau; München um 1968) – wahrlich eine ›Schweinerei‹! Das Perverse wird heute öffentlich und sogar als ›Kunst‹ vorgeführt.

auf Einladung und gegen Honorar des dortigen Allgemeinen Studentenausschusses (ASTA) vor dem Publikum ein Schwein schlachten ließ, unter dem Klang von Weihnachtsliedern dessen Innereien über ein liegendes nacktes junges Mädchen verteilte und dann, selbst nackt, die eigene Blase und den Darm über alles entleerte. (*Spiegel* Nr. 3, 1970, S. 140) Ähnliches führte er im November 1970 in Köln auf, wo Hühner an die Stelle des Schweines traten. (*Kölner Rundschau* 10. 11. 1970)

Die im Gefolge des Einzugs der Psychoanalyse gegründeten ›Institute für Sexualkunde‹ verbrämten die Sex-Welle mit scheinbar wissenschaftlichen Ergebnissen und ›reports‹. Mit ›wissenschaftlichen‹ Beratern ausgestattete einschlägige Filme, etwa »Schulmädchen-Report«, trugen den enthemmten Lebensstil ins ganze Volk. ›Sexologen‹ wie der Leiter des Frankfurter (1950–1959) und dann des Hamburger Institutes für Sexualkunde, Hans Giese, oder sexbesessene Pädagogen wie Helmut Kentler vom Pädagogischen Zentrum in Berlin verbreiteten ihre Erkenntnisse, die Massenblätter dankbar aufgriffen. So stellte Giese die »positive Besessenheit am Sex« (zit. in Härtle 1972, S. 188) heraus. Forderungen nach Sexzimmern in Schulen – angeblich auch vom ehemaligen Bundesaußenminister Fischer in seiner anarchistischen APO-Zeit unterstützt – wurden dann doch nicht verwirklicht. Die Aufforderungen zum Ausleben der Sexualität, wie von Kentler geäußert, wurden zutreffend von verantwortungsvollen Psychologen wie Christa Meves oder Biologen wie Joachim Illies als moderne »Dienstanweisungen für Oberteufel« (Meves 1981) bezeichnet.

Selbst die Kirchen kapitulierten weithin vor dieser Welle der Enthemmung und ließen es zu, daß junge Pfarrer für die Kommunen eintraten. Beim Kirchentag des Jahres 1969 stand an den Wänden der für dieses Treffen verwendeten Halle V in Stuttgart geschmiert: »Lieber Gott mach mich fromm, daß ich zum Orgasmus komm!« (Meves 1978, S. 105) Im Juli desselben Jahres sprachen sich die Leitungen beider Kirchen Baden-Württembergs in einem gemeinsamen Schreiben an die Landtagsfraktionen für die geplanten Richtlinien zur Sexualerziehung aus und »wünschten« die Errichtung »eines Institutes für die Ausbildung und Fortbildung von Lehrkräften aller Schularten in Fragen der Sexualerziehung«. Glücklicherweise kam es – auch wegen der NPD-Fraktion im Stuttgarter Landtag – nicht dazu.

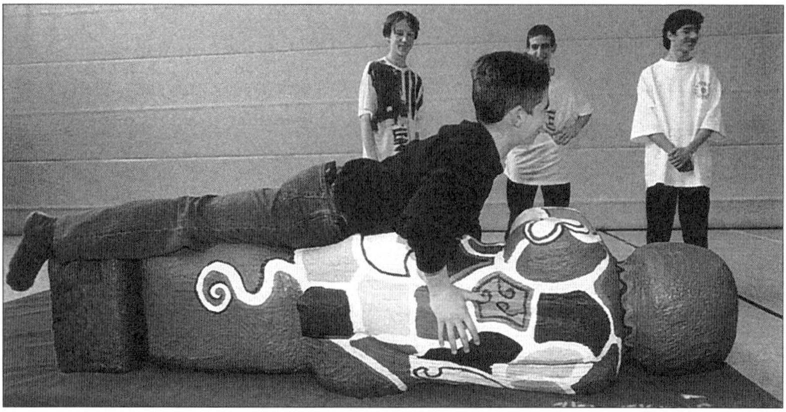

›Probeliegen‹ im Aufklärungsunterricht. Für Schüler wird Sexualität zur zwanghaft erlebten Pflicht.

Diese überzogene und verfrühte Sexualisierung trug zur seelischen Verwahrlosung, zur Unfähigkeit für echte Gefühle, ja zur völligen Entleerung der Gefühlswelt und damit zur Zerstörung der ganzen Innenwelt vieler Jugendlicher wesentlich bei. Die aus diesen von der Neuen Linken verbreiteten Ideen entspringende und nicht zu übersehende Entwürdigung der Frau zum reinen Lustobjekt sowie die Herabziehung der Liebe zwischen Mann und Frau zur sportlichen Handlung mit Lustgewinn standen in merkwürdigem und krassem Gegensatz zur angeblich erstrebten höheren Verwirklichung des Einzelnen durch dieselben progressiven Kräfte. Diese nicht zu leugnende »Verhausschweinung« (Konrad LORENZ) des Menschen durch Enthemmung bewirkte das Gegenteil von der durch dieselben Kreise angeblich angestrebten Vervollkommnung und Selbstverwirklichung des Einzelnen.

Körperlich und seelisch wurden Teile der Jahrgänge der damaligen Jugend schwer dadurch geschädigt, daß ihnen eine körper- und seelenfeindliche Umwelt, besonders an den Hochschulen, geboten wurde. Mit Recht schreckten Eltern davor zurück, ihre Kinder überhaupt an die mit solch einer geistigen Umwelt belasteten Universitäten zu schicken, oder suchten sich von dem Frankfurter Bazillus nur wenig angegriffene Hochschulen aus.

Da Leistung nach jahrtausendealter Erfahrung der Menschheit wesentlich mit Triebsublimierung, geistiger Disziplin oder sogar Askese zu tun hat, nimmt es nicht wunder, daß gerade in zeitlicher

Übereinstimmung mit dieser Entwicklung ein bedeutender Niveauverlust im westdeutschen Bildungswesen zu verzeichnen war. Nicht nur für die vielen bedauernswerten Einzelnen, sondern auch für die ganze Volksgemeinschaft entstanden dadurch erhebliche Schäden. Es fällt schwer, den Verantwortlichen für diese Entwicklung nicht das Ziel der systematischen Zerstörung der Zukunft unseres Volkes zu unterstellen.

Zerstörung der Voraussetzungen des Umweltschutzes

Wie in den vorigen Abschnitten geschildert, hat die Frankfurter Schule mit ihrer Kritischen Theorie, insbesondere den Prinzipien der Emanzipation, der Konflikttheorie und der Verweigerung, die Grundfesten des Staates unterhöhlt. Der Staatsrechtler Ernst Forsthoff wies überzeugend nach, daß nur ein intakter Staat, der seinen Anordnungen Nachdruck zu geben vermag, im Fall starker Industrialisierung den notwendigen Umweltschutz gewährleisten und dem Gewinnstreben der Unternehmen den notwendigen Einhalt gebieten kann. Die an Stelle des auf die Zukunft ausgelegten Staates von den Linken aufgewertete, nur in der Gegenwart lebende Gesellschaft kann diese Aufgabe nicht übernehmen, und sie kann sich selbst nicht die für den Umweltschutz nötigen Grenzen setzen, da in ihr nur die augenblicklichen pluralistischen Interessen zur Geltung kommen und kein Wahrer des Ganzen sowie Mahner für die Zukunft vorhanden ist: »Die Annahme, daß die Industriegesellschaft sich diese Schranken selbst auferlegen werde, ist mit den Funktionsgesetzen der Industriegesellschaft unvereinbar und deshalb utopisch.« (Forsthoff 1972, S. 27)

Ein geschwächter und vor aller Öffentlichkeit immer wieder verhöhnter Staat kann diese Aufgabe wirksamen Umweltschutzes nicht mehr erfüllen. Die seit Jahrzehnten von links durchgeführte Zersetzung des Staates und seines Ansehens bewirkte also weitere ungehinderte Umweltzerstörung. Die angeblich gegen die Großindustrie kämpfende Neue Linke hat durch ihre Strategie der Staatsaufweichung eben dieser Großindustrie und den internationalen Konzernen, die Bindungen an Heimat und Volk und damit eine heile Umwelt nicht achten, in die Hände gearbeitet. Die Maßnahmen der Neuen Linken gegen das Ansehen der Behörden und die Gültigkeit der Gesetze trugen daher unmittelbar auch zur Verhinderung eines dringend gebotenen Umweltschutzes bei.

Umfassender Umweltschutz setzt weiter voraus, daß der Mensch die ökologischen Systeme kennt und anerkennt, daß er sich als Teil des ganzen Kosmos fühlt und sich in dessen Großorganismen eingebunden weiß. Diese Bindung und Rückbindung (*religio*) werden durch den Geist der Kritischen Theorie und ihrer Emanzipation zerstört. Für den übersteigerten Individualismus der Neuen Linken ist der Einzelne aller Bindungen ledig; er kennt keine Heimat, keine Bindung an Grund und Boden, keine Verpflichtung gegenüber einer kulturellen Tradition. Der Mensch kann und soll danach nur seiner eigenen Lust leben, besitzt keinerlei Verpflichtungen gegenüber der menschlichen Gemeinschaft und noch weniger gegenüber seiner Umwelt. Diese Geisteshaltung ist also genau das Gegenteil dessen, was für einen umfassenden Umweltschutz unabdingbare Voraussetzung ist.

Der bereits geschilderte Antibiologismus der Frankfurter Schule führt zwangsläufig zu einer Anti-Natur-Haltung. Sie gründet einmal in der jüdisch-frühchristlichen Verneinung der Natur zugun-

Bei den Theoretikern der Frankfurter Schule wird die Natur ähnlich wie bei MARX als bloßes Energie- und Rohstofflager aufgefaßt: als reines Mittel für die eigenen Zwecke des selbstherrlichen Menschen. Die fast religiöse Bindung zwischen Mensch und Welt ist abgeschafft worden.

sten eines rein rationalen, intellektuellen Weltbildes, in dem der von aller Natur und den Menschen getrennte Gott als Schöpfer über allem thront. Dieser hat danach allein die Verantwortung für die Natur, die ihm also kein Mensch abzunehmen braucht. Ein Eingriff in seine Herrschaft über die Natur ist demnach sogar menschliche Vermessenheit, und eine Umweltzerstörung muß, als aus Gottes unerforschlichem Ratschluß kommend, bejaht werden. Er gab dem Menschen in der Bibel den Auftrag, sich die Welt untertan zu machen, sie also nach besten Möglichkeiten auszubeuten, ohne dabei an moralische Gesetze ihr gegenüber gebunden zu sein. Da fast alle führenden Vertreter der Frankfurter Schule dem Judentum entstammten, wirkte dieses geistige Erbe sich nachhaltig in ihren Ideen aus.

Hinzu kommt über MARX, der sich in der ihn kennzeichnenden Überheblichkeit vorgenommen hatte, HEGELS Philosophie vom Kopf auf die Füße zu stellen, das Anknüpfen an den von ihm so einseitig verstandenen deutschen philosophischen Idealismus mit dessen Überbetonung des Geistigen, wobei die Natur und damit die menschliche Umwelt verständlicherweise vernachlässigt werden. Auch das wirkte sich abträglich auf einen notwendigen Umweltschutz aus.

Mit der konsequenten Kampfstellung der Frankfurter Schule und der Neuen Linken gegen bewährte Grundlagen des sozialen Lebens wie die Familie oder den Staat und gegen die gemeinschaftstragenden Werte ›Heimat‹ und ›Vaterland‹ zeigte sich auf anderer Ebene die Verkennung der Wirklichkeit in langen Zeiten erprobter wichtiger Institutionen und kultureller Begriffe. FROMM hatte die Bindung »an Blut und Boden« und die »Bindung an die Vergangenheit« als eine »blutschänderische Bindung« (FROMM 1980, S. 61) bezeichnet und sie dadurch mit scheinwissenschaftlich psychoanalytischer Begründung zu verteufeln versucht, wie er auch »Ehre, Fahne, Staat, Mutter, Familie« als »die Götzen von heute« (ebd., S. 195) abzuwerten sich vorgenommen hatte. Er prangerte das europäische Heldentum in der Geschichte als eine bloße Folge von »Eroberungen, Hochmut und Raubgier« an (zit. in BENOIST 1982, S. 176) und zerstörte damit das für jeden Staat notwendige Geschichtsbewußtsein.

Im neuen *Wörterbuch der Pädagogik* werden die Gründe zusammengefaßt, welche die Neue Linke gegen die Heimatkunde im Schulunterricht vorbrachte und die zur Abschaffung dieses Faches geführt hatten: Die Heimatkunde »übertrage Ordnungsprinzipien der Natur in unkritischer Weise auf die Gesellschaft; ihr liege ein harmonistisches Menschen- und Weltbild zugrunde, sie identifiziere Heimat stets mit einer ländlich-agrarischen Wohn- und Lebensgemeinschaft und sei dadurch zivilisationsfeindlich; sie sei zu gemütsbeladen und berücksichtige zu wenig kognitive Lernziele und Ergebnisse der wissenschaftlichen Forschung; sie sei in der Gefahr einer Geringschätzung des Nicht-Heimatlichen; sie drohe in eine naturalistische Volkstumsideologie abzugleiten, und das didaktische Begründungsprinzip der ›Nähe‹ könne auf Grund veränderter Verhältnisse keine Gültigkeit mehr beanspruchen.« (BÖHM 1982, S. 231)

Diese verkrampften Bemühungen, den dem Marxismus gefährlichen Heimatbegriff herabzusetzen, sprechen gegen sich selbst. Erst nach rund einem Jahrzehnt linker Meinungshoheit in der Öffentlichkeit ist in den Kultusministerien Bayerns und Baden-Württembergs der pädagogische Widersinn dieser Bestrebungen erkannt worden, und die Heimatkunde wurde, wenn auch zunächst noch nicht wieder als Schulfach, so doch als Lehrgebiet an den Grundschulen wieder eingeführt.

Ohne Heimatliebe und Volksbewußtsein besitzt der Umweltschutz jedoch nicht die starke Antriebskraft wie in früheren Jahrzehnten. Nicht von ungefähr sind gerade aus den Heimat-, Wander- und Brauchtumsverbänden die leidenschaftlichsten Umweltschützer hervorgegangen. Die Heimat ist die unmittelbare geistige Umwelt des Menschen, in der er aufwächst und den Zusammenhang alles Lebendigen erlebt, zu der er die gefühlsmäßigen Bindungen hat. Das Vaterland ist seine weitere kulturell-geistige Umwelt, die meist politisch gefaßte Einheit der Kulturgruppe, deren Sprache, Tradition und Sitten der Einzelne während der Erziehung vermittelt bekommen sollte. Auch deswegen wurde die Heimatkunde nach dem Ersten Weltkrieg zur Zeit der Weimarer Republik an den deutschen Volksschulen als Fach eingeführt und behielt ihre Bedeutung, bis sie im Zuge der emanzipatorischen Schulreformen abgeschafft und durch das ideologischer Indoktrination besser geöffnete Fach Sachunterricht ersetzt wurde. Die Entwicklung ging so weit, daß Bundespräsident CARSTENS 1981 bei einer Rede in Düsseldorf fordern mußte: »Wir dürfen unserer Jugend nicht Bindungen, Inhalte und Wertungen vorenthalten, die für die Existenz jedes Individuums und jeder Gemeinschaft auf die Dauer notwendig sind. . . Kein Mensch lebt glücklich ohne Heimat, ohne Volk, ohne Vaterland.« (*FAZ* 13. 11. 1981)

Der ideologische Kampf der Linken gegen Heimat und Vaterland, besonders über die progressive Pädagogik, führte daher ziemlich unmittelbar auch zur Verstärkung der Umweltzerstörung. Ein Heimat- und Vaterlandsverächter kann nie ein echter und aufrechter Umweltschützer sein. Ein marxistischer Grüner – später in der Person des Umweltministers Trittin leider traurige Wirklichkeit – ist ein Widerspruch in sich, wenn unter einem Grünen ein überzeugter Umweltschützer und Naturfreund verstanden wird. Schon in der Theorie sind Marxismus und Umweltschutz im Grunde unvereinbar. Die Praxis unterstreicht das zur Genüge.

Diese Beweisführung läßt sich noch weiterführen und verfeinern. Die Schönheit und Harmonie der Natur ist von vielen Dichtern besungen, auch von modernen Biologen, etwa von Adolf Portmann oder Konrad Lorenz, als großes Erlebnis des immer weiter vordringenden Forschers geschildert worden. Der aus der Kritischen Theorie entspringende Geist der Disharmonie, der gewollten Gegensätze, der Zerstörung bestehender Ordnungen, der Ablehnung von Pflichten und Einordnung in eine Gemeinschaft erzeugt das Gegenteil: statt Freude an Gelungenem stete Unzufriedenheit, innere Zerrissenheit und Zerfressenheit vor Neid und Mißgunst, verbunden mit dem Gefühl dauernder Unterdrückung durch »repressive Zwänge«. Statt im Einvernehmen mit der Natur und der ganzen Wirklichkeit zu leben, wird von der Linken versucht, gegen diese ein rein ideologisch begründetes Bild durchzusetzen, ohne auf die Lebensgesetze zu achten, was auf die Dauer scheitern muß.

Die von dem linken Zeitgeist stark beeinflußten Verrücktheiten und Häßlichkeiten der modernen Kunst sind ein Ausdruck dieser widernatürlichen Haltung und des »Verlustes der Mitte« (Sedlmayer 1948), zu der die Naturbezogenheit unabdingbar gehört. In dieser Kunst scheint eher ein von krankhaften Geistern ersonnenes Gegenreich zur Natur zu erstehen. Der Kult des Häßlichen, der auch die Lesebücher der emanzipatorischen Pädagogik beherrscht, unterstreicht das eindrucksvoll. Gegenüber allem kritische, alles verneinende und zersetzende Geister können sich kaum für die Natur und die Erhaltung ihrer Schönheit einsetzen. Im Gegenteil: Ihnen entsprechen eher die häßlichen Asphaltwüsten und Betongebirge, die schreienden Reklamen und der laute Verkehrslärm in den großen Städten. Der Haß der klassischen wie der neuen Marxisten gegen das naturverbundene Bauerntum und den unabhängigen Landbewohner hat dieselben Wurzeln und wird in seinen Folgen unten noch geschildert.

Ein naturverbundener Mensch besitzt Lebensfreude, strahlt Hoffnung aus, ist grundsätzlich optimistisch, hat eine bejahende Grundeinstellung und geht aufbauend an seine Aufgaben heran. Die verneinende, kritisierende, alles Bestehende umzuwälzen und zu zerstören trachtende Frankfurter Schule stellt mit ihrem Geist der Verneinung und des Pessimismus das Gegenteil dar. Sie kann nicht einmal angeben, was sie als Endzustand erreichen will außer weltfremden Utopien. Sie kann kein positives Ziel vorweisen, sondern nur negative Bestimmungsstücke: frei sein von Zwängen, von Bindungen, von Verpflichtungen, was in letzter Konsequenz nur Anarchie und Kulturlosigkeit bedeuten kann. Sie ist der Geist der Verneinung, der unter dem Vorwand, bedrückende Zwänge abzubauen, zur Anarchie und Auflösung aller Ordnung hinstrebt.

Aus solcher Haltung kann offensichtlich niemals ein wirksamer Umweltschutz abgeleitet werden. Im Gegenteil: Die so falsch programmierten Menschen haben kaum ein Organ für die Natur und die Bedeutung ihres Schutzes gegenüber der um sich greifenden Technik. Daß Teile der heutigen Jugend, die den Ideen der Linken ausgeliefert waren, sich dennoch idealistisch zum Umweltschutz bekennen und sich leidenschaftlich dafür einsetzen, ist dazu kein Widerspruch, sondern zeigt nur, daß jede Jugend zunächst unverbildet eine aufbauende, auch der Natur zugewandte Lebenshaltung besitzt, die sich auch gegen noch so negative Beeinflussung durchsetzt, wenn die Dogmatik sich nicht mehr ganz geschlossen auswirken kann.

Die großen Metaphysiker waren alle der Natur zugewandt und offen für deren Schönheit, während ausgesprochene Materialisten und einseitige Rationalisten meist kein Verständnis für diese aufbrachten. Wer in der Nachfolge DESCARTES in mechanistischer Auffassung in Lebewesen nur bewegliche Maschinen sieht, kann schwerlich Verständnis für einen umfassenden Tierschutz haben, es sei denn für die als Nahrungsmittel verwertbaren Tierarten. Die Frankfurter Schule zeichnete sich durch einen solchen einseitigen Rationalismus aus, der, etwa bei ADORNO, auch zur Leugnung aller Metaphysik überhaupt führte. Letztlich sind aber die tiefsten menschlichen Fragen wie auch schon die auf das Gemüt und damit auf tiefere Schichten des Menschen wirkende Schönheit der Natur im reinen rationalen Bereich nicht zu erfassen. Mit Recht wandte sich Konrad LORENZ gegen den »Wärmetod des Gefühls« als eine der acht Todsünden der zivilisierten Menschheit. (LORENZ 1971, S. 297) Als Antriebe zur Naturliebe und damit zum Naturschutz sind tiefere Bereiche des geistig-seelischen Innenlebens des Menschen anzusprechen als die rein verstandesmäßigen. Wer sich wie die Frankfurter Schule in seinem Menschenbild allein auf diese beschränkt, entzieht dem Umweltschutz wichtige Antriebe und lähmt somit dessen Wirksamkeit.

Die Natur ist eine Ganzheit, ein vernetztes Verbundensein komplizierter Systeme. Wer wie ADORNO in seiner *Negativen Dialektik* (1966) die Ganzheit ablehnt und behauptet, das Ganze sei falsch, das Ganze sei das Unwahre, was HORKHEIMER später ausdrücklich unterstrich, verbaut den Zugang zu den wesentlichen Eigenheiten der Natur. Er beweist, daß er blind gegenüber der Wirklichkeit und unfähig ist, ihre großen Ordnungen zu erkennen. Statt der zergliedernden (analytischen) Methode der Frankfurter Kritiker ist eine vereinende (synthetische) ganzheitliche Schau der Wirklichkeit, vor allem beim Erfassen der Natur, eher wirklichkeitsgemäß und fruchtbarer für objektive Erkenntnisse. Nicht zufällig gehen seit einigen Jahrzehnten die modernen Naturwissenschaften und die Erkenntnistheorie in ihrem Bestreben nach möglichst guter Erfassung der Wirklichkeit mehr und mehr in diese ganzheitliche Richtung und beweisen die Beschränktheit der analytischen Betrachtungsweise. Die Frankfurter Schule ist somit auch in dieser Hinsicht hinter der allgemeinen Entwicklung zurückgeblieben und weiterhin an überholten Prinzipien des vorigen Jahrhunderts ausgerichtet.

Wirksamer Umweltschutz muß von der Wirklichkeit ausgehen, und nicht von einer weltfremden Ideologie. Das aber ist gerade bei den Frankfurter Neomarxisten der Fall, deren grundsätzlich ablehnende Haltung gegenüber den naturwissenschaftlichen Humanwissenschaften schon erwähnt wurde, besonders auf dem Gebiet der biologischen Anthropologie. Wo der Horizont von ideologischen Dogmen umstellt ist, fehlt der freie Blick, der sich an der Wirklichkeit der Umwelt ausrichtet und der die Voraussetzung für echten Umweltschutz bildet.

Ein heute notwendiger Umweltschutz muß aber genauso von einem richtigen Verständnis der Technik ausgehen. Er darf ihr weder völlig ablehnend gegenüberstehen, weil sonst die ganze Menschheit in eine ungeheure Hungersnot gestürzt würde, noch im progressiven Fortschrittswahn ihr anheimfallen. Während die Frankfurter

Neomarxisten ziemlich vollkommen die heutige technologische Gesellschaft ablehnen, huldigen andere marxistische Gruppen voll der Verherrlichung der Technik wie der ganze Ostblock nach LENINS Bestimmung: »Sozialismus ist Elektrifizierung plus Sowjetmacht.« Wie der klassische Marxismus haben auch seine neuen Abwandlungen das Wesen der Technik nicht verstanden – Ernst FORSTHOFF beschrieb ausführlich den »marxistischen Irrtum, die Technik von den Produktionsverhältnissen her begreifen zu wollen« (FORSTHOFF 1971, S. 35), und kam zu dem wohl richtigen Ergebnis: »Deshalb ist Georg Friedrich JÜNGERS Feststellung beizupflichten, daß MARX das Wesen der Technik nicht begriffen habe.« (ebd., S. 36)

Auch die Versuche der Neomarxisten, die alte Ideologie mit den neuen Verhältnissen vereinbar zu machen, sind jämmerlich gescheitert. Abschließend urteilte FORSTHOFF darüber: »Die technische Realisation hat gesellschaftliche Zustände geschaffen und Entwicklungen ausgelöst, die in den Vorstellungen und Begriffen der sozialen Realisation nicht mehr zu fassen sind. Die mit ingeniösem Scharfsinn unternommenen Versuche, den Marxismus durch Anreicherung mit dem Gedankengut Sigmund FREUDS oder in sonstiger Weise zeitgerecht herzurichten, bleiben jenseits der Schwelle, welche die Entwicklung längst überschritten hat, sind also ideologische Nachhutgefechte.« (ebd., S. 48)

Der Mainzer Naturwissenschaftler und Philosoph Hans SACHSSE stellte ähnlich fest, es sei bei den Neomarxisten »zu einer gewissen Distanzierung von Naturwissenschaft und Technik gekommen, um nicht zu sagen, zu einem Kontaktverlust«. (SACHSSE 1978, S. 209) Und gegenüber MARCUSES Hoffnungen auf die »neue Technik« durch »vollständige Automation« urteilte SACHSSE: »Wer die technische Praxis kennt, auf den wirken MARCUSES Äußerungen über die Automation überraschend naiv.« (SACHSSE 1978, S. 210)

Eine überzeugende Bestätigung der Unvereinbarkeit des Marxismus mit einem umfassenden Umweltschutz aus der Praxis heraus zeigte auch die frühere Entwicklung in den kommunistisch beherrschten Ländern des Ostblocks. Nirgends auf der ganzen Welt war die regionale Umweltzerstörung durch uneingeschränkte Industrialisierung so groß wie in diesen Gebieten. Beispielhaft seien dafür das Baumsterben und die weiträumige Waldzerstörung in den nordwestlichen Gebieten Böhmens, die heute unter tschechischer Verwaltung stehen, oder die radioaktive Verseuchung von Landschaften in Rußland genannt. Dagegen wurde von den betreffenden Staaten kaum etwas unternommen, weil die industrielle Gütererzeugung vorging und die Natur nur als Ausbeutungsobjekt verstanden wurde. Darüber hinaus waren diese Staaten – im Gegensatz zum Westen – auch kaum in der Lage, die erforderlichen Methoden und Mittel des Umweltschutzes zu entwickeln. Hinzu kam, daß im Osten der Umweltschutzgedanke vom totalitären Staat möglichst unterdrückt wurde, auch weil jener eine berechtigte Kritik an der dort herrschenden Ideologie einschließen würde. Eine ähnliche Umweltzerstörung würde sicher auch in einem Staat auftreten, der nach den Vorstellungen der Frankfurter Schule geleitet würde. Mit Marxisten ist eben kein Umweltschutz durchzuführen.

Während die Wirklichkeitsferne und Oberflächlichkeit des Neomarxismus zu einem Rückfall in Primitivität und Barbarei sowie zur weiteren Gefährdung der Umwelt führen, kann nur das umfassende geistige Ringen um die in der Natur verborgenen Wahrheiten und Erkenntnisse der Jugend einen sinnvollen Zugang zur Wirklichkeit vermitteln und ihr die Bewältigung der großen Zukunftsaufgaben ermöglichen, wozu auch ein besserer Umweltschutz auf Grund eines richtigen Naturverständnisses gehört.

Die geistige Auflösung des Volkes

Die wohl für die Zukunft folgenschwerste Auswirkung der zersetzenden Wirkung der Frankfurter Schule betrifft die Zerstörung des Volksbewußtseins und die Unterstützung aller Bestrebungen zur Auflösung des deutschen Volkes. Das Nationalbewußtsein der Deutschen, von dem so oft behauptet wird, es sei vor 1945 zu stark betont worden, sollte anschließend vernichtet werden, und der Umerziehung ist das bereits in großem Maße gelungen. Nicht von ungefähr gingen die international eingestellten 68er als Zöglinge der Frankfurter Schule für fremde Völker und deren Befreier wie CHE GUEVARRA oder HO CHI MINH auf die Straße, nicht für die damaligen Belange der Deutschen, nicht für deren seinerzeit noch ausstehende Wiedervereinigung oder deren Befreiung von der geistigen und materiellen Vorherrschaft durch die Siegermächte von 1945. Die von diesen betriebene, schon beschriebene Zerstörung der deutschen Traditionen und der Familie diente letztlich dem Ziel der Abschaffung der Deutschen.

Dazu wurden nach der bewährten Methode der Kommunisten und der Frankfurter Schule systematisch die das Bewußtsein bestimmenden Begriffe umfunktioniert und ausgewechselt. Statt vom ›Volk‹ wurde von Politikern und den gleichgeschalteten Medien nur noch von der ›Gesellschaft‹ oder der ›Bevölkerung‹ gesprochen, um damit das Bewußtsein von der geschichtlich gewachsenen Bluts-, Lebens- und Traditionsgemeinschaft aufzuheben und von den Traditionen abzunabeln. Der Bezug auf das ›Volk‹ im Grundgesetz, etwa in der Eidesformel, oder beim Soldateneid blieb wie ein Überbleibsel aus längst vergangenen Zeiten zwar bisher erhalten, verlor aber jede Verbindlichkeit, da sich jeder Etablierte hütete, vom ›Volk‹ zu sprechen. So kommt zum Beispiel in der Zentralen Dienstvorschrift der Bundeswehr ZDv 12/1 *Politische Bildung* vom 21. 12. 1988 der Begriff ›Volk‹ – außer in der Eidesformel – nicht mehr vor, er ist überall durch ›Gesellschaft‹ ersetzt worden. Dabei sollte die Bundeswehr eigentlich die ›Schule der Nation‹ sein, nicht die irgendeiner Gesellschaft.

Das Grundgesetz geht eindeutig vom »Deutschen Volk« aus. Noch 1987 hat das Bundesverfassungsgericht die Pflicht zur Erhaltung des deutschen Volkes als Verfassungsauftrag hervorgehoben: »Das Festhalten an der deutschen Staatsangehörigkeit in Art. 116 (1), 16 (1) GG und damit an der bisherigen Identität des Staatsvolkes des deutschen Staates ist normativer Ausdruck dieses Verständnisses und dieser Grundentscheidung. Aus dem Wahrungsgebot folgt insbesondere die verfassungsrechtliche Pflicht, die Identität des deutschen Staatsvolkes zu erhalten.« (*Neue Juristische Wochenschrift,* Heft 2, S. 1313 f., 1988) Auf diesem Hintergrund dürften die Bestrebungen nach einer ›multikulturellen Gesellschaft‹ den Tatbestand der Verfassungsfeindlichkeit und des Hochverrats in Deutschland erfüllen. Daß sich dessen noch kein Generalbundesanwalt angenommen hat, zeigt das Ausmaß des Erfolges der 68er in der Öffentlichkeit und in der Justiz an.

Wie weit die Zerstörung des Volks- und Kulturbewußtseins bereits vorangeschritten ist, zeigt auch ein Blick auf die Namenslisten Neugeborener. Selbst wenn beide Eltern Deutsche sind, findet sich kaum noch ein guter deutscher Name für die Kinder. Die Heinrich und Wilhelm, Hildegard und Gisela sind ersetzt durch Kevin und Mike, durch Nicole oder Nadine. Die Eltern haben sich der Mode angepaßt, und eilfertig sind die eingeführten Namen auch von den

Offizielles Plakat zum ORWELL-Jahr 1984. »Die Wahrheit ist, daß die Meinungsfreiheit unteilbar ist und daß sie zu bestehen aufhört, sobald man ihr Grenzen zuweist. Die Wahrheit ist, daß die Zensur nicht hinnehmbar ist, unabhängig von den Beweggründen, der Identität der Opfer und der Bedingungen, unter denen sie stattfindet. Keine Zensur ist geistig vertretbar, und keine ist übrigens wirksam.« (Alain DE BENOIST)

Schulbüchern übernommen worden, deren Autoren nicht gegen den Zeitgeist verstoßen wollen und ein feines Gespür für die politische Korrektheit haben.

Besonders deutlich wurde die antideutsche Politik durch Begriffsumwandlung bei der nach der kleinen Wiedervereinigung von West- und Mitteldeutschland innerhalb weniger Wochen von allen Bonner Parteien und den Medien vorgenommenen Bezeichnung ›Ostdeutschland‹ für Mitteldeutschland. Damit wurde das große Vergessen über das wirkliche Ostdeutschland jenseits von Oder und Neiße mit Breslau, Danzig und Königsberg und über dessen großen Kulturbeitrag eingeleitet und die von der Bonner Regierung durchgeführte Verzichts- und Verratspolitik in bezug auf die ostdeutschen Provinzen unterstützt. In ähnlicher Weise hatte in den Jahrzehnten vorher der Übergang von der ›Sowjetischen Besatzungszone‹ über die ›Ostzone‹ zur ›DDR‹ – zunächst mit, dann ohne Gänsefüßchen – zu der von den Linken schließlich um 1987 offen geforderten endgültigen Anerkennung der Teilung Deutschlands führen sollen, was jedoch die Menschen Mitteldeutschlands durch ihre friedliche Revolution von 1989/90 glücklicherweise verhinderten.

Ergänzend zur Inhaltsänderung von Begriffen wurden von den vereinten antifaschistischen Kreisen neue eingängige Begriffe geprägt und über die ihnen hörigen Medien ins Volk getragen: ›Fremdenfeindlichkeit‹, ›Ausländerfeindlichkeit‹, ›Rechtsextremismus‹, ›Gewalt von rechts‹, die Wandlung vom ›Fremdarbeiter‹ über ›Gastarbeiter‹ und ›ausländischem Mitbürger‹ zum echten ›Mitbürger‹: Ein ›Neusprech‹ zur Durchsetzung linker politischer Ziele und der Diffamierung sowie Ausschaltung jeder volklich ausgerichteten Opposition entstand. ORWELLS *1984* ist längst Wirklichkeit geworden, Herrschaft durch Sprache wird mit Erfolg praktiziert. Und die zur Kritik aufgerufenen Medien machen bei diesem Zeitgeist bis auf wenige Ausnahmen mit.

Die gegen den erklärten Willen der Mehrheit der Deutschen seit 1996 von den Kultusministern durchgesetzte Rechtschreibreform (siehe oben, S. 133) für die Schulen, der sich die meisten Medien – wenn auch in leicht veränderter Form – anschlossen, dürfte zu einem erheblichen Teil denselben politischen Überlegungen entsprungen sein: durch das vorhersehbare und nun eingetretene Chaos der Schreibweisen – die angesehene *Frankfurter Allgemeine Zeitung* kehrte am 1. August 2000 zur alten Schreibweise zurück (*FAZ* 27. 7. 2000) – möglichst Verwirrung unter den Deutschen zu stiften, die Bildung der Jugend zu erschweren und die Deutschen von ihrem großen geistigen Erbe zu trennen. Zur Zeit gibt es nebeneinander mindestens: die amtliche Schreibweise, die des Duden der Rechtschreibreform von 1996, die des neuen Duden von August 2000, der eine Reihe von Widersprüchen und Unsinnigkeiten der Reform zu beseitigen versucht, die alte Schreibweise, die auch viele Schriftsteller und Dichter für ihre Werke beizubehalten forderten und fordern. Umfragen mehrerer größerer Zeitungen ergaben Abstimmungen, bei denen die Leser sich mit mehr als 95 Prozent für die Rückkehr zur alten Schreibweise aussprachen (*FAZ* 1. 8. u. 23. 8. 2000), und das ›Allensbacher Institut für Demoskopie‹ fand dafür in der ganzen Bevölkerung eine Mehrheit von 61 Prozent. (*FAZ* 13. 9. 2000) Ähnliche Ergebnisse ergaben sich bei Befragungen in Österreich und der deutschsprachigen Schweiz. (*FAZ* 9. 8. u. 23. 8. 2000)

Die biologische Zerstörung des deutschen Volkes

Die Angriffe der Umerziehung auf das Geistesleben und die kulturelle Tradition der Deutschen hatten auch bedrohliche Auswirkungen auf ihr generatives Verhalten. Nicht zufällig begann nach geburtenstarken Jahrgängen in den ersten beiden Nachkriegsjahrzehnten das deutsche Geburtendefizit zu Beginn der siebziger Jahre zur Zeit der linksliberalen Koalition und unter dem nun stärker wirkenden geistigen Einfluß der Jünger der Frankfurter Schule. Gleichzeitig wurden in unverantwortlicher Weise immer größere Zahlen an einwandernden Ausländern zugelassen. Deutschland begann als Weltmeister des Geburtenschwundes den Weg in die Todesspirale, aus der es den Ausweg immer noch nicht gefunden hat.

In den folgenden Jahrzehnten wanderten Millionen Fremder ein und nahmen vor allem die Vorzüge des sozialen Netzes wahr. Völlig unberechtigt wurden vorrangig zur Volkserhaltung gedachte bevölkerungspolitische Maßnahmen wie das Kinder- und Erziehungsgeld unter dem Einfluß linken Geistes auch Ausländern gewährt. 1998 erhielten 926 000 Ausländer für ihre 1,7 Millionen Kinder rund 5,1 Milliarden DM Kindergeld über Arbeitsämter oder private Arbeitgeber, rund 12,5 Prozent des so in Deutschland gezahlten Kindergeldes. Weiteres kam von öffentlichen Arbeitgebern hinzu. Damit floß mehr als jede achte Mark dieser vom Staat für seine Zukunft gedachten Maßnahme in falsche Hände. »Der Löwenanteil des Kindergeldes für Ausländer fiel türkischen Staatsbürgern zu: 365 348 türkische berechtigte Mütter/Väter bezogen im vorigen Jahr für 747 187 Kinder 2,2 Milliarden Mark Kindergeld.« (*Welt am Sonntag* 26. 9. 1999) Bei dem Erziehungsgeld war der Anteil der Ausländer mit 14,5 Prozent und rund einer Milliarde Mark noch höher. »Kindergeld und Erziehungsgeld plus weitere staatliche Zahlungen wie Sozialhilfe und Asylbewerber-Hilfe summieren sich auf jährlich 14,5 Milliarden Mark Zahlungen an Ausländer.« (ebd.)

Selbst das Wort ›Bevölkerungspolitik‹ war jahrzehntelang in Deutschland ein Tabu, das kein Politiker, wenn er an seine Karriere dachte, anzurühren wagte, weil es im Dritten Reich mißbraucht worden sei. Im Ausland, etwa in Frankreich oder in den Ostblockstaaten, trieb man dagegen erfolgreich und ohne ideologische Scheuklappen Bevölkerungspolitik. Erst langsam kommt man in der Bundesrepublik Deutschland angesichts des drohenden drastischen Bevölkerungsrückgangs und des Zusammenbruch des Rentensystems nicht mehr darum herum, in solchen Kategorien zu denken. So forderte der sozialpolitische Sprecher der CSU im Bundestag, SINGHAMMER, am 22. August 2000 in Berlin wohl erstmalig als Vertreter einer Bundestagspartei eine »aktive Bevölkerungspolitik« und erklärte, die Bevölkerungspolitik müsse befreit werden von dem noch immer geltenden Vorurteil, rassistisch motiviert zu sein; sie müsse in einem demokratischen Land demokratisch verstanden werden als »Verantwortung für die künftige Generation«. (*FAZ* 23. 8. 2000)

Er ging damit endlich – wenn auch mindestens zwei Jahrzehnte zu spät – auf die schon immer vorgetragenen berechtigten Forderungen volksbewußter Persönlichkeiten ein. Bisher waren solche Äußerungen nationaler Politiker jahrzehntelang als Ausdruck rassistischen Geistes, ausländerfeindlichen Denkens und faschistischer Unbelehrbarkeit von allen ›staatstragenden‹ Parteien diffamiert worden, und Hinweise auf solche Bezüge galten im Verfassungsschutzbericht als ›rechtsextrem‹. Das ganze Thema war tabuisiert, es herrschten Denkverbote. Nicht zuletzt diese Verdrängung einer für die Zukunft der Deutschen entscheidenden Frage durch alle maßgebenden Politiker war einer der Gründe für die Ausschreitungen gegen Ausländer in Mitteldeutschland. Die dann von der Linken ausgehenden Öffentlichkeitskampagnen gegen rechts versuchten, noch einmal von diesen Fragen abzulenken und dringend notwendige Entscheidungen zu verhindern. Bundesinnenminister SCHILY sah sich im September 2000 genötigt, darauf hinzuweisen, daß nun die Diskussion über die Ausländerpolitik ohne Denkverbote und ›Tabus‹ zu erfolgen habe (*FAZ* 25. u. 26. 9. 2000) – wieder Jahrzehnte zu spät.

Und an frühen Mahnern und Warnern hat es wahrlich nicht gefehlt. Der Düsseldorfer Bevölkerungswissenschaftler Heinrich SCHADE schrieb nach aufrüttelnden Vorträgen schon 1974 das Buch *Völkerflut und Völkerschwund* über die bereits damals besorgniserregenden Bevölkerungsentwicklungen in den deutschsprachigen Ländern. Er gehörte mit zu den Unterzeichnern des in der Presse übel diffamierten Heidelberger Manifestes vom 17. Juni 1981, in dem es mahnend hieß: »Gegenüber der zur Erhaltung unseres Volkes notwendigen Zahl von Kindern werden jetzt jährlich kaum mehr als die Hälfte geboren. Bereits jetzt sind viele Deutsche in ihren Wohnbezirken und

Jungen in Bonn 1955 (Foto: J. H. DARCHINGER). Während im Jahre 1965 17,5 Lebendgeborene je 1000 Einwohner zu verzeichnen waren, sank die Zahl auf 8,5 im Jahre 2004. In den Geburtsjahrgängen 1946 bis 1951 betrug der Anteil an kinderlosen Frauen in Deutschland 15,5 Prozent, in den Geburtsjahrgängen 1956 bis 1961 20,8 Prozent!

an ihren Arbeitsplätzen Fremdlinge in der eigenen Heimat.« (siehe Anhang, S. 365) 1984 veröffentlichte er unter dem Titel *Deutschland – ohne Deutsche* Warnungen vor dem »Volksselbstmord« zusammen mit dem Soziologen Robert HEPP (»Das deutsche Volk in der Todesspirale«) und dem Münchner Ordinarius Helmut SCHRÖCKE (»Volk – Völker – Deutsches Volk«). Als 1988 Robert HEPPS aufrüttelndes Buch *Die Endlösung der Deutschen Frage – Grundlinien einer politischen Demographie der Bundesrepublik Deutschland* erschien, bekam der Verfasser statt Dank für die berechtigte Analyse eines drängenden deutschen Problems große Schwierigkeiten als Hochschullehrer sowie Disziplinarverfahren von seinem Amtsherrn und hätte beinahe seine Universitätsstellung verloren.

Am 9. Oktober 1986 veranstaltete die Konrad-Adenauer-Stiftung auf Betreiben des Mathematikers Theodor SCHMIDT-KALER, der auch das Heidelberger Manifest mit unterzeichnet hatte, einen Fachkongreß in Bonn zur Bevölkerungspolitik, an dem Politiker und Vertreter der Ministerien teilnahmen. Die Wissenschaftler zeichneten ein düsteres Bild von der deutschen Zukunft und sagten für 2050 nur noch 50, für das Jahr 2100 nur noch 24 Millionen Deutschstämmiger voraus. Das Schlagwort »Die Deutschen sterben aus« sei keine unberechtigte Parole Rechtsradikaler, sondern sei von höchster Aktualität, auch was die Vergreisung und die damit verbundene Lage der

Renten angehe. Aber trotz des eindringlichen Appells ergab sich keinerlei politische Reaktion. Es blieb auch unter der CDU-Regierung bei dem Zustand, den die SPD-FDP-Koalition 1975 vertreten hatte: »Die Bundesregierung ist nicht der Auffassung, daß aufgrund der vorliegenden Erkenntnisse jetzt der Zeitpunkt zum Einsatz direkter bevölkerungspolitischer Maßnahmen gekommen wäre.« (*Bundestagsdrucksache* 7/3340 vom 10. 3. 1975)

Mitte der neunziger Jahre erstellten die Gesellschaftswissenschaftler Meinhard MIEGEL und Stefanie WAHL im Auftrag der Bonner Regierung eine Studie zu den Gründen für die ablaufende Bevölkerungsentwicklung und insbesondere für das Geburtendefizit der Deutschen. Da ihre Ergebnisse so erschreckend waren und den Zeitgeist anklagten, durften die Wissenschaftler diese nicht amtlich veröffentlichen und mußten sie privat in dem Buch *Das Ende des Individualismus – Die Kultur des Westens zerstört sich selbst* (1996) herausbringen.

Daß in Deutschland viel zu wenige Kinder geboren werden, hat auch wesentlichen Einfluß auf die wirtschaftliche Entwicklung. Dabei geht es nicht nur um besonders auf den Bedarf von Kindern ausgelegte Branchen, sondern um die Wirtschaft und das Finanzwesen als Ganzes, vor allem um das langfristige Vertrauen in die wirtschaftliche Kraft der ganzen Volkswirtschaft. Diese Abhängigkeit wurde bisher kaum beachtet. Das große Geburtendefizit bildet auch einen Grund mit für das fehlende Vertrauen in den Euro und damit für den zunehmenden Euro-Verfall. Für Professor Hermann ADRIAN ist der Mangel an Geburten der »wichtigste Grund für diese Entwicklung«, und er schreibt dazu: »Die längerfristigen Ursachen des Euro-Verfalls gegenüber dem Dollar liegen in der gegensätzlichen Bevölkerungsentwicklung dieser beiden Wirtschaftsräume. Die Vereinigten Staaten haben bei heute fast gleicher Bevölkerungszahl 40 Prozent mehr Geburten als Deutschland. . . Da die Kinder aber die Zukunft eines Landes sind, traut man den Vereinigten Staaten eine viel bessere Zukunft zu als Euroland, und damit fließen die Investitionen in die Vereinigten Staaten, was den Euro-Kurs schwächt.« Für die Zukunft zieht er daraus die Folgerung: »Ohne eine stabile Bevölkerungsentwicklung durch ausreichende Geburtenzahlen wird Euroland im Wettbewerb mit den Vereinigten Staaten chancenlos zurückfallen und der Euro weiter an Wert verlieren.« (*FAZ* 8. 11. 2000)

Der Bielefelder Bevölkerungswissenschaftler Herwig BIRG wurde noch konkreter: »In langfristiger Perspektive hängen sogar Aktienkurse und die demographische Entwickung miteinander zusammen.« (*FAZ* 12. 4. 2000) Und er setzt darauf eine gewisse Hoffnung: »Wenn sich diese Erkenntnis verbreitet, könnte sich die Situation (des großen Geburtendefizits, R. K.) schnell ändern.«

Es wurden regierungsseitig zur zunehmenden Einwanderung große Worte gefunden, insbesondere sei Deutschland kein Einwanderungsland und solle keines werden. Am 5. März 1982 meldete dpa: »Die Ministerpräsidenten der elf Bundesländer halten es aus Sorge um die wachsende Ausländerfeindlichkeit für erforderlich, den Zustrom von Gastarbeitern und Asylanten weitgehend zu stoppen.« Und die CDU gab zur Landtagswahl in Hessen 1982 ein Flugblatt heraus, in dem es völlig zutreffend hieß: »Mit 4,7 Millionen im Bundesgebiet und über 500 000 in Hessen ist die Ausländerzahl in unserem Land zu hoch. . . Die CDU will erreichen, daß in ca. 5 Jahren die Zahl der Ausländer in Deutschland um etwa 1 Million abnimmt. Anderenfalls entstehen Probleme, mit denen die nächste Generation kaum noch fertig werden kann.« Inzwischen ist es schon soweit.

Der Ausländeranteil in Deutschland nahm jedoch in den folgenden achtziger Jahren unter der CDU-geführten Bundesregierung um weitere Millionen zu.

Einen bezeichnenden Grundsatzartikel schrieb der der CDU angehörende Politologe Dieter OBERNDÖRFER vom Arnold-BERGSTRÄSSER-Institut in Freiburg in der *Zeit* (13. 11. 1987). Er sprach sich darin »für eine aktive Immigrationspolitik« und gegen die »konstruierten Mythen einer nationalen, in die Gegenwart einmündenden Geschichte« aus. Für ihn »bedarf das Recht auf Einwanderung, Einbürgerung oder Gewährleistung von politischem Asyl keiner eigenen verfassungsrechtlichen Begründung« mehr, sondern ist in der weltbürgerlichen Orientierung der Bundesrepublik, in der »republikanischen Weltordnung«, bereits angelegt. Denn die Völker seien nur die bedauerliche Folge einer »durch den Nationalismus bedingten urzeitlichen tribalistischen provinziellen Aufsplitterung der Menschheit«. Es müsse der »Nationalismus, der die Menschheit in Völker auseinanderdividierte, nicht nur durch theoretische, sondern durch praktizierte Menschlichkeit überwunden« werden. Und er forderte: »Die allmähliche Umwandlung der Bundesrepublik von einem ›völkisch homogenen‹ Staat in ein Einwanderungsland muß als mögliche Bereicherung wahrgenommen und nicht von vornherein als Belastung abgewertet werden.«

Selbst die unsinnigsten Begründungen wurden von dem CDU-Professor vorgetragen: »Durch eine Einwanderungspraxis, in der die Republik als Fluchtburg von Freiheit, Recht und besseren Lebenschancen erfahren wird, gewinnt die Republik neue und überzeugte Patrioten... Zugleich würden durch eine großzügige Einwanderungs- und Asylpolitik auch Barrieren gegen die Einigung Europas abgebaut.« Als wenn Fremde schnell zu Patrioten würden und die Einwanderung von Asiaten Europas Einigung vorantreibe.

Ähnliches propagierte wenig später der ehemalige CDU-Generalsekretär Heiner GEISSLER in seinem Buch *Zugluft. Politik in stürmischer Zeit* (GEISSLER 1990). »Plädoyer für eine ›multikulturelle Gesellschaft‹« überschrieb der *Spiegel* (Nr. 13, 1990, S. 155–173) seine ausführliche Besprechung. GEISSLERS Rezept im Hinblick darauf, daß nach Schätzungen von Experten die Zahl der Westdeutschen schon »bis zum Jahr 2030 auf unter 40 Millionen absinken« werde, lautete: »Wir brauchen Ausländer in beiden deutschen Staaten, um die Zukunft Deutschlands zu sichern.« Offen trat er für »die teilweise biologische Vermischung« ein: »In der multikulturellen Gesellschaft, die inzwischen schon globalen Charakter hat, muß es der Hans nicht länger mit der Grete treiben.« Man könne zwar die Ausländer »nicht zu Germanen machen«, aber »sie werden, wenn wir das Einbürge-

Heiner GEISSLER: »Mit der Behauptung, in einer multikulturellen Gesellschaft würden die Kämpfe der Volksgruppen, die heimischen Konflikte der Griechen und Türken, der Palästinenser und der Juden auf deutschem Boden ausgetragen werden, verhält es sich wie mit der Sentenz, vergewaltigte Frauen hätten die Schändung provoziert und heimlich gewünscht.« in: Stefan ULBRICH (Hg.), Multikultopia. Gedanken zur multikulturellen Gesellschaft, *Vilsbiburg 1991*

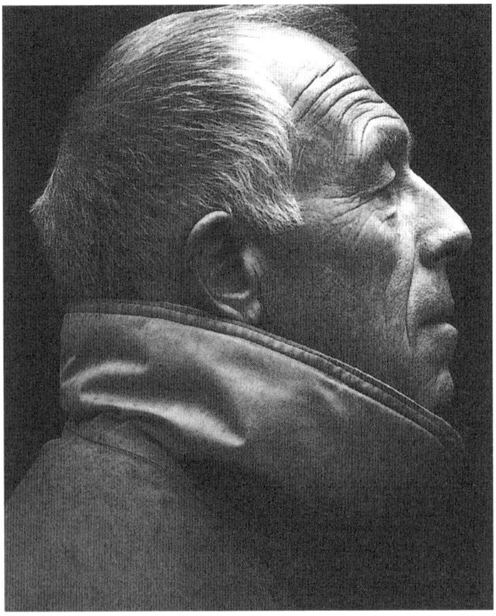

rungsrecht richtig gestalten, Deutsche werden«, Deutsche mit einem »Verfassungspatriotismus«, und für diesen »müssen wir die verfassungsrechtlichen Schlagbäume im eigenen Denken niederreißen«. Henry MORGENTHAU würde sich über solche Auslassungen zum deutschen Völkermord gefreut haben.

Im Jahre 2000 wohnten nach offiziellen Angaben, zu denen noch eine erhebliche Dunkelziffer hinzuzurechnen ist, knapp acht Millionen Fremde in der Bundesrepublik Deutschland und bildeten damit das Zukunftsproblem Nummer eins: Die Umvolkung und Entvolkung Deutschlands drohen. Vor allem im Hinblick darauf erklärte am 14. März 1997 bei einem Vortrag im Stuttgarter Landtag Alfred MECHTERSHEIMER: »Wer lernen will, wie man sein Land zugrunde richtet, könnte in Bonn sein Praktikum machen!«

Nach Beginn der rotgrünen Koalition urteilte der neue Bundesinnenminister SCHILY am 15. November 1998 zwar: »Die Grenze der Belastbarkeit Deutschlands durch Zuwanderung ist überschritten«, was zu »Das Boot ist voll« führte; aber entsprechende Maßnahmen zur Verringerung der Zahl der Ausländer unterblieben.

Am 23. März 2009 teilte das Statistische Bundesamt mit, daß Ende 2008 insgesamt rund 6,73 Millionen Menschen mit ausschließlich ausländischer Staatsangehörigkeit in Deutschland lebten. Der Anteil der Türken darunter sei 1,69 Millionen. Diese Zahl sei im Jahre 2008 um 25200 gesunken, vor allem durch Einbürgerung. Hinzu sind noch einige Hunderttausend Ausländer zu rechnen, die in den letzten zehn Jahren seit Änderung des Staatsbürgergesetzes durch die rot-grüne Koalition die deutsche Staatsbürgerschaft erhielten. Im Jahre 2008 seien »gut 403400 Personen mit ausländischer Staatsangehörigkeit nach Deutschland zugezogen oder wurden hier geboren«. Da sind fast so viele, wie echte Deutsche geboren wurden. 2007 wurden insgesamt rund 682 000 Kinder in Deutschland geboren, einschließlich der Ausländerkinder bei 844 000 Sterbefällen. »1,33 Millionen oder 20% aller im Ausländerzentralregister geführten Ausländerinnen und Ausländer wurden in Deutschland geboren«, davon waren ein Drittel Türken. Das Durchschnittsalter der Ausländer betrug 37,9 Jahre und liegt damit viel tiefer als das der Deutschen. Der Anteil der Personen »mit Migrationshintergrund«, also mit mindestens einem nichtdeutschen Eltern- oder Großelternteil, betrug Anfang 2009 rund 15 Millionen Personen, machte also ein Fünftel aller in der Bundesrepublik wohnenden Menschen aus.

*»Die stille Islamisierung« (*Der Spiegel *13/2007) schreitet voran und wird von deutschen Gutmenschen unterstützt. Einer Studie der Universität Tübigen (Remid: Islam in Deutschland 2030) nach werden 2030 sieben Millionen Muslime in Deutschland leben – das entspricht einem Anteil an der Bevölkerung von 10 Prozent.*

Kein anderer Staat hat eine solche, gerade arme Einwanderer anlockende Ausländer- und Asylgesetzgebung, die seit Jahrzehnten in großem Maße mißbraucht wird. (Quaritsch 1985) Kein anderes Land, auch nicht die klassischen Einwanderungsländer wie die USA, Kanada oder Australien, haben solche Mengen von Ausländern und Kriegsflüchtlingen aufgenommen wie die Bundesrepublik. Kein anderes Land ist so ausländerfreundlich, bietet den Ausländern solche finanziellen und wirtschaftlichen Hilfen, unterstützt in Not Geratene so uneigennützig.

Man sieht im Ausland zunächst die eigenen Interessen und äußert sogar extreme Ansichten: Der frühere türkische Justizminister Mehmut Esat erklärte über seinen Staat: »Dieses Land ist ein Land der Türken. Wer nicht rein türkischer Herkunft ist, hat nur ein einziges Recht, das Recht, Sklave zu sein.« (*Münchner Merkur* 26. 7. 89) Und der namibische Innenminister Jerry Ekandio forderte in der Regierungszeitung *New Era* alle namibischen Frauen auf, sie sollten keine Ausländer heiraten, da diese »reaktionäre Elemente in das Land« brächten. Denn Ausländer, die namibische Frauen heirateten, arbeiteten »Tag und Nacht daran, Frieden und Stabilität im Lande zu untergraben«. (*FAZ* 24. 8. 2000)

Ein bezeichnendes und lehrreiches Beispiel für die von deutschen Politikern verfolgten Bestrebungen, das deutsche Volk abzuwerten und möglichst abzuschaffen, war die vor allem von der rotgrünen Koalition, aber auch von CDU-Abgeordneten (Rita SÜSSMUTH), getragene Maßnahme der angeblich ›künstlerischen‹ Gestaltung des nördlichen Lichthofes des Berliner Reichstags mit einem einundzwanzig mal sieben Meter großen Holztrog voller Erde und darin einer Inschrift nach dem Entwurf Hans HAACKES. Der seit 35 Jahren in New York lebende 64jährige ›Konzeptkünstler‹ hatte dafür vorgeschlagen, in bewußtem und betontem Gegensatz zu der seit knapp einem Jahrhundert (1916) an der Front des Reichstags stehenden Widmung »Dem Deutschen Volke« in mehr als metergroßen leuchtenden Neonbuchstaben »Der Bevölkerung« auszuführen und von allen Bundestagsabgeordneten Erde aus ihrem Wahlkreis darum in den Trog zu schütten. Der Kunstbeirat des Bundestages (2. 11. 1999 und 28. 1. 2000) und das Plenum der Abgeordneten selbst (5. 4. 2000) stimmten trotz überwältigenden Protestes aus der deutschen Öffentlichkeit (z. B. *FAZ* 23. 12. 2000) diesem Affront gegen das deutsche Volk zu (260 gegen 258 Stimmen) und bewiesen damit vor aller Welt, wie sie ihre Aufgabe verstehen, ›Volksvertreter‹ des deutschen Volkes zu sein: möglichst zur weiteren Zerstörung des deutschen Volkes und zu seiner Abschaffung zugunsten irgendeiner Bevölkerung beizutragen.

Die Einweihung des den Reichstag verschandelnden und zur Volkszersetzung gedachten »interaktiven Kunstprojektes« geriet

Hans HAACKES Holztrog im Reichstag, nach CHRISTOS Einwicklung eine weitere Verhöhnung des Reichstags und zur Abschaffung des deutschen Volkes. Dafür ist nach wie vor STALIN in einer Tafelbilderwand in dem Abgeordnetenrestaurant des Reichstages vertreten. Die Mehrheit der Abgeordneten scheint also eher seiner Ideologie des Antifaschismus als dem deutschen Volk verpflichtet zu sein.

dann auch am 12. September 2000 zur Harlekinade: »Ernst beiseite, Spaß muß sein. Der erste Akt der Erdausschüttung im Reichstag geriet komisch«, titelte die *FAZ* (14. 9. 2000) zu Recht, zitierte den Kunsthistoriker Walter GRASSKAMP mit der »unästhetischen Demokratie« und schrieb, daß »der Verlauf der Kunstaktion ins Komische umschlug«. Das Vorhaben gründe auf der gegenwärtigen »Spaßgesellschaft«, es sei wohl so, »daß den Herren und Damen vom Kunstbeirat die Banalität ihres Auftritts nicht bewußt war«. Bundestagspräsident THIERSE soll eine komische Figur abgegeben haben, als er als erster Erde vom jüdischen Friedhof am Senefelder Platz in Berlin in den Holztrog schüttete. Und weil in den an die Abgeordneten ausgegebenen Jutesäcken die aus den Wahlkreisen herangefahrene Erde eine Umwandlung zur »Kunst« erfuhr, sollen die Säcke – nun selbst zu Kunstobjekten geworden – in einem Museum »archiviert« werden. (*FAZ* 1. 9. 2000) Was die Welt wohl über solche Peinlichkeiten und das Niveau deutscher Abgeordneter denken muß!

Man könnte über soviel sich selbst richtende Lächerlichkeit und ›künstlerische‹ Absurdität den Mantel des Schweigens legen und zur Tagesordnung übergehen, wenn dahinter nicht ein systematisch planender politischer Wille stände und nicht dadurch wieder ein zersetzender Angriff gegen die Zukunft des deutschen Volkes erfolgreich durchgeführt worden wäre. Unverantwortlich dabei ist, wie von führenden Vertretern der sich Volksparteien nennenden politischen Gruppierungen an der Zerstörung des deutschen Volkes und seines geistigen Erbes gearbeitet wird. Solches geschieht in einer Zeit der oft beschworenen Demokratisierung zudem völlig undemokratisch, weil gegen den ausdrücklichen und kundgegebenen Willen der Mehrheit der Deutschen. Deutsche Politiker handelten in diesem Falle wieder als Erfüllungsgehilfen deutschfeindlicher Kreise – wie der Frankfurter Schule –, die das erreichen wollen, was in Versailles und Potsdam nicht gelang: die endgültige Vernichtung Deutschlands.

Ein neues Beispiel dafür, daß die Begriffshoheit der Frankfurter Schule auch bis weit in die CDU reicht und selbst deren führende Vertreter sich der linken politischen Korrektheit beugen, bot der amtierende Bundespräsident Horst KÖHLER bei seiner letzten ›Berliner Rede‹ in seiner ersten Amtsperiode am 24. März 2009 in der Elisabeth-Kirche in Berlin. Er sprach darin von den Krisen im Finanz- und Wirtschaftsbereich, beschwor die Solidargemeinschaft, auch eine

»globale Solidargemeinschaft«, hütete sich aber davor, einmal das Wort ›Volk‹ oder gar ›deutsches Volk‹ zu gebrauchen, obwohl es mehrmals nahegelegen hätte. Für ihn, der mehrfach vom »wir« sprach und damit offenbar die Deutschen meinte, kam nur der »Staat«, die »Bevölkerung«, »unser Land« und »unsere Gesellschaft« in Betracht, ganz wie es die Frankfurter erstrebten. (*FAZ* 25. 3. 2009, S. 8)

Die vorrangige Frage nach der Zukunft unseres Volkes und seiner Kultur wird von den immer noch dem Geist der 68er ergebenen Politikern aller Fraktionen des Bundestages nicht mehr gestellt. Ernst JÜNGER erkannte zutreffend: »Die geistige Unterwerfung beginnt dort, wo man die Fragestellung aufnimmt, gleichviel, welche Antworten man dann auch findet.« (zit. von Klaus MOTSCHMANN, »Politisch unhygienisch«, in: *Junge Freiheit* 20. 3. 2009, S. 17)

Die »Klage um Deutschland« – der schon vor Jahrzehnten Friedrich Franz VON UNRUH beredten Ausdruck gab (siehe Anhang) – ist berechtigt.

Ausländer-Integration und multikulturelle Gesellschaft

Als Anfang der siebziger Jahre die Welle der nach Westdeutschland einströmenden Ausländer immer größere Ausmaße annahm und sich zu einem echten Problem ausweitete, vor dessen Folgen konservative Kreise schon jahrelang gewarnt hatten, wurde insbesondere von seiten der Neuen Linken, der Gewerkschaften und der Kirchen, die maßgeblich unter dem Einfluß der Ideen der Frankfurter Schule standen, die Integration der Ausländer in die deutsche Bevölkerung als Forderung an Staat und Gesellschaft erhoben. Mit scheinbar humanitären Begründungen wurde zunächst der Nachzug der Familienangehörigen statt eines rollierenden Systems wie in anderen Ländern unter der sozialliberalen Koalition durchgesetzt, so daß die Zahl der Ausländer – einschließlich der vielen illegalen – in den achtziger Jahren die Fünfmillionen-Marke in Westdeutschland überschritt. Im Jahre 1965 stellte das Kölner Domkapitel »mehreren hundert türkischen Gastarbeitern, weil im Kölner Gebiet keine Moschee vorhanden ist, zwei Seitenschiffe der katholischen Kathedrale zur Verfügung... Am gleichen Ort hatte 1147 der Zisterzienser-Abt BERNHARD VON CLAIRVAUX zum zweiten Kreuzzug gegen die Türken aufgerufen.« (*Der Spiegel* Nr. 8, 17. 2. 1965, S. 16) Heute gibt es Tausende von Moscheen und islamischen Gebetshäusern in Deutschland.

Nur rund die Hälfte der Ausländer waren am eigentlichen Arbeitsprozeß beteiligt. Mit der Gettobildung, insbesondere in einigen Berliner Stadtteilen, und den damit verbundenen Schattenseiten dieser Entwicklung wurde gefährlicher sozialpolitischer und außenpolitischer Zündstoff für die Zukunft unnötigerweise angehäuft. Die bekannten Schwierigkeiten des Zusammenlebens kulturell und zivilisatorisch verschiedener Volksgruppen in den USA und anderen westlichen Ländern wurden nicht gewertet, sondern verdrängt. Alle biologischen Bedenken gegen die Einschmelzung wurden als Rassismus verteufelt.

Neben die für die Öffentlichkeit vorgebrachten humanitären Begründungen trat für die Neomarxisten das Ziel, mit den Ausländern in Westdeutschland ein zukünftiges Proletariat dort wieder einzuführen, wo seit Jahrzehnten der in Armut lebende und deswegen unzufriedene und an Umwälzung interessierte Proletarier dank der sozialen Gesetzgebung und des Wirtschaftsaufschwungs verschwunden war. Die auf Erzeugung auch von gesellschaftspolitischen Konflikten ausgerichtete linke Theorie begrüßte daher die Ausländer als natürliche Bundesgenossen der Zukunft und sah in ihnen und in ihren Familien den mit Sicherheit für die Zukunft vorhersehbaren und gewünschten Konfliktstoff in der westdeutschen Gesellschaft. Die linken Gewerkschaften erkannten in den Ausländern zum Klassenkampf aufwiegelbare Verbündete, die teilweise, etwa aus Italien und Spanien, kommunistische Grundmuster bereits mitbrachten. Da die deutschen Arbeiter dank ihres inzwischen erreichten Wohlstandes kaum noch für weitere Forderungen zu bewegen waren und den marxistischen Gewerkschaften davonliefen, bildeten die Ausländer einen willkommenen Ersatz zur Erhaltung des gewerkschaftlichen Einflusses in Westdeutschland. Tatsächlich hätten seit Jahrzehnten die Gewerkschaften in der Bundesrepublik Deutschland zum Beispiel ihre 1. Mai-Kundgebungen und -Demonstrationen ohne die Beteiligung von Ausländern kaum noch durchführen können, wenn sie sich durch die schlechte Beteiligung nicht völlig hätten blamieren wollen.

Folgerichtig setzte die Linke, insbesondere der Nachwuchs bei den revolutionären Jungsozialisten, sich schon früh dafür ein, daß die

Masse der Ausländer in Westdeutschland bleibt, daß ihnen das volle Bürgerrecht, auch das Wahlrecht, gegeben wird und sie schließlich als gleichberechtigte Staatsbürger anerkannt werden. Inzwischen ist die Entwicklung auf diesem Wege schon weit vorangeschritten. Viele Kommunalparlamente haben ausländische Angehörige, Türken sitzen im Bundestag, und westdeutsche Großstädte wie Bielefeld konnten schon türkische Bürgermeister aufweisen.

Daß überhaupt größere Kreise, insbesondere auch der jüngeren Generation, dieser Scheinhumanität anheimfielen, lag vor allem an der vorangegangenen Wirkung der internationalistischen Ideen der Frankfurter Schule und des Liberalismus begründet. Die Umerziehung und die Gleichheitsideologie hatten das Volksbewußtsein abgebaut, das Wissen um die eigene Art – die Identität – verschüttet und die Meinung vorherrschend werden lassen, daß alle Bewohner auch gleich Bürger des Staates seien, daß alle hier Lebenden automatisch als gleichberechtigte Mitglieder der Gesellschaft betrachtet werden müßten. Das Wissen um die Bedeutung der Lebensgemeinschaft eines Volkes, das auf viele Generationen ausgelegt ist, war abhanden gekommen. Durch die Verdrängung des auf gemeinsamer Sprache, Tradition und Blutsverwandtschaft beruhenden Volksbegriffs war die Tür für einen wirklichkeitsfremden Gleichheitsbegriff geöffnet worden, der nun verheerende Folgen zeitigte.

Das an sich widersprüchliche Wort ›Gastarbeiter‹ – denn einen Gast läßt man nicht für sich arbeiten – setzte sich zunächst durch. Der treffendere und in den Nachbarländern übliche Ausdruck ›Fremdarbeiter‹ wurde schon bald als eine Beleidigung und seine Verwendung als Ausweis einer gegen Völkerverständigung gerichteten Gesinnung gewertet, weil er mit Recht das Unterschiedliche des Fremden betont, seine Ungleichheit als Gast im staatsbürgerlichen Bereich und Andersartigkeit, die zwar nicht zu leugnen ist, aber verdrängt werden sollte. Wenige Jahre später war auch ›Gastarbeiter‹ verpönt und wurde durch ›ausländischer Mitbürger‹ ersetzt.

Die berechtigten Warnungen, auch von Humanwissenschaftlern, vor der Integration wurden diffamiert. So wurde von linken christlichen Kreisen die Äußerung des Verhaltensforschers Irenäus EIBL-EIBESFELDT, daß das Ausländerproblem auch eine biologische Frage sei und es sich hier um eine echte »Landnahme« durch die Fremden handele, hart angegriffen und in die Nähe des Nationalsozialismus gerückt. (*Lutherische Monatshefte* Nr. 10, 1980, S. 389; EIBL-EIBESFELDT

1981, S. 35) Gegen das »Heidelberger Manifest« zahlreicher Professoren und anderer Wissenschaftler vom 17. Juni 1981 mit Warnungen vor der Ausländerintegration wurde gar Strafanzeige wegen Volksverhetzung erhoben und auch in sonst als seriös geltenden Zeitungen übel gehetzt. Anderen Ablehnern der Integration, die sich mit sachlichen Begründungen gegen die ›Germanisierung‹ von Millionen Ausländern, besonders der Türken, wandten, wurde Verfassungsfeindlichkeit vorgeworfen, obwohl die Türken in ihrer großen Mehrheit in instinktsicherer Grundhaltung sich selbst gegen die Eindeutschung und die Überfremdung durch die abendländische Kultur wandten. Die auch in anderen Bereichen früher schon zu beobachtende völlig unduldsame Haltung der Linken zeigte sich bei dieser Frage wieder in aller Deutlichkeit sowohl gegenüber den davon betroffenen Ausländern als auch gegenüber den vor solchen an Völkermord grenzenden Maßnahmen Warnenden. Inzwischen wurde auch die Gesetzgebung geändert und die sogenannte ›Ausländerfeindlichkeit‹ Straftatbestand. Etliche Bücher mit zutreffenden Beschreibungen der herrschenden Verhältnisse wurden mit dem Vorwurf der Ausländerfeindlichkeit in Deutschland verboten.

Die Art der Mitbewohner und Umwohner ist zweifellos die wichtigste Frage der Umwelt des Einzelnen. Ihre Beantwortung trägt ohne Frage entscheidend zu dem bei, was neuerdings mit dem Schlagwort der ›Lebensqualität‹ bezeichnet wird. Wenn in gewissen Stadtbezirken die Deutschen nach und nach vor den nachdrängenden Türken abwandern, so vor allem deswegen, weil sie eine andere Umgebung haben wollen, weil zu der von ihnen gewünschten Umwelt eine andere als von Ausländern geprägte Nachbarschaft gehört einschließlich der Tatsache, daß in Stadtgebieten mit Ausländermehrheit ein normaler Schulunterricht für deutsche Kinder nicht mehr möglich ist.

Ohne den Ungeist der linken Indoktrinierung im Nachkriegsdeutschland mit seiner volkszerstörenden Wirkung hätte der Integrationsgedanke hier kaum eine so weite Verbreitung gefunden. Es grenzt schon fast an ein Wunder, wenn trotz der dauernden Beknetung durch alle Massenmedien, durch Kirchen und Parteien die große Mehrheit der Deutschen sich immer noch gegen die Integration ausspricht und die humane Rückführung der Ausländer in ihre Heimat unter dem Motto »Maschinen zu den Menschen statt Menschen zu den Maschinen« wünscht. In der Ausländerfrage hat sich die

Mehrheit der deutschen Bevölkerung zum ersten Male seit dem Beginn der Umerziehung gegen eine von oben und mit allen Medien propagierte Maßnahme und Beeinflussung immun gezeigt, und es bleibt zu hoffen, daß sich diese Einstellung erhält und ausbreitet, um für die Zukunft viel menschliches Leid für Deutsche wie Ausländer zu ersparen.

Als nach der Teilwiedervereinigung von 1990 die Ausländerfrage auch in Mitteldeutschland sich stellte, kam es dort zu einigen bedauernswerten Ausschreitungen (so in Hoyerswerda oder Rostock) unbedarfter Jugendlicher gegen Fremde, wobei ungeklärt blieb, ob und gegebenenfalls wie die Täter provoziert wurden oder gar im Auftrag handelten (HACKERT 2009). Die Kurdenkrawalle der neunziger Jahre gaben ein weiteres Beispiel für die sich auf deutschem Boden durch die Einwanderung vieler Ausländer zuspitzenden Verhältnisse.

Wenn die bestehenden Umstände, insbesondere die Millionenzahlen der kulturell, völkisch wie blutsmäßig von den Deutschen verschiedenen Türken und Ostasiaten, nicht durch Rückführung entscheidend geändert werden, braut sich für die Zukunft ein hochexplosives Gemisch im gesellschaftspolitischen Bereich zusammen. Schon die derzeitige Ausländerkriminalität ist beängstigend. Im Jahre 1999 besaßen von 2,3 Millionen von der Polizei als Straftäter ermittelten Personen 601 221 nicht die deutsche Staatsbürgerschaft. Der Anteil der Ausländer an der Kriminalität belief sich auf 26,6 Prozent, ein Mehrfaches ihres Anteils von 9,0 Prozent an der Bevölkerung. Der Ausländeranteil betrug bei Schleuserbanden 73,5 Prozent, beim Glücksspiel 74,5 Prozent, beim Drogenhandel 59,1 Prozent, bei Urkundenfälschung 53,5 Prozent, bei Geldwäsche 45,0 Prozent, bei Falschgeldherstellung 36,5 Prozent, bei Vergewaltigung und sexueller Nötigung 32,5 Prozent, bei Mord und Totschlag 31,4 Prozent, bei Raub und räuberischer Erpressung 31,1 Prozent. Besonders hoch ist der Ausländeranteil mit 38,5 Prozent bei den Jungerwachsenen zwischen 21 und 25 Jahren. (*Neuer Informationsdienst* Nr. 11, 2000)

Für das Jahr 2006 waren 22 Prozent der von der Polizei in Deutschland ermittelten Täter Ausländer bei einem Ausländeranteil von 8,8 Prozent. Nach Deliktgruppen aufgeschlüsselt, trugen die Fremden bei Mord und Totschlag zu 28 Prozent, bei Vergewaltigung zu 29,6 Prozent, bei Raub zu 28,9 Prozent und bei Urkundenfälschung zu 40,9 Prozent bei.

Türkisch-kurdische Gang in Berlin-Kreuzberg. Der ehemalige Berliner Innensenator Heinrich LUMMER *schreibt: »Die permanente und penetrante Einseitigkeit der Berichterstattung in deutschen Medien gibt die Wirklichkeit nicht wieder. Liberale Volkspädagogen verschweigen alles, was nicht in ihr Bild einer harmonischen Multi-Kulti-Gesellschaft paßt.«*

Die große Zahl der Fremden in Deutschland dürfte in Zukunft auch erhebliche außenpolitische Folgen haben. Die Bundesrepublik Deutschland wird dann überhaupt nicht mehr belastbar sein, und Bürgerkriegszustände wie zur APO-Zeit können von interessierter Seite leicht zu umwälzenden Revolutionen aufgeschaukelt werden. Die Hauptaufgabe deutscher Politik, das deutsche Volk zu erhalten und seine kulturelle Identität zu bewahren, wird natürlicherweise für die Ausländer, dann wesentliche Teile der deutschen Bevölkerung, völlig uninteressant sein. Die bisher betriebene Ausländerpolitik mit ihren Integrationsbestrebungen grenzt daher an Verfassungsbruch. Sie kann wegen ihrer durchaus absehbaren Folgen – auch vom Standpunkt der betroffenen Ausländer aus – mit gewissem Recht als ein schweres Verbrechen, als ein Schritt zum Völkermord, bezeichnet werden.

Wie den Ausländern nicht an der deutschen Wiedervereinigung gelegen sein konnte, so fehlt ihnen naturgemäß auch das tiefere Verständnis für die Deutschland drohenden Gefahren der Umweltzerstörung und Umweltverschmutzung. Zum einen kommen sie größtenteils aus dem Raum des Mittelmeeres, wo traditionell seit langer Zeit kein enges Verhältnis der Menschen zur Natur besteht: »Schon die Länder am Nordrand des Mittelmeers kennen kein ökologisches Bewußtsein von vergleichbarer Intensität – dort wird noch immer mit gutem Gewissen und geradezu mit Wonne die Umwelt verschmutzt.« (Mohler 1981, S. 59)

Zum anderen betrachten viele Ausländer – wieder naturgemäß, ohne daß man es ihnen verdenken kann – Deutschland als das Land zeitweisen guten Geldverdienens, um später mit dem Ersparten in ihre alte Heimat zurückzukehren. Sie denken daher über Deutschland nicht in Generationen – was der Umweltschutz erfordert –, sondern in Jahren oder höchstens in wenigen Jahrzehnten. Schon aus diesem Grunde können sie kaum ernsthafte Vertreter eines wirksa-

Die Wellritzstraße in Wiesbaden, in der 25 Nationen nebeneinander (oder gegeneinander) leben – an der Grenze zwischen Ghetto und Schmelztiegel. (Foto: B. Bostesmann) Unabhängig davon, daß in Berlin noch keine durchgreifende Bevölkerungspolitik mit dem Ziel der Erhaltung des deutschen Volkes betrieben wird – steht fest: Wer die Völker abschafft, sie vermischt oder anderweitig auflöst, vergeht sich an den Grundeinheiten des Lebens, damit am Leben selbst und verhindert dessen Weiterentwicklung.

men Umweltschutzes für Deutschland sein. So wächst die Gefahr heran, daß mit den Millionen Ausländern erhebliche Anteile der gegenwärtig in Deutschland wohnenden Menschen kein großes Interesse an einer der wichtigsten Fragen unserer Zukunft haben und deswegen auch wohl nur schwer zu den dafür notwendigen Opfern zu bewegen sein werden. Sie werden - menschlich durchaus verständlich - kurzfristigen Vorteilen zugeneigt sein und sich wenig um langfristige Auswirkungen kümmern - das Schlimmste, was der gefährdeten Umwelt geschehen kann.

Wie unsinnig das immer wieder von Politikern vorgebrachte Argument ist, Masseneinwanderung könne das deutsche Geburtendefizit ausgleichen und die Renten wie die Infrastruktur in der Zukunft sichern, hat Herwig BIRG, Direktor des Instituts für Bevölkerungsforschung und Sozialpolitik der Universität Bielefeld, in einem ganzseitigen Artikel (*FAZ* 4. 4. 2000) mit eindrucksvollen Zahlen belegt: »Deutschland müßte bis 2050 netto zusätzlich 188 Millionen Einwanderer aufnehmen, wenn man den unvermeidlichen Anstieg des zahlenmäßigen Verhältnisses zwischen den über 65 Jahre Alten und den 15 bis 64 Jahre Alten durch die Einwanderung Jüngerer verhindern wollte.« Das sei »eine irrwitzige Vorstellung«. »Weil das auf Dauer nicht funktioniert, gibt es keinen Demographen, der eine Einwanderungspolitik zur Kompensation des Geburtendefizits empfiehlt.« Nur die »geordnete Schrumpfung« sei eine »wesentlich sinnvollere Strategie«. Deshalb müsse man »mit der Selbstaufklärung der Politiker und der Aufklärung der Öffentlichkeit beginnen«. Gerade diese Aufklärung wurde aber den Rechten jahrzehntelang als ›Extremismus‹, als ›Rassismus‹, als ›Faschismus‹ vorgeworfen.

Obwohl der CSU-Bundesinnenminister ZIMMERMANN nach der Regierungsübernahme durch die CDU/CSU 1982 die Ausländerfrage als »Jahrhundertproblem« erkannt und ausdrücklich so bezeichnet hatte, erfolgten in den 16 Jahren der Kohl-Regierung nicht nur keine durchgreifenden Maßnahmen zur Verringerung der Ausländerzahlen - außer hohen finanziellen Anreizen für wenige zigtausend Berechtigter –, sondern man ließ es zu, daß sich die Zahl der Fremden in Deutschland fast verdoppelte. Das ist mit ein Beweis dafür, wie sehr die volkszerstörende linke Indoktrinierung in Deutschland gewirkt hat und noch wirkt.

Inzwischen hat sich das Prinzip der Integration in Deutschland als undurchführbar erwiesen - und zwar scheiterte es am natürli-

»Gefährlich fremd – Das Scheitern der multikulturellen Gesellschaft«, gab sogar Der Spiegel *im April 1997 zu. Zu glauben, daß Doppelpaß und Einbürgerung die Gefahren ethnisch-kultureller Konflikte verringern werden, ist eine große Illusion. Die von der Frankfurter Schule stark geförderte Überfremdung der Deutschen sowie die Umvolkung ihrer Gesellschaft trägt indes bereits ›Früchte‹.*

chen Widerstand der Ausländer. Die Fremden wollen sich größtenteils nicht einschmelzen und ›germanisieren‹ lassen, sondern sie wollen ihre Eigenart, ihre Sitten und Sprache, ihre völkische Identität bewahren, wie sich zeigte, auch über mehrere Generationen hinweg. Die überraschend geringe Inanspruchnahme der Erleichterung der Einbürgerung und der Vergünstigung des Doppelpasses seit 1999 ist ein weiterer Beweis dafür. Das als Ersatz für die Integration der Ausländer in den deutschen Volkskörper dann entwickelte Programm der multiethnischen und multikulturellen Gesellschaft ist für Deutschland auch nicht annehmbar, da dieses seinen Charakter vollkommen verändern und die deutsche Bevölkerung schon in absehbarer Zeit zu einer Minderheit im eigenen Lande werden würde. Nur eine Änderung der herrschenden Ausländer- und Asylpolitik kann eine für Deutschland erträgliche Lösung bieten. Dazu gehört eine den deutschen Interessen dienende Bevölkerungspolitik.

Doch diese ist noch nicht in Sicht, eher das Gegenteil: Die amtierende Bundesjustizministerin Brigite ZYPRIES (SPD) schrieb im Mai 2009 ausgerechnet in einem Beitrag zum 60. Jahrestag der Gründung der Bundesrepublik unter der bezeichnenden Überschrift »Tolerant dank 1968« (*FAZ* 22. 5. 2009, S. B5): »Deutschland ist ein Einwanderungsland.« Stolz stellt sie fest: »Erst mit dem Zuwanderungsgesetz

2004 hat sich die Erkenntnis durchgesetzt, daß Integration eine Staatsaufgabe ist.« Sie bedauert, daß Deutsche in Deutschland noch Vorrechte haben: »Das Grundgesetz trennt allerdings noch an vielen Stellen zwischen Deutschen und Ausländern. Zwar hat nach Artikel 5 ›jeder‹ das Recht, seine Meinung zu äußern, aber die Versammlungs- und Vereinigungsfreiheit in den Artikeln 8 und 9 ist auf ›alle Deutschen‹ beschränkt.« Und sie stellt die rhetorische Frage: »Ist diese Differenzierung zwischen Menschenrechten und sogenannten Deutschen-Rechten noch zeitgemäß?. . . Es schadet aber der Wirkkraft des Grundgesetzes, wenn sein Text vor allem hinsichtlich der Unionsbürger nicht der tatsächlichen Rechtslage entspricht. Ein Ende der fragwürdigen Differenzierung zwischen Deutschen und Ausländern im Grundrechtsteil könnte daher ein Zugewinn an Rechtsklarheit und ein Symbol der Integration sein.« Die Gültigkeit des Grundgesetzes, das unzweifelhaft für das »Deutsche Volk« bestimmt war, für die Deutschen soll also abgeschafft werden, ein weiterer Schritt zur Zerstörung des deutschen Volkes.

Zweiter Teil

Natur- und Umweltschutz in Deutschland

Warum dieser zweite Teil?

Es mag für den Leser auf den ersten Blick verwunderlich erscheinen, daß nach den vorstehenden Darlegungen zur Frankfurter Schule im folgenden zweiten Teil des Buches der Umweltschutz im Mittelpunkt steht, obwohl ihm oben schon ein besonderer Abschnitt gewidmet wurde. Doch mehrere Gründe sprechen dafür, diese Frage noch einmal ausführlicher und auch von anderen Gesichtspunkten her zu behandeln. Der Zusammenhang mit der Frankfurter Schule und ihren Ideen bleibt dabei durchaus erhalten.

1. Der Umweltschutz muß heute, wie gleich anschließend dargelegt wird, in einem umfassenderen Sinne aufgefaßt werden. Nicht nur die uns unmittelbar umgebende Natur und die bedrohten ökologischen Gleichgewichte sind zu betrachten, sondern auch die menschliche Umwelt und das geistige Umfeld, die Art der Mitmenschen in der Heimat und – im Medienzeitalter, in dem das Fernsehen in jede Familie eindringt – der Einfluß der Öffentlichkeit auf den Einzelnen. Zu den die Zukunft gefährdenden Veränderungen auf diesem Gebiet trug die Frankfurter Schule wesentlich bei.

2. Dieser Umweltschutz ist ein Beispiel moderner ganzheitlicher Anschauung. Erst solch ein umfassender Ansatz geht bis an die Wurzeln des Problems und ist daher für eine grundsätzliche Besserung notwendig. Solch eine ganzheitliche Betrachtung entspricht zudem, wie oben schon gezeigt, besonders deutschem Denken.

3. Der so erweiterte Umweltschutz nimmt in Zukunft weiter politisch an Bedeutung zu. Durch Globalisierung, Medienvernetzung und Wanderungen großer Bevölkerungsteile ergibt sich für die Zukunft ein großer Handlungsbedarf.

4. Bei den heute auch an Bundes- und Landesregierungen beteiligten und den Umweltschutz für sich beanspruchenden Grünen geben Personen den Ton an, die aus der anarchistischen und marxistischen 68er Bewegung kommen und von den Ideen der Frankfurter Schule geleitet wurden. Sie haben die ursprünglich von Konservativen wie Herbert Gruhl (Gruhl 1975) begründete Umweltschutzbewegung weitgehend umfunktioniert und größtenteils verraten, was viele Idealisten der Basis immer noch nicht einsehen wollen. Interessante Einzelheiten dazu bringt die Bücher *Das waren die Grünen – Abschied von einer Hoffnung* von Jutta Ditfurth, einst Mitbegründerin der Partei der Grünen (DITFURTH 2000), und *Rote Lügen in grünem Gewand* von Torsten MANN (MANN 2009).

5. Die marxistische Leitung der Grünen hat die frühere Geschichte des Umweltschutzes in Deutschland weitgehend verdrängt. Dabei bieten die Gesetze aus dem ersten Teil des 20. Jahrhunderts noch immer in erheblichem Maße die Grundlage für den heutigen Umweltschutz.

6. Im Natur- und Umweltschutz – auch in der erweiterten Form – war Deutschland vom 19. Jahrhundert an bis zum Zweiten Weltkrieg weltweit führend. In der Nachkriegszeit erfolgte ein bedauerlicher Bruch, zu dem die Frankfurter Schule durch Abwertung des Heimat- und Volksbegriffes wesentlich beitrug.

7. Das Wissen um die Geschichte des deutschen Umweltschutzes und seine Vorbildfunktion für andere Länder kann das deutsche Selbstbewußtsein stärken und zur Gewinnung einer neuen deutschen Identität beitragen.

8. Mit dem deutschen Umweltschutz liegt seit dem 19. Jahrhundert eine beispielhaft aufbauende und zukunftsichernde Maßnahme vor und damit ein Gegensatz zu der allgemeinen Zersetzung durch die Frankfurter Schule.

So mögen die folgenden Seiten sowohl der Information und der weiteren Kritik an der Frankfurter Schule und ihren Auswirkungen dienen, aber auch an eine gute deutsche Tradition erinnern, der in der Gegenwart – sicher zu Unrecht – zu wenig Aufmerksamkeit gewidmet wird.

Erstes Kapitel

Notwendigkeit eines umfassenden ökologischen Denkens

Berücksichtigung des Innenweltschutzes

In den letzten Jahrzehnten ist einer breiteren Öffentlichkeit unseres Volkes wieder bewußt geworden, daß die Fragen des Umweltschutzes zu den erstrangigen Aufgaben von Gegenwart und Zukunft gehören. Nach einer Umfrage der EG-Kommission von 1982 hatten schon damals 77 Prozent der Bundesbürger mehr Sorge um die Umwelt als um irgendeine andere Gefahr der Gegenwart. (Koch 1983, S. 4) In Bürgerinitiativen und Parteien hatte diese ökologische Bewegung bereits unmittelbar politische Wirksamkeit erreicht, wenn auch noch in oft unausgereifter Form.

Gleichzeitig und parallel dazu stieß man auf die Grenzen des Wachstums; man mußte erkennen, daß manche Rohstoffe und Energieträger auf unserer Erde nicht unbegrenzt zur Verfügung stehen, sondern bei dem gegenwärtigen Raubbau in wenigen Jahrzehnten ausgebeutet sein werden. Konrad Lorenz zählte schon 1971 die »Verwüstung des Lebensraumes« zu seinen »acht Todsünden der zivilisierten Menschheit«. (Lorenz 1971, S. 287)

Was vorher einsame Rufer in der Wüste wie Herbert Gruhl 1975 mit seinem Werk *Ein Planet wird geplündert* oder noch eher »Die Grüne Charta von der Mainau« 1961 vergeblich gepredigt hatten, wurde nun in verhältnismäßig kurzer Zeit für weite Bevölkerungskreise erschreckende Gewißheit: Das starke industrielle und wirtschaftliche Wachstum in den Industriestaaten, das in den Jahrzehnten nach dem Zweiten Weltkrieg zu großer Wirtschaftsblüte und noch 1962 zu dem Gesetz zur Förderung der Stabilität und des Wachstums der Wirtschaft geführt hatte, kann so nicht weitergehen. Der bisherige exponentielle Anstieg in Erzeugung und Verbrauch muß, so weitergetrieben, schließlich zur Katastrophe führen. Ein grundsätzlicher Wandel hat daher einzutreten, wenn sich die Menschen nicht selbst mit ihrer Umwelt auf der Erde den Tod bereiten wollen.

Eine Bewußtseinswende ist notwendig von der bisher vorherrschenden liberalistisch-kapitalistischen oder marxistischen Denkweise zu einem lebensgemäßen und lebensfördernden Verhalten. Der Gedanke der Lebensgemäßheit und der Lebensrichtigkeit hat Maß aller zukünftigen Entscheidungen zu sein. Die Kunde vom Leben, die Biologie, muß für alle Lebensbereiche, auch für die Politik, verpflichtender Maßstab werden. Eine biologische Denkweise hat das bisher vorherrschende technisch-materielle Denken abzulösen, indem sie dieses auf seinen ureigenen Bereich beschränkt und die leider eingerissenen Grenzüberschreitungen verhindert.

Die ökologische Bewegung wendet sich gegen die allgemeine Gefährdung der Lebensgrundlagen auf unserer Erde und will dafür Sorge tragen, daß nicht die ganze Menschheit in verderblichem Wachstums- und Fortschrittswahn Selbstmord begeht. Auf einen groben Klotz gehört zwar ein grober Keil, und gegen eine große Gefahr bedarf es radikaler Mittel. Obwohl dieser Grundsatz der neuen ökologischen Richtung zugute gehalten werden muß, ist dennoch ihre häufige Maßlosigkeit und Einseitigkeit, oft begründet durch unzureichendes Wissen, zu bemängeln.

Ein völliges Zurück zur Natur ist ebenso utopisch und unmöglich wie eine grundsätzliche Gegnerschaft zur modernen Technik und Naturwissenschaft. Ohne Technik und Naturwissenschaften müßten viele Millionen Menschen in kurzer Zeit elend verhungern, könnten insbesondere im hoch industrialisierten Mitteleuropa bei weitem nicht so viele Bewohner leben. Der Mensch hat sich eine künstliche Welt geschaffen, eine sekundäre Haut, aus der er nun nicht mehr hinaus kann, ohne die er einfach nicht mehr zu leben vermag. Jetzt ist das richtige Maß zu finden, jedoch keine Revolution zu veranstalten.

Ein neues Gleichgewicht mit der Umwelt muß erreicht werden; ein neues Bewußtsein sowohl gegenüber der Natur und ihren Lebensgesetzen wie gegenüber der unaufgebbaren Technik ist notwendig. Technik und Wirtschaft dürfen nicht weiterhin Ziel und Zweck ganzer Lebensbereiche sein, sondern sind auf ihre Aufgabe als Mittel zu menschenwürdigem Leben zu beschränken.

Wirtschaftlicher Fortschritt darf kein Selbstzweck bleiben, das Ansteigen des Bruttosozialproduktes sollte nicht der alleinige Fetisch der Regierungen sein. Sowohl Ablehnung und Verneinung von Technik und Naturwissenschaft sind als zu einseitig, als utopisch und einem überholten Denken entstammend abzulehnen als auch deren vorbehaltlose Verherrlichung und Übertreibung.

Ein vollständiger Ausstieg aus der Zivilisation, wie hier in einem Wehrhüttendorf bei Dissen in der Nähe des Teutoburger Waldes versucht, ist Utopie. Der Versuch kann nur so lange funktionieren, wie die Überflußgesellschaft Überflüssiges für ihre Aussteiger wegwirft.

Bei tieferem Nachdenken über die Fragen des Umweltschutzes erkennt man aber bald, daß man bei den einfachen Forderungen nach reiner Luft, sauberem Wasser, gesunden Nahrungsmitteln und nicht zu großem Lärm nicht stehenbleiben darf, wenn man eine wirklich menschengerechte Zukunft gestalten will. Tier-, Pflanzen- und Landschaftsschutz stellen nur einen Ausschnitt aus dem großen zusammenhängenden Problemkreis des Schutzes für das im ganzen bedrohte Leben dar, dem durch die modernen Wirtschafts- und Gesellschaftsformen – in Ost wie West – in seiner ganzen Breite, einschließlich des geistigen Bereiches und der Freiheit des Menschen, Gefahren erwachsen. Neben den reinen Umweltschutz hat daher auch der *Innenweltschutz* der Menschen zu treten, die Anstrengung zur Abwendung der Bedrohung ihrer persönlichen Eigenart, ihrer Freiheit und ihrer wesensgemäßen Kultur.

Die Umwelt hat somit auch einen ›sozio-kulturellen Anteil‹. Familie, Heimat und Volk und ihre wesensgemäßen Eigenarten bilden einen entscheidenden Teil der menschlichen Umwelt. Besonders für junge Menschen in ihrer geistigen Entwicklungszeit sind die Einflüsse aus diesen Bereichen nicht hoch genug einzuschätzen. Sie durch Abschaffung der Familie, durch Verleugnung des Heimatbegriffes und Zerstörung des Volksbewußtseins abzuschneiden und dafür zum Beispiel marxistischen Internationalismus oder Klassenkampf als Ersatz aufzuzwingen bedeutet eine grundlegende geistige Umweltverschmutzung.

In schwächeren Graden wirkt sich solch eine verderbliche Entwicklung bereits aus, wenn – aus welchen Gründen auch immer – Mütter ihren kleinen Kindern durch Berufstätigkeit entzogen werden, Kinder in Schulen ohne Fenster unterrichtet werden sollen oder junge Familien in Hochhäusern wohnen müssen. Viele Grundbedingungen einer lebensrichtigen Entwicklung und Erziehung, wie sie im genetischen Programm vorgesehen sind, hat in den letzten Jahrzehnten die moderne Verhaltensforschung zu verstehen gelehrt, und sie zu vernachlässigen oder gar bewußt gegen sie zu verstoßen kommt einer Gefährdung des Lebens schlechthin gleich.

Diese Fragen sind besonders wichtig geworden, nachdem durch die modernen Massenmedien eine dauernde Flut massiver Beeinflussung auch bis in den letzten privaten Bereich eingedrungen ist, wogegen sich kaum noch jemand erfolgreich abzuschirmen vermag. Die geistige Umwelt ist in unserer Zeit vielfach bedroht, seit Werbung und Massenbeeinflussung mit raffiniertesten Methoden von Plakatwänden und aus Fensterauslagen, aus Zeitungen und Zeitschriften, aus Rundfunk und Fernsehen auf jeden einwirken und bis in jede Familie vordringen. Insbesondere die Eltern werden in ihrem natürlichen und grundgesetzlich verankerten Recht auf eine lebensgemäße Erziehung ihrer Kinder derart behindert, daß sie oft kaum in der Lage sind, sich dieser Zerstörung der jungen Seelen erfolgreich zu erwehren. Raffinierte Ansprache des Unbewußten und Triebhaften läßt viele Erwachsene die Gefahren der Manipulation zur Zerstörung von Geist und Seele gar nicht erkennen, insbesondere wenn in der Schule eine Gegenerziehung erfolgt.

Eine Erweiterung der Forderungen des Umweltschutzes auf diese geistigen Bereiche erscheint daher für die Zukunft dringend geboten.

Diese Ausdehnung des Umweltschutzes bietet darüber hinaus die Möglichkeit, daß sowohl der Umweltschutz tiefer begründet werden kann, als auch die Ideologien schärfer erkannt werden können, die für seine bisherige Vernachlässigung verantwortlich zu machen sind. Sie entspricht zudem einer modernen ganzheitlichen Betrachtungsweise.

Mitmenschen als Teil der Umwelt

Schließlich sei noch auf einen weiteren Schwerpunkt verwiesen, der besonders in Deutschland aus einem umfassenden Umweltschutz heute nicht mehr ausgeklammert werden darf. Zur Umwelt gehören zweifellos auch die Mitmenschen, die Nachbarn, die Mitbürger, die Menschen, denen man begegnet und mit denen man im allgemeinen im täglichen Leben zu tun hat. Seit gut drei Jahrzehnten sind allmählich über sieben Millionen Ausländer nach Westdeutschland gekommen, in das schon am dichtesten bevölkerte Land Europas, und der Zuzug dauert an. Die meisten Zuwanderer haben sich seit Jahren auf Grund der unverantwortlichen Politik der Parteien und Regierungen hier für dauernd seßhaft gemacht, leben teilweise schon in zweiter oder sogar dritter Generation hier. Darunter sind viele, besonders die Türken und andere Asiaten, in ihrer Lebensart und Lebensauffassung auf Grund ihrer ganz anderen Kultur und Weltanschauung von den Deutschen so verschieden, daß eine Verschmelzung weder von den Deutschen angestrebt werden sollte, noch von den Ausländern gewollt wird, weil sie ihre persönliche, volkliche und kulturelle Eigenart nicht aufgeben möchten. Die in den großen Städten wie Berlin und Frankfurt entstandenen Gettos haben das Ausländerproblem weiter verschärft und bereits zu erheblichen sozialen Spannungen geführt. Ein weiteres Gewährenlassen wird zweifellos zusätzlichen und gefährlichen sozial- und gesellschaftspolitischen Sprengstoff anhäufen, der unsere Zukunft erheblich belastet, so daß schon vor fast zwanzig Jahren die Ausländerfrage vom damaligen Bundesinnenminister Zimmermann als »Jahrhundertproblem« erkannt worden ist. Wie in den USA die Weißen aus den Straßen und Stadtteilen verschwinden, wenn sich dort erst einige Schwarze niedergelassen haben, so verlassen Deutsche Stadtbezirke mit hohem Ausländeranteil, weil diese Umgebung nicht mehr ihrer Lebensart entspricht.

Die neue Umwelt behagt ihnen nicht, und es ist ein Zeichen schlechten demokratischen Stils, diesen Personen Ausländerfeindlichkeit vorzuwerfen, weil sie ihrer Lebensart gemäß leben und ihre Kinder nach ihren Vorstellungen erziehen möchten, was sie inmitten von Ausländern als Minderheit nicht mehr gewährleistet glauben. Die ›Landnahme‹ durch die Ausländer, wie diese stille Unterwanderung von dem bekannten Verhaltensforscher Irenäus EIBL-EIBESFELDT treffend genannt wurde (EIBL-EIBESFELDT 1981, S. 35), ist durchaus mit einem echten Landverlust zu vergleichen: Sie raubt den Deutschen Lebensbereiche und verringert ihre Möglichkeiten, nimmt ihnen einen Teil ihrer vertrauten Umwelt, ihrer ihnen bisher lebenswerten Umgebung. Wie bei der unmittelbaren Umweltzerstörung sind die Ursachen dieser Umweltveränderung durchaus vermeidbar, und die wachsenden Mißstände sind lediglich durch fehlendes Handeln, durch Mangel an Entscheidungswillen und im Grunde durch völlige Gedanken- und Ideenlosigkeit von seiten der Verantwortlichen entstanden. Nicht irgendwelche vielbeschworene Sachzwänge, sondern allein jahrelange Vernachlässigung und Verschiebung durchgreifender Maßnahmen, dazu Flucht vor der Verantwortung haben zu dem heute schon von allen Seiten beklagten Zustand geführt.

Zur Bewältigung dieser umfassenden Umweltschutzfragen ist daher eine durchgreifende Bewußtseinsänderung notwendig, die nicht nur an der Oberfläche des Naturschutzes bleibt und dabei bereits im Hintergrund drohende Gefahren wieder zu spät erkennt, sondern ein Bewußtsein ist vonnöten, das die Mißstände der Moderne in ihrer ganzen Tiefe erfaßt. Dazu ist zunächst ein Erkennen der gegenwärtigen Lage und ein Verstehen der Gründe und Bedingungen notwendig, die es zu den heutigen Verhältnissen kommen ließen. Dazu gehört auch das Wissen um die starken Kräfte und Gruppen, die in den letzten Jahrzehnten das geistige Klima für die Umwelt- und Innenweltzerstörung erzeugt haben und weiterhin eine lebensfeindliche Politik betreiben.

Grundsätzlich ist ein kompliziertes System – und bei den Fragen der ökologischen wie der sozio-kulturellen Umwelt handelt es sich um die Beschäftigung mit derartigen hochvernetzten Systemen – nicht ohne seine Vergangenheit zu verstehen ist. Darauf haben vor allem Systemtheorie und Kybernetik ganz allgemein hingewiesen: »Die echt kausale Frage, warum ein bestimmtes System so und nicht anders beschaffen sei, kann seine legitime Antwort nur in der natürlichen Erklärung dieses Werdeganges finden.« (LORENZ, 1973a, S. 11) So ist es auch nicht ohne diese Kenntnisse in einem neuen Gleichgewicht zu stabilisieren. Verantwortliches Handeln bedarf daher neben einer allgemeinen umfassenden Wissensgrundlage um den Zustand auch des Wissens um die Vergangenheit, in das die Kenntnis der ganzen bisherigen Entwicklung eingeschlossen ist. Damit erst kann Nachdenken zu fruchtbaren Ergebnissen und sinnvollem Handeln führen.

Zweites Kapitel

Zerstörung ökologischer Gleichgewichte

Fortschrittsglaube und Wachstumswahn

Seit Jahrzehnten ist dauerndes Wirtschaftswachstum als Selbstzweck zu einer Art fixen Idee von Volkswirtschaftlern und Politikern geworden. Ging es nach 1949 zunächst darum, im westdeutschen Wirtschaftswunder den großen Nachholbedarf, der durch die Kriegszeit mit ihren Zerstörungen und durch die erste Nachkriegszeit mit ihren Vertreibungen und Demontagen entstanden war, wieder zu befriedigen, nachdem um 1950 die strengsten Wirtschaftsbeschränkungen der Alliierten für die Westzonen gefallen waren, so wurde dieses Wirtschaftswachstum bald Zweck an sich. Die Wirtschaftspolitik, die eigentlich ein untergeordneter und dienender Teil der ganzen Politik sein sollte, wurde in zunehmend materialistisch bestimmter Denkweise der schließlich alles beherrschende Bereich.

Die Westdeutschen, in den ersten Jahren der Bundesrepublik noch auf manchen Gebieten wie Außenpolitik, Wissenschaft oder Forschung durch die Besatzungsmächte streng behindert oder bevormundet, konnten sich lediglich im neutralen Bereich der Wirtschaft nach dem Ende der dafür geltenden Beschränkungen voll entfalten, sich darin bewähren, ein neues deutsches Wunder vollbringen, dem sie sich dann auch in ihrem Eifer ganz verschrieben.

Die laufend steigenden Wachstumsraten, vor allem die des Bruttosozialproduktes, wurden zum Gradmesser des neudeutschen Wohlstandes wie zum Zielpunkt der bundesdeutschen Politik: Alles wurde darauf ausgerichtet. Das Bruttosozialprodukt selbst wurde ein wichtiger Bestandteil aller Regierungserklärungen, Rechenschaftsberichte und Parteiprogramme, obwohl es nicht allein ein sinnvolles Maß für die Menge der erzeugten Güter und Werte einer Volkswirtschaft ist. Denn wenn man in einem Gedankenversuch ein Volk damit beschäftigen würde, alle bestehenden Häuser einzureißen, und dann damit, sie genauso wieder aufzubauen, dann würde sich rein rechnerisch ein großes Bruttosozialprodukt für diesen Zeitraum ergeben,

Die deutsche Industrie hatte den größten Anteil am ›Wirtschaftswunder‹: Zwischen 1960 und 1975 verdoppelte sie ihre Produktion wertmäßig. Die Maximierung des Gewinns bei den Unternehmensleitern sowie der Wohlstand als herrschendes Richtmaß bei den Bürgern verdrängte jedoch das ›Sein‹ zugunsten des ›Habens‹.

obwohl nachher nur derselbe Zustand wie vorher ohne echten Wertzuwachs erreicht wäre.

Die dazu passende Ideologie wurde von den im Westen tonangebenden USA mitgeliefert, wo sich üblicherweise, aus der calvinistischen Tradition herrührend, das Ansehen eines Menschen nach seinem wirtschaftlichen Erfolg richtet. Die ›Haste-was-biste-was‹-Bewertung drang von jenseits des Atlantiks in die neugegründete Bundesrepublik ein und wurde bald herrschendes Richtmaß für deren Bewohner. Mit dieser Geisteshaltung stieg der Typ des Managers in die Firmen ein, der, von keiner sozialen oder nationalen Verantwortung geleitet, nur den Gewinn des Betriebes im Auge hat und nichts gegen Verbindungen, Fusionen und Zusammenschlüsse auch mit ausländischen Firmen einzuwenden hat, wenn nur der Ertrag nachher größer wird. Als Westdeutschland wieder aufgebaut war, als alle einheimischen Arbeitskräfte eingespannt waren und eigentlich kein sinnvoller Grund für die Schaffung weiterer Arbeitsplätze vorhanden war, wurden Millionen Ausländer als moderne Arbeitssklaven in kurzsichtiger Weise ins Land geholt und mit lockenden Angeboten aus ihrer Heimat entwurzelt wie ihrem Volk entfremdet. Sie wurden dann angehalten, ihre Familien nachzuholen und sich für längere Zeit hier einzurichten. Wenige Jahre lang wurden die mit ihnen erwirtschafteten Gewinne privatisiert, während seitdem die daraus erwachsenden Nachteile und damit verbundenen Folgekosten sozialisiert werden: Die ganze Bevölkerung muß nun für die unverantwortliche Ausländerpolitik aufkommen. Vermehrte Zerstörung der Umwelt und Überfremdung mit Millionen Ausländern sind weitere Auswirkungen dieser kurzsichtigen Wirtschaftspolitik. Diese Entwicklung auf der Grundlage reinen Profitstrebens hat sich neuerdings unter dem Schlagwort der ›Globalisierung‹ verstärkt.

Auf der Seite der Arbeitnehmer wurde aus dem ›Beruf‹ der ›Job‹, für den es keine einschränkenden sozialen oder nationalen Randbedingungen mehr gab, der ebenso schnell und bedingungslos gewechselt wurde, wenn es anderswo mehr zu verdienen gab. Die ›mobile Gesellschaft‹ der USA wurde eifrig nachgeahmt. Das Vaterland war durch die Umerziehung ohnehin außer Mode gekommen, und die Heimat wurde nun mitleidig belächelt: Wo es einem gut ging, da war man zu Hause.

Die soziale Verantwortung, die vorher zum großen Teil auch bei den Firmen und Betrieben gelegen hatte, wurde voll auf den Staat abgewälzt, der ein sicher erscheinendes, aber teures soziales Netz aufbaute. In dem Maße, wie die Verantwortung gegenüber dem Menschen und seiner Heimat nicht mehr gesehen wurde, schwand auch die Rücksichtnahme auf die Umwelt. Hoch- und Tiefbau wurden weitgehend ohne Rücksicht auf Natur, Landschaft und Geschichte durchgeführt, und die natürlichen Rohstoffe sah man als nur zum Ausbeuten vorhanden an. Ohne Verantwortung vor der Natur wie den Mitmenschen wurden die Flüsse belastet und die Luft verunreinigt. Ein krasser Materialismus machte sich in der Wirtschaft breit.

Anklagend schrieb 1971 Konrad LORENZ in seinen *Acht Todsünden der zivilisierten Menschheit*: »Bei denen, die darüber zu entscheiden haben, ob eine Straße, ein Kraftwerk oder eine Fabrik gebaut wird, wodurch die Schönheit eines ganzen weiten Landstückes für immer zerstört wird, spielen ästhetische Erwägungen überhaupt keine Rolle. Vom Gemeinderatsvorsteher einer kleinen Ortschaft bis zum Wirtschaftsminister eines großen Staates besteht völlige Einheit der Meinung darüber, daß der Naturschönheit keine wirtschaftlichen oder gar politischen Opfer gebracht werden dürfen. Die wenigen Naturschützer und Wissenschaftler, die offene Augen für das hereinbrechende Unglück haben, sind völlig machtlos.« (Lorenz 1971, S. 292; als Buch 1973)

Die diesen nur kurz angerissenen Vorgängen zugrunde liegende Geisteshaltung war in breiter Front und auf den verschiedensten Gebieten vor allem aus den USA eingeflossen. Der Liberalismus und Kapitalismus stellten den Geldwert als Maßstab über alles und verbanden sich mit dem darin verwandten krassen Materialismus der Neomarxisten, die ebenfalls aus den USA in die Bundesrepublik zurückkamen. Hatten die westlichen Umerzieher in den ersten Nachkriegsjahren mit Erfolg eine Reihe von Werten bereits aufgelöst und ihre Beachtung mit öffentlicher Anprangerung bedacht, so folgte, beispielhaft durch die Frankfurter Schule vertreten, der philosophische Materialismus in Form des Neomarxismus und Neofreudianismus nach. Nicht nur alle volkhaften und gemeinschaftsbezogenen volkswirtschaftlichen Begriffe wurden verteufelt, sondern auch der private Materialismus mit ausschließlichem Wohlstands- und Besitzdenken breitete sich mit dieser Flankendeckung aus. Der ›Lustgewinn‹ des Einzelnen ersetzte moralische Ziele. Während die Generation des Wiederaufbaus und des Wirtschaftswunders, die Überlebenden der Hölle des Krieges, ohne zur Seite zu blicken, aufbaute, wurde in den ›gereinigten‹ hohen Schulen, von allen Parteien gefördert, der Geist des Marxismus und der psychoanalytischen Auflösung verbreitet. Besonders von Frankfurt und Marburg aus, später auch von Berlin, personifiziert durch die Namen Horkheimer, Adorno und Marcuse, dann verstärkt durch aus der Ostzone übergewechselte Marxisten wie Abendroth und Bloch, wurden die Universitäten beeinflußt, bis dann, vom Treibriemen der Massenmedien mit allen Mitteln unterstützt und in das geistige Vakuum Westdeutschlands eingeführt, diese Saat in den sechziger Jahren in der APO besonders sichtbar aufging.

Außer durch den Materialismus sind Liberalismus wie Kapitalismus und Marxismus durch das lineare Fortschrittsdenken verbunden. Der christliche Glaube an das Paradies im Jenseits ist darin auf die Erfüllung im Diesseits umgelenkt worden, wo der nach Marx unbeirrbar und unaufhaltsam sich entwickelnde Fortschritt schließlich zur irdischen Glückseligkeit im Paradies der Werktätigen führen sollte.

Auch der gleichzeitig wachsende Einfluß der Kirchen führte zu einer weiteren Vernachlässigung der Fragen der Umwelt. Die im Christentum aus seiner vorderasiatischen Herkunft herrührende geringe Beachtung der Natur und das Gebot des biblischen Gottes an die Menschen, sich die Welt untertan zu machen, gaben den geistigen Rahmen dafür ab, daß man die Natur mit gutem Gewissen ausbeutete und sich nicht für sie verantwortlich fühlte. Der Mensch steht in dieser Anschauung der Natur fremd gegenüber, ist selbst als besonderes Geschöpf Gottes nicht ein Teil der Natur und nicht ein Glied ihres Systems, im Gegensatz zu der ursprünglichen Lebensauffassung indogermanischer Völker.

Noch das Zweite Vaticanum betonte Ende der sechziger Jahre, daß der Mensch ja von Gott den Auftrag erhalten habe, »sich die Erde mit allem, was zu ihr gehört, zu unterwerfen«, und »daß der Mensch auf Erden die einzige von Gott um ihrer selbst gewollte Kreatur ist.« (zit. in SACHSSE 1978, S. 230) Bei den ausführlichen Beratungen dieser Neuordnung des katholischen Glaubensinhalts wie in den Erklärungen und Schriften des Vaticanums spielte die Natur gar keine Rolle. Erst in der »Erklärung der deutschen Bischöfe zu Fragen der Umwelt und der Energieversorgung« vom Herbst 1980 zeigte sich ein Wechsel zu einer naturgerechteren Haltung. (*FAZ* 26. 9. 1980)

Die Verdrängung des Heimat- und Volksbewußtseins im Nachkriegsdeutschland verstärkte diese Neigung, die Natur nur als ein den Menschen zur beliebigen Verwendung, insbesondere zur wirtschaftlichen Ausbeutung, in die Hand gegebenes Mittel zu betrachten. So wurden zwar die Menschenrechte erweitert, und die Achtung vor dem Mitmenschen wuchs in erfreulichem Maße, aber leider geschah das wie der vermehrte oberflächliche materielle Nutzen für den Menschen auf Kosten der Achtung vor dem Leben als Ganzem, besonders vor der Umwelt, auf Kosten der Kenntnis von den Ordnungen in der Natur. Es geschah vor allem auf Kosten der kommenden Generationen und damit letztlich auf Kosten des Lebenssinnes überhaupt, der Erhaltung und Förderung des Lebens. Somit geschah es im Gegensatz zu den wichtigsten Gesetzen des Lebens. Nicht zufällig ist seit dieser Zeit auch eine fortbestehende Verkopfung und Intellektualisierung der Theologie festzustellen gewesen.

Die lange Dauer wirtschaftlichen Wachstums nach dem Zweiten Weltkrieg ohne weltpolitische Störungen größeren Ausmaßes, mit Ausnahme der Korea-Krise und kleinerer Rezessionen, schien zunächst den Fortschrittsbesessenen recht zu geben. Viele angesehene Wirtschaftswissenschaftler waren der Meinung, daß nun endlich die richtigen und ausreichenden Mittel erkannt seien und zur Verfügung ständen, jede wirtschaftliche Entwicklung zu steuern und unerwünschte Vorgänge, insbesondere eine weltweite Wirtschaftskrise, zuverlässig verhindern zu können. Warner vor diesem oberflächlichen Fortschrittsoptimismus wurden nicht ernstgenommen. Das Schuldenmachen in wirtschaftlich üppigen Zeiten wurde Mode. Öffentliches Sparen, in den ersten Jahren der Bundesrepublik etwa bei dem später für die Bundeswehr genutzten ›Juliusturm‹ des Bundesfinanzministers Schäffer durchaus geübt, wurde als unzeitgemäß erklärt. Mit beredten Worten wurde die Berechtigung der riesenhaften Verschuldung der nächsten Generation mit dem Hinweis auf die in der Zukunft noch mögliche Nutzung der damit geschaffenen Werte, Gebäude und Infrastruktur zu begründen versucht. Niemand wollte wahrhaben, daß in der Zukunft auch wieder einmal Zeiten kommen könnten, in denen solche Schuldenlasten nicht mehr zu tragen, geschweige denn zu tilgen wären. Wie der Tod aus dem modernen Leben verdrängt wurde, so der Gedanke an Notzeiten aus dem Bereich der Politik.

So wurden in knapp einer Generation große Teile der vorher idealistisch eingestellten und zu großen Opfern bereit gewesenen deutschen Bevölkerung zu Materialisten und Egoisten erzogen. Diesem materialistischen Wohlstandsdenken wurden dann auch Natur und Umwelt geopfert, wenn diese einen sonst erreichbaren Profit gefährden konnten.

Erst die gegenwärtige, zunehmend schwieriger werdende Lage der deutschen Wirtschaft, ein besorgniserregender Pleitenrekord, eine seit langem nicht mehr gekannte Arbeitslosigkeit mit seit Jahren um vier Millionen Arbeitsuchenden sowie die großeWeltfinanz- und Wirtschaftskrise seit 2008 haben weite Kreise zur Einsicht gebracht, daß die bisherige Grundeinstellung in der Wirtschaftspolitik wohl geändert werden muß, da sie lebenswidrig ist und auch den erarbeiteten Wohlstand auf die Dauer wieder in Frage stellt. Die bisher herrschende naive Fortschrittsgläubigkeit hat nun einen Sprung bekommen; die lange gepflegten Illusionen zerstoben vor der Wirklichkeit und ließen zunächst Ratlosigkeit zurück. Früher geübte Tugenden wie Sparsamkeit, Maßhalten, wirtschaftliches Sichbeschränken auf das Notwendige, die längere Zeit als überholtem Denken entsprungen angesehen waren, werden nun wieder zunehmend gefordert.

Doch Jahrzehnte maßloser Kapazitäts- und Erzeugungsvergrößerungen, auch für wenig sinnvolle oder gar schädliche Waren, hatten nicht wiedergutzumachende Schäden angerichtet. Dem Fortschrittsglauben waren wesentliche Teile einer lebenswerten Umwelt geopfert worden. An diesen Folgen krankt nun unsere Gegenwart, sie belasten die Zukunft. Ein erster Schritt zur Besserung ist die Erkennung der Ursachen, damit eine ähnliche Entwicklung in der Zukunft verhindert werden kann. Wenn irgendwo den Anfängen zu wehren ist, dann auf diesem Gebiet. In gebotener Kürze seien im folgenden zunächst noch einige Beispiele besonders für die Umwelt folgenschwerer innenpolitischer Sünden der jüngeren Vergangenheit aufgeführt.

Energiekrise

Deutschland ist reich an Kohle. Auf ihr gründete sich in den ersten Jahren nach dem Zweiten Weltkrieg der wirtschaftliche Aufschwung. In den an Rohstoffen knappen Jahren des Zweiten Weltkriegs hatten im Deutschen Reich neue Verfahren der Vergütung der Kohle sonst nicht behebbare Engpässe verhindert, vor allem durch die Hydrierung der Kohle zu Benzin und bei der Erzeugung von Buna, dem künstlichen Kautschuk.

Auf Grund liberaler, nur am augenblicklich künstlich niedrig gehaltenen Ölpreis ausgerichteter Wirtschaftspolitik wurde in den sechziger Jahren der in Europa führende deutsche Steinkohlenbergbau, der kurz vorher erst nach den Demontagen aufs neueste eingerichtet worden war, teilweise gestoppt. Junge Investitionen von Milliarden DM wurden wieder vernichtet, indem man eine Reihe von Bergwerken im Ruhrgebiet stillegte und die Schächte absaufen ließ. Die Kohle im eigenen Land wurde verschmäht gegenüber dem aus dem Ausland auf langen Seewegen herangeführten Erdöl. Die durch diesen vergrößerten Öltransport auf den Weltmeeren erzeugten riesigen Ölteppiche, von denen schon früh Thor HEYERDAHL in ergreifender Weise berichtete, seien hier nur am Rande erwähnt. Erst die sich in den letzten Jahren immer wiederholenden Tankerunglücke mit den dann ganze Küstenstriche verseuchenden Ölpesten haben die Öffentlichkeit auf diese Nachteile des Öltransportes aufmerksam gemacht und teure Vorsichtsmaßnahmen anlaufen lassen. Am 6. Januar 1982 wurde das erste Ölbekämpfungsschiff der Bundesrepublik Deutschland in Brake an der Unterweser auf seinen Namen ›Thor‹ getauft. Erhebliche öffentliche Mittel waren zu seinem Bau erforderlich gewesen.

In diesem Zusammenhang ist daran zu erinnern, daß nach dem Zweiten Weltkrieg die Alliierten zunächst verboten hatten, daß in Westdeutschland synthetisches Benzin aus Kohle hergestellt wird, nachdem im Zweiten Weltkrieg durch dieses Verfahren der Bedarf für die deutsche Wehrmacht an Treibstoff zu wesentlichen Teilen hatte gedeckt werden können. In Weitererfüllung der Umerziehungspolitik wagten es auch die Bundesregierungen nach Lockerung des Verbotes nicht, die von Deutschen entwickelten und zwischenzeitlich in Südafrika wie in den USA weitergeführten Verfahren wieder aufzunehmen oder großtechnisch anzuwenden. Erst nach dem Ölschock von 1973 griff man in Bonn angesichts der nun drohenden Energieengpässe auf die alten Verfahren zurück, nun um Jahrzehnte zurückgeworfen, und errichtete eilig zwei Versuchsanlagen. Die heute so oft beklagte große Abhängigkeit vom Öl und seine ökologischen Schäden hätten – mindestens teilweise – vermieden werden können, wenn die verantwortlichen Wirtschaftspolitiker der fünfziger und sechziger Jahre wirklich national-ökonomisch gedacht und eine zu große Abhängigkeit vom Ausland zu vermeiden getrachtet hätten.

Ein wesentlicher Grund für diese Fehlentscheidungen war eine illusionäre, auf ewigen Weltfrieden, stabile Auslandspreise und nicht erschöpfbare Energiereserven in der Welt begründete liberale Wirtschaftspolitik, wie sie an den progressiv ausgerichteten Hochschulen gelehrt wurde. Heute ist kaum noch zu fassen, daß die damaligen Verantwortlichen die beiden wichtigsten Säulen einer Volkswirtschaft, die Ernährung und die Energieversorgung, so leichtsinnig im eigenen Land vernachlässigten und die deutsche Volkswirtschaft in solche Abhängigkeit vom Ausland bringen konnten. Erfolgreich umerzogen und den westlichen Theorien verpflichtet, enthielt sich Bonn jeder nationalen oder volkswirtschaftlich gesunden Haltung, wagte nicht, den Standpunkt des eigenen Volkes zu vertreten, und war früh bereit, für noch nicht reife politische Pläne, wie die Vereinigung Europas, große Opfer auch der Volkswirtschaft zu bringen, ohne zu sehen, daß die westlichen Nachbarn noch gar nicht zu solch einer echten Einigung Europas bereit waren und nur wirtschaftlich wie finanziell die Bundesrepublik Deutschland auszunutzen bestrebt waren.

Viel zu spät wurde auch erst in den letzten Jahrzehnten an die Herabsetzung der schädlichen Emissionen bei der Verbrennung fossiler Energieträger gedacht. Deutsche Erfinder mußten, in Bonn abgewiesen (H. K. LEISTRITZ, 1982), mit ihren umweltfreundlichen Erfindungen zur Schadstoffverringerung in Emissionen ins Ausland gehen. Erst seit den achtziger Jahren gibt es Kohlekraftwerke, die im Grunde keinen Schornstein mehr benötigen, weil alle Auswurfstoffe wieder gebunden werden.

Wegen der mangelnden politischen Rücksichtnahme auf möglichst hohe eigene Unabhängigkeit in der Energieversorgung wurde auch die Förderung alternativer Energiequellen zu spät begonnen. Erst der Ölschock der siebziger Jahre machte die verantwortlichen Wirtschaftspolitiker auf die großen Gefahren der inzwischen eingegangenen Abhängigkeit aufmerksam und damit auf die Notwendigkeit eigener Energiequellen: ein beschämendes Zeugnis ungenügender Zukunftsplanung und -vorsorge und eine folgenschwere Belastung für die nächsten Jahrzehnte.

Es wurde schon darauf hingewiesen, daß vor allem die kommunistischen Kader, die sich an die Spitze der Grünen gesetzt hatten, besonders auch in dem Bereich der Anti-Atomkraft-Bewegung agitierten. Sie führten die entsprechenden Demonstrationen an und behinderten die Transporte abgebrannter Uranstäbe nach Gorleben. Sie versuchten, diese Bestrebungen dann auch in der rot-grünen Bundeskoalition mit dem »Ausstieg aus der Kernenergie« durchzusetzen. Deutsche Atomkraftwerke, die an Sicherheit weltweit an der Spitze lagen, wurden vorzeitig abgeschaltet, wodurch ein Milliarden Euro hoher Schaden für die deutsche Volkswirtschaft entstand. Auch die Entscheidung für die Nichtanwendung des vor allem von Deutschen entwickelten modernen Schnellen Brüters kostete Deutschland schon hohe Summen. Gleichzeitig wurden aber in Nachbarländern, teilweise nahe der deutschen Grenze, neue Kernspaltungskraftwerke gebaut, die eine wesentlich geringere Sicherheit aufweisen. Länder wie Frankreich haben einen wesentlich größeren Anteil an Atomstrom in ihrer Energieversorgung als die Bundesrepublik.

Ein Artikel des früheren Umweltministers Jürgen TRITTIN (*FAZ* 16. 7. 2009) über »Die Realitäten der Atomenergie« enthielt bezeichnend eine Reihe sachlicher Fehler, von denen einige Walter Hohlfelder, Präsident des Deutschen Atomforums e.V. (*FAZ* 23. 7. 2009), richtigstellte: Statt mehrere hundert von Trittin behaupteter Störfälle in deutschen Anlagen gab es in den letzten Jahrzehnten nur drei technische Störfälle, von denen keiner Auswirkungen auf Mensch oder Umwelt hatte; daß erst für 90 Prozent des Abfallvolumens ein Endlager gefunden ist, liegt an dem unter Trittin verhängten Gorleben-Moratorium; statt der Behauptung, Kernenergie trage nicht zum Umweltschutz bei, erspart sie jedes Jahr 150 Millionen Tonnen Kohlendioxid; im Gegensatz zu alternativen Energieformen wurde die Kernkraft zu keiner Zeit subventioniert und ist dennoch seit langem wirtschaftlich.

Ohne Kernkraftwerke würde unsere Energieversorgung zusammenbrechen. Die öffentlich stark geförderten alternativen Energien sind noch zu teuer und zu anfällig. Das Argument der Explosion des Kernkraftwerkes in Tschernobyl ist auf Deutschland nicht übertragbar, da bei ihm wesentliche Schutzkreise von Hand ausgeschaltet wurden, um ein besseres Plansoll zu erreichen. Bewußt wurde also von dort Verantwortlichen ein Durchgehen des Reaktors in Kauf genommen, was in Deutschland ausgeschlossen ist. Die Atomkraftwerke belasten die Umwelt am wenigsten. Die sauberere Fusionsenergie steht leider noch nicht zur Verfügung.

Bauen als Umweltzerstörung

Im Zweiten Weltkrieg hatten die alliierten Flächenbomdardierungen viele deutsche Städte weitgehend zerstört. Für die rund 15 Millionen in den Westen gelangten Flüchtlinge und Vertriebenen entstand ein weiterer großer Bedarf an Wohnungen. Wie noch nie in allen Jahrhunderten vorher bestand die Möglichkeit, ein wirklich modernes Deutschland im eigenen Stil der neuen Zeit aufzubauen. Das Bauvolumen der Jahrzehnte nach Kriegsende war sehr groß, das Ergebnis im allgemeinen – vor allem im Bereich des öffentlichen Bauens – kann nur als verheerend bezeichnet werden. Im Jahre 1973 erschien das Buch *Bauen als Umweltzerstörung* des Schweizer Architekten Rolf Keller, und am 16. 1. 1975 hielt der Stuttgarter Ordinarius und bekannte Brückenbauer wie Fernsehturmkonstrukteur Fritz Leonhardt auf einem Hochschulabend seiner Universität den vielbeachteten Vortrag »Bauen als Umweltzerstörung – Eine Herausforderung an uns alle«, in dem er darauf hinwies, wie sehr im Bauen der letzten Jahrzehnte »die Seele, das Geistige, das Schöne mehr und mehr verkümmerten«.

Kurz darauf rief im Anschluß an das Europäische Denkmalschutzjahr 1975 das »Deutsche Nationalkomitee für Denkmalschutz« zum Schutz der Dörfer auf, nachdem es hatte bekennen müssen: »Städte haben wir verpfuscht. Was gut war an ihnen, das kompakte Nebeneinander von Wohnen, Geschäft und Gewerbe – die Stadt der kurzen Wege, die haben wir zerschlagen. Was Gassen und Plätze einst an städtebaulicher Qualität, an unverwechselbaren Bildern boten, an Milieu und Atmosphäre, haben wir autogerecht zerhackt und mit Monotonie und Gesichtslosigkeit, mit überall gleichen Kaufhäusern, Bankhäusern, Parkhäusern aufgefüllt.« (Deutsches Komitee für Denkmalschutz 1979, S. 4) Nur wenige Städte, von meist jugendbewegten Baudirektoren vor der herrschenden progressiven Bauweise nach amerikanischem Muster verschont, haben die einmalige Gelegenheit des Wiederaufbaus städtebaulich vorbildlich genutzt. Richard W. EICHLER hat in seinem Buch *Baukultur gegen Formzerstörung. Für eine menschenfreundliche Architektur* (1999) die Sünden beim Bau, aber auch vorbildliches Gestalten der Neuzeit beschrieben.

Das 1973 erbaute neue Rathaus von Mainz weist eher ab, als Bürgernähe und -freundlichkeit zu offenbaren.

Die Betonburgen von Frankfurt/Mainhattan, Monstranzen ideologisierten Bauens.

Während andere Sünden des Fortschrittswahns nach wenigen Jahren verschwinden oder überwunden werden, ragen die Bausünden für Generationen in die Landschaft und verschandeln diese. Im Bauwesen stand bei dieser Verhäßlichung auch Amerika Pate mit seinen unpersönlichen Wolkenkratzer-Städten und der unorganischen Betonbauweise. Die frühere landschaftsbezogene Gestaltung der deutschen Städte wurde nach 1945 zugunsten des einheitlichen Weltstils ›moderner‹ Hochhäuser zerschlagen, wie sie in gleicher Weise in New York und Schanghai, in Tokio oder Rio de Janeiro heute stehen.

Aber nicht nur die Großstädte mit ihren Wirtschaftsimperien frönten diesem Kult, auch die kleinen Landstädtchen und Dörfer sollten und wollten nicht an angeblicher Modernität nachstehen und auf den angeblichen Fortschritt verzichten: Bis in die kleinsten Gemeinden drangen die Wolkenkratzer und Betonsilos vor. Selbst gegen den leidenschaftlichen Widerstand von Landschaftsschützern und Heimatvereinen wurde von den Kommunen und von staatlichen Stellen, nicht zuletzt von CDU-Landesinnenministern wie Filbinger, der Hochhausbau auch auf dem Land in den sechziger Jahren durchgesetzt: Jede Kleinstadt sollte das Hochhaus als Symbol der neuen Zeit und der Überwindung des Bisherigen annehmen. Und nun stehen die Betonburgen als häßliche Zeugen platten Fortschrittsdenkens in allen deutschen Landschaften, zerstören als Denkmäler der Unkultur den Gesamteindruck und als bedrückende Massen den Nahbereich. Der nachwachsenden Generation, die, wie die Verhaltensforschung und Psychologie nachgewiesen haben, Harmonien und stilvolle Formen zur Ausreifung ihrer geistigen und moralischen Fähigkeiten braucht, geben sie die erdenklich schlechtesten Vorbilder. Schon vor mehr als zwei Jahrtausenden erklärte im alten Rom der junge CICERO bei einem Prozeß: »Indem wir alle Stunden irgend etwas Scheußliches sehen oder davon hören, verlieren wir von Natur gutmütigen Menschen jeden Sinn für Humanität.«

Die zeitgenössische Anthropologie bestätigt das voll: »Ästhetisches und ethisches Empfinden sind offenbar sehr eng miteinander verknüpft, und Menschen, die unter den eben besprochenen Bedingungen (in Massenwohnungen) leben müssen, erleiden ganz offensichtlich eine Atrophie beider. Schönheit der Natur und Schönheit auch der menschengeschaffenen kulturellen Umgebung sind offensichtlich beide nötig, um den Menschen geistig und seelisch gesund zu erhalten. Die totale Seelenblindheit für alles Schöne, die heute allenthalben so rapide um sich greift, ist eine Geisteskrankheit, die schon deshalb ernst genommen werden muß, weil sie mit einer Unempfindlichkeit gegen das ethisch Verwerfliche einhergeht.« (LORENZ 1971, S. 292)

An diesem Beispiel des ideologisierten Hochhausbaus läßt sich besonders ›augenfällig‹ aufweisen, wie Fortschrittswahn und Progressivität um jeden Preis, der gewollte totale Bruch mit dem Alten wie das bewußt erstrebte Gegenteil des vorher Üblichen zusammenwirkten und durchgesetzt wurden, geistig von der Frankfurter Schule vorbereitet und belobigt, um die Umerziehung der Deutschen total zu machen, sie von ihren Wurzeln zu trennen.

Bauernlegen

In Deutschland war, verstärkt durch die Erfahrung im Ersten Weltkrieg, die Bedeutung der Landwirtschaft für die Ernährung wie für die Gesundheit des Volkes hochgeachtet worden. Da der Bauernstand im Dritten Reich besonders hervorgehoben und gefördert gewesen war, wurde der Bauer nach dem Ende der im Anschluß an den Zweiten Weltkrieg den Deutschen von den Siegern auferlegten Hungerzeit zum Stiefkind der Nation gemacht.

Im Zuge der Einigung Europas, der Vereinheitlichung des Welthandels und der Sozialisierung der Gesellschaft wurde versucht, den Bauernstand in Westdeutschland systematisch zu zerschlagen. Allein von 1949 bis 1975 mußten von 1,6 Millionen Landwirten 0,7 Millionen aufgeben, und die Zahl der in der Landwirtschaft beschäftigten Personen fiel in dieser Zeit in Westdeutschland von 4,7 auf nur noch 1,2 Millionen. Nur noch weniger als 400 000 Vollerwerbsbetriebe waren um 1985 vorhanden. Seitdem sank die Zahl weiter. 1997 gab es nur noch 0,5 Millionen Betriebe. Das Bauernlegen, insbesondere nach dem Plan des holländischen Sozialisten MANSHOLT seit den siebziger Jahren, von der CDU zu verantworten und von allen Bonner Parteien unterstützt, wurde nicht nur zu einer Tragödie für diesen Stand, sondern durch die Abnahme der Zahl der Selbständigen und Unabhängigen auch zu einer Gefahr sowohl für die freie Volkswirtschaft als auch für die Belastbarkeit und die Unabhängigkeit der ganzen Gesellschaft. Zu allen Zeiten war gerade die Landwirtschaft ein wirksamer Puffer zum Abfangen wirtschaftlich schlechter Entwicklung gewesen und hatte dann die Folgen auftretender Arbeitslosigkeit dämpfen können.

Aus kurzsichtigem Gewinndenken und ideologischem Haß gegen den freien Bauern wurde eine einschneidende, ungesunde Umformung (›Umstrukturierung‹ genannt) der Landwirtschaft unter dem Vorwand einer modernen Anpassung vollzogen, auf die der einzelne Bauer dann nur durch vermehrte und teilweise übertriebene Technisierung, Massentierhaltung und verstärkte Anwendung von chemischen Mitteln antworten konnte. Die umweltfreundlichere mechanische Bodenbearbeitung wurde immer mehr durch eine gefährliche chemische ersetzt. Vielfach wurden aus den vorher vielseitigen Bauernhöfen nun einseitige landwirtschaftliche Fabriken gemacht: Aus dem mit Boden und Vieh verbundenen Bauern wurde der meist viehlose Fruchterzeuger, der Farmer nach US-Vorbild, oder der Massentierhalter ohne Feldanbau. Die erzwungene Spezialisierung machte krisenanfälliger, marktabhängiger, verlangte ungesundere Bearbeitungsmethoden, raubte die innere Befriedigung an der Arbeit, erzwang weitere Landflucht, vermehrte dadurch die Naturferne größerer Bevölkerungskreise und verschärfte gleichzeitig die Umwelt-

Heuernte, als das Bauerntum ein fast geschlossenes ökologisches System darstellte. Die Aufnahme stammt aus dem Jahre 1938.

Unten: Lebensmittelfabrik in den neunziger Jahren. Für ständig wachsende Produktivitätsgewinne sind alle Mittel gut: Massentierhaltung, Verarmung der Böden durch übertriebene Mineraldüngung. Die Landwirtschaft ist dem ›fortschrittlichen‹ Turbokapitalismus ausgeliefert.

probleme. Die für ein angeblich vorteilhaftes Wirtschaftswachstum benötigten Arbeitskräfte wurden vom Land in die großen Städte abgesaugt, wo höhere Löhne und mehr Freizeit lockten.

Aus dem früheren Bauern als dem idealen Umweltschützer, der mit seinem Hof und Feld eine auf Dauer lebensfähige biologische Umwelt (Biozönose) geschaffen hatte und ein beinahe geschlossenes ökologisches System ohne Anhäufung von Schadstoffen bildete, wurde der mit großen Mengen von Schadstoffen in die Natur eingreifende Großfabrikant. Grenzertragsböden wurden aufgegeben oder aufgeforstet zu einer Zeit, in der anderenorts mit großen öffentlichen Mitteln Land dem Meer abgerungen wurde. Nach der – auch mit öffentlichen Geldern finanzierten – Abschaffung des Milchviehs mußten in manchen Gegenden, etwa in den von Touristen bevorzugten Tälern des Schwarzwaldes, aus dem Landesetat – sinnvollerweise aus den Mitteln des Kultusministeriums – die Gelder zum Mähen der Wiesen und Verbrennen des Heus zur Verfügung gestellt werden.

Heute werden Landflucht, Zentralisierung, Vergrößerung der Betriebsflächen, Spezialisierung auf Monokulturen, Massentierhaltung, übertriebene Mineraldüngung und intensive chemische Schädlingsbekämpfung bereits als Nachteile und folgenschwere Fehlentwicklungen erkannt, nachdem jahrelang die Warner vor dieser ›Modernisierung‹ von den durch Wachstums- und Fortschrittsideologien berauschten maßgeblichen Kreisen nicht beachtet worden sind. Daraus erwuchs in Teilen der Bevölkerung ein neues Verständnis für den Boden, und der damals amtierende Bauernpräsident Freiherr von Heereman erklärte am 29. 6. 1983 (*ZDF*), daß in Zukunft in völliger Umkehr der bisherigen Maßnahmen kleine und mittlere Bauernhöfe wieder stärker gefördert werden sollten. Aber die anderen Zwänge waren größer, und es erfolgte keine Trendwende.

Es sollte zunehmend wieder erkannt werden, daß der Bauer vor allem ein Pfleger des Lebens ist und daß mit der Abnahme der bäuerlichen Wirtschaftsform neben der bäuerlichen Denkungsart auch die vom Bauern gepflegte Kulturlandschaft, die im biologischen Gleichgewicht steht, schwindet. Denn dem nicht in erster Linie an einer Gewinnmaximierung gelegenen Bauern geht es vor allem darum, das ihm anvertraute Leben zu hüten, zu vermehren und es als Erbe seinen Kindern weiterzugeben. »Der Bauer weiß nämlich etwas, was die gesamte zivilisierte Menschheit vergessen zu haben scheint, nämlich, daß die Lebensgrundlagen des ganzen Planeten nicht unerschöpflich sind.« (LORENZ 1971, S. 290)

Zudem sorgte auch lange die Bauernfamilie mit ihrer verhältnismäßig großen Kinderzahl für den notwendigen Zuzug in die Städte sowie für die Erhaltung der Bevölkerungszahl - bei dem heutigen Geburtendefizit ein besonderes wichtiger gesellschaftspolitischer Gesichtspunkt.

Gerade diese bäuerliche Haltung der Treuhänderschaft für das auf Lebenszeit anvertraute Gut der Natur wird zur Eindämmung des lebensfeindlichen materialistischen Kapitalismus wie Kommunismus in der Zukunft erheblich an Bedeutung gewinnen müssen, wenn der gegenwärtigen Umweltzerstörung und Ausbeutung der Natur Schranken gesetzt werden sollen.

Drittes Kapitel

Vorläufer der ökologischen Bewegung in Deutschland

Grüne und Linke

Die im Vorherstehenden geschilderten marxistischen Strömungen der Frankfurter Schule und ihres Umfeldes stellten einen radikalen und fremdartigen Einbruch in das deutsche Geistesleben dar, insbesondere bildeten sie einen scharfen Gegensatz zu der seit ihrer Volkwerdung nachweisbar offenen und verständnisvollen Haltung der Deutschen zu der sie umgebenden Wirklichkeit und insbesondere zur belebten Natur. Mit Recht kann man daher von einer geistigen Überfremdung Deutschlands durch den Marxismus und von dem Versuch sprechen, die Deutschen von ihrem Wesen zu trennen, sie ihrer Identität zu berauben. Offen wurde eine derartige Zielsetzung auch als das Programm der Umerzieher von 1945 ausgesprochen.

Vor diesem Hintergrund und angesichts der deutschen geistigen Tradition kann das weite Kreise des deutschen Volkes seit einiger Zeit wieder ergreifende Umweltbewußtsein als ein Schritt zur Normalisierung aufgefaßt werden, als ein Schritt zur Abschüttelung und Verdrängung des von den Besatzern Aufgezwungenen und zur Gesundung des deutschen Geistes. Nicht zufällig läuft dieses zunehmende Naturverständnis mit einem wachsenden Geschichtsbewußtsein parallel und mit dem langsamen Erkennen, daß die Frage des deutschen Selbstverständnisses - der deutschen Identität - der Schlüssel zur Gestaltung der Zukunft unseres Volkes ist. (Willms 1982) Innerhalb dieses Selbstverständnisses spielt auch die Haltung zur Natur eine nicht unwesentliche Rolle.

Die innerhalb weniger Jahre schnell angewachsene ökologische Bewegung - nicht deren weitgehend durch marxistische Kader übernommene Leitung in der Partei der Grünen - wendet sich heute in Deutschland mit Recht als eine notwendige Protestbewegung gegen die zunehmende Zerstörung der Natur und der Umwelt des Menschen durch eine ausufernde Technik und rein kapitalistische Wirtschaft. Aus vielfältigen Quellen gespeist, stellt sie eine breite und echte Volksbewegung dar, deren Notwendigkeit und Aufgaben sich nur scheinbar erst aus den gegenwärtigen Mißständen ergeben haben.

In Wirklichkeit setzt sie, besonders im deutschen Bereich, nur viel ältere Bestrebungen fort, die bereits weite Teile der Öffentlichkeit erfaßt und durchdrungen hatten und auch schon vielschichtig wirksam geworden waren bis hin zu vorbildlichen gesetzlichen Regelungen.

Durch den Einbruch der marxistischen und liberalistischen Ideologien nach Ende des Zweiten Weltkrieges und durch die geistige Vorherrschaft der Frankfurter Schule und ihrer Ableger war diese umweltfreundliche Entwicklung nachdrücklich unterbrochen worden, so daß sie fast in Vergessenheit geriet und die gegenwärtige ökologische Bewegung als etwas ganz Neues erscheinen konnte.

Nicht nur aus geschichtlichem Interesse erscheint es wichtig und fruchtbar, auf die früheren Vorläufer dieser Bewegung hinzuweisen, sondern auch, weil Erfahrungen aus der Vergangenheit nützlich sein können und Irrwege zu vermeiden helfen. Wichtig erscheint gerade auch heute, da Teile der Grünen stark von ›linken‹ Gruppen unterwandert und im Sinne der Volkszerstörung umfunktioniert worden sind, darauf hinzuweisen, daß die marxistische Frankfurter Schule zusammen mit dem internationalen Liberalismus für mehrere Jahrzehnte in Deutschland früher vorhandene umweltschützende Bestrebungen in den Hintergrund drängte und damit eine wichtige Ursache für die heute beklagenswerten Verhältnisse wurde. Die von der Frankfurter Zentrale ausgehenden, von allen maßgeblichen politischen Richtungen und von den Besatzern geförderten geistigen Strömungen zerstörten durch die schon beschriebene Auflösung vieler Werte, durch die linke Indoktrinierung der Jugend, durch ihre Weltfremdheit, durch Enthemmung und Bindungslosigkeit, durch Wiedereinführung des Klassenkampfes und Betonung des Neidkomplexes, durch Abwertung und Aushöhlung des Staates das für ein dauerhaftes Gemeinwesen notwendige Gemeinschaftsgefühl, die unverzichtbaren Bindungen an Heimat und Volk und die damit verbundene Liebe zur Natur wie die Achtung der Umwelt. Fanatisierte Vorkämpfer für das internationale Proletariat und den individuellen Lustgewinn haben kein Gespür für die Natur; nur in wirtschaftlichen Kategorien und international denkende Klassenkämpfer kennen keine schützenswerte Heimat; an den Utopien des Marxismus ausgerichtete Intellektuelle haben keinen Sinn für die sie umgebende Wirklichkeit, wie die Geschichte der letzten hundert Jahre nur allzu deutlich beweist.

Es ist daher eine Paradoxie und deswegen eine im Grunde leicht zu durchschauende Strategie, wenn die in der APO-Bewegung schließlich erfolglosen marxistischen Kreise der Neuen Linken auf der Suche nach neuen Betätigungsfeldern und Ansatzpunkten mit Erfolg versuchen konnten, sich der ökologischen Bewegung als der kommenden Volksbewegung zu bedienen und sie für ihre durchsichtigen Ziele zu mißbrauchen. Nun erklärte die Linke sich plötzlich gegen den Fortschritt und wandte sich der Natur zu. So forderten Johano Strasser, ein führender Ideologe der jungen Sozialisten, und Klaus Traube in ihrem Buch über *Die Zukunft des Fortschritts* eine Rehabilitierung der deutschen Romantik und eine Gegenstellung zu den »Revolutionen des Fortschritts«, dem Christentum, der Renaissance und der Industrialisierung. (Strasser 1981)

Wegen der immer noch weithin linkslastigen Massenmedien ist zwar die ökologische Bewegung erst durch das Aufgreifen dieser Frage von linker Seite her so weit bekannt gemacht worden. Konservative Gruppen hatten aber schon lange vorher warnend die Aufmerksamkeit auf die Mißstände in der Umweltzerstörung zu richten versucht, waren jedoch totgeschwiegen worden. Es fehlte dann auch nicht in der linksideologischen Presse zunächst der Hinweis darauf, daß in der grünen Bewegung folgerichtig mit der Hinwendung zur Natur und Heimat gefährliches ›Blut- und Boden-Denken‹ sich verbreite. Das ist schon ein Hinweis auf die grundsätzliche Unverträglichkeit marxistischer Ideologien und der Umweltschutzbewegung.

Auch in diesem Zusammenhang kann der Hinweis auf die geschichtlichen Vorläufer der heutigen ökologischen Bewegung in Deutschland dienlich sein, die alle gemeinschaftsbezogen, völkisch ausgerichtet und antimarxistisch waren sowie sich gegen den Klassenkampf wandten. Sie traten auch gegen überzogene Zentralisierungsbestrebungen ein und achteten den Wert kleinerer, überschaubarer Einheiten mit jeweils besonderen Eigenarten.

Die Naturverbundenheit der Romantik

Die Naturverbundenheit des Deutschen zeigt sich besonders in seiner Haltung und Einstellung zum Wald. In den alten Volksmärchen und Volksliedern, die für viele Generationen wichtiges Erziehungsmittel darstellten, spielt der Wald eine herausragende Rolle sowohl als die Welt geheimnisvollen Zaubers und feindlicher Mächte als auch schützender Geborgenheit. Er wurde als vielfach beseelt angesehen und wirkte erzieherisch auf Phantasie und Charakter.

In der deutschen Romantik wurde ganz allgemein die Natur wiederentdeckt, und in den Werken der großen Romantiker nimmt der Wald eine bedeutende Stellung ein. Besonders Ludwig Tieck (1773–1853) und Joseph von Eichendorff (1788–1857) stellten den Wald in den Mittelpunkt vieler ihrer Schöpfungen. Geradezu einen Walddichter kann man Adalbert Stifter nennen (1805–1888), der in seinen großen Romanen und Erzählungen wie *Witiko* oder *Hochwald* dem herrlichen Wald seiner böhmischen Heimat ein unvergängliches Denkmal setzte und wie kaum ein anderer aus eigenem Erleben die erzieherische, menschenformende, charakterbildende, phantasieanregende und seelenheilende Wirkung des Waldes und damit dessen tiefgehenden Einfluß auf den Menschen darstellte.

Aus verwandtem Geist geschrieben und von weitreichender Wirkung im ganzen Volke waren die Natur- und Waldschilderungen eines Theodor Fontane (1819–1898), Peter Rosegger (1866–1914) oder Hermann Löns (1843–1914), deren starker Widerhall in allen Volksschichten schon ein deutlicher Hinweis darauf war, wie sehr ihre Naturliebe der Geisteshaltung der Deutschen entsprach.

Als ein Beispiel dieser Naturverbundenheit, die sich bereits am Beginn des 19. Jahrhunderts, und damit noch vor dem eigentlichen Einsetzen der Industrialisierung und ihrer Schäden in der Umwelt, für die Pflege und Erhaltung der Natur einsetzte, seien einige Äußerungen von Ernst Moritz Arndt (1769–1860) angeführt, die dieser im Jahre 1815 in einem Artikel mit der bezeichnenden Überschrift »Ein Wort über die Pflegung und Erhaltung der Forsten und der Bauern im Sinne einer höheren, d. h. menschlicheren Gesetzgebung« niederlegte. Umfangreiche Erfahrungen von Arndts Reisen durch Deutschland, Italien, Ungarn und Frankreich wie von seinen Aufenthalten in Schweden und Rußland waren in sie eingeflossen und trugen zu seinen erstaunlich modernen Auffassungen bei.

Arndt stellte grundsätzlich fest: »Die Natur lehrt dem, der ihr näher steht und einfältiger mit ihr umgeht, was später keine Kunst lehren kann, sondern nur die Weisheit, die wieder kindlich zur Natur zurückkehrt. . . Die Natur behauptet ewig ihr Recht: was der Mensch zu künstlich machen will, gedeiht nicht.« (Barthelmess 1972, S. 58 u. 61)

Anklagend wandte er sich gegen die schon damals einsetzende Zerstörung der Natur durch den Menschen aus rein materiellen Gründen: »In manchen Landschaften Deutschlands hat man in den letzten zwanzig und dreißig Jahren sehen können, wie der heilloseste und ruchloseste Unfug mit den edlen Bäumen und Wäldern getrieben ist und ganze Forsten ausgehauen und ganze Bezirke entblößt sind, weil der einzelne Besitzer mit der Natur auf das willkürlichste schalten und walten kann. Was kümmert es den, der Geld bedarf und in zehn Jahren zu verbrauchen gedenkt, wovon sein Urenkel noch zehren sollte, ob er eine öde und Menschen künftig wenig erfreuliche, ja, Menschen oft kaum brauchbare Erde hinterläßt?« (ebd., S. 60)

Arndt sah bereits die tiefere Bedeutung des Waldes für das ganze Volk und warnte vor dessen Vernichtung: »Denn jetzt wird in vielen Ländern Europas die Axt, die an den Baum gelegt wird, häufig zu einer Axt, die an das ganze Volk gelegt wird. Nächst den Sternen, die oft zu hoch über unseren Häuptern glänzen und uns oft auch zu hehr sind, als daß wir uns mit ihnen besprechen könnten, haben wir Menschen keine freundlicheren Boten, die gleichsam zwischen Himmel und Erde hin- und herwanken, als die Bäume. Wer hat je unter ihnen gewandelt mit stillem Mute, dem sie nicht oft alle Sorgen und Eitelkeiten des Lebens hinweggerauscht, den sie nicht mit Liebe und Sehnsucht des Himmels angeweht, dem sie nicht so manche namenlose Gefühle und wundersame Geheimnisse zugeflüstert, so manche unvergeßliche Gestalt gezeigt haben. So sind die Bäume die geistigen Gesellen des Menschen auf Erden; aber sie sind auch seine recht lieben irdischen Gesellen, die ihm Nahrung, Stärkung und Segen des Himmels bringen; und auch deswegen soll er sie lieben und ehren.« (ebd., S. 65)

Als eine erste großräumige Landschaftsgestaltung ist Arndts Vorschlag seiner neuen »Waldordnung« anzusehen, mit der er den schädlichen Einfluß der Winde in der Ebene auf das Kulturland eindämmen wollte: »Je alle anderthalb deutsche Meilen müßte Wald

Der Baum – Symbol des Lebens. Infolge der Weltentzauberung ist das poetische Horchen auf die Natur, die Naturverbundenheit, abhanden gekommen.

sein, der wenigstens fünfzehnhundert Fuß Breite hätte. . . Dieser Wald dürfte nie so gelichtet oder durchgehauen werden, daß die Stürme einen freien Durchgang hätten. . . Diese vom Staate als eines seiner Heiligtümer gehegten und gepflanzten Wälder möchten immerdar, je nachdem die Dörfer und Grundstücke liegen, auch Privateigentum sein.« (ebd., S. 64)

Als Folgerung aus diesen Begründungen des Waldes als einer wichtigen Quelle des seelischen und körperlichen Wohlbefindens des Menschen und der Gesundheit des ganzen Volkes stellte ARNDT die zeitlos gültige Forderung auf: »Der Mensch soll die Erde, seine Natur, so verwalten und regieren, daß das Schöne und Gute in ihr bleiben und wachsen könne.« (ebd., S. 57) Und er ermahnte die Jugend: »Darum hinaus in Feld und Wald, in Tal und Gebirg, ihr deutschen Jünglinge! Und erfrischet und erquicket euch Leib und Seele an dem ewigen, geheimnisvollen und wundersamen Gegenspiel eures Gemütes und des Himmels!« (Hauer 1955, S. 53)

Als ein Schüler Arndts aus dessen Bonner Universitätsjahren setzte sich Wilhelm Heinrich Riehl, der Begründer der wissenschaftlichen Volkskunde, um die Mitte des 19. Jahrhunderts für die Erhaltung der deutschen Landschaft ein. Auf seinen ausgedehnten Wanderungen durch Süd- und Westdeutschland war er tief in das Volksleben eingedrungen und hatte dabei den engen Zusammenhang und die vielfältigen befruchtenden Wechselwirkungen zwischen Mensch und Umwelt erkannt. Für ihn hatten Wald und Feld »nicht bloß eine wirtschaftliche, sondern auch eine sozialpolitische Bedeutung«. (Riehl 1857, S. 42)

In seinem großen vierbändigen Werk über *Die Naturgeschichte des Volkes als Grundlage einer deutschen Social-Politik* widmete er im ersten Band *Land und Leute* der Landschaft und ihrer Wechselbeziehung zum Menschen breiten Raum. Dabei führte er aus: »So ist der ganz triviale Gegensatz von Wald und Feld von größter Wichtigkeit für die soziale Ethnographie. In Deutschland besteht dieser Gegensatz noch in seiner ganzen Ausdehnung, wir haben noch einen wirklichen Wald; England dagegen hat so gut wie keinen wirklichen freien Wald mehr, keinen Wald, der soziale Bedeutung hätte; dadurch sind eine Menge der schärfsten Unterschiede deutschen und englischen Volkstums von vornherein mit Notwendigkeit vorgezeichnet.« (ebd., S. 41)

Heftig wandte Riehl sich gegen weitere Waldrodungen zur Vergrößerung der landwirtschaftlichen Nutzfläche und hob den Wert des Waldes für das soziale und kulturelle Leben des Volkes hervor: »Es ist eine seltsame Begriffsverwirrung, wenn viele die Waldrodungen in dem Deutschland des 19. Jahrhunderts noch wie ein Urbarmachen des Bodens, wie einen Akt der inneren Kolonisation ansehen, durch den das gerodete Stück überhaupt erst in Kultur genommen würde! Der Wald ist für uns nicht mehr die Wildnis, aus der wir ins geklärte Land hinausstreben sollen, sondern eine wahrhaft großartige Schutzhege unserer eigensten volkstümlichsten Gesittung. . . Die Verschiedenartigkeit der Bodenkulturform ist eine der tiefsten Wurzeln unseres Reichtums an individuellen sozialen Bindungen, und damit der Lebensfülle unserer Gesellschaft selber.« (ebd., S. 51) Deutlicher als in diesen Worten kann der Gegensatz zwischen deutscher Tradition und dem marxistischen Denken wie dem der Frankfurter Neomarxisten kaum ausgedrückt werden.

Immer wieder wies Riehl mit eindringlichen Worten auf die Bedeutung des Waldes wie auch der übrigen nicht unmittelbar genutzten Landschaftsformen – des ›Ödlandes‹ – für ein gesundes Volksleben hin und warnte vor den verheerenden Folgen – auch im geistig-seelischen Bereich – der Vernichtung dieser natürlichen Umwelt: »Haut den Wald nieder und ihr zertrümmert die historische bürgerliche Gesellschaft. In der Vernichtung des Gegensatzes von Feld und Wald nehmt ihr dem deutschen Volkstum ein Lebenselement. Der Mensch lebt nicht von Brot allein. Auch wenn wir keines Holzes mehr bedürften, würden wir doch noch den Wald brauchen. Das deutsche Volk bedarf des Waldes wie der Mensch des Weines bedarf. . . Nicht bloß das Waldland, auch die Sanddünen, Moore, Heiden, die Felsen- und Gletscherstriche, alle Wildnis und Wüstenei ist eine notwendige Ergänzung zu dem kultivierten Feldland. Freuen wir uns, daß es noch so manche Wildnis in Deutschland gibt.« (ebd., S. 46)

Aus seiner tiefen Kenntnis der deutschen Volksseele heraus betonte Riehl auch die besondere Bedeutung der Natur und des Waldes für den germanisch-deutschen Menschen, wenn er schrieb: »Dieser Gedanke, jeden Fleck Erde von Menschenhänden umgewühlt zu sehen, hat für die Phantasie jedes natürlichen Menschen etwas grauenhaft Unheimliches; ganz besonders ist er aber dem germanischen Geist zuwider. Es wäre alsdann Zeit, daß der jüngste Tag anbräche. . . Ein Volk muß absterben, wenn es nicht mehr zurückgreifen kann zu den Hintersassen in den Wäldern, um sich bei ihnen neue Kraft des natürlichen, rohen Volkstums zu holen. Eine Nation ohne beträchtlichen Waldbesitz ist gleich zu achten einer Nation ohne gehörige Meeresküste. Wir müssen den Wald erhalten, nicht bloß, damit uns der Ofen im Winter nicht kalt werde, sondern auch, damit die Pulse des Volkslebens warm und fröhlich weiterschlagen, damit Deutschland deutsch bleibe!« (ebd., S. 46 ff.)

Auch führende deutsche Staatsmänner waren von dieser Haltung geprägt. So schrieb Wilhelm von Humboldt: »Ich habe eine besondere Liebe zu den Bäumen und lasse nicht gern einen wegnehmen, nicht einmal gern verpflanzen. Es hat so etwas Trauriges, einen armen Baum von der Umgebung, in der er viele Jahre heimisch geworden war, in eine neue und in neuen Boden bringen, aus dem er nun, wie unwohl es ihm werden mag, nicht mehr herauskann, sondern, langsam schmachtend, sein Ausgehn erwarten muß. Überhaupt liegt in den Bäumen ein unglaublicher Charakter der Sehnsucht, wenn sie so fest und beschränkt im Boden stehen und sich mit den Wipfeln, so weit sie können, über die Grenzen der Wurzeln hinausbewegen. Ich kenne nichts in der Natur, was so gemacht wäre, Symbol der Sehnsucht zu sein.« (Humboldt 1949, S. 167)

Schließlich sei noch als eine weitere kennzeichnende Stimme des 19. Jahrhunderts zum Naturverständnis der Deutschen der Reichskanzler Fürst Otto von Bismarck angeführt. Er hielt es für wichtig genug – und das ist schon sehr bezeichnend –, in seinen *Gedanken und Erinnerungen* folgende Stelle aufzunehmen, in der er seine Gefühle ausdrückte, als er hörte, daß sein Amtsnachfolger von Caprivi eine Reihe alter Bäume vor dem Reichskanzlersitz hatte fällen lassen: »Ich kann nicht leugnen, daß mein Vertrauen in den Charakter meines Nachfolgers einen Stoß erlitten hat, seit ich erfahren habe, daß er die uralten Bäume vor der Gartenseite seiner, früher meiner, Wohnung hat abhauen lassen, welche eine erst in Jahrhunderten zu regenerierende, also unersetzbare Zierde der amtlichen Regierungsgrundstücke in der Residenz bildeten. Kaiser Wilhelm I., der in dem Reichskanzlergarten glückliche Jugendtage verlebt hatte, wird im Grabe keine Ruhe haben, wenn er weiß, daß sein früherer Gardeoffizier alte Lieblingsbäume, die ihresgleichen in Berlin und Umgebung nicht hatten, hat niederhauen lassen, um *un poco piu di luce* zu gewinnen. Aus dieser Baumvertilgung spricht nicht ein deutscher, sondern ein slavischer Charakterzug. Die Slaven und Kelten, beide ohne Zweifel stammverwandter als jeder von ihnen mit den Germanen, sind keine Baumfreunde, wie jeder weiß, der in Polen und Frankreich gewesen ist; ihre Dörfer und Städte stehen baumlos auf der Ackerfläche, wie ein Nürnberger Spielzeug auf dem Tische. Ich würde Herrn von Caprivi manche politische Meinungsverschiedenheit eher nachsehen als die ruchlose Zerstörung uralter Bäume, denen gegenüber er das Recht des Nießbrauchs eines Staatsgrundstücks durch Deterioration desselben mißbraucht hat.« (Bismarck 1928, S. 667)

Auch in diesen Worten wird der grundsätzliche Unterschied in der Geisteshaltung kennzeichnend deutscher Vertreter gegenüber der der marxistischen Frankfurter Schule und der Neuen Linken deutlich.

Kämpfern für den Wald wie Arndt und Riehl ist es mit zu verdanken, wenn Westdeutschland trotz seiner starken Industrialisierung in der Gegenwart mit rund 29 Prozent Waldanteil an seiner Grundfläche im früher nichtkommunistischen Teil Europas nur noch von Österreich mit 40 Prozent und von Schweden mit 52 Prozent übertroffen wird, während etwa England mit nur acht Prozent sehr viel weniger besitzt. (*Land- und Forstwirtschaftliche Zeitung* 5. 12. 1981)

Auf ältere Beweise des ausgeprägten deutschen Naturverständnisses kann hier nicht näher eingegangen werden. Sie finden sich durchgehend seit den ersten Bezeugungen in der *Edda*. Erwähnt sei nur die großartige kulturelle Leistung des ganzen deutschen Volkes in der Ost- und Südostkolonisation seit dem Mittelalter bis in unsere Tage hinein, in denen der deutsche Bauer vor allem in Rußland bei der Kolonisation und Pflege der Landschaft weiterhin hochgeschätzt ist. Die bäuerlichen Pionierleistungen deutscher Auswanderer in Nord- und Südamerika wie im südlichen Teil Afrikas legen ebenso ein eindrucksvolles Zeugnis von der naturnahen Haltung der Deutschen ab, die lebensfähige ökologische Gleichgewichte durch verständnisvolles Eingehen auf die jeweiligen Landschaftsformen schufen.

Die deutsche Jugendbewegung

Der Aufbruch der deutschen Jugendbewegung in den Jahren um 1900 war zunächst ein instinktiver Protest natürlich denkender und empfindender junger Menschen gegen ein immer mehr sich von der Natur entfernendes, in künstlichen Formen erstarrendes, oft unwahres, unaufrichtiges Leben verspießerter bürgerlicher Kreise, das zudem durch die schnell ausufernde Technik gefährdet zu werden drohte. Kennzeichen dieser Jugend waren außer ihrer volkhaften Gesinnung »die Rückkehr zum Natürlichen, Urwüchsigen, ›Wurzelechten‹, das Leben in freigewählten Gemeinschaften, der ›Bund‹ als Lebensprinzip, die Entwicklung eines eigenen Umgangsstils, ein freieres Verhältnis der Geschlechter, der Glaube an berufene Führer«. (BÖHM 1982, S. 273)

Im Gegensatz zu der vielfach chaotischen, völlig unberechtigt gelegentlich auch als ›Jugendbewegung‹ bezeichneten linken APO der sechziger Jahre, die durch Klassenkämpfer, Aussteiger, Verweigerer, Orgien, Anarchismus, Rauschgift oder Leistungsverweigerung gekennzeichnet war, bestand die damalige Jugendbewegung aus jungen Menschen, die aufbauende geistige Alternativen besaßen, die bewußt an sich arbeiteten, die von sich körperliche, geistige und kulturelle Leistungen forderten und auch zum Wohle des ganzen Volkes auf den verschiedensten Gebieten erbrachten. Nicht durch Gewalt und Terror, sondern durch eigenes vorbildliches Tun verbreitete diese Jugendgeneration ihre lebensrichtigen Ideen und verhalf ihnen weithin zum Durchbruch. Man verlor sich nicht in verschwommener Romantik oder unwirklichen Utopien, sondern bereitete sich auf das Leben vor, das voll bejaht wurde.

Hans Breuer, der Herausgeber des 1908 erschienenen *Zupfgeigenhansl*, der als Liederbuch der Jugendbewegung in den ersten fünf Jahren zehn Auflagen erlebte, drückte die Verpflichtung dieser Jugend im Oktoberheft von 1913 des *Wandervogels* aus: »Der Wandervogel muß frühzeitig das Lebensziel, die Arbeitsstelle des Erdenbürgers erkennen, und dieses Ziel muß eingesät sein in den Nährboden der Heimat. Danach aber organische Entwicklung des Zieles aus der erwanderten Welt, richtige Eingliederung in das Ganze! Der Abenteuerlust herzhaft den Rücken gekehrt! Den Blick hinaus ins Leben gerichtet!« (zit. in Korn 1963, S. 121) Verbunden mit Lebensfreude und Tatendrang, Gestaltungswille und Verantwortungsbereitschaft, Schöpfungskraft und offenem Blick für die Wirklichkeit wurde so eine lebensgemäße Haltung vorgelebt und überzeugend vertreten, die sich noch lange auswirken sollte.

Die geistige Ausstrahlung der Jugendbewegung war trotz der verhältnismäßig geringen Anzahl ihrer Vertreter enorm, vor allem im Bildungs- und Musikbereich, und wirkte sich bis in unsere Gegenwart vielfältig aus. Heimat, Volk, Familie, Natur und Kultur standen als unbezweifelbare Werte ganz oben an und wurden geistig neu begründet und erfahren. Bedeutende künstlerische Leistungen, besonders im Bereich der Literatur, der Musik und der bildenden Kunst, entstanden unter dem Einfluß der volkhaft denkenden Jugendbewegung. Ein neuer natürlicher, noch heute vorbildlicher Lebens- und Wohnstil entwickelte sich; im Streben nach Lebenserneuerung und -gesundung fand man wieder zu zweckmäßiger Kleidung, gesunder Ernährung und zu einer naturgemäßen Heilkunst.

Die Wiederhinwendung zur Natur und zu natürlichem Leben ist eines der kennzeichnenden Merkmale der Jugendbewegung. Die Romantik wurde wieder entdeckt, das Wandern und Bergsteigen als Inbegriff sinnvoller und gesunder Freizeitgestaltung gewertet. Von Hans Breuer ist überliefert, daß er im Wandern »den Spiegel unseres Nationalcharakters« sah.

Hans BREUER, *1914*

Ganz im Gegensatz zu dem traditionszerstörenden Progressivismus der Neuen Linken und der Frankfurter Schule schrieb er 1908 im Vorwort zur ersten Auflage seines *Zupfgeigenhansl* über den Wert eines Liedes: »Was der Zeit getrotzt, das muß einfach gut sein. Noch lebt das alte Volkslied, noch wandelt frisch und lebensfroh in unserer Mitte, was unsere Väter geliebt, geträumt und gelitten. . . Das Erbe ist groß und herrlich. . . Hier gilt's, ein edles Gut zu bewahren.« (BREUER o. J.)

In der Gestaltung von Feiern und Feststunden, vor allem zu den Hoch-Zeiten des Jahres, der Sommer- und Wintersonnenwende, prägte die Jugendbewegung einen neuen, naturnahen Stil. Die Wiederentdeckung des Volksliedes führte auch zum Entstehen neuer Volkslieder, und die polyphone Chormusik erlebte eine Wiedergeburt. Unter Fritz JÖDES Leitung nahm die Jugendmusikbewegung einen großen Aufschwung, und das Offene Singen wurde üblich. Als Professor an der Berliner Akademie für Kirchen- und Schulmusik von 1923 bis 1939 hatte er großen Einfluß auf den schulischen Musikunterricht. Er wandte sich stets energisch gegen Schlager und ›Konservenmusik‹ und trat für die Haus- und Volksmusik ein.

Das Laienspiel, sowohl improvisiert wie in Aufführungen alter deutscher Meister, blühte auf und wurde von vielen Gruppen als künstlerischer Ausdruck des neuen Lebensstils gepflegt. In Martin LUSERKE entstand dieser Bewegung ein genialer Spielleiter wie Verfasser vielaufgeführter Jugendstücke, der die erzieherische Kraft des Spielens auch für die Schulen erschloß. Ebenso begann kurz vor dem Ersten Weltkrieg in den Wandervogelgruppen der Volkstanz zu blühen. Der 1913 erschienene *Aufruf zur Sammlung deutscher Volkstänze* hatte große Wirkung und löste eine bedeutende kulturelle Leistung in der Erhaltung dieses wichtigen Gebietes der Volkskunde aus. Von Georg GÖTSCH, der in Frankfurt an der Oder ein Musikheim gründete und leitete, das er als »Volkshaus im deutschen Osten« verstanden wissen wollte, stammen die herrlichen Worte über den erzieherischen Sinn des Tanzes: »Ich lobe den Tanz, denn er bindet Leib, Geist und Seele zur Einheit Mensch, bindet den vereinzelten Menschen neu zur Gemeinschaft, bindet die Gemeinschaft neu an Raum und Zeit.« (zit. in KORN 1963, S. 96)

Der Jugendherbergsgedanke, heute weltweit verbreitet, ging von dem Volksschullehrer Richard SCHIRRMANN und von Wilhelm MÜNKER aus und wurde von den geistesverwandten jugendbewegten Kreisen weitergetragen.

Im Jahre 1909 erstand auf der Burg Altena im Sauerland die erste Jugendherberge, 1939 gab es im damaligen Deutschen Reich bereits mehr als 2100, die der Jugend den Weg in die Natur wiesen. In den zwanziger Jahren ordnete unter dem Einfluß jugendbewegter Persönlichkeiten der preußische Kultusminister Wandertage für Jungen und Mädchen aller Schularten an, die die junge Generation verstärkt in die Landschaft hinaus und an die Natur heranführten. Nicht wie heute im ohrenbetäubenden Lärm und gesundheitsschädlichen Qualm von Diskotheken und Jazz-Kellern, sondern in der Stille der Wälder und Einsamkeit der Fluren sollte die Jugend zu Persönlichkeiten gesund an Leib und Seele heranwachsen.

Mit dem großen Einfluß auf dem Gebiet der Erziehung – manche der damals von Ju-

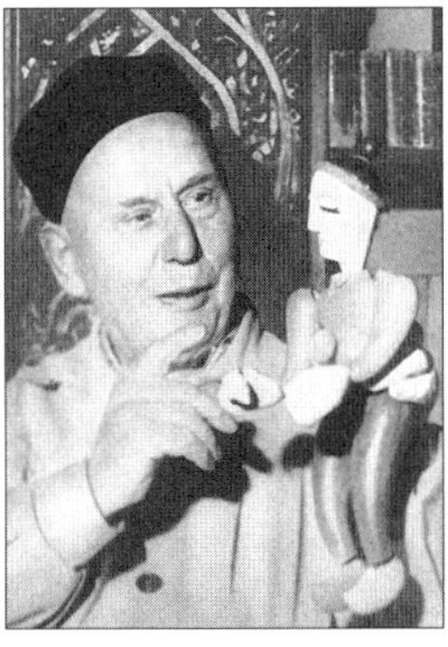

Von oben: Fritz JÖDE; Freideutscher Jugendtag auf dem Hohen Meißner im Oktober 1913, s. S. 317 ff.; Martin LUSERKE (s. S. 314 f.)

gendbewegten gegründeten Privatschulvereine und Landerziehungsheime bestehen heute noch – zog die enge Naturverbundenheit in weite Kreise der Lehrerschaft ein, die diese Gedanken weiter ins Volk trugen und das Umweltverständnis verstärkten.

Auch erhebliche Teile der übrigen Jugendverbände, einschließlich der kirchlichen, übernahmen Formen und Stil der Jugendbewegung und damit auch deren neue Geisteshaltung gegenüber der Natur und Umwelt. Über die von Jugendbewegten stark geprägte Erwachsenenbildung und das von ihnen geförderte Volkshochschulwesen wurde auch die ältere Generation davon erfaßt. Das natürliche Zusammensein der Jugend aus allen Volks- und Bildungsschichten entschärfte daneben die sozialen Gegensätze, überwand den Klassenkampf und schuf damit wichtige Voraussetzungen für die Volksgemeinschaft.

So wurde in der ersten Hälfte des 20. Jahrhunderts der Gedanke der Erhaltung und des Schutzes der Natur wie des ihr verbundenen Menschen weithin bewußte Selbstverständlichkeit. Natur, Heimat und Volk, Umwelt und Mensch wurden als ein Ganzes gesehen und bildeten die geistige Grundlage für die volkhafte Haltung der neuen Generation.

Hatten das Wandern und die Fahrt in der Wandervogelzeit, nach dem Ersten Weltkrieg in der Bündischen Jugend mehr das große Lager, schon die Verbindung zur Natur gebracht, so vertiefte sich dieses Verhältnis noch durch Sonderformen. Der freiwillige Arbeitsdienst aus jugendbewegten Kreisen führte viele Jugendliche seit Mitte der zwanziger Jahre in die Natur. Schon im Oktober 1932 waren mehr als 250 000 Jugendliche freiwillig an über 7000 Arbeitsvorhaben im ganzen Deutschen Reich beschäftigt, in den folgenden Jahren noch weit mehr. Im Siedlungswesen wollte man sich selbst in der Natur bewähren, Land kultivieren und eng verbunden mit dem Boden leben. Manche dieser Siedlungen haben auch den Zweiten Weltkrieg überlebt. Am Rande der Städte errichteten jugendbewegte Siedlungsgenossenschaften ihre Heimstätten mit dem »familiengerechten Heim«. Allgemein wurde das bäuerliche, naturverbundene Leben aufgewertet, wie die Ganzheit des Lebens betont und in ihrer Ursprünglichkeit zu erleben gesucht wurde.

In dem vom Geist der Jugendbewegung gegründeten und geleiteten Landerziehungsheimen sollten die Kinder in natürlicher Umgebung an Leib und Seele gesund heranwachsen und dabei zu praktischer, künstlerischer und wissenschaftlicher Betätigung in ganzheitlicher Weise erzogen werden. Nach seinem »Gründungsaufruf« von 1898 errichtete Hermann LIETZ noch im selben Jahr in Ilsenburg (Harz) die erste dieser Schulen, denen dann weitere in Haubinda (Thüringen) 1901, auf Schloß Biberstein (Rhön) 1904 und anderenorts folgten. In diesen Jahren bildeten sich mehrere Strömungen und Richtungen der Heimbewegung. So gründeten seine Mitarbeiter Gustav WYNEKEN 1906 die Freie Schulgemeinde Wickersdorf bei Saalfeld in Thüringen und Paul GEHEEB 1910 die Odenwaldschule bei Oberhambach. Zu den Leitlinien dieser ganzheitlichen Pädagogik gehörten die Erziehung in einer »pädagogischen Provinz« in enger Verbindung mit der Natur auf dem Land, Gemeinschaftsleben der Schüler und Erzieher, gesunde Kost ohne Alkohol und Nikotin bei viel Sport und häufigen Wanderungen, tägliche Kunstausübung in Musik oder Schauspiel sowie die Pflege des sittlichen, religiösen und vaterländischen Sinnes. Diese ›Reformpädagogik‹ wirkte bis weit über die Mitte des 20. Jahrhunderts hinaus.

Als kennzeichnend ist zuletzt die fast ausschließlich deutsche Eigenart der Jugendbewegung festzustellen: Alle deutschen Landschaften wurden von ihr erfaßt, auch die volksdeutschen Sprachinseln im Osten und Südosten. Es gab Wandervogelgruppen im Baltikum wie in Siebenbürgen oder Galizien und bei deutschen Auswanderern in Übersee, während die Bewegung über den deutschen Volksraum nicht hinausgriff.

Abschließend seien, auch wegen ihrer aktuellen Bezogenheit, noch zwei Äußerungen des Geistes der Jugendbewegung angeführt, die allgemein als Grundbekenntnisse dieser Bewegung galten. Beide entstammen dem »Meißner-Fest« vom Oktober 1913, als auf dem Hohen Meißner im nördlichen Hessen mehrere Tausend Jugendlicher sich zu einer Feier aus Anlaß des hundertsten Jubiläums der Völkerschlacht bei Leipzig zusammenfanden, um gegen den Hurrapatriotismus ihrer Zeit eine natürliche volkhafte Haltung zu setzen. Nicht an fremdvölkischen Zuständen wie später die APO, Hooligans oder Skinheads, sondern an der deutschen Tradition entzündete sich diese Jugend, die sich dann auch vorbildlich für die Volksdeutschen einsetzte und sich nach dem Ersten Weltkrieg gegen die Abtretungen deutschen Landes wandte.

Die Meißner-Formel lautet: »Die Freideutsche Jugend will aus eigener Bestimmung vor eigener Verantwortung, mit innerer Wahr-

Der Ludwigstein, heute Archiv der Jugendbewegung, nahe dem Hohen Meißner, im nördlichen Hessen. Zeichnung um 1700.

haftigkeit ihr Leben gestalten. Für diese innere Freiheit tritt sie unter allen Umständen geschlossen ein... Alle gemeinsamen Veranstaltungen der Freideutschen Jugend sind alkohol- und nikotinfrei.«(zit. in PAETEL 1961, S. 45)

Ausführlich wurde die ökologische Grundhaltung dieser Jugend in dem Hauptvortrag des Meißnertreffens von Ludwig KLAGES unter dem Thema »Mensch und Erde« angesprochen. Wegen der Bedeutung dieser Gedanken auch für die Gegenwart sei daraus folgendes angeführt:

»Die drei stärksten [Schlagworte] der heutigen [Zeit] lauten ›Fortschritt‹, ›Kultur‹ und ›Persönlichkeit‹, so jedoch, daß der Fortschrittsgedanke als allein der Gegenwart eigentümlich die beiden anderen trägt und ihnen im herrschenden Denken die charakteristische Farbe leiht... Auch wem die furchtbaren Folgen noch fremd geblieben, die der Leitgedanke des ›Fortschritts‹ gezeitigt hat, müßte... stutzig werden... Die Mehrzahl der Zeitgenossen, in Großstädten zusammengesperrt und von Jugend auf gewöhnt an rauchende Schlote, Getöse des Straßenlärms und taghelle Nächte, hat keinen Maßstab mehr für die Schönheit der Landschaft, glaubt schon Natur zu sehen beim Anblick eines Kartoffelfeldes und findet auch höhere Ansprüche befriedigt, wenn an den mageren Chausseebäumen einige Stare und Spatzen zwitschern... Wo die Singvögel schwinden, vermehren sich maßlos blutsaugende Insekten und schädliche Raupen, die oft schon in wenigen Tagen Weinberge und Wälder kahl fressen... Was der Reichsdeutsche Hochwald nennt, ist jung aufgeforstetes Stangenholz, der wirkliche Hochwald aber, der bei uns zur frommen Sage wurde, geht auf dem ganzen Erdball seinem Ende entgegen... Eine Verwüstungsorgie ohnegleichen hat die Menschheit ergriffen, die ›Zivilisation‹ trägt die Züge entfesselter Mordsucht, und die Fülle der Erde verdorrt vor ihrem giftigen Anhauch. So also sehen die Früchte des ›Fortschritts‹ aus!... Wir brauchen uns nicht zu entscheiden, ob das Leben über die Welt des Eigenwesens hinausreiche oder nicht... denn soviel steht fest, daß Gelände, Wolkenspiel, Gewässer, Pflanzenhülle und Geschäftigkeit der Tiere aus jeder Landschaft ein tieferregendes Ganze wirken, welches das Einzellebendige wie in einer Arche umfängt, es einverwebend dem großen Geschehen des Alls... Schrecklicher noch... sind die Wirkungen des ›Fortschritts‹ auf das Bild besiedelter Gegenden. Zerrissen ist der Zusammenhang zwischen Menschenschöpfung und Erde, vernichtet für Jahrhunderte, wenn nicht für immer, das Urlied der Landschaft... kurz, das Antlitz der Festländer verwandelt sich allgemach in ein mit Landwirtschaft durchsetztes Chicago!... Was aber das heuchlerische Naturgefühl der sogenannten Touristik anlangt, so brauchen wir wohl kaum noch auf die Verwüstungen hinzuweisen, welche die ›Erschließung‹ weltfremder Küsten und Gebirgstäler nach sich zog... Dahingeschwunden sind ganz oder nahezu, weil entweder niedergemacht oder ausgehungert oder zu hoffnungslosem Siechtum verurteilt durch die Geschenke des ›Fortschritts‹: Branntwein, Opium, Syphilis, die Naturvölker... Unter den Vorwänden von ›Nutzen‹, ›wirtschaftlicher Entwicklung‹, ›Kultur‹ geht er (der Fortschritt) in Wahrheit auf die Vernichtung des Lebens aus. Er trifft es in allen seinen Erscheinungsformen, rodet Wälder, streicht die Tiergeschlechter, löscht die ursprünglichen Völker aus, überklebt und verunstaltet mit dem Firnis der Gewerblichkeit die Landschaft und entwürdigt, was er von Lebewesen noch übrig läßt, gleich dem Schlachtvieh zur bloßen Ware, zum vogelfreien Gegenstande eines schrankenlosen Beutehungers. In seinem Dienst aber steht die gesamte Technik und in deren Dienst wieder die weitaus größte Domäne der Wissenschaft. . .

Unsere Beweiskette müßte des wichtigsten Gliedes entbehren, wenn wir nicht auch noch Beispiele böten für die Selbstzersetzung des Menschentums. . . Wo sind die Volksfeste und heiligen Bräuche geblieben. . . Wo der verwirrende Reichtum der Trachten. . . Wo endlich blieb das Volkslied. . . Nicht nur ergrauen ließ der ›Fortschritt‹ das Leben, er hat es auch stumm gemacht. . . Kein Zweifel, wir stehen im Zeitalter des Unterganges der Seele. . . Die meisten (Menschen) leben nicht, sondern existieren nur mehr, sei es als Sklaven des ›Berufs‹, die sich maschinenhaft im Dienste großer Betriebe verbrauchen, sei es als Sklaven des Geldes, besinnungslos anheim gegeben dem Zahlendelirium der Aktien und Gründungen, sei es endlich als Sklaven großstädtischen Zerstreuungstaumels; ebenso viele aber fühlen dumpf den Zusammenbruch und die wachsende Freudlosigkeit. In keiner Zeit noch war die Unzufriedenheit größer und vergiftender. . . Und ›die Wüste wächst‹.« (KLAGES 1937, S. 7–36)

In dieser Rede wurde bereits die ganze Breite dessen, was heute die ökologische Bewegung umfaßt, deutlich angesprochen, und die kommenden Gefahren wurden angedeutet. Auch auf die geistigen Grundlagen der gefährlichen Entwicklung ging KLAGES ein, wenn auch im Stil seiner Zeit einseitig. Als eine der Ursachen des schädlichen Fortschrittgedankens sah er das Christentum an, weil der ›Fortschrittswahn‹ nur in dessen Bereich sich entwickelt habe und sich ausformen konnte: »Im Christentum also müssen die nächsten Ursachen des weltgeschichtlichen ›Fortschrittes‹ liegen.« (ebd., S. 29) Eine gewisse Naturfeindlichkeit, Abwertung des Diesseits sowie Trennung von Körper, Geist und Seele mit Abwertung des Körperlichen sind im Christentum zweifellos angelegt.

Eine andere Wurzel des geistigen Übels sah KLAGES in der Überbetonung des Rationalen: »Wir sollten einsehen, daß es zum Wesen des ›rationalen‹ Willens gehört, den ›Schleier der Maya‹ in Fetzen zu reißen, und daß eine Menschheit, die sich solchem Willen anheimgegeben, in blinder Wut die eigene Mutter, die Erde, verheeren muß, bis alles Leben und schließlich sie selbst dem Nichts überliefert ist.« (ebd., S. 33)

Den Marxismus sprach KLAGES damals als für das Bürgertum der Zeit vor dem Ersten Weltkrieg unwesentlich nicht ausdrücklich an. Unter dem Einfluß solcher Gedanken und Sorgen um die Natur im

Zeitalter wachsender Technik sah man auch von Deutschland aus die Zerstörungen der Umwelt im Ausland durch vernichtende Maßnahmen und Eingriffe des Menschen und versuchte, die Einsicht zur Verhinderung derartiger Vorgänge zu wecken. So versuchte 1914 der Leiter der Staatlichen Stelle für Naturdenkmalpflege in Preußen, Hugo CONWENTZ, in einer Denkschrift über den Schutz der bedrohten Natur auf Spitzbergen, internationale Maßnahmen einzuleiten.

Als weiteres Beispiel zur Einflußnahme auf gefährliche Entwicklungen im Ausland kann ein Artikel von Otto CORBACH unter der Überschrift »Wachsende Wüsten – schrumpfender Lebensraum« von 1936 (in *Länder und Völker*, Juni 1936, S. 162 ff.) dienen. Darin wird auf die durch Verschulden des Menschen wachsenden Wüsten in Amerika und Asien hingewiesen und dann ausgeführt: »Dieser Vorgang der Wüstenbildung, der sich einst in klassischen Ländern, für die Zeitgenossen oft kaum merklich, vollzog, wiederholt sich vor unseren Augen nicht nur in östlichen Ländern, sondern in überraschend kurzer, übersichtlicher Zeitspanne in Nordamerika. Auf amerikanischer Erde verwandelt sich der einwandernde europäische Bauer in den beweglicheren ›Farmer‹. Der Farmer fühlt sich nicht an die einmal in Angriff genommene Scholle gebunden; er ist stets bereit, den Standort seines ›Geschäftes‹ zu wechseln, bald diesen, bald jenen Boden zu bebauen. . . Rücksichtslos wurden Wälder und Grasflächen von gewaltiger Ausdehnung durch Axt und Feuer abrasiert, um für das ›Farmgeschäft‹ immer größeren Spielraum zu schaffen. . . Die ›Überfarmer‹ machten aber ihre Rechnung. . . ohne die Natur, die es nicht duldet, daß der Mensch im Umkreise seiner Siedlungen hemmungslos Wälder ausrodet und den Boden der ihn schützenden Grasdecke beraubt. Daher die Furchtbarkeit der Dürren sowie der Sand- und Staubstürme, die das Volk der Vereinigten Staaten und die Bevölkerung der Prärieprovinzen Kanadas in den letzten Jahren heimsuchten. . . Was im Innern Asiens Jahrtausende in Anspruch nahm, das wiederholt sich in Nordamerika nach der Eroberung durch den weißen Mann erst verhältnismäßig langsam, dann schneller und schneller, nach durchgängiger Maschinisierung und Mechanisierung der Landwirtschaft in geradezu unheimlich beschleunigtem Tempo: Die Erstarrung einst fruchtbarer Landschaften zum ›toten Herzen‹.« (in KLAGES 1937, S. 56–64)

Landschaftsanwälte

Eine besondere Bezeugung fand der naturverbundene Geist der Jugendbewegung und volkhafter Kreise der zwanziger und dreißiger Jahre im Wirken des heimatverbundenen, musischen Diplomingenieurs Fritz TODT beim Bau der Reichsautobahnen. Bis zu seinem Tod beim Flugzeugabsturz im Jahre 1942 konnte er an verantwortlicher Stelle in fruchtbarer Zusammenarbeit mit von ihm berufenen Persönlichkeiten verwandten Geistes seine natur- und landschaftsschützenden Gedanken verwirklichen. Der Leiter der Bonner Bundesforschungsanstalt für Naturschutz und Landschaftsökologie, Gerhard OLSCHOWY, schrieb 1978 darüber in einem geschichtlichen Abriß des Naturschutzes: »Der Durchbruch (zu gestaltender Landschaftspflege) gelang auf einem Gebiet, von dem zunächst eher eine Gefährdung von Natur und Landschaft zu erwarten war, nämlich dem verstärkt einsetzenden Straßenbau am Anfang der dreißiger Jahre. Es war ein glücklicher Zufall, daß die Verantwortung für den Bau der Reichsautobahnen in den Händen einer musischen Persönlichkeit lag. Es war Fritz TODTS Bestreben, den Bau von Autobahnen nicht nur als technische, sondern auch als künstlerische Leistung zu sehen.« (OLSCHOWY 1978, S. 4)

Als der seit Sommer 1933 für den Bau der Reichsautobahnen zuständige Generalinspektor für das deutsche Straßenwesen hatte TODT schon im Herbst 1933 den aus der Jugendbewegung stammenden Architekten Alwin SEIFERT herangezogen und ihn im folgenden Jahr zu seinem ersten ›Landschaftsberater‹ für den Reichsautobahnbau gemacht, um mit ihm den Gedanken des Landschaftsschutzes und der Landschaftspflege im Straßenbau ein- und durchzuführen. Die einmalige Gelegenheit, mehrere tausend Kilometer neuer Straßen unter landschaftsschützerischen Gesichtspunkten zu planen und anzulegen, wurde von Anfang an erkannt und genutzt. Diesen für die damalige Zeit revolutionären Gedanken gegenüber einer noch rein wirtschaftlich denkenden Ingenieurgeneration durchzusetzen verlangte viel Überzeugungskraft und Stehvermögen.

Die neue, sowohl kulturell als auch landschaftsbezogene Baugesinnung drückte Fritz TODT mit den für die damalige Zeit sehr vorausschauenden Worten aus: »Wo immer der Ingenieur baut, greift er ein in die Gegebenheiten der Natur, in die Landschaft und in den Boden, in entwicklungsmäßig bedingte Zusammenhänge, auf denen

Leben und Kultur eines Volkes sich aufbauen. Die Erkenntnis, daß Landschaft und Boden Grundlagen des menschlichen Lebens und Ausdruck der Kultur eines Volkes sind, daß sie die Menschen prägen und formen, ihm Heimat sind und damit Träger des völkischen Lebens, verpflichtet den Ingenieur, sein Schaffen ganz in den Dienst der Kultur seines Volkes zu stellen, seine Bauten aber auch so zu formen und zu gestalten, daß darüber hinaus neue Kulturwerte entstehen. . . Diese Verpflichtung zwingt den Ingenieur, bei aller Erfüllung der technischen Aufgaben sich mit den Gegebenheiten der Natur, mit Landschaft und Boden auseinanderzusetzen, ihre inneren Zusammenhänge und Gesetze kennenzulernen und sein Planen und Bauen diesen unterzuordnen, zwingt ihn aber auch, sich zu neuer geistiger Grundhaltung und damit zu neuem Baustil durchzusetzen. Technische Bauwerke sollen Ausdruck angewandter Naturgesetze sein, darüber hinaus aber auch vom pflicht- und verantwortungsbewußten Lebens- und Kulturwillen ihrer Schöpfer künden.« (zit. in *Der Frontarbeiter* OT, Nr. 84, 14. 2. 1942)

TODT hatte als Freund der Natur und Bewunderer ihrer Schönheit auch schon den Wert einer gesunden Umwelt für das Leben des modernen Menschen erkannt, insbesondere für den Großstädter in seinen Steinburgen. Als geistiges Programm können in diesem Zusammenhang TODTS Worte gelten, die er Ende 1935 in einem Brief an ein Tiefbauunternehmen niederschrieb: »Die deutsche Landschaft ist etwas Einmaliges, das wir zu stören oder gar zu zerstören kein Recht haben. Je enger unser Lebensraum mit zunehmender Siedlungsdichte wird, desto größer wird der Hunger nach unverbildeter Natur. Die unablässig zunehmenden seelischen Rückwirkungen des Großstadtlebens machen diesen Hunger fast unstillbar. . . Wäre es nicht allein schon die Ehrfurcht vor den Schönheiten unserer Heimat, so müßte es mindestens das Wissen um den unentbehrlichen und unersetzlichen Erholungswert unserer Landschaft sein, wonach wir uns bei jedem baulichen Eingriff in die Natur zu richten haben. . . Wenn wir in dieser unserer Heimatlandschaft bauen, so müssen wir uns klar darüber sein, daß und wie wir ihre Schönheit erhalten wollen und wir sie dort, wo sie bereits gelitten hat, in einer neuen Form wieder schaffen.« (Private Mitteilung)

Zur fachlichen Vertretung des Landschaftsschutzgedankens und der Landschaftspflege beim Straßenbau berief TODT ›Landschaftsanwälte‹, die sich in der Folgezeit hervorragend bewährten. Bei den

Die Plassenburg bei Kulmbach, die Reichsschule der Technik

Obersten Bauleitungen Kraftfahrbahnen mußten diese die Techniker beraten und ihnen bei der möglichst schonenden Eingliederung der Straßen in die Landschaft behiflich sein. Todt verlangte, daß »Straße und Landschaft zu einer vollkommenen Harmonie zusammenwachsen« (Schönleben 1943, S. 58), und setzte, selbst eine Künstlernatur, gegen die bisher auf diesem Gebiet allein herrschende ›Wirtschaftlichkeit‹ durch: »Den Gesamtcharakter der Straße aus Anmut, Härte und Zielstrebigkeit zu prägen ist eine künstlerische Aufgabe.« (ebd., S. 56)

Auf der Plassenburg bei Kulmbach, wo seit 1936 regelmäßig Fortbildungslehrgänge für Straßenbauingenieure stattfanden, wurde auf Todts Anordnung besonderer Wert darauf gelegt, die Techniker zu überzeugen, daß die Landschaft die letzten Maßstäbe für das Bauen setzt. Bald wurde diese Burg Reichsschule der Technik. Sie sollte dafür sorgen, daß die Techniker einen Blick für die Schönheiten der Landschaft und die unterschiedlichen geschichtlichen Ausprägungen der einzelnen Gegenden in den Kulturbauten bekamen. Auf einer Tagung der ›Fachgruppe Bauwesen‹ erklärte TODT dort im Sommer 1939: »Wer materielle Fragen nur von der materiellen Seite zu lösen versucht, der unterliegt der Materie. Herr über die Materie wird nur der, der sie mit dem Geistigen überwindet. Wir wollen als Idealisten... mit der toten Materie fertig werden.« (ebd. S. 7) Einige Jahrgänge deutscher Techniker wurden so an die Natur herangeführt, mit dem Umweltschutzgedanken und der Landschaftspflege vertraut gemacht und in Achtung vor dem Lebendigen wie vor den Kulturaufgaben des Bauens erzogen. Die Wirkung dieser Schulungen auch für die Zukunft ist gar nicht hoch genug einzuschätzen.

In TODT zeigte sich die ganzheitliche Haltung des naturverbundenen Technikers, der wie für die Naturwissenschaften und die Technik auch für die Natur und die Kultur aufgeschlossen war. Der damals für den gesamten deutschen Straßenbau Verantwortliche betonte immer wieder sein tiefes Verständnis für die Landschaft, für ihre Schönheit und Bedeutung wie für die Verpflichtung gerade des in die Natur eingreifenden Ingenieurs für die sorgsame Pflege der Natur. Diese Haltung begründete er mit einem tiefen Heimat- und Volksbewußtsein: »Die besondere Berücksichtigung der deutschen Landschaft drückt symbolhaft aus, daß die richtige Einstellung zu aller technischen Arbeit nur aus der inneren Verpflichtung gegenüber den ewigen Gütern des Volkes und der Nation gewonnen werden kann. Großes wird nur mit Größe der geistigen Einstellung erreicht.« (ebd., S. 38)

Obwohl aus Neigung Ingenieur und erfolgreicher Techniker, räumte TODT doch der Landschaft und ihrer Erhaltung eine überragende Rolle ein: »Das Kostbarste an der Straße ist und bleibt unsere Landschaft, und wenn in den nächsten Jahrzehnten auch unendlich viel für unsere wirtschaftlichen Belange – Anlagen des Wasserbaus und sonstige Verkehrsanlagen – gebaut werden muß, so werden wir ohne falsche Romantik als höchsten Besitz doch stets den unberührten deutschen Landschaftsraum pflegen.« (ebd., S. 76)

Beim Bau der Reichsautobahnen wurden gleich zu Anfang unter TODT zahlreiche Neuerungen eingeführt, die später selbstverständlich und auch für andere Länder vorbildlich wurden. Der Mutterboden wurde nicht mehr unbeachtet auf die Halden geschüttet, sondern gepflegt und verwertet; aufgerissene Waldränder wurden mit besonderer Bepflanzung wieder geschlossen; ortsgerechte Bepflan-

Der Autobahnbau unter F. Todt schonte vorhandenen Baumbestand. Auf der oberen Aufnahme wurde der mächtige Baum sorgfältig erhalten.

zungen mit Millionen Bäumen und Sträuchern – bis 1937 schon über drei Millionen – wurden längs der neuen Straßen angelegt; nach Möglichkeit wurden alte Bäume in den Straßenverlauf eingeplant und stehengelassen; geschwungene Trassen in Verbindung mit dem Höhenverlauf in der Landschaft ersetzten die damals bei Schnellstraßen noch angestrebte schnurgerade, dadurch ermüdende und unfallträchtige Linienführung; die Straße wurde beiderseits in die Landschaft eingebunden, ohne daß ein Graben sie abtrennte; Licht- und Luftbildaufnahmen wurden zur Verbesserung der »Ästhetik der Linienführung« systematisch ausgewertet. Ein besonderes Reichsgesetz über den Schutzwaldstreifen längs der Reichsautobahnen wurde erlassen. Im Zuge dieser Bemühungen entstanden teilweise überhaupt erst die Begriffe wie »landschaftsverbundener Straßenbau, landschaftliche Eingliederung technischer Bauten, naturnaher Wasserbau, landwirtschaftliche Schutzpflanzungen, Heckenlandschaft, Landschaftsgestaltung«. (Seifert 1962, S. 48) Sie mußten gegen den erheblichen Widerstand von noch im alten Geist verbliebenen Behörden durchgesetzt werden, was aber in kurzer Zeit geschah.

Schon im Oktober 1933 hatte Seifert auf einer Tagung vor den überraschten Fachleuten des Bauwesens in Kassel gefordert: »Wer immer mit Hilfe öffentlicher Mittel neue Ödflächen schafft in Form von Böschungen an Straßen, Bahnen, Kanälen, Bächen, Flüssen, ist gehalten, sie mit der jeweils bodenständigen und standortsgemäßen Laubholzgesellschaft aufzuforsten, damit von den so entstehenden Feldhecken eine Wiedergesundung der nebenan liegenden ausgeräumten Kultursteppen ausgehen kann.« (ebd., S. 36)

Die Jahre gemeinsamen Schaffens an der großen Idee und Aufgabe der Verbindung von Reichsautobahnen und Landschaft, des Ausgleichs von Technik und Natur, wurden später von vielen der Beteiligten als die schönsten und fruchtbarsten ihres Lebens bezeichnet. Nicht zuletzt trugen dazu Todts besondere Kunst der Menschenführung und sein Vermögen bei, auch gegensätzliche Naturen zu einem gemeinsamen Werk zu verbinden. »Nur so war es möglich, innerhalb von drei Jahren in das technische Bauen so viele neue geistige und künstlerische Werte hineinzutragen wie sonst nur in einem Jahrhundert.« (ebd., S. 49) Manche von Todts Mitarbeitern wie die Stuttgarter Professoren Fritz Leonhardt, der Ingenieur, und Paul Bonatz, der Architekt, wurden durch besondere Leistungen, auch nach 1945, bekannt.

Im nachhinein urteilt SEIFERT selbst über diesen Einbruch wirksamen Landschaftsschutzes in die Welt der Technik in den dreißiger Jahren und über den bedauerlichen Rückschlag nach 1945: »Mit Planung und Bau der Reichsautobahnen entstand in dieser Front [der Techniker alten Geistes] eine Lücke, die sich erst allmählich [nach 1945] durch eine neue technische Bürokratie schloß, wie sie heute [1962] besteht.« (ebd., S. 48)

Nach dem Zweiten Weltkrieg blieb beim Wiederaufbau die große Gelegenheit zu umweltfreundlicher und bodenverbundener Gestaltung leider meist ungenutzt. Unter dem Druck der Verhältnisse hatte in der Regel die billigste Lösung Aussicht auf Durchführung. Die Gedanken SEIFERTS und der ihm im Straßen- und Wasserbau unterstellten Landschaftsanwälte kamen erst teilweise nach einer größeren Pause wieder zum Tragen, zumal dann auch eine natur- und volksverbundene Haltung weder von den Bonner Regierungen vertreten noch allgemein an den Hochschulen gelehrt wurde.

Daß der Umweltschutzgedanke sich in den dreißiger Jahren so schnell in Technikerkreisen hatte verbreiten können, war sicher ein Verdienst TODTS. In seiner Zeitschrift *Die Straße* wurde das landschaftsverbundene und -erhaltende Bauen begründet und erläutert. Motto war TODTS Losung: »Jedem technischen Bauwerk übergeordnet ist die deutsche Landschaft« (ebd. S. 52), eine zeitlos gültige Forderung aus verantwortungsbewußter Haltung. »Zu solchem Bekenntnis hat sich keiner seiner (TODTS) Nachfolger auf irgendwelchem Gebiet durchgerungen« (ebd., S. 52), stellte Jahrzehnte später SEIFERT bedauernd angesichts der Verhältnisse in der Bundesrepublik Deutschland fest.

Auf TODTS Veranlassung erschienen auch mehrere seine Gedanken des Landschafts- und Umweltschutzes vertretende und in weitere Kreise tragende Schriften, so *Einheit von Straße und Landschaft* oder *Landschaftsgestaltung an der Straße*. Auch dadurch bekam der Straßenbauingenieur ein besseres Verständnis für die Biologen, Förster und Bauern. Zahlreiche ›ingenieur-biologische‹ Forschungsarbeiten wurden damals von TODT angeregt, und in München entstand eine Forschungsstelle für Ingenieurbiologie. Sie brachte unter anderem einen *Atlas standortanzeigender Pflanzen* im Jahre 1941 heraus.

Der Vermessenheit ›fortschrittlicher‹ Architekten, die Natur durch besonders wuchtige oder eigenartige Bauten noch übertreffen zu wollen, gab TODT schon vor 60 Jahren eine deutliche Absage: »Ein

Versuch, gegenüber der Natur noch monumentaler zu wirken, noch größer zu werden, muß vermessen erscheinen. Im lieblichen Wiesental, durch das eine Straße gezogen werden muß, wäre jeder Versuch, monumental zu wirken, brutal. Im Hochgebirge, das wir zu durchschreiten haben, würde jeder Versuch, gegenüber dem Bergmassiv monumental wirken zu wollen, an der Kette der Bergriesen zerschellen. Es gibt für unsere Arbeit, soweit wir uns in der unberührten Natur befinden, keinen anderen Maßstab als den der Natur, dem wir uns in Harmonie einzufügen haben.« (SCHÖNLEBEN 1943, S. 72 ff.) »Die Hochbauten sollen weniger als Bestandteile der Straße denn als Bestandteil der Landschaft erscheinen.« (ebd., S. 76)

Immer wieder wies TODT auch auf den geistigen Hintergrund hin, aus dem zu wesentlichen Teilen die Landschafts- und Naturpflege entspringt, der bis dahin von den Technikern meist übersehen worden war: »Der Einfluß, den eine gesunde Natur auf ein ganzes Volk und seine besten Menschen ausübt, wird in der Technik häufig nicht genügend berücksichtigt, weil er sich nicht in Zahlen ausdrücken läßt. Hier muß in noch stärkerem Maße als bisher das Gewissen aller technisch Schaffenden aufgerüttelt werden. Die Naturschutzbewegung allein ist zu negativ und verurteilt zu leicht das Technische überhaupt, ohne das wir nun einmal nicht auskommen können.« (ebd., S. 76 ff.) Die Reichsautobahnen wurden so »Vorbild, Schrittmacher und Bestätigung einer wieder gesund werdenden Baugesinnung«. (ebd., S. 84)

Gemäß seinem Wahlspruch »Über allem steht mir die Treue zur Heimat« nutzte SEIFERT seine einflußreiche Stellung als von TODT beauftragter »Reichslandschaftsanwalt des Generalinspektors für das Deutsche Straßenwesen« auch energisch zu landschaftsschützendem Wirken in der Wasserwirtschaft aus, in der durch Flußbegradigungen, Verbetonierung der Ufer und Trockenlegung sowohl Häßliches als auch Schädliches in großem Maße geschaffen worden war. Mit seinem Vortrag über »Die Versteppung Deutschlands« vom Januar 1936, der noch in demselben Jahre als vielbeachtete Veröffentlichung erschien, legte er sich mit der noch herrschenden Lehrmeinung im Wasserwesen an und forderte: »Es darf kein Bau- und Kulturingenieur eine deutsche Hochschule verlassen ohne gründliche Schulung in der Erkenntnis der großen Naturzusammenhänge, in die hinein er künftig seine Werke stellen soll.« (SEIFERT 1962, S. 100) Im Jahre 1940 veröffentlichte SEIFERT aus demselben Geist sein Buch *Im Zeital-*

ter des Lebendigen – Natur, Heimat,Technik mit einer Zusammenfassung seiner einschlägigen Artikel und Vorträge. (Seifert 1940)

Als Todt 1938 die Herausgeberschaft für die *Deutsche Wasserwirtschaft* übernahm, schrieb er darin: »Wasserwirtschaft treiben zu wollen ohne die Kunde vom Leben, die Biologie, wäre sinnlos. Wasserwirtschaft ist ein Teil des Lebens, ein Teil der Kultur.« (Schönleben 1943, S. 105) Im Jahre 1941 wurde Todt dann auch für die gesamte deutsche Wasserwirtschaft verantwortlich.

Als Generalinspektor für Wasser und Energie erklärte er in zeitlos richtiger Weise: »Auch hier ist es vornehmste Aufgabe des Ingenieurs, alle Planungen und Bauten in Harmonie mit der Natur durchzuführen. Das technische Werk wird dann den größten Wert besitzen, wenn es alle Gegebenheiten der Natur berücksichtigt und nicht gegen die Gesetze der Natur verstößt.« (ebd., S. 105)

Die schon von Hermann Löns in seinen Naturschilderungen betonte Bedeutung der Hecken zwischen den Feldern in flachen Landschaften für die Erhaltung der Bodenkrume, für die Wärme und für die Kleintierwelt verbreitete Seifert in seinen Schriften, besonders in seinem noch gegen Ende des Krieges 1944 erschienenen Buch *Die Heckenlandschaft.* Er wandte sich darin gegen die von kurzsichtigen Landwirten und Beratern vorgenommene Beseitigung dieser für viele Landschaften so wichtigen Schutzpflanzung. Erst Jahrzehnte später wurden die von ihm in dieser Landschaftsform intuitiv gespürten Vorteile für die Landwirtschaft auch wissenschaftlich nachgewiesen.

Als Ingenieur mit künstlerischem Stilempfinden nahm Todt sich auch der Form der Bauwerke an den Reichsautobahnen an, und er fand neben Seifert in den zugezogenen Architekten, vor allem Professor Paul Bonatz, den er trotz anderer politischer Meinung hielt, dafür aufgeschlossene und ihn darin bestärkende Mitarbeiter, so daß diese Haltung dann vorbildlich in Stein verwirklicht werden konnte. So entstanden die formschönen, in die Landschaft harmonisch eingepaßten Brückenbauwerke der Reichsautobahnen, wirkliche Kunstwerke in der Landschaft, wie etwa die von Bonatz gebaute Natursteinbrücke über das Lahntal bei Limburg, die leider nach dem Zweiten Weltkrieg nicht wieder in ihrer alten Gestalt hergestellt wurde. Man entdeckte überhaupt den Brückenbau in Natursteinen erst richtig wieder und belebte die alte Handwerkskunst im Umgang mit den verschiedenen Steinarten.

Ursprüngliche Natursteinbrücke über das Lahntal bei Limburg (Teilansicht), 500 m lang, 56 m hoch, dreizehn Bögen von 29.5 m Tragweite.

Nach längerer Unterbrechung wird seit einigen Jahren nun wieder verstärkt in der Landes- und Landschaftspflege an diese Gedanken angeknüpft. Auch die von TODT wie von SEIFERT geforderte und damals schon eingeführte Bildung der Techniker im Umwelt- und Landschaftsschutz wird erneut aufgegriffen. So kritisierte der auch von TODT beim Bau der Reichsautobahnen herangezogene spätere Stuttgarter Ordinarius Fritz LEONHARDT 1975 bei seiner Rede zum 75jährigen Jubiläum der Fachhochschule Hildesheim, daß sowohl in der Ausbildung als auch in der Berufspraxis zu sehr zwischen dem ›Techniker‹, also dem Bauingenieur, und dem ›Künstler‹, also dem Architekten, unterschieden werde, und er forderte, diese Kluft zu überbrücken. (*Hildesheimer Tagespresse* 26. 5. 1975) Zu bedauern ist nur, daß in der Nachkriegszeit zunächst ein bedauerlicher Rückschlag in allen diesen Bestrebungen erfolgte, die in sechs Friedensjahren weiter gekommen waren als sonst in Jahrzehnten.

Staatliches Schutzwesen

Schon früh hat in Deutschland die staatliche Gesetzgebung für den Schutz der Natur und der Umwelt eingesetzt. Einige der alten deutschen Stammesgesetze aus dem Mittelalter wie der *Sachsenspiegel* oder die *Lex baiuvariorum* enthielten bereits Bestimmungen zum Anpflanzen und Pflegen von Bäumen und Wäldern sowie Strafbestimmungen und Schadensersatzregelungen bei Verstößen. Wald- und Flurordnungen trugen ebenfalls zur Erhaltung der Natur bei, und Wegegesetze, wie etwa das württembergische von 1808, schrieben die Anpflanzung »fruchtbarer Bäume« vor. (Olschowy 1978, S. 1)

Bis in das 19. Jahrhundert hinein lebten die Menschen in Deutschland trotz erheblicher Umgestaltung der Landschaft einigermaßen im Gleichgewicht mit der Natur, und bedeutende Schäden an der Umwelt traten kaum auf.

Anfang des 19. Jahrhunderts kamen in Deutschland verstärkt Bestrebungen über »Landesverschönerung und Landesverbesserung« – so der Titel eines Buches des bayerischen Gustav Vorherr von 1831 – auf, nachdem Vorherr schon 1824 entsprechende Lehrstühle und Fakultäten für die deutschen Hochschulen gefordert hatte, was aber erst mehr als 100 Jahre später verwirklicht wurde. Um die gleiche Zeit wurde in Preußen der seit 1824 als Gartendirektor von Potsdam tätige Peter Joseph Lenné zur Trassierung und landschaftlichen Einbindung von Eisenbahnstrecken herangezogen. (ebd., S. 2) Neben der wirtschaftlichen wurde nun auch die sozialpolitische Bedeutung des Waldes betont.

Erste Naturschutzmaßnahmen hatten schon kurz vorher begonnen. Im Jahre 1803 sicherte Bayern die Erhaltung des Bamberger Hains ab, 1836 wurde der Drachenfels im Siebengebirge unter Schutz gestellt, und 1838 wurde vom Grafen Buquoy in Gratzen ein Wald, 1858 von Fürst Schwarzenberg ein fast 2000 Hektar großes Urwaldgebiet am Kubany in Böhmen durch Naturschutz gesichert, »daß von besagtem Urwald 3200 Joch für immer erhalten und gepflegt werden sollen, um auch den Nachkommen noch einen Begriff von der Vollkommenheit zu verschaffen, welche ein günstig gelegener Wald bei vorzüglichem Schutz und Pflege erlangen könne«. (Göppert 1868, S. 18) Damit wurde das erste Naturschutzgebiet Deutschlands geschaffen. Ein Vogelschutzgesetz wurde für das Deutsche Reich am 22. 3. 1888 erlassen, und wenig später entstand der Deutsche Bund für Vogelschutz, der heute der größte Naturschutzverein ist.

Der Beginn des eigentlichen Naturschutzes in Deutschland ist mit den Namen des Berliner Musikprofessors Ernst Rudorff (1840–1916), des Begründers des Deutschen Heimatschutzes, und des Danziger Naturwissenschaftlers Hugo Conwentz (1855–1922), des Schöpfers der Preußischen Naturdenkmalspflege, eng verbunden. Rudorff wandte sich gegen die damalige Flurbereinigung, die Verschandelung der Städte durch die schnell zunehmende Industrialisierung und die Ausartung des einsetzenden Tourismus. Er prägte 1888 den Begriff des ›Naturschutzes‹ und später den umfassenderen des ›Heimatschutzes‹. Dieser sollte die gesamte deutsche Kulturlandschaft, die Heimat in allen ihren Ausprägungen und Erscheinungsformen umfassen und zu erhalten helfen. In seiner Eingabe an die deutschen Geschichts- und Altertumsvereine forderte er diese 1888 auf, ihren Aufgabenbereich auf die lebende Natur zu erweitern: »Es ist hierbei nicht nur an den Schutz des Menschenwerks gedacht, sondern zugleich an die Schonung landschaftlicher Eigentümlichkeiten, insofern die Natur als Bedingung allen menschlichen Wirkens unzertrennlich von diesem bleibt. . . Alte Bäume, Baumgruppen und Büsche, Quellen, Bäche, Wasserfälle, Hügel, Felskämme und einzelne Blöcke sind unverändert und unberührt zu erhalten. . . Es ist auch die Berücksichtigung der natürlichen und historischen Verhältnisse, die Schonung der ursprünglichen Waldgrenzen, der natürlichen Bachläufe, bedeutsamer Stege und Hecken zu erwirken.« (Grote 1971, S. 10)

Politiker griffen diese Forderungen auf. Im Preußischen Abgeordnetenhaus stellte Wilhelm Wetekamp am 28. 3. 1898 den Antrag, nach dem Vorbild der kurz vorher in den USA gegründeten Nationalparke auch Naturparke zum Schutz der heimischen Natur einzurichten, zunächst allerdings noch ohne einen Erfolg. Doch das preußische »Gesetz gegen die Verunstaltung landschaftlich hervorragender Gegenden« vom 2. 6. 1902 ermöglichte polizeiliches Einschreiten gegen eine Verunzierung der Landschaft, und ähnliche Gesetze gegen die »Verunstaltung von Stadt und Land« schränkten in den einzelnen deutschen Ländern dann die aufkommende Reklame ein, wie sie Landschaft und Ortschaften vor häßlichen Bauten zu schützen suchten. In Bayern wurde schon 1908 der Schutz vorgeschichtlicher Funde und der heimischen Tier- und Pflanzenwelt ins Polizeistrafgesetzbuch aufgenommen.

Im Jahre 1906 wurde die sehr wirksame »Staatliche Stelle für Naturdenkmalspflege in Preußen« mit Sitz zunächst in Danzig, ab 1910 in Berlin gegründet, die CONWENTZ leitete, der sich in einer Denkschrift von 1904 mit dem Titel »Die Gefährdung der Naturdenkmäler und Vorschläge zu ihrer Erhaltung« dafür eingesetzt hatte.

Im Jahre 1909 wurde ihm der Vorsitz der ersten Sitzung des Ersten Internationalen Kongresses für Landschaftsschutz in Paris übertragen. (BARTHELMESS 1972, S. 304) Auch andere deutsche Staaten richteten dann ähnliche Behörden ein. In München wurde 1909 der ›Verein Naturschutzpark‹ gegründet, doch erst 1921 konnte nach langen Bemühungen mit dem ›Naturschutzpark Lüneburger Heide‹ das erste größere deutsche Naturschutzgebiet geschaffen werden.

Natur- und Landschaftsschutz wurden 1919 in der neuen Reichsverfassung verankert. Der betreffende erste Satz des Artikels 150 der Weimarer Verfassung lautete: »Die Denkmäler der Kunst, der Geschichte und der Natur sowie die Landschaft genießen den Schutz und die Pflege des Staates.« Vorbildlich und bereits ausdrücklich auf das Volk und das Wohl seiner Menschen bezogen war das preußische »Gesetz zur Erhaltung des Baumbestandes und Erhaltung und Freigabe von Uferwegen im Interesse der Volksgesundheit« vom 29. 7. 1922, das vor allem Wald und Grünflächen in den Industriegebieten schützte und den freien Zugang der Öffentlichkeit zu Flüssen und Seen gewährleistete.

Doch »trotz dieser gesetzgeberischen Bemühungen wurde systematische Naturschutzarbeit, längst als Notwendigkeit erkannt, erst auf der Grundlage des Reichsnaturschutzgesetzes vom 26. 6. 1935 möglich«. (BERNATZKY 1981, S. 3) Auch »eine Reihe bedeutsamer neuer Gesetze für den Landschaftsschutz brachten die Anfangsjahre der nationalsozialistischen Zeit«. (GROTE 1971, S. 16) Eine Tier- und Pflanzenschutzverordnung vom 10. 3. 1933 umfaßte eine ausführliche Liste zu schützender Säugetiere, Vögel, Insekten und Pflanzenarten. Das Reichstierschutzgesetz vom 24. 11. 1933 »bedeutet einen Markstein in der Entwicklung unseres Tierschutzes. In ihm gewannen Gedanken, die von Tierfreunden und Juristen durch lange Jahrzehnte verfochten worden waren, rechtliche Gestalt«. Es stellte »eine bemerkenswerte gesetzgeberische Leistung dar, die vorbildlich war und auch in mancher Hinsicht noch heute sein könnte«. (LORZ 1979, S. 58) In dem Gesetz gegen Waldverwüstung vom 18. 1. 1934 wurde sichergestellt, daß in nichtstaatlichen Waldungen nicht zu früh und nicht auf zu großen Flächen Holz geschlagen wurde.

Das Reichsnaturschutzgesetz von 1935, das nach Meinung des späteren Leiters der Bundesforschungsanstalt für Naturschutz und Landschaftsökologie, Gerhard OLSCHOWY, »bis in die Jetztzeit hinein eine wertvolle rechtliche Grundlage für den Schutz von Natur und Landschaft darstellt« (OLSCHOWY 1978, S. 3), faßte dann in vorbildlicher Weise und erstmals für das ganze Deutsche Reich verbindlich die Bestrebungen und Maßnahmen zur Erhaltung der Tier- und Pflanzenwelt wie des Landschaftsschutzes zusammen, stellte selten gewordene und bedrohte Tier- und Pflanzenarten unter Naturschutz, legte für besondere Einzelschöpfungen der Natur ein Naturdenkmalbuch an, führte für die zunehmende Zahl der Naturschutzgebiete das Reichnaturschutzbuch ein und sah für die ausgewiesenen Landschaftsschutzgebiete eine Eintragung in die Landschaftsschutzkarte vor. Als weitere wichtige neue Regelung führte das Gesetz ehrenamtliche Beauftragte für den Naturschutz auf Landes-, Bezirks- und Kreisebene ein, die, weisungsgebunden, die Behörden zu beraten und ihnen Mißstände zu melden hatten.

Weitere bedeutende Schutzvorschriften folgten in den anschließenden Jahren, insbesondere die Wallheckenverordnung vom 29. 11. 1935, mit der vor allem die Knicks in Norddeutschland geschützt wurden, und die Naturschutzverordnung vom 18. 3. 1936 mit Ergänzungen zum Reichsnaturschutzgesetz. Ein besonderes »Schutzwaldgesetz« vom 14. Mai 1936 sorgte dafür, daß die aus biologischen wie aus schönheitlichen Gründen erforderliche Schließung der beim Straßenbau durch den Wald entstehenden neuen Waldränder vorgenommen wurde. Dem zunehmenden Hoch- und Tiefbau wurden aus landschaftspflegerischer Sicht Einschränkungen auferlegt, so etwa in Bayern durch die »Anordnung über Sauberkeit und Schönheit in Stadt und Land« vom 11. 11. 1935.

Um 1940 besaß das Deutsche Reich bereits 800 Naturschutzgebiete. Zahlreiche Naturlehrpfade mit Schildern und Hinweisen auf Naturgegenstände vermittelten vielerorts das Wissen von der Natur und vertieften das Verständnis für die Zusammenhänge des Lebens. Bei allen diesen Maßnahmen und Regelungen stand der Schutz der deutschen Landschaft und ihre weitest mögliche Erhaltung im Zeitalter technischer Notwendigkeiten im Vordergrund. In Schule und Jugendverbänden wurde eine naturnahe und das Leben schützende Haltung weitervermittelt. In Lese- und Hausbüchern nahm der Schutz der Natur und die Bewahrung ihrer vielfältigen Lebensformen einen breiten Raum ein. In zahlreichen Vereinen und Verbänden wurde die gleiche Gesinnung von privater Seite ehrenamtlich gefördert und verbreitet.

Ebenso vorbildlich wie der allgemeine Naturschutz wurde in Deutschland auch schon früh die Hege des Wildes durch die Jagd geregelt. Der um 1225 entstandene *Sachsenspiegel* weist Schongebiete für das freilebende Wild aus: »Doch sind drei Heiden im Lande zu Sachsen, wo den wilden Tieren bei des Königs Bann Frieden gewirkt ist, außer den Bären, Wölfen und Füchsen; die heißen Bannforste. Die eine ist die Heide zu Koyne, die andere der Harz, die dritte die Magdheide. Wer da drinnen Wild fähet, der soll des Königs Bann wetten, das sind 60 Schillinge.« (zit. in Mardersteig 1908, S. 1) Derartige Bannwälder oder Reichsforste waren – auch in anderen deutschen Landschaften – teilweise schon damals seit mehr als einem Jahrtausend Schongebiete für alles Wild.

Im Zuge des Abbaues fürstlicher Vorrechte wurde 1848 die Jagd in den meisten deutschen Staaten für den Grundbesitzer freigegeben und damit »der altgermanische Grundsatz, daß das Jagdrecht ein Ausfluß und Zubehör des Grundeigentums sei« (Stengel 1890, S. 664), wiederhergestellt. Der Paragraph 37 des Reichsgesetzes der Frankfurter Nationalversammlung vom 27. 12. 1848 stellte unter den »Grundrechten des deutschen Volkes« fest: »Im Grundeigentum liegt die Berechtigung der Jagd auf eigenem Grund und Boden.«

Daraufhin setzte zunächst ein weitgehender Abschuß des bis dahin für den Adel gehegten Wildes ein, so daß schon bald – in Preußen 1850 – die Regierungen sich gezwungen sahen, zur Rettung des Wildes wieder einschränkendere Regelungen zu erlassen, welche die seither vorbildliche Hege des Wildes und den Schutz seines Lebensraumes in Deutschland einleiteten. So galten schon im Deutschen Bund wie später im Kaiserreich in den einzelnen deutschen Ländern gesetzliche Schonzeiten für die verschiedenen Wildarten – in Preußen schon seit Einführung des Allgemeinen Landrechts im Jahre 1794 –, und Mindestgrößen für die Jagdreviere wie Höchstzahlen für die Jagdausübenden waren vorgeschrieben, so daß eine wirkliche Hege möglich wurde.

Jeder Jäger mußte einen Jagdpaß oder Jagdschein gegen eine nicht geringe Gebühr erwerben, der bei Mißbrauch oder unwaidmännischem Verhalten eingezogen oder versagt wurde. Die Jägerschaft legte neben der Pflege jagdlichen Brauchtums großen Wert darauf, daß der einzelne Jäger sich seiner Verantwortung gegenüber dem Wild und der Natur wie gegenüber der Volksgemeinschaft bewußt war und den alten Spruch achtete:

»Das ist des Jägers Ehrenschild,
daß er beschützt und hegt sein Wild,
waidmännisch jagt, wie sich's gehört,
den Schöpfer im Geschöpfe ehrt.«

In dem dann zum Schutz des Wildes noch weitergehenden Reichsjagdgesetz vom 3. 7. 1934 heißt es einleitend: »Die Liebe zur Natur und ihren Geschöpfen und die Freude an der Pürsch in Wald und Feld wurzelt tief im deutschen Volk. . . Für alle Zukunft sollen Wild und Jagd als wertvolle Volksgüter dem deutschen Volk erhalten bleiben, die Liebe des Deutschen zur heimatlichen Scholle vertiefen, seine Lebenskraft stärken und ihm Erholung bringen von der Arbeit des Tages. Die Pflicht eines rechten Jägers ist es, das Wild nicht nur zu jagen, sondern auch zu hegen und zu pflegen, damit ein artenreicher, kräftiger und gesunder Wildbestand entsteht und erhalten bleibt.«

Diese Gesetzgebung mit der Betonung der Ethik der Jagd und ihrer kulturellen Bedeutung wurde vorbildlich auch für weitere Staaten und bildete die Voraussetzung für den späteren Wildreichtum Deutschlands, während in anderen Ländern im Westen und Süden Europas wegen mangelnden Naturverständnisses und fehlender Schutzvorschriften das freilebende Wild an vielen Stellen ausgerottet wurde. Auch nach heutiger Meinung stellt das Reichsjagdgesetz »ein eindrucksvolles Gesetzgebungswerk dar, das auch in späteren Jahren richtungsweisend blieb« (Lorz 1961, S. 194) und als Grundlage zum Bundesjagdgesetz diente. (Hintz 2008)

Die Wissenschaften vom Leben in Deutschland

Bei der Darstellung der *Naturferne* der Frankfurter Schule ist schon mehrfach der Beitrag der modernen Naturwissenschaften zu einem wirklichkeitsnahen Bild des Menschen und seiner Umwelt angeführt worden. Viele neue Erkenntnisse aus Biologie und Vererbungslehre, Verhaltensforschung und Systemtheorie, um nur die wichtigsten Bereiche zu nennen, bestätigen die naturnahen Vorstellungen der bisher als ›konservativ‹ bezeichneten Kreise, wie sie auch grundlegende Aussagen der Neomarxisten als ganz offensichtlich falsch erweisen. Milieutheorie und einseitiger Rationalismus, Ablehnung des Volkes und Internationalismus gehören zu letzteren.

Es ist sicher kein Zufall, daß auffallend viele der Bahnbrecher und führenden Wissenschaftler in den Biowissenschaften Deutsche waren und sind. Beispielhaft seien hier nur zwei aufgeführt: Ludwig von Bertalanffy und Konrad Lorenz.

Nachdem der Wiener Raoul Heinrich Francé (s. Abb., S. 275) in den ersten Jahrzehnten unseres Jahrhunderts – etwa in seinem Werk *Bios* – die großen Zusammenhänge in der Natur beschrieben und auch die Heimat als einen Naturbegriff erkannt hatte, hat ebenfalls in Wien Ludwig von Bertalanffy in den dreißiger Jahren die Grundlagen zur Systemtheorie gelegt, die in den folgenden Jahrzehnten, zur Kybernetik erweitert, zu einer wichtigen fachübergreifenden Disziplin geworden ist. Der »Vater der Systemtheorie« lenkte den Blick zunächst der Biologen, dann auch den aller Wissenschaftler wieder stärker auf das Ganze und auf die vielfältigen Zusammenhänge zwischen den bisher eher getrennt gesehenen Teilen: »Da der fundamentale Charakter eines Lebewesens in seiner Organisation liegt, kann die übliche Untersuchung von Einzelteilen und Einzelprozessen keine vollständige Erklärung des Lebensphänomens angeben.« (in Kurzrock 1972, S. 20)

Er betonte die hierarchische Ordnung in der Welt des Lebendigen und sah in ihrer Zunahme ein Maß für die stammesgeschichtliche Entwicklung: »Lebende Systeme gehen auch – sowohl in der Keimentwicklung vom Ei zum erwachsenen Organismus wie in der Stammesentwicklung von einfachsten zu immer höheren Lebensformen – zu ansteigender Organisation und Ordnung über.« (ebd., S. 23) In Bertalanffys Nachfolge hat die Wiener Biologenschule um Rupert

Riedl die *Ordnung des Lebendigen* – so der Titel eines der bedeutenden Werke Riedls – weiter untersucht und dabei den Begriff der ›Ordnung‹ als eine wichtige Meßgröße, vor allem im Zusammenhang mit der Stammesentwicklung und der Entstehung des Lebens, in die Wissenschaften eingeführt. Die geschichtliche Dimension in der Biologie hat dadurch weiter an Bedeutung gewonnen.

In seinem gegenüber den vorwiegend analytischen Methoden des 19. Jahrhunderts immer stärker ganzheitlichen Erfassen der Wirklichkeit sah von Bertalanffy zutreffend die Anknüpfung an die großen deutschen Philosophen früherer Jahrhunderte und auch – ähnlich wie Heidegger – die Verwandtschaft des deutschen zum griechischen Geist: »Allmählich lernen wir, das Universum als etwas mehr zu betrachten – als eine große Organisation von Systemen, in die wir langsam Einblick gewinnen. Das hat schon Aristoteles geahnt, und es war das Weltbild der großen deutschen Denker, von dem Kusaner des Spätmittelalters zu Leibniz und Goethe.« (ebd., S. 27) Eine ausführliche Darstellung der Geschichte dieser besonders den Deutschen eigentümlichen ganzheitlichen Schau der Wirklichkeit durch alle Jahrhunderte seit der germanischen Zeit findet sich in Sigrid Hunkes Werk *Europas eigene Religion*.

Konrad Lorenz, der bekannte ›Vater der Verhaltensforschung‹ und mit dem Nobelpreis geehrte Naturwissenschaftler, hat nicht nur mit der Ethologie ein neues Fachgebiet zwischen Biologie und Psychologie begründet, sondern darüber hinaus mit den aus seinen umwälzenden biologischen Erkenntnissen gezogenen philosophischen Folgerungen die neuzeitliche Erkenntnis- und Wissenschaftstheorie auf neue Grundlagen gestellt. Seine evolutionäre Erkenntnistheorie überwindet die Einseitigkeiten von philosophischem Idealismus und Materialismus und begründet die Notwendigkeit biologischen Denkens auch im philosophischen und soziologischen Bereich. Er legte dar, »daß menschliche Kultur und menschlicher Geist mit Fragestellung und Methodik der Naturwissenschaften untersucht werden können – und müssen«. (Lorenz 1973 b, S. 30)

Insbesondere bewiesen die Arbeiten seiner Schule den Marxismus als eine wirklichkeitsfremde und objektiv falsche Ideologie, da er von einem ganz falschen Menschenbild ausgeht. Denn auch in der Soziologie kann man – und da liegt einer der Gründe für das Versagen des Marxismus – nicht mehr ohne biologisches Wissen auskommen: »Die naturwissenschaftliche Erforschung des Wirkungsgefüges, das die menschliche Sozietät und ihre Geistigkeit trägt, hat eine schier unabsehbar große Aufgabe vor sich. Die menschliche Sozietät ist das komplexeste aller lebenden Systeme auf unserer Erde.« (ebd., S. 321)

Der Verhaltensforscher Konrad LORENZ *(1903–1989): »Unser Mitleid mit dem asozialen Ausfallbehafteten, dessen Minderwertigkeit ebensogut durch irreversible, frühkindliche Schädigungen (Hospitalisation!) verursacht sein kann wie durch erbliche Mängel, verhindert, daß der Nicht-Ausfallbehaftete geschützt wird. Man darf nicht einmal die Worte ›minderwertig‹ und ›vollwertig‹, auf Menschen angewendet, gebrauchen, ohne sofort verdächtigt zu werden, man plädiere für die Gaskammer.« (*LORENZ *1973 a)*

Vor allem LORENZ' Beweise für die Erblichkeit der Instinkte und der Aggression trugen mit dazu bei, daß die FREUDsche Psychoanalyse, auch in der von der Frankfurter Schule im Nachkriegsdeutschland wieder eingeführten Form von FROMM und MITSCHERLICH, in letzter Zeit wesentlich an Boden verlor und die emanzipatorische Pädagogik in ihren anthropologischen Voraussetzungen wissenschaftlich widerlegt werden konnte. MARCUSES utopische Forderung, man müsse den Menschen verändern, um zu einer besseren Gesellschaft zu kommen, stellte sich nun nach der Bestätigung der erblichen Bedingtheit besonders der sozialen Antriebe des Menschen als widernatürlich und undurchführbar heraus. Seit einiger Zeit lagen naturwissenschaftliche Beweise dafür vor, daß die von den Marxisten geforderte und im Machtbereich des Kommunismus versuchte Manipulation des Menschen zu einem ›neuen sozialistischen Menschen‹ nur mit Gewalt und Terror durchgeführt werden kann und in jeder Generation erneuert werden muß, weil sie der Natur des Menschen völlig widerspricht.

Mit seinen naturwissenschaftlichen Erkenntnissen über die kulturelle Bedeutung der Traditionen und »die instinktiven Grundlagen menschlicher Kultur« (in *Die Naturwissenschaften* Nr. 15/16, 1967, S. 377) unterstrich LORENZ die Lehre konservativer Soziologen wie Arnold GEHLEN. So bezeichnete LORENZ das Abreißenlassen der Überlieferungen als eine der »acht Todsünden der zivilisierten Menschheit«. (LORENZ 1971, S. 314) Offen klagte er die Methoden der Umerziehung zur Zerstörung der deutschen Tradition an, wenn er schrieb: »Zu den wichtigsten Methoden der wahrhaft diabolischen ›Gehirnwäsche‹ gehört es, den Opfern diese Sicherheit zu rauben, indem man ihnen alles zweifelhaft macht, was sie sicher zu wissen glauben.« (Lorenz 1973 b, S. 269)

Wegen dieser Lehren war es fast eine Selbstverständlichkeit, daß Lorenz von der Linken erbittert angegriffen wurde, sah diese doch ihre geistigen Grundlagen nun mit unbezweifelbaren naturwissenschaftlichen Beweisen widerlegt. In polemischen Büchern (Schmidbauer 1972, 1973) versuchte man, Lorenz methodische Fehler nachzuweisen, und man scheute auch nicht davor zurück, den international angesehenen Wissenschaftler mit einigen seiner Äußerungen aus der Zeit des Dritten Reiches zu verleumden. Doch an der Gediegenheit seiner Untersuchungen wie an dem großen Widerhall seiner allgemeinverständlich geschriebenen Werke in weiten Volkskreisen prallten alle derartigen Versuche in den letzten Jahrzehnten wirkungslos ab, wohl ein Hinweis darauf, daß die Zeit der Mode und des beherrschenden Einflusses der Frankfurter Schule nun langsam vorübergeht. Auf die Dauer wird sich eine biologisch begründete, an den Lebensgesetzen ausgerichtete Weltsicht durchsetzen. Und viele Deutsche gehören zu ihren Begründern.

Ausblick

Statt des mechanistischen Denkens ist biologisches Denken im Kommen. Das technische Zeitalter geht in ein kybernetisches über. Die marxistische Ideologie wird durch eine Philosophie des Lebens ersetzt. Die Frankfurter Kritische Theorie mit ihrem Geist der Verneinung und Auflösung wird zunehmend durch eine lebensbejahende, ganzheitliche organische Auffassung abgelöst. Dem marxistischen utopischen ›Prinzip Hoffnung‹ wird dadurch eine Möglichkeit zu berechtigter Hoffnung auf umfassendere Besserung der Verhältnisse entgegengesetzt, womit auch an die deutsche Tradition aufbauender Lebensgestaltung seit BISMARCKS sozialer Gesetzgebung und der Überwindung des Klassenkampfes in der ersten Hälfte des vorigen Jahrhunderts angeknüpft wird. Nach einer Generation sollte das durch die Frankfurter Schule gekennzeichnete dunkle Kapitel deutscher Geistesgeschichte eigentlich abgeschlossen sein, wenn auch seine verderblichen Auswirkungen noch längere Zeit andauern können, bis die von ihr falsch programmierte Generation abtritt. Es braucht wohl noch einige Zeit, bis allgemein erkannt wird, daß ein auf der Höhe unserer Zeit stehender Mensch einfach kein Marxist mehr sein kann. Schon vor Jahren stellte der Freiburger Biologe Hans MOHR fest: »Wenn jemand sich zum Marxismus bekennt, trotz der Tatsache, daß keine einzige marxistische Prognose eingetroffen ist, so dokumentiert er damit, daß er einer nicht-wissenschaftlichen Weltanschauung huldigt. ›Wissenschaftlicher Marxismus‹ ist ein Widerspruch in sich«. (MOHR 1981, S. 204 f.)

Mit dem zunächst erfolgreichen Versuch der Beschwörung des Antifaschismus und der Einflußnahme auf die grüne Bewegung ist die in den letzten Jahren zunehmend frustrierte marxistische Linke gegenwärtig bestrebt, insbesondere in Deutschland, noch einmal an Boden zu gewinnen, nachdem ihre bisherigen Bemühungen trotz zeitweilig großer Einzelerfolge nicht den dauerhaften Durchbruch gebracht haben, sondern in der Verfolgung von Utopien in die Leere gelaufen und von der harten Wirklichkeit schnell wieder auf den Boden der Tatsachen zurückgeholt worden sind.

Nun bemüht sie sich, in Ermangelung anderer aussichtsreicher Agitationsmöglichkeiten, sich der in der Vergangenheit eindeutig von

Konservativen erkannten und vertretenen ökologischen Frage zu bemächtigen und den geistigen Diebstahl möglichst zu vertuschen, wenn auch dabei einzelne unsinnige Forderungen und Methoden noch kennzeichnend für die utopischen Ziele und radikalen Formen der Linken sind. Mit den ihr weiterhin offenen und größtenteils von ihr gelenkten Massenmedien besitzt sie zwar ideale Voraussetzungen bei diesem Bemühen. Doch sie hat nun – offenbar, weil sich keine andere Möglichkeit mehr bot – auf ein falsches Pferd gesetzt, indem sie eine Bewegung unterstützt, deren eigentliches Wesen mit ihrem biologisch ausgerichteten Inhalt in vollem Gegensatz zum Marxismus und den kennzeichnend linken geistigen Grundlagen steht.

Das kann auch eine begrüßenswerte Entwicklung zu verstärken helfen. Vielleicht trägt es mit dazu bei, daß die gegenwärtige Generation den Marxismus in Deutschland zum zweitenmal – und damit hoffentlich für immer – überwindet, die Polarisation in ›Rechte‹ und ›Linke‹ als besonders für Deutschland schon längst unzeitgemäß und überholt erkennt und sich als einiges Volk mit dem Willen zur Leistung in Gemeinschaft den großen Aufgaben widmet, die uns für die Zukunft gestellt sind.

Dazu gehört als Vorbedingung die Wiedererlangung des deutschen Selbstverständnisses, die Wiedergewinnung unserer Identität als Volk und damit die Überwindung der volksauflösenden Umerziehung. Und welcher Ansatzpunkt könnte dafür günstiger sein als das besonders in Deutschland seit alten Zeiten geäußerte Umweltverständnis, als die in unserem Volk tief verwurzelte Liebe zur Natur, als der bei den Deutschen ausgeprägte Sinn für alles Lebendige. Nach mehr als einer Generation neurotischer Verdrängung der geschichtlichen Wirklichkeit wie der ökologischen Erfordernisse bricht sich nun anscheinend mit elementarer Wucht auf diesen Gebieten eine Normalisierung Bahn und leitet damit eine Gesundung ein, die nicht nur unserem Volkskörper zustatten kommen wird, sondern auch zu einer geistigen Befruchtung ganz Europas führen kann.

Dazu wird es höchste Zeit. Auf dem Gebiet der Umweltverschmutzung wie der Innenweltzerstörung gilt für Deutschland immer noch das, was der Franzose Pierre CHAUNU in bezug auf das deutsche Geburtendefizit und seine Folgen vor zwei Jahrzehnten schrieb: »Ein solcher Abgrund im Herzen der Industriewelt bedeutet höchste Gefahr für Europa und die gesamte Menschheit. Nur ein sofortiges Erkennen der Gefahr und ein im Wortsinne politischer Wille kann noch in extremis diese zu unserer totalen Vernichtung geschaffene Höllenmaschine entschärfen.« (CHAUNU 1981, S. 203)

Der Wille zur geistigen und biologischen Erhaltung und Erneuerung des deutschen Volkes tut not. Noch ist davon in den politisch verantwortlichen Kreisen kaum etwas zu spüren; man wehrt sich dort sogar gegen das dringend Notwendige und will in den alten verrosteten Gleisen weiterfahren. Vielleicht hat Bernard WILLMS recht, wenn er in seinem Buch *Die deutsche Nation* gegen Ende schreibt: »Nur wenn das Elend der Nation, ihre Not, als allgemeine erfahrbar wird, wird sich ein neuer Sinn für Notwendigkeit ergeben können.« (WILLMS 1982, S. 324)

Umweltzerstörung und Jugendverwahrlosung, Energiekrise und Überfremdung nehmen als Folgen der geistigen Verwirrung durch die Frankfurter Schule in Deutschland noch zu. Um so wichtiger wird es, an ihrer Eindämmung und an der Verbreitung einer biologisch begründeten Sicht der Wirklichkeit für die Zukunft unseres Volkes mitzuwirken. »Fortschritt wird darin bestehen müssen, daß es Menschen geben wird, die aus tieferer Einsicht in den Wert der Dinge die Verantwortung für das Lebendige, für die Natur und den Menschen, zu tragen gewillt und dazu imstande sind.« (HEITLER 1970, S. 104)

Erst wenn unser Volk wieder gesundet und den Gesetzen des Lebens Vorrang einräumt, kann es seine Aufgaben für Europa und die Welt zum Wohle aller wahrnehmen.

Literatur

ABENDROTH, Wolfgang, *Wirtschaft, Gesellschaft und Demokratie in der Bundesrepublik,* Frankfurt/Main 1965

- *Antagonistische Gesellschaft und politische Demokratie,* Neuwied-Berlin 1967

- (Hg.), *Faschismus und Kapitalismus,* Frankfurt/M. 1967

ADORNO, Theodor W., *Minima Moralia,* Frankfurt/M. 1951

- *Jargon der Eigentlichkeit,* Frankfurt/Main 1964

- *Negative Dialektik,* Frankfurt/Main 1966

- *Kierkegaard, Konstruktion des Ästhetischen,* Frankfurt/M. 1966

- u. a., *Der Positivismusstreit in der deutschen Soziologie,* Neuwied–Berlin 1969

- *Erziehung zur Mündigkeit,* Frankfurt/M. 1970

- *Studien zum antiautoritären Charakter,* Frankfurt/M. 1973 a

- u. HORKHEIMER, Max, *Dialektik der Aufklärung,* Frankfurt/M. 1973b

- *Gesellschaftskritik und Kulturkritik,* Frankfurt/M. 1975

AHLBORN, Knud, *Kurze Chronik der Freideutschen Jugendbewegung 1913–1953,* Bad Godesberg 1953

ALBRECHT, Clemens (Hg.), *Die intellektuelle Gründung der Bundesrepublik. Eine Wirkungsgeschichte der Frankfurter Schule,*Frankfurt/M. 2000.

AMENDT, Günter (Hg.), *Kinderkreuzzug oder beginnt die Revolution in den Schulen?,* Reinbek 1968

ANRICH, Ernst, *Was haben wir nötig, um diese Krise zu bestehen?,* Seeheim 1968

- *Die Idee der deutschen Universität und die Reform der deutschen Universitäten,* Darmstadt 1960

- *Denkschrift zum Problem der deutschen Universität,* Hannover 1968

ARON, Raymond, *Opium für Intellektuelle,* Köln 1957

- *Plädoyer für das dekadente Europa,* Berlin 1978

BARISCH, Hilde, *Leben in Gefahr,* Würzburg 1980

BARKHOLDT, *Bernhard, Ausländerproblem – eine Zeitbombe,* Berg 1981

BARTHELMESS, Alfred, *Wald – Umwelt des Menschen,* Freiburg–München 1972

BAUSINGER, Hermann, *Typisch deutsch,* München [2]2000

BECK, Johannes u. SCHMIDT, Lothar (Hg.), *Schulreform oder der sogenannte Fortschritt,* Frankfurt/M. 1970

- u. a., *Erziehung in der Klassengesellschaft,* München 1971

BECKER, Howard, *Vom Barette schwankt die Feder,* Wiesbaden 1949

BEISMANN, Volker, KLEIN, Markus Josef (Hrsg.), *Politische Lageanalyse,* Bruchsal 1993

BENOIST, Alain de, *Entscheidende Jahre,* Tübingen 1982

- *Schöne vernetzte Welt,* Tübingen 2001

BERGMANN, Uwe, u. a., *Rebellion der Studenten*, Reinbek 1968
BERNATZKY, Aloys, u. Otto BÖHM, *Bundesnaturschutzrecht*, Wiesbaden 1981
BERTALANFFY, Ludwig von, *Biophysik des Fließgleichgewichts*, Braunschweig 1953
- *... aber vom Menschen wissen wir nichts*, Düsseldorf–Wien 1970
- *General System Theory*, New York 1968
BIENERT, Walther, *Der überholte Marx*, Stuttgart 1974
BISMARCK, Otto von, *Gedanken und Erinnerungen*, Stuttgart–Berlin 1928
BLOCH, Ernst, *Schadet oder nützt Deutschland die Niederlage seiner Militärs?*, Bern 1918
- *Das Prinzip Hoffnung*, Berlin 1954–1959
- *Naturrecht und menschliche Würde*, Frankfurt/M. 1961
- *In Pädagogica*, Frankfurt/Main 1971
- *Das Materialismusproblem, seine Geschichte und Substanz*, Frankfurt/M. 1972
BLÜHER, Hans, *Werke und Tage*, München 1953
BOCK, Irmgard, *Kommunikation und Erziehung*, Darmstadt 1978
BOCKMÜHL, Klaus, *Herausforderungen des Marxismus*, Gießen 1977
BÖCKENFÖRDE, Ernst Wolfgang, *Die verfassungstheoretische Unterscheidung von Staat und Gesellschaft als Bedingung der individuellen Freiheit*, Opladen 1973
BÖHM, Winfried, *Wörterbuch der Pädagogik*, Stuttgart [12]1982
BÖLSCHE, Jochen (Hg.), *Natur ohne Schutz*, Reinbek 1982
BOETTCHER, Carl-Heinz, *Der Aufstand wird vorbereitet*, Köln 1969
BOLTE, Gerhard (Hg.), *Unkritische Theorie. Gegen Habermas*, Lüneburg 1989
Braun, Johann, *Wahn und Wirklichkeit*, Tübingen 2008
BREUER, Hans, *Der Zupfgeigenhansl*, Mainz o. J.
BREZINKA, Wolfgang, *Der Erzieher und seine Aufgaben*, Stuttgart 1966
- *Über Absicht und Erfolg der Erziehung*, Konstanz 1969
- *Erziehung und Kulturrevolution*, München–Basel 1974
BRÜCKNER, Peter, *Freiheit, Gleichheit, Sicherheit*, Frankfurt/M. 1973
BUBACK, Michael, *Der zweite Tod meines Vaters*, München 2008
BUBER-NEUMANN, Margarete, *Der kommunistische Hintergrund*, Kreuzlingen 1970
BUEB, Bernhard, *Lob der Disziplin*, List, Berlin 2006.
Bundesminister für Jugend, Familie und Gesundheit (Hrsg.), *Zweiter Familienbericht*, Bonn 1975
BURGMÜLLER, Hubert (Hg.), *Zur Klärung der Begriffe*, München 1947
CHAUNU, Pierre, *Die verhütete Zukunft*, Stuttgart 1981
- *Die Wurzeln der Freiheit*, München 1982
CLASSEN, Johannes, *Bibliographie zur antiautoritären Erziehung*, Heidelberg 1971
CLANSSEN, Detlev, NEGT, Oskar, u. Michael WERZ (Hg.), *Keine Kritische Theorie ohne Amerika*, Frankfurt/Main 1999

COHN-BENDIT, Daniel, u. Rüdiger DAMMANN (Hg.), *1968. Die Revolte,* Frankfurt/M. 2007.
COURTOIS, Stephane (Hg.), *Das Schwarzbuch des Kommunismus,* München 1998
DAHRENDORF, Ralf, *Gesellschaft und Freiheit,* München 1961
- *Bildung ist Bürgerrecht,* Hamburg 1965 a
- *Gesellschaft und Demokratie in Deutschland,* München 1965 b
DARLINGTON, C. D., *Die Gesetze des Lebens,* Wiesbaden 1959
- *Die Entwicklung des Menschen und der Gesellschaft,* Düsseldorf–Wien 1971
- *Die Wiederentdeckung der Ungleichheit,* Frankfurt/M. 1980
DETTLING, Warnfried, *Demokratisierung,* Köln 1974
DEUTSCHES KOMITEE FÜR DENKMALSCHUTZ, *Bauen und Bewahren auf dem Lande,* Bonn [3]1979
DITFURTH, Jutta, *Das waren die Grünen. Abschied von einer Hoffnung,* München 2000
ECKERMANN, Johann Peter, *Gespräche mit Goethe in den letzten Jahren seines Lebens,* München 1976
EIBICHT, Rolf-Josef, *Unterdrückung und Verfolgung deutscher Patrioten,* Viöl 1997
EIBL-EIBESFELDT, Irenäus, *Grundriß der vergleichenden Verhaltensforschung,* München 1967
- *Liebe und Haß,* München 1970
- *Der vorprogrammierte Mensch,* Wien–Zürich–München 1973
- in *Lutherische Monatshefte,* Nr. 1, 1981, S. 35
- u.a. *Einwanderungsland Europa?,* Graz 1993
EICHLER, Richard W., *Könner, Künstler, Scharlatane,* München 1960
- *Künstler und Werke,* München 1962
- *Der gesteuerte Kunstverfall,* München 1965
- *Viel Gunst für schlechte Kunst,* München 1968
- *Baukultur gegen Formzerstörung,* Tübingen 1999
EIGEN, Manfred u. WINKLER, Ruthild, *Das Spiel,* München 1975
EUCKEN-ERDSIEK, Edith, *Unsere Gesellschaftsordnung und die radikale Linke,* Stuttgart [2]1972
EVOLA, Julius, *Revolte gegen die moderne Welt,* Interlaken 1982
EYSENCK, Hans Jürgen, *Die Ungleichheit der Menschen,* München 1975 a
- *Vererbung, Intelligenz und Erziehung,* Stuttgart 1975 b
FECHLER, Bernd, *›Erziehung nach Auschwitz‹ in der multikulturellen Gesellschaft,* Weinheim 2000
FEIL, Johannes (Hg.), *Wohngruppe, Kommune, Großfamilie,* Reinbek 1972
FISCHER, Joschka, *Für einen neuen Gesellschaftsvertrag,* Köln 1998
FLEX, Walter, *Der Wanderer zwischen beiden Welten,* München 1918
FLITNER, Wilhelm u. KUDRITZKI, Gerhard (Hg.), *Die deutsche Reformpädagogik,* Düsseldorf 1961
FORSTHOFF, Ernst, *Der Staat der Industriegesellschaft,* München 1971

FRANCE, Raoul Heinrich, *Bios. Die Gesetze der Welt,* München 1921
– *Die Gesetze der Harmonie in der Natur,* Stuttgart 1926
– *Die Entdeckung der Heimat,* Asendorf [2]1982
FRANZ-WILLING, Georg, *Vergangenheitsbewältigung,* Coburg 1992
FRANZIS, Hermann, *Die Zerstörung des politischen Standorts Deutschland,* Tübingen 1998
FREUD, Sigmund, *Gesammelte Werke,* Frankfurt/M. [3]1961
FREYBERG, Doris u. Thomas von, *Zur Kritik der Sexualerziehung,* Frankfurt/M. 1971
FRIEDRICH, Heinz, *Kulturverfall und Umweltkrise,* München 1982
FRITSCH, Bruno, *Wir werden überleben,* München-Wien 1981
FROMM, Erich, *Psychoanalyse und Ethik,* New York 1947
– *Die Furcht vor der Freiheit,* Frankfurt/Main 1966
– *Analytische Sozialpsychologie und Gesellschaftstheorie,* Frankfurt/M. 1970
– *Revolution der Hoffnung,* Stuttgart 1971
– *Anatomie der menschlichen Destruktivität,* Stuttgart 1974
– *Haben und Sein,* Stuttgart 1976
– *Ihr werdet sein wie Gott,* Reinbek 1980
GADAMER, Hans Georg, u. Paul VOGLER (Hg.), *Neue Anthropologie,* München–Stuttgart 1972/75
GAMM, Hans Jochen, *Kritische Schule,* München 1970
– *Das Elend der spätbürgerlichen Pädagogik,* München 1972
GARAUDY, Roger, *Aufruf an die Lebenden,* Darmstadt-Neuwied 1981
GEHLEN, Arnold, *Der Mensch. Seine Natur und seine Stellung in der Welt,* Bonn 1950
– *Die Seele im technischen Zeitalter,* Hamburg 1967
– *Anthropologische Forschung,* Reinbek [6]1968
– *Moral und Hypermoral,* Frankfurt/Main 1969
GEISSLER, Heiner, *Zugluft. Politik in stürmischer Zeit,* München 1990
GEORG, Friedrich, *›Unternehmen Patentenraub‹ 1945,* Grabert, Tübingen 2008.
GIESE, Hans, u. Gunter SCHMIDT, *Studentensexualität,* Hamburg 1968
GÖPPERT, Heinrich Robert, in *Nova Acta C. Leopoldi, Cl. Nat. Curios* 33/34, 1868, S. 18
GOETHE, Johann Wolfgang von, *Gesammelte Werke,* Wiesbaden 1949
GOETSCH, Georg, *Die deutsche Jugendbewegung als Volksgewissen,* Leipzig 1928
GORBATSCHOW, Michail, *Mein Manifest für die Erde,* Frankfurt/M. 2003
– *Meine Vision,* Stuttgart 1998
GROSS, Hans Fritz, *Das verlorene Vaterland,* Tübingen 1996
GROSSER, Dieter u. a., *Politische Bildung,* Stuttgart 1976
GROTE, Jürgen, *Möglichkeiten und Grenzen des Landschaftsschutzes nach dem Reichsnaturschutzgesetz,* Diss. Köln 1971
GRUHL, Herbert, *Ein Planet wird geplündert,* Frankfurt/M. 1975
– *Das irdische Gleichgewicht,* Düsseldorf 1982

GÜNTHER, Henning, *Die verwöhnte Generation,* Köln 1982
– u.a.., *Die Gewalt der Verneinung. Die kritische Theorie und ihre Folgen,* Stuttgart 1978
– u.a., *Grundlegung einer bejahenden Erziehung*, München 1978
GUTJAHR-LOSER, Peter, u. Klaus HORNUNG (Hg.), *Politisch-Pädagogisches Handwörterbuch*, Percha 1998
HABERMAS, Jürgen, *Strukturwandel der Öffentlichkeit,* Neuwied 1967
– *Technik und Wissenschaft als Ideologie,* Frankfurt/M. 1968
– *Protestbewegung und Hochschulreform,* Frankfurt/M. 1969
– *Theorie und Praxis,* Frankfurt/M. [4]1971
– (Hg.) *Antworten an Marcuse*, Frankfurt/Main 1968
– u. a., *Student und Politik,* Neuwied 1961
– u. Niklas LUHMANN, *Theorie der Gesellschaft oder der Sozialtechnologie,* Frankfurt/M. 1974
HACKERT, Wolfgang, *Getürkt und gelinkt. Wem nützt rechte Gewalt?* Riesa 2009
HÄRTLE, Heinrich, *Rom und Hellas warnen,* Lochham 1972
HAHN, Wilhelm, *Ich stehe dazu,* Stuttgart 1981
HASENCLEVER, Wolfdieter u. Connie, *Grüne Zeiten,* München 1982
HAUER, J. W. u. A., *Der deutsche Born,* Bd. II, Lochham 1955
– *Der deutsche Born,* Band III u. IV, München 1959
HAVERBECK, Werner Georg, *Die andere Schöpfung,* Stuttgart 1978
– *Der Weltkampf um den Menschen,* Tübingen 1995
– u. Ursula HAVERBECK, *Der Weltkampf um die Gemeinschaft,* Tübingen 1996
HEINTZ, Daniel, *Tierschutz im Dritten Reich,* Mülheim 2008
HEISENBERG, Werner, *Physik und Philosophie,* Berlin 1959
– *Der Teil und das Ganze,* München 1969
– *Schritte über Grenzen,* München 1971
– *Tradition und Wissenschaft,* München 1977
HEITLER, Walter, *Naturphilosophische Streifzüge,* Braunschweig 1970
HELWIG, Werner, *Die blaue Blume des Wandervogels,* Gütersloh 1960
HENTIG, Harmut von, *Spielraum und Ernstfall,* Stuttgart 1969
HEPP, Robert, *Die Endlösung der Deutschen Frage,* Tübingen 1988
HERMANN, Kai, *Die Revolte der Studenten,* Hamburg 1967
HILLGRUBER, Andreas, *Zweierlei Untergang*, Berlin 1986
HOCHKEPPEL, Willy (Hg.), *Die Rolle der Neuen Linken in der Kulturindustrie,* München 1972
HOFFMANN, Hilmar (Hg.), *Gegen den Versuch, Vergangenheit zu verbiegen,* Frankfurt/M. 1987
HOFFMANN-NOWOTNY, Hans Joachim, *Umwelt und Selbstverwirklichung als Ideologie,* München 1977
HONDRICH, Karl Otto, *Demokratisierung und Leistungsgesellschaft,* Stuttgart 1972
HORKHEIMER, Max (Hrsg.), *Festschrift für Carl Grünberg zum 70. Geburtstag,* Leipzig 1932

– (als REGIUS, Heinrich), *Dämmerung*, Zürich 1934
– u. ADORNO, Theodor W., *Dialektik der Aufklärung*, Amsterdam 1947
– *Zur Kritik der instrumentellen Vernunft*, Frankfurt/M. 1967
– *Kritische Theorie*, Frankfurt/Main 1968
– *Ideen zu einer Kritik der Theorie der Gesellschaft*, Frankfurt/M. 1969
– *Sozialphilosophische Studien*, Frankfurt/M. 1972 a
– *Gesellschaft im Übergang*, Frankfurt/M. 1972b
HUBER, Joseph, *Die verlorene Unschuld der Ökologie*, Frankfurt/M. 1982
HUG, Heinz, *Der tägliche Ökohorror*, Leipzig 2004
– *Die Angsttrompeter*, Köln 2006
HUMBOLDT, Wilhelm von, *Das inwendige Leben*, Ebenhausen 1949
HUNKE, Sigrid, *Europas andere Religion*, Düsseldorf–Wien 1969
– *Glauben und Wissen*, Düsseldorf–Wien 1979
HUTH, A., in *Die Deutsche Berufs- und Fachschule* Nr. 10, 1957
ILLIES, Joachim, *Kulturbiologie des Menschen*, München 1978
– *Der Jahrhundert-Irrtum*, Frankfurt/M. 1983
JANSSEN, Bernd, *Praxisberichte aus der Hauptschule*, Köln 1977
JÄDE, Henning, *Volksfront-Universität*, Hannover 1972
JANTSCH, Erich, *Vom Urknall zum menschlichen Geist*, München 1979
– *Die Selbstorganisation des Universums*, München–Wien 1979
JAY, Martin, *Dialektische Phantasie*, Frankfurt/M. 1981
JENS, Walter, *Deutsche Literatur der Gegenwart*, München 1961
– *Republikanische Reden*, München 1976
JENTSCH, Klaus, *Sterben wir aus?*, Freiburg–Würzburg 1979
JÜNGER, Friedrich Georg, *Die Perfektion der Technik*, Frankfurt/M. 1946
KALTENBRUNNER, Gerd-Klaus, *Was ist deutsch?*, Asendorf 1988
KATTMANN, Ulrich (Hg.) , *Sexualerziehung in der Schule*, Kiel 1975
KENTLER, Helmut, *Sexualerziehung*, Reinbek 1970
KESSLER, Herbert, u. Walter THOMS (Hg.), *Das Menschenbild der Gegenwart*, Mannheim 1964
KISHON, Ephraim, *Picasso war kein Scharlatan*, München 1988
KLAGES, Ludwig, *Der Mensch und das Leben*, Leipzig 1937
– *Mensch und Erde*, Stuttgart 1956
KNEPPER, Herbert, *Kritische Bildung*, München 1971
KNÜTTER, Hans-Helmuth, *Die Faschismuskeule*, Berlin 1993
KOCH, Egmont R., u. Fritz VAHRENHOLT, *Die Lage der Nation. Umwelt-Atlas der Bundesrepublik*, Hamburg 1983
KÖCHER, Renate, »Familie und Gesellschaft«, in NOELLE-NEUMANN, Elisabeth u. KÖCHER, Renate, *Die verletzte Nation*, Stuttgart 1987, S. 74-173.
KOENIG, Otto, *Kultur und Verhaltensforschung*, München 1970
KORN, Elisabeth u. a., *Die Jugendbewegung*, Düsseldorf–Köln 1963
KOSIEK, Rolf, *Marxismus? Ein Aberglaube!* Neckargemünd 1972
– *Das Volk in seiner Wirklichkeit*, Berg 1975
–*Historikerstreit und Geschichtsrevision*, Tübingen 1987

– *Völker statt One World?*, Tübingen 1999
KRAUSHAAR, Wolfgang, *Frankfurter Schule und Studentenbewegung,* 3 Bde., Hamburg 1998
KREBS, Pierre (Hg.), *Das unvergängliche Erbe,* Tübingen 1981
KRONENBERG, Volker, *Ernst Nolte und das totalitäre Zeitalter*, Bonn 1999
KUNZE, Klaus, *Mut zur Freiheit – Mut zur Ordnung*, Uslar 1998
KURZROCK, Ruprecht (Hrsg.), *Systemtheorie,* Berlin 1972
LANGGUTH, Gerd, in: *Aus Politik und Zeitgeschichte* Nr. 12, 26. 3. 1977
LEFEBVRE, Henri, *Der dialektische Materialismus*, Frankfurt/M. 1966
LEHMANN, Albert Conrad, *Biologische Volksordnung,* Esslingen o. J.
LEIBFRIED, Stephan (Hg.), *Wider die Untertanenfabrik,* Köln 1967
LEIBNIZ, Gottfried Wilhelm, *Kleine Schriften zur Metaphysik,* Darmstadt 1965
LEISTRITZ, Hans Karl, *Der Geist der Epoche,* Berg 1982
LÖW, Konrad, *Die Lehre des Karl Marx,* Köln 1982
– *Das Rotbuch der kommunistischen Ideologie,* München 1999
LÖWENTHAL, Leo, *Das Bild des Menschen in der Literatur,* Neuwied–Berlin 1957
– u. GUTERMANN, Norbert, *Agitation und Ohnmacht,* Neuwied–Berlin 1949
LÖWENTHAL, Richard, *Hochschule für die Demokratie,* Köln 1971
LOHBECK, Rolf, *Selbstvernichtung durch Zivilisation,* Würzburg 1966
LORENZ, Konrad, *Das sogenannte Böse,* Wien 1963
– *Gesammelte Abhandlungen,* München 1965
– *Vom Weltbild des Verhaltensforschers,* München 1968
– in *Sozialtheorie und soziale Praxis,* 1971, S. 281–339
– *Die acht Todsünden der zivilisierten Menschheit,* München 1973a
– *Die Rückseite des Spiegels,* München 1973 b
– *Vergleichende Verhaltensforschung,* Wien 1978
– *Der Abbau des Menschlichen,* München 1983
– u. Franz M. WUKETITS (Hg.), *Die Evolution des Denkens,* München–Zürich 1983
LORZ, Albert, *Naturschutz-, Tierschutz und Jagdrecht,* München–Berlin 1961
– *Tierschutzgesetz*, München 1979
LÜBBE, Hermann, *Hochschulreform und Gegenaufklärung,* Freiburg 1972
LUMMER, Heinrich, *Deutschland soll deutsch bleiben,* Tübingen 1999
MALER-SIEBER, Gisela, *Verhaltensforschung,* Gütersloh 1982
MANN, Torsten, *Rote Lügen in grünem Gewand,* Rottenburg a. N. 2009
MANTELL, D. M., *Familie und Aggression,* Frankfurt/M. 1972
MARCUSE, Herbert, *Hegels Ontologie und die Grundlegung einer Theorie der Geschichtlichkeit,* Frankfurt/M. 1932
– *Vernunft und Religion,* Neuwied–Berlin 1962
– *Kultur und Gesellschaft,* Frankfurt/M. 1965
– *Repressive Toleranz*, Frankfurt/M. 1966
– *Triebstruktur und Gesellschaft*, Frankfurt/M. 1967 a

– *Das Ende der Utopie*, Berlin 1967b
– *Psychoanalyse und Politik*, Frankfurt/M. 1968
– *Ideen zu einer kritischen Theorie der Gesellschaft*, Frankfurt/M. 1969 a
– *Versuch über die Befreiung*, Frankfurt/M. 1969 b
– *Der eindimensionale Mensch*, Neuwied–Berlin 1970
– *Konterrevolution und Revolte*, Frankfurt/M. 1972
– *Die Permanenz der Kunst*, München–Wien 1977
– *Feindanalysen*, Lüneburg 1998
– *Nachgelassene Schriften*, Bd.1: *Das Schicksal der bürgerlichen Demokratie*, Lüneburg 1999
MARDERSTEIG, Georg, *Das Jagdrecht des Großherzogtums Sachsen*, Weimar 1908
MARX, Karl, u. Friedrich ENGELS, *Deutsche Ideologie*, 1845
MEDWEDJEW, S. A., *Der Fall Lyssenko*, Hamburg 1971
MEVES, Christa, *Manipulierte Maßlosigkeit*, Freiburg 1971 a
– *Verhaltensstörungen bei Kindern*, München 1971 b
– *Kinderschicksal in unserer Hand*, Freiburg 1974
– *Mut zum Erziehen*, Freiburg 1978
– u. Heinz Dietrich ORTLIEB, *Die ruinierte Generation*, Freiburg 1982
– u. Joachim ILLIES, *Dienstanweisungen für Oberteufel*, Freiburg 1981
MIEGELS, Meinhard, u. Stephanie WAHL, *Das Ende des Individualismus*, München–Landsberg 1996
MITSCHERLICH, Alexander, *Auf dem Weg zur vaterlosen Gesellschaft*, München 1963
– u. Margarete MITSCHERLICH, *Die Unfähigkeit zu trauern*, München 1967
– *Die Idee des Friedens und die menschliche Aggressivität*, Frankfurt/M. 1969
MITTERER, Alois, *Wende zur Wiedergeburt*, Tübingen 2007
MOHLER, Armin, *Wider die All-Gemeinheiten*, Krefeld 1981
– *Der Nasenring*, München 1996
MOHR, Hans, *Biologische Erkenntnis*, Stuttgart 1981
MOLLENHAUER, Klaus, *Erziehung und Emanzipation*, München 1968
MOLTMANN, Jügen, *Theologie und Hoffnung*, München 1964
MONEY, John, *Männlich Weiblich. Die Entstehung der Geschlechtsunterschiede*, 1975, mit der Mitautorin und Übersetzerin Anke EHRHARDT.
MONOD, Jacques, *Zufall und Notwendigkeit*, München [2]1971
MÜLLER, K. V., in *Studium Generale* Nr. 5, 1959, S. 318
MUNZINGER, *Internationales biographisches Archiv*
NEGT, Oskar, *Die Linke antwortet Habermas*, Frankfurt/M. 1968
– *Soziologische Phantasie und exemplarisches Lernen*, Frankfurt/M. 1971
NEILL, Alexander Sutherland, *Theorie und Praxis der antiautoritären Erziehung*, Reinbek 1969
NIETZSCHE, Friedrich, *Also sprach Zarathustra*, Köln o. J.
NIPPERDEY, Thomas, *Konflikt – einzige Wahrheit der Gesellschaft?* Osnabrück 1974
NOLTE, Ernst, *Der Faschismus in seiner Epoche*, München 1963

- in H. W. KOCH (Hg.), *Aspects of the Third Reich,* S. 17–38, 1985
- *Das Vergehen der Vergangenheit*, Berlin–Frankfurt/M. 1987
NORDBRUCH, Claus, *Der Verfassungsschutz,* Tübingen 1999
OLSCHOWY, Gerhard, *Landschaft und Technik,* Hannover–Berlin–Sar-siedt 1970
- *Natur- und Umweltschutz in fünf Kontinenten*, Hamburg–Berlin1976
- *Natur- und Umweltschutz in der Bundesrepublik Deutschland,* Hamburg–Berlin 1978
ORTLIEB, Heinz Dietrich, *Die verantwortungslose Gesellschaft oder wie man die Demokratie verspielt,* München 1971
- *Destruktive Zeitzünder,* Hamburg 1973
OTTEN, Dieter, »*Die 50+Studie*«. *Wie die jungen Alten die Gesellschaft revolutionieren*, Rowohlt, Reinbek 2008.
PAETEL, Karl O., *Jugendbewegung und Politik*, Bad Godesberg 1961
PATURI, Felix, *Chaos oder Paradies,* Düsseldorf–Wien 1981
PICHT, Georg, *Die deutsche Bildungskatastrophe*, München 1965
PINKER, Suzan, *Das Geschlechter-Paradox,* München 2008
PLANCK, Max, *Vorträge und Erinnerungen,* Darmstadt 1975
POLLOCK, Friedrich, *Sombarts ›Widerlegung‹ des Marxismus,* Leipzig 1926
- *Die planwirtschaftlichen Versuche in der Sowjetunion 1917–1927,* Leipzig 1929
- *Automation,* Frankfurt/M. 1956
- *Stadien des Kapitalismus,* München 1975
PORTMANN, Adolf, *Zoologie und das neue Bild des Menschen,* Reinbek 1962
POST, Walter, *Die verleumdete Armee,* Selent 1999
PROSKE, Rüdiger, *Vom Marsch durch die Institutionen zum Krieg gegen die Wehrmacht,* Mainz 1997
PROSS, Harry, *Deutsche Presse seit 1945*, Bern–München–Wien 1965
QUADBECK, Ulrike, *Karl Dietrich Bracher und die Anfänge der Bonner Politikwissenschaft*, Baden-Baden 2008
QUARITSCH, Helmut, *Einwanderungsland Bundesrepublik Deutschland?,* München 1981
- *Recht auf Asyl,* Berlin 1985
RAHLVES, Rudolf, *Was ist deutsch?*, Tübingen 1999
RAHNER, Karl, u. Herbert VORGRIMLER, *Kleines Konzilskompendium,* Freiburg 1969
REGIUS, Heinrich (Max HORKHEIMER), *Dämmerung,* Zürich 1934
REICH, Wilhelm, *Die sexuelle Revolution,* Frankfurt/M. [2]1971 a
- *Die Massenpsychologie des Faschismus,* Köln–Berlin 1971 b
REICH-RANICKI, Marcel, *Lauter Verrisse*, Frankfurt/M. 1973
REICHE, Helmut, *Sexualität und Klassenkampf,* Frankfurt/M. 1971
RICHERT, Ernst, *Die radikale Linke von 1945 bis zur Gegenwart,* Berlin 1969
RIEDL, Rupert, *Die Ordnung des Lebendigen*, Hamburg–Berlin 1975
- *Die Strategie der Genesis,* München 1976
- *Biologie der Erkenntnis,* Berlin–Hamburg 1979

RIEHL, *Wilhelm Heinrich, Die Naturgeschichte des Volkes als Grundlage einer deutschen Social-Politik,* Bd. 1, Stuttgart [4]1857
ROHRMOSER, Günter, *Das Elend der kritischen Theorie,* Freiburg 1970 a
- *Emanzipation und Freiheit,* München 1970b
- *Zeitzeichen,* Stuttgart 1977
- *Kulturrevolution in Deutschland,* Gräfelfing 2008
ROTH, Heinrich, *Begabung und Lernen,* Stuttgart 1969
RYSCHKOWSKY, Nikolaus J., *Die linke Linke,* München 1968
SACHSSE, Hans (Hg.), *Technik und Gesellschaft,* München 1974/76
- *Anthropologie der Technik,* Braunschweig 1978
SÄNGER-BREDT, Irene, *Die geopferte Intelligenz,* Düsseldorf–Wien1981
SAWALL, Edmund, *Auflösung Deutschlands?,* Tübingen 2004
SCHELSKY, Helmut, *Wandlungen der deutschen Familie in der Gegenwart,* Stuttgart [3]1955
- *Ortsbestimmung der deutschen Soziologie,* Köln–Düsseldorf 1959
- *Die skeptische Generation,* Düsseldorf-Köln 1963
- *Systemüberwindung, Demokratisierung, Gewaltenteilung,* München [2]1973
- *Die Arbeit tun die andern*, Opladen 1975
- *Rückblicke eines Anti-Soziologen*, 1981
SCHEUCH, Erwin K. (Hg.), *Bereiten die Studenten den Bürgerkrieg vor?,* Itzehoe 1968
- (Hg.), *Die Wiedertäufer der Wohlstandsgesell-schaft,* Köln [2]1969
SCHMIDBAUER, Wolfgang, *Die sogenannte Aggression,* Hamburg 1972
- *Biologie und Ideologie*, Hamburg 1973
SCHMIDT, Alfred, *Der Begriff der Natur in der Lehre von Marx,* Frankfurt/ M. 1971
SCHMIDT, Christian, *Wir sind die Wahnsinnigen. Jochka Fischer und seine Frankfurter Gang,* München 1998
SCHOENICHEN, Alfred, *Biologie der Landschaft,* Neudamm–Berlin 1939
SCHÖNLEBEN, Eduard, *Fritz Todt,* Oldenburg 1943
SCHRENCK-NOTZING, Caspar von, *Charakterwäsche,* Stuttgart 1965
- *Zukunftsmacher*, Stuttgart 1968
- *Demokratisierung,* München 1972
SCHWAB, Jürgen, *Die Meinungsdiktatur,* Coburg 1997
SDS, *Hochschule in der Demokratie,* Frankfurt/M. 1965
SEDLMAYER, Hans, *Der Verlust der Mitte,* Salzburg 1948
- *Die Revolution der modernen Kunst,* Reinbek [11]1962
SEIFERT, Alwin, *Im Zeitalter des Lebendigen,* Dresden 1940
- *Ein Leben für die Landschaft,* Düsseldorf–Köln 1962
SENGER, Alexander von, *Mord an Apollo,* Viöl 1992
SIEDLER, Wolf Jobs,t u. a., *Die gemordete Stadt,* Berlin 1964
SILBERMANN, Alphons, in *Bild der Wissenschaft* Nr. 2, 1975, S. 74
SKOWRONEK, Helmut (Hg.), *Umwelt und Begabung,* Stuttgart 1973
SOMBART, Werner, *Händler und Helden*, München–Leipzig 1915
- *Der moderne Kapitalismus,* Leipzig–München 1921

- *Der proletarische Sozialismus,* Jena 1924
SPRINGMANN, Baldur, *Partner Erde,* Kiel 1982
STADTLER, Hans, *Die Gewerkschaften – Staat im Staate,* München 1965
STAUDINGER, Hugo, *Die Frankfurter Schule,* Würzburg 1982
STEINBUCH, Karl, *Kurskorrektur,* Stuttgart 1973
STENGEL, Karl Frh. von, *Wörterbuch des Deutschen Verwaltungsrechts,* Freiburg 1890
STRASSER, Johano, u. Klaus TRAUBE, *Die Zukunft des Fortschritts,* Bonn 1981
STUBERGER, Ulf G., *Die Akte RAF – Taten und Motive, Täter und Opfer,* München 2008
SYBERBERG, Hans Jürgen, *Vom Unglück und Glück der Kunst in Deutschland nach dem letzten Kriege,* München 1990
SZCZESNY, Gerhard, *Das sogenannte Gute,* Reinbek 1971
- *Die Disziplinierung der Demokratie,* Reinbek 1974
- (Hg.), *Marxismus – ernst genommen,* Reinbek 1975
TENBRUCK, Friedrich H., *Die unbewältigten Sozialwissenschaften oder Die Abschaffung des Menschen,* Graz 1984
TETZLAFF, Walter, *2000 Kurzbiographien bedeutender deutscher Juden des 20. Jahrhunderts,* Lindhorst 1982
TOPITSCH, Ernst, *Logik der Sozialwissenschaften,* Köln–Berlin 1965
- *Die Freiheit der Wissenschaften und der politische Auftrag der Universität,* Neuwied 1968
TOPHOVEN, Rolf (Hg.), *Politik durch Gewalt,* Koblenz–Bonn 1976
TRITTIN, Jürgen, *Welt Um Welt,* Berlin 2002
UHLE-WETTLER, Reinhard, *Die Canossa-Republik,* Tübingen 1998
VOGEL, Friedrich, u. Peter PROPPING, *Ist unser Schicksal mitgeboren?,* Berlin 1981
VOLLMER, Gerhard, *Evolutionäre Erkenntnistheorie,* Stuttgart 1975
WAGNER, Richard, *Es reicht. Gegen den Ausverkauf unserer Werte.* Berlin 2008.
WALTHER, Helmut, *Die verfassungsfeindliche Bewußtseinsbildung durch öffentlich-rechtliche Rundfunkanstalten,* Amorbach 1973
WALSER, Martin (Hg.), *Die Alternative oder Brauchen wir eine neue Regierung,* Reinbek 1961
WEISSMANN, Karlheinz, *Arnold Gehlen. Vordenker eines neuen Realismus,* 2003.
- »Gehlen und Habermas«, in: *Sezession,* 29, April 2009, S. 20-23.
WEIZSÄCKER, Carl Friedrich von, *Die Einheit der Natur,* München 1971
- *Der bedrohte Friede,* München 1982
WERDER, Lutz von, *Von der antiautoritären zur proletarischen Erziehung,* Frankfurt/M. 1962
WEYER, Hartmut, *MSB Spartakus,* Stuttgart 1973
WILHELM, Theodor, *Pädagogik der Gegenwart,* Stuttgart [5]1977
WICKLER, Wolfgang, *Die Biologie der zehn Gebote,* München 1971

WIEDEMANN, Fritz, *Der Irrtum der antiautoritären Revolte,* Stuttgart 1973
WIGGERSHAUS, Rolf, *Die Frankfurter Schule,* München–Wien 1987
WILLRICH, Kurt, *Von der Unfreiheit eines multikulturellen Menschen,* Tübingen 2000
WILLMS, Bernard, *Die deutsche Nation,* Köln 1982
WILSON, Edward O., *Biologie als Schicksal,* Frankfurt/M.–Berlin–Wien 1980
WINKLER, Michael, *Die Krise kommt. . . und sie trifft uns unvorbereitet,* Tübingen 2008
WINNIG, August, *Heimkehr,* Hamburg 1935
WOLFF , Robert Paul, u. a., *Kritik der reinen Toleranz,* Frankfurt/M. 1966
WYNEKEN, Gustav, *Schule und Jugendkultur,* Jena 1913
– *Was können wir tun?,* Hamburg 1948
ZIMMER, Dieter E., *Der Mythos der Gleichheit,* München 1980
– *Die Vernunft der Gefühle,* München 1981
ZWANZIG, Günter W., *Die Fortentwicklung des Naturschutzrechts in Deutschland nach 1954,* Erlangen 1962

Anhang

Verhalten und Vererbung

In der amerikanischen Fachzeitschrift American Psychologist, *Heft Juli 1972, erschien auf Seite 660 folgender von 50 Wissenschaftlern, darunter vier Nobelpreisträgern, unterzeichneter Artikel.*

Vererbung, menschliches Verhalten und die Freiheit der Wissenschaft

Der posthume Thorndike-Award-Aufsatz von Burt (Prof. Sir Cyril Burt, »Inheritance of general intelligence«, in *American Psychologist,* 1972, 27, S. 175–190) lenkt die Aufmerksamkeit der Psychologen erneut auf die große Bedeutung, die der Vererbung für wichtige Verhaltensweisen des Menschen zukommt. Seit einiger Zeit bedarf es eines beträchtlichen Maßes von Mut, diese Bedeutung hervorzuheben, da Psychologen und andere Wissenschaftler in Harvard, Berkeley, Stanford, Connecticut, Illinois und andernorts aus diesem Grund persönlich und fachlich in der übelsten Weise verunglimpft wurden. Doch sind die Vererbungseinflüsse wissenschaftlich gut belegt. Zur Unterstreichung ihrer Bedeutsamkeit und ihrer Stichhaltigkeit, verbunden mit der Forderung freier und unbehinderter Forschungsmöglichkeiten, haben die nachstehend aufgeführten 50 Wissenschaftler das folgende Schriftstück unterzeichnet, das sie hiermit der Gesellschaft amerikanischer Psychologen zugehen lassen.

Allgemeines: Die Geschichte der Zivilisation kennt zahlreiche Epochen, in denen die wissenschaftliche Forschung und Lehre aus nichtwissenschaftlichen Gründen zensiert, unter Strafandrohung gestellt oder unterdrückt wurden, und zwar meistens dann, wenn es so schien, als stünden sie in einem Gegensatz zu gewissen religiösen oder politischen Glaubenssätzen. Auf der Liste der Opfer stehen die Namen bekannter Wissenschaftler: Galilei im kirchenstrengen Italien, Darwin im viktorianischen England, Einstein im Deutschland Hitlers und die Mendelschen Biologen im Rußland Stalins.
Auch heute müssen Wissenschaftler mit Unterdrückung, Zwangsmaßnahmen, Strafe und Verfemung rechnen, wenn sie auf die Bedeutung der Vererbung im Verhalten des Menschen hinweisen. Wissenschaftliche Stellungnahmen werden verfälscht und verzerrt wiedergegeben, emotionale Deklamationen treten an die Stelle der wissenschaftlichen Debatte, die Argumentation richtet sich nicht gegen die vorgelegten Beweismittel, sondern dient oftmals nur noch dem Angriff auf die

Person (so beispielsweise, wenn ein Wissenschaftler als ›Faschist‹ verleumdet wird, während man seine Argumente nicht zur Kenntnis nimmt).

Viele dieser Angriffe wurden von Nichtwissenschaftlern vorgetragen oder gar von erklärten Feinden einer wissenschaftlichen Einstellung unter den politisch Engagierten am Campus. Angriffe kamen aber auch von Akademikern, die sich zur Erklärung nahezu aller Unterschiedlichkeiten von Mensch zu Mensch auf die Umwelttheorie festgelegt hatten. Und zahlreiche Wissenschaftler, die sich mit dem vorliegenden Beweismaterial befaßt haben und die sich durchaus im klaren sind über die erhebliche Bedeutung, die der Vererbung im Verhalten des Menschen zukommt, sind verstummt und sehen davon ab, ihrer Überzeugung in der Öffentlichkeit unmißverständlich Ausdruck zu geben oder ihren Fachkollegen zur Seite zu treten, die eine offenere Sprache führen.

Wohin dies führt, ist am heutigen Zustand der Universität abzulesen: Es kommt praktisch einer Ketzerei gleich, vererbungstheoretische Auffassungen zu vertreten oder weitere Forschungsarbeiten auf dem Gebiet der biologischen Grundlagen des Verhaltens anzuregen. Die liberale Universität ist von einer Art umwelttheoretischen Orthodoxie beherrscht und übt einen starken Druck auf Hochschullehrer, Forscher und Wissenschaftler aus, der diese daran hindern soll, biologisch begründete Denkvorstellungen zu verfolgen und sich entsprechenden Vorhaben zuzuwenden.

Resolution: In Anbetracht dessen bekennen wir, die unterzeichneten Wissenschaftler aus einer Vielzahl von Fachgebieten, uns daher zu den folgenden Überzeugungen und Prinzipien:

1. Wir haben ein umfangreiches Forschungsmaterial zur Frage der Erblichkeit von Befähigungen und Verhaltensweisen beim Menschen geprüft und sind der Auffassung, daß die Erbeinflüsse sehr stark sind.
2. Als wesentliche Ergänzung umwelttheoretischer Deutungsversuche befürworten wir eindringlich die Durchführung von Forschungsarbeiten zur Ergründung der biologisch-erbmäßigen Verhaltensgrundlagen.
3. Wir vertreten mit Nachdruck das Recht und betonen die wissenschaftliche Pflicht des Lehrtätigen, die Erbeinflüsse im Verhalten in einem entsprechenden Kontext und im Bewußtsein der wissenschaftlichen Verantwortung zur Sprache zu bringen.
4. Wir mißbilligen die Unterschlagung vererbungstheoretischer Argumentationsweisen in den heute gängigen Lehrbüchern wie ebenso auch die Tatsache, daß den Erbgegebenheiten in Disziplinen wie

etwa der Soziologie, der Sozialpsychologie, der Sozialanthropologie, der Erziehungspsychologie, der Psychometrie und in zahlreichen anderen Fachrichtungen nicht das gebührende Gewicht beigemessen wird.

5. Die freiheitlich gesinnten Akademiker, die Fakultätssenate, die Fachvereinigungen und wissenschaftlichen Gesellschaften, die Amerikanische Gesellschaft der Universitätsprofessoren, die American Civil Liberties Union, die ›University Centers for Rational Alternatives‹, die Präsidenten und Treuhändergremien der Universitäten und die Herausgeber wissenschaftlicher Fachblätter fordern wir auf, in der sozialwissenschaftlichen Debatte auf dem wohlbegründeten Recht der freien Aussprache bioethologischer Argumente zu beharren und allen Fachkollegen den nötigen Schutz angedeihen zu lassen, die in diesem Sinne in verantwortlicher Stellung in Forschung und Lehre tätig sind oder diesbezügliche Materialien veröffentlichen.

Wir erheben diese Forderung, weil wir als Wissenschaftler der Auffassung sind, daß den Menschheitsproblemen am besten durch Mehrung des menschlichen Wissens beizukommen ist und daß eine solche Mehrung unseres Wissens weit eher einer sinnvollen Gestaltung des menschlichen Daseins förderlich sein wird als deren Gegenteil.

Unterschriften:

JACK A. ADAMS
Professor of Psychology
University of Illinois

DOROTHY C. ADKINS
Professor/Researcher in Education
University of Illinois

ANDREW R. BACGALEY
Professor of Psychology
University of Pennsylvania

IRWIN A. BERG
Professor of Psychology,
Dean of Arts and Sciences,
Louisiana State University

EDGAR F. BORGATTA
Professor of Sociology
Queens College, New York

ROBERT CANCRO, MD
Professor of Psychiatry
University of Connecticut

RAYMOND B. CATTELL
Distinguished Research
Professor of Psychology
University of Illinois

FRANCIS H. C. CRICK
Nobelpreisträger
Medical Research Council
Laboratory of Molecular Biology
Cambridge University

C. D. DARLINGTON, FRS
Sherardian Professor of Botany
Oxford University

ROBERT H. DAVID
Professor of Psychology and
Assistant Provost
Michigan State University

M. RAY DENNY
Professor of Psychology
Michigan State University

OTIS DUDLEY DUNCAN
Professor of Sociology
University of Michigan

BRUCE K. ECKLAND
Professor of Sociology
University of North Carolina

CHARLES W. ERIKSEN
Professor of Psychology
University of Illinois

HANS J. EYSENCK
Professor of Psychology
Institute of Psychiatry
University of London

ERIC F. GARDNER
Slocum Professor and Chairman
Education and Psychology
Syracuse University

BENSON E. GINSBURG
Professor and Head,
Biobehavioral Sciences
University of Connecticut

GARRETT HARDIN
Professor of Human Ecology
University of California,
Santa Barbara

HARRY S. HARLOW
Professor of Psychology
University of Wisconsin

RICHARD HERRNSTEIN
Professor and Chairman of
Psychology
Harvard University

LLOYD G. HUMPHREYS (1)
Professor of Psychology
University of Illinois

DWIGHT J. INGLE
Professor and Chairman of
Physiology University of Chicago

ARTHUR R. JENSEN
Professor of Educational
Psychology
University of California, Berkeley

RONALD C. JOHNSON
Professor and Chairman of
Psychology
University of Hawaii

HENRY F. KAISER
Professor of Education
University of California, Berkeley

E. LOWELL KELLY
Professor of Psychology and
Director,
Institute of Human Adjustment
University of Michigan

JOHN C. KENDREW
Nobelpreisträger
MRC Laboratory of Molecular
Biology
Cambridge, England

FRED. N. KERLINGER (1)
Professor of Educational
Psychology
New York University

WILLIAM S. LAUGHLIN
Professor of Anthropology and
Biobehavioral Sciences
University of Connecticut

DONALD B. LINDSLEY
Professor of Psychology
University of California, Los Angeles

QUINN McNEMAR
Emeritus Professor of Psychology,
Education and Statistics
Stanford University

PAULE.MEEHL
Regents Professor of Psychology and
Adjunct Professor of Law
University of Minnesota

JACQUES MONOD
Nobelpreisträger
Professor,
Institute Pasteur
College de France

JOHN H. NORTHRUP
Nobelpreisträger
Professor Emeritus of Biochemistry
University of California and
Rockefeller University

LAWRENCE I. O'KELLY
Professor and Chairman of
Psychology
Michigan State University

ELLIS BATTEN PAGE
Professor of Educational Psychology
University of Connecticut

B. A. RASMUSEN
Professor of Animal Genetics
University of Illinois

ANNE ROE
Professor Emerita, Harvard
University and Lecturer at
University of Arizona

DAVID ROSENTHAL Research
Psychologist and Chief of
Laboratories, National Institute of
Menthal Health

DAVID G. RYANS
Professor and Director
Educational R and D Center
University of Hawaii

ELIOT SLATER, MD
Professor of Psychiatry and Editor of
British Journal of Psychiatry,
University of London

H. FAIRFIELD SMITH
Professor of Statistics
University of Connecticut

S. S. STEVENS
Professor of Psychophysics
Harvard University

WILLIAM R. THOMPSON
Professor of Psychology
Queens University, Canada

ROBERT L. THORNDIKE
Professor of Psychology and
Education
Teachers College
Columbia University

FREDERICK C. THORNE, MD
Editor, Journal of Clinical
Psychology
Brandon, Vermont

PHILIP E. VERNON
Professor of Educational
Psychology
University of Calgary, Alberta

DAVID WECHSLER
Professor of Psychology
N.Y.U. College of Medicine

MORTON W. WEIR
Professor of Psychology and
Vice-Chancellor
University of Illinois

DAVID ZEAMAN
Professor of Psychology and
NIMH Career Research Fellow
University of Connecticut.

(1) Würde in Punkt 1 statt »sehr stark« die Begriffe ›wesentlich‹ oder ›wichtig‹ bevorzugen.

Diese Erklärung, die in deutscher Übersetzung zuerst in der Zeitschrift *Neue Anthropologie* der ›Gesellschaft für biologische Anthropologie, Eugenik und Verhaltensforschung‹ im Februar 1973 erschien, wurde anschließend in der anthropologischen Fachzeitschrift *HOMO*, Band 24, 1. Heft, Seite 52, 1973, nach Einfügung folgender Einleitung von 27 Humanwissenschaftlern aus dem deutschen Raum unterschrieben und »vorbehaltlos unterstützt«: »Obwohl einwandfrei bewiesen ist, wie groß der Anteil der Vererbung bei der Entwicklung menschlichen Verhaltens ist, hat es sowohl in Nordamerika wie in Europa Wissenschaftlern persönlich und beruflich sehr geschadet, mit Nachdruck darauf hinzuweisen. 50 Wissenschaftler aus Nordamerika, Großbritannien und Frankreich hielten es daher für dringend geboten, für Freiheit in Forschung und Lehre auch auf diesem Gebiet einzutreten, und haben eine Entschließung unterzeichnet, die im Juli 1972 in der Zeitschrift *American Psychologist* veröffentlicht wurde. Die deutsche Übersetzung dieser Entschließung lautet: . . .

Die nachunterzeichneten Wissenschaftler und Hochschullehrer unterstützen vorbehaltlos die obenstehende Entschließung:

Prof Dr. W. ARNOLD
Dir. des Psychol. Inst. I.
Universität Würzburg

Prof. Dr. W. BERNHARD
Prof. f. Anthropologie d.
Universität Mainz

Prof. em. Dr. Dr. H. v. BRACKEN
Marburg/Lahn

Prof. Dr. K. H. DEGENHARDT
Dir. des Instituts f. Humangenetik
der Universität Frankfurt/Main

Prof. em. Dr. phil.
ARNOLD GEHLEN
Aachen

Prof. Dr. K. GERHARDT
Prof. f. Anthropologie an der
Universität Freiburg/Br.

Prof. Dr. THEO HERRMANN
Fachbereich Psychologie der
Philipps-Universität, Marburg

Prof. Dr. Dr. W. JÜRGENS
Prof. f. Anthropologie an der
Universität Kiel

Prof. Dr. H. KUMMER
Zoologisch-Vergl. Anatomisches
Institut der Universität Zürich

Dr. F. KURT
Zoologisch-Vergl. Anatomisches
Institut der Universität Zürich

Prof. Dr. PAUL LEYHAUSEN
Leiter der Arbeitsgruppe
Wuppertal des Max-Planck
Instituts f. Verhaltensphysiologie

Prof. Dr. MAX LIEDTKE
Fachbereich Erziehungswissenschaft
der Universität Hamburg

Prof. Dr. W. METZGER
Fachbereich Psychologie
d. Universität Münster

Prof. Dr. J. A. MICHON
Psychological Institut
›Heymans‹, Groningen

Prof. Dr. F. PANSE
Prof. Em. für Psychiatrie
der Universität Düsseldorf

Dr. DORA PFANNENSTIEL
Riehen/Basel

Prof. Dr. D. PLOOG
Dir. des Max-Planck-Instituts
für Psychiatrie, München

Priv.-Doz. Dr. med. F. REIMER
Dir. des Psychiatrischen Landeskrankenhauses Weinsberg

Prof. Dr. H. SCHADE
Dir. des Inst. f. Anthropologie u.
Humangenetik der Universität
Düsseldorf

Prof. Dr. ILSE SCHWIDETZKY
Dir. des Anthropologischen
Instituts der Universität Mainz

Dr. Paul SPINDLER
Anthropologische Abteilung Naturwissenschaftliches Museum Wien

Prof. Dr. rer. nat.
Udo UNDEUTSCH
Dir. des Psychologischen Instituts I
der Universität Köln

Prof. Dr. F. VOGEL
Dir. des Inst. f. Humangenetik
der Universität Heidelberg

Prof. Dr. H. WALTER
Anthropologisches Institut
der Universität Mainz

Prof. Dr. G. G. WENDT
Dir. des Inst. f. Humangenetik
der Universität Marburg

Prof. Dr. W. WITTE
o. Prof. f. Psychologie mit besonderer Berücksichtigung der allgemeinen und angewandten Psychologie
Westfälische Wilhelms-Universität
Münster

Priv.-Doz. Dr. D. v. ZERSSEN
Max-Planck-Inst. f. Psychiatrie
München

In: *American Psychologist*, Juli 1972, S. 660; dt. zuerst übersetz von Hermann KISSEL in: Rolf KOSIEK, *Marxismus? Ein Aberglaube!*, Vowinckel-Verlag, Neckargemünd 1972, S. 107 ff.; ebenso in *Neue Anthropologie*, Februar 1973; erweitert um die Unterschriften von 27 deutschen Humanwissenschaftlern, darunter die Professoren Arnold GEHLEN, Paul LEYHAUSEN, Heinrich SCHADE, Ilse SCHWIDETZKY, übersetzt von Paul LEYHAUSEN in: *Homo*, Bd. 24, 1973, Nr. 1, S. 52; ebenso in *Neue Anthropologie*, 2. Jg., Nr. 2, April 1974, S. 29 f.

Das Heidelberger Manifest vom 17. Juni 1981

Mit großer Sorge beobachten wir die Unterwanderung des deutschen Volkes durch Zuzug von vielen Millionen von Ausländern und ihren Familien, die Überfremdung unserer Sprache, unserer Kultur und unseres Volkstums. Allein im Jahre 1980 hat die Zahl der gemeldeten Ausländer trotz Anwerbestopp um 309 000 zugenommen, davon 194 000 Türken. Gegenüber der zur Erhaltung unseres Volkes notwendigen Zahl von Kindern werden jetzt jährlich kaum mehr als die Hälfte geboren. Bereits jetzt sind viele Deutsche in ihren Wohnbezirken und an ihren Arbeitsstätten Fremdlinge in der eigenen Heimat.

Der Zuzug der Ausländer wurde von der Bundesregierung aus Gründen des heute als fragwürdig erkannten hemmungslosen Wirtschaftswachstums gefördert. Die deutsche Bevölkerung wurde bisher über Bedeutung und Folgen nicht aufgeklärt. Sie wurde auch nicht darüber befragt. Deshalb rufen wir zur Gründung eines parteipolitisch und ideologisch unabhängigen Bundes auf, dessen Aufgabe die Erhaltung des deutschen Volkes und seiner geistigen Identität auf der Grundlage unseres christlich-abendländischen Erbes ist. Auf dem Boden des Grundgesetzes stehend, wenden wir uns gegen ideologischen Nationalismus, gegen Rassismus und gegen jeden Rechts- und Linksextremismus.

Völker sind (biologisch und kybernetisch) lebende Systeme höherer Ordnung mit voneinander verschiedenen Systemeigenschaften, die genetisch und durch Traditionen weitergegeben werden. Die Integration großer Massen nichtdeutscher Ausländer ist daher bei gleichzeitiger Erhaltung unseres Volkes nicht möglich und führt zu den bekannten ethnischen Katastrophen multikultureller Gesellschaften.

Jedes Volk, auch das deutsche Volk, hat ein Naturrecht auf Erhaltung seiner Identität und Eigenart in seinem Wohngebiet. Die Achtung vor anderen Völkern gebietet ihre Erhaltung, nicht aber ihre Einschmelzung (›Germanisierung‹). Europa verstehen wir als einen Organismus aus erhaltenswerten Völkern und Nationen auf der Grundlage der ihnen gemeinsamen Geschichte. »Jede Nation ist die einmalige Facette eines göttlichen Plans.« (SOLSCHENIZYN)

Das Grundgesetz der Bundesrepublik Deutschland geht nicht aus vom Begriff ›Nation‹ als der Summe aller Völker innerhalb eines Staates. Es geht vielmehr aus vom Begriff ›Volk‹, und zwar vom deutschen Volk. Der Bundespräsident und die Mitglieder der Bundesregierung leisten den Amtseid: »Ich schwöre, daß ich meine Kraft dem Wohle des deutschen Volkes widmen, seinen Nutzen mehren, Schaden von ihm wenden werde.« Somit verpflichtet das Grundgesetz zur Erhaltung des deutschen Volkes.

Die Präambel des Grundgesetzes verpflichtet auf das Ziel der Wiedervereinigung. Wie soll diese möglich bleiben, wenn sich die Teilgebiete ethnisch fremd werden? Die jetzt praktizierte Ausländerpolitik, welche die Entwicklung zu einer multirassischen Gesellschaft fördert, widerspricht dem Grundgesetz, das alle Deutschen der Bundesrepublik zur Bewahrung und Verteidigung der Lebensrechte unseres Volkes verpflichtet.

Welche Zukunftshoffnung verbleibt den Hunderttausenden von Kindern, die heute sowohl in ihrer Muttersprache wie in der deutschen Sprache Analphabeten sind? Welche Zukunftshoffnung haben unsere eigenen Kinder, die in Klassen mit überwiegend Ausländern ausgebildet werden? Werden sich die Abermilliarden für die Verteidigung unseres Landes am Ende einer solchen Entwicklung lohnen?

Allein lebensvolle und intakte deutsche Familien können unser Volk für die Zukunft erhalten. Nur eigene Kinder sind die alleinige Grundlage der deutschen und europäischen Zukunft.

Da die technische Entwicklung Möglichkeiten bietet und in gesteigertem Ausmaß bieten wird, alle Ausländerbeschäftigung überflüssig zu machen, muß es oberster Grundsatz zur Steuerung der Wirtschaft sein: nicht die Menschen zu den Maschinen zu bringen, sondern die Maschinen zu den Menschen.

Das Übel an der Wurzel zu packen heißt, durch gezielte Entwicklungshilfe die Lebensbedingungen der Gastarbeiter in ihren Heimatländern zu verbessern – und nicht hier bei uns. Die Rückkehr der Ausländer in ihre angestammte Heimat wird für die Bundesrepublik Deutschland als eines der am dichtesten besiedelten Länder der Welt nicht nur gesellschaftliche, sondern auch ökologische Entlastung bringen.

Um weiteren Widerhall in der Öffentlichkeit zu erreichen, fordern wir alle Verbände, Vereinigungen, Bürgerinitiativen usw. auf, die sich der Erhaltung unseres Volkes, seiner Sprache, Kultur und Lebensweise widmen, einen Dachverband zu gründen, der kooperative wie individuelle Mitgliedschaften ermöglicht. Jeder Verband soll dabei seine volle Selbständigkeit und Eigenständigkeit behalten. Über die Aufgaben dieses Bundes soll, auch zur Wahrung seiner parteipolitischen Unabhängigkeit, ein wissenschaftlicher Beirat wachen. Eine Pressestelle soll die Öffentlichkeitsarbeit übernehmen.

Wir bitten um Ihre Zustimmung zu diesem Grundsatzprogramm und um Unterzeichnung dieses Manifestes.

Für den Heidelberger Kreis:

Prof. Dr. phil. W. Haverbeck, Prof. Dr. rer. nat. J. Illies, Prof. Dr. theol. P. Manns, Prof. Dr. med. H. Schade, Prof. Dr. rer. nat. Th. Schmidt-Kaler, Prof. Dr. rer. nat. H. Schröcke, Prof. Dr. med. K. Schürmann, Prof. Dr. phil. F. Siebert.

Appell der 100, 500 und 1000 – Die Meinungsfreiheit ist in Gefahr

Wir, die Unterzeichnenden, haben in letzter Zeit mit Besorgnis zur Kenntnis nehmen müssen, daß in Deutschland in zunehmendem Maße Sondergesetze und strafrechtliche Verfolgung gegen Verleger, Redakteure und Autoren - auch gegen Wissenschaftler - wegen deren begründeter Äußerungen zu bestimmten Fragen der Zeitgeschichte eingesetzt werden. Insbesondere grenzt die seit einigen Jahren geübte Praxis, mit dem Prinzip der Offenkundigkeit alle seitens der Verteidigung vorgetragenen neuen Beweise für solche Äußerungen ohne Behandlung abzulehnen, an Rechtsbeugung, verstößt gegen die Menschenrechte und ist eines freiheitlichen demokratischen Rechtsstaates unwürdig. Dadurch werden die wissenschaftliche Forschung und die öffentliche Diskussion dieser gerade für Deutschland wichtigen Fragen unerträglich eingeengt, und der notwendige Prozeß der Wahrheitsfindung wird verzögert oder ganz verhindert. Ohne zum Inhalt der strittigen Fragen Stellung nehmen zu wollen, weisen wir als verantwortungsbewußte Staatsbürger in großer Sorge um die grundgesetzlich garantierte Freiheit der Meinungsäußerung wie die der Forschung und Lehre auf diese gefährlichen Zustände hin und wenden uns an alle Verantwortlichen und an die Öffentlichkeit im In- und Ausland, dafür einzutreten, daß derartige Verletzungen sowohl der Menschenrechte als auch der freiheitlich-demokratischen Grundordnung in Zukunft unterbleiben.

Dr. Harald Bachmann, Dr. Dieter Bartling, Prof. Dr. Karl Baur, Dr. Alfred Bayer, Dr. Walter Becher, Prof. Heinrich C. Berann, Prof. Dr. Wilhelm Bibl, Prof. Dr. Walter Bodenstein, Prof Dr. Walter Braun, Dr. Heinz Brendel, Dr. Heinz Büsing, Dr. Heinz Burneleit, Dr. Arnd Commichau, Dr. Ulrich Dold, Dr. Arthur Dreischer, Dr. Ing. Christof Ehrler, Prof. Richard W. Eichler, Dr. Karl Johann Ertl, Prof. Dr. R. Franke, Dr. Georg Franz-Willing, Dr. Gundolf Fuchs, Dr. Hans-Jürgen Funfack, Dr. Ernst Galli, Dr. Albrecht K. Gaschler, Dr. Karl Wilhelm Genth, Dr. W. Gessner, Dr. Herbert Gierschke, Dr. Dr. Horst Göttig, Dipl. Ing. Erwin Groke, Prof. Eberhard Groth, Dr. Werner Güthlern, Prof. Dr. Hans Güttich, Dr. Hans-Jürgen Hagel, Dr. Manfred Halder, Prof. Dr. Werner-Georg Haverbeck, Dr. Wilhelm Hellemann, Dr. Johannes Hertrampf, Dr. Erwin Immler, Dr. Dieter Keller, Dr. Günther Kiessling, Prof. Dr. Hans Klose, Dr. Heinz Knödler, Prof. Dr. Heinrich Koch, Prof. Dr. Klaus Liebelt, Dr. Erich Lipok, Prof. Dr. Heinrich Marx, Prof. Dr. Nikolaus Marx, Dr. Gerhard Metzger, Dr. Hermann Nadler, Dr. Bernd Otte, Dr. Joachim Pfister, Prof. Dr. Hans Pichler, Dr. Nikolaus von Preradovich, Prof. Rolf Reuter, Dr. Olav Rose, Dr. Günther Rühe, Dr. Karl Salm, Dr. Edmund Sawall, Dr. Alexander Schiedewitz, Prof. Emil Schlee, Prof. Dr. Hans Schmidt, Prof. Dr. Theodor Schmidt-Kaler, Dr. Hans-Peter Schneider, Prof. Dr. Hans Scholz, Prof. Dr. Helmut Schröcke, Prof. Dr. Alfred Schwichtenberg, Prof. Dr. Gerd Selbach, Dr. Heinz Splittgerber, Prof. Dr. Karl Steinbuch, Dr. Roland Teufel, Brig.-General Reinhard Uhle-Wettler, Dr. A.-F. Wentker, Dr. Heinz Wolf. . . und weitere 950 Wissenschaftler, Publizisten, Verleger, Buchhändler u. a.

Erschienen in *FAZ* am 17. 5. 1996, in *Stuttgarter Zeitung* und *Stuttgarter Nachrichen* am 19. 7. 1996, im *Westfalen-Blatt* am 13. u. 18. 9. 1996.

Aufruf französischer Historiker: Zur Freiheit in der Geschichtswissenschaft

Der unter anderem in der Pariser Zeitung *Libération* am 13. Dezember 2005 erschienene Aufruf französischer Historiker zur Freiheit in der Geschichtswissenschaft, der inzwischen von Hunderten von Universitätsbediensteten unterzeichnet wurde, ist unseres Wissens bisher von der bundesdeutschen Presse noch nicht im Wortlaut veröffentlicht worden, sicher nicht zufällig. Die *Frankfurter Allgemeine Zeitung* brachte zwar am 28. Dezember 2005 einen Bericht darüber, hat aber im Gegensatz zu sonstigen Gepflogenheiten nicht den ganzen Text geboten, der gar nicht so lang ist. Er lautet in deutscher Übersetzung:

»Freiheit für die Geschichtswissenschaft

Bestürzt über die immer häufigeren politischen Eingriffe bei der Beurteilung geschichtlicher Ereignisse und betroffen über die Gerichtsverfahren gegen Historiker, Forscher und Verfasser, wollen wir an die folgenden Grundsätze erinnern:

– Die Geschichtswissenschaft ist keine Religion. Der Historiker akzeptiert kein Dogma, er respektiert keine Verbote, er kennt keine Tabus. Er kann Anstoß erregen.

– Die Geschichtswissenschaft ist keine moralische Instanz. Es ist nicht Aufgabe eines Historikers, zu preisen oder zu verdammen.

– Die Geschichtswissenschaft ist nicht der Sklave des Zeitgeistes. Der Historiker überlagert nicht die Vergangenheit mit den heutigen ideologischen Begriffen und fügt keine jetzigen Empfindsamkeiten in die Ereignisse der Vergangenheit ein.

– Die Geschichtswissenschaft kann nicht die Aufgabe des Gedenkens wahrnehmen. Der Historiker sammelt bei seiner wissenschaftlichen Arbeit die Erinnerungen von Menschen, er vergleicht sie miteinander und stellt sie den Dokumenten, den Gegenständen und ihren Spuren gegenüber und stellt die Tatsachen fest. Die Geschichte berücksichtigt Erinnerungen, aber sie beschränkt sich nicht darauf.

– Die Geschichtswissenschaft kann nicht Objekt der Justiz sein. In einem freien Staat steht es weder dem Parlament noch der Justiz zu, die historische Wahrheit festzulegen. Die Vorgehensweise des Staates ist, selbst wenn sie von den besten Ansichten beseelt ist, nicht die Vorgehensweise der Geschichtswissenschaft. Wir verlangen die Abschaffung dieser gesetzlichen Bestimmung, die eines demokratischen Regimes unwürdig ist.«

Unterzeichner waren: Jean-Pierre Azéma, Elisabeth Badinter, Jean-Jacques Becker, Françoise Chandernagor, Alain Decaux, Marc Ferro, Jacques Julliard, Jean Leclant, Pierre Milza, Pierre Nora, Mona Ozouf,

Jean-Claude PERROT, Antoine PROST, René RÉMOND, Maurice VAISSE, Jean-Pierre VERNANT, Paul VEYNE, Pierre VIDAL-NAQUET und Michel WINOCK.

Appell von Blois

Der aktuelle »Appell von Blois« vom Oktober 2008 hat folgenden Wortlaut:

»Betroffen über die retrospektive Moralisierung der Geschichte und die intellektuelle Zensur, fordern wir die Mobilisierung der europäischen Historiker und appellieren an die Klugheit der Politiker.

Die Geschichte darf weder Sklave der Aktualität sein, noch unter dem Diktat konkurrierender Erinnerung geschrieben werden. In einem freien Staat steht es keiner politischen Autorität zu, die historische Wahrheit zu definieren und die Freiheit der Historiker unter Androhung von Strafen einzuschränken.

Wir rufen alle Historiker auf, ihre Kräfte in ihren jeweiligen Ländern zu sammeln und unseren Strukturen vergleichbar aufzubauen. Jeder soll unverzüglich diesen Appell unterzeichnen, um die Pläne für Gesetze zum historischen Erinnern aufzuhalten.

Die verantwortlichen Politiker – die für den Erhalt der kollektiven Erinnerung eintreten – rufen wir dazu auf, sich bewußt zu machen, nicht durch das Gesetz und für die Vergangenheit staatliche Wahrheiten aufzustellen, deren juristische Anwendung schwerwiegende Folgen für die Historiker und die intellektuelle Freiheit im allgemeinen hat.

In einer Demokratie ist die Freiheit der Geschichte die Freiheit aller.«

Nun haben auch neben italienischen Kollegen der aus Königsberg stammende deutsche emeritierte Geschichtsordinarius von Berlin und Freiburg, Heinrich August WINKLER, sowie der Heidelberger Althistoriker Jan ASSMANN diesen Aufruf unterzeichnet. Es wäre sehr zu begrüßen, wenn auch weitere deutsche Historiker sich zu dem Ziel des »Appells von Blois« bekennen würden.

Liberté pour
L'HISTOIRE
WWW.LPH-ASSO.FR

Appell für die Pressefreiheit

Gegen die von der Postbank ausgesprochene politisch motivierte Kündigung des Hauptgeschäftskontos der Wochenzeitung *Junge Freiheit*
Die Postbank AG hat mit Schreiben vom 5. Januar 2001 der Berliner Wochenzeitung *Junge Freiheit* aus politischen Gründen zum 8. April 2001 das Hauptgeschäftskonto gekündigt. Dies bedeutet, gerade für eine kleine Zeitung, die Bedrohung der wirtschaftlichen Existenz. Eine Bank kann kein Medienunternehmen in den Ruin treiben, nur weil ihr dessen politische Richtung nicht paßt. Eine Bank, insbesondere ein Unternehmen wie die Postbank, das mittelbar zu fast 100 Prozent in Staatsbesitz ist, darf die Pressefreiheit nicht beeinträchtigen. Wir protestieren gegen diesen Grundrechtseingriff in die Pressefreiheit und fordern die Postbank auf, die Kontenkündigung gegen die Wochenzeitung *Junge Freiheit* wieder zurückzunehmen.

V.i.S.d.P.: Generalbundesanwalt a. D. Alexander von Stahl

ERSTUNTERZEICHNER: **Dr. Franz Alt,** Fernsehjournalist, **Herbert Ammon,** Publizist, **Roland Baader,** Publizist, **Helmut Bärwald**, Publizist, **Manfred Brunner**, Rechtsanwalt, **Gernot Facius,** Redakteur der Tageszeitung *Die Welt,* **Dr. Herbert Fleissner**, Geschäftsführer der Buchverlage Herbig Langen Müller, **Dr. Peter Gauweiler,** Rechtsanwalt, Staatsminister a. D. und CSU-Landtagsabgeordneter, **Prof. Dr. Eberhard Hamer,** Leiter des Mittelstandsinstituts Niedersachsen, **Martin Hohmann,** CDU-Bundestagsabgeordneter, **Prof. Dr. Klaus Hornung,** Politikwissenschaftler, **Nadira Hurnaus**, Chefredakteurin des *Deutschland Magazins,* **Prof. Dr. Hans-Helmuth Knütter,** Politikwissenschaftler, **Detlef Kühn,** ehemals Präsident des Gesamtdeutschen Institutes und Direktor der Sächsischen Landesanstalt für Rundfunk und neue Medien, **Prof. Dr. Konrad Löw,** Politikwissenschaftler und Vorstandsmitglied der Internationalen Gesellschaft für Menschenrechte (IGFM), **Gerhard Löwenthal,** Publizist und langjähriger Leiter des *ZDF-Magazins,* **Michael Ludwig,** Verleger der Tageszeitung *Pfaffenhofener Kurier* und Herausgeber der Kulturzeitschrift *Gegengift,* **Heinrich Lummer,** Innensenator a. D. von Berlin, **Helmut Markwort,** Chefredakteur des Nachrichtenmagazin *Focus,* **Helmuth Matthies,** Chefredakteur der evangelischen Nachrichtenagentur *IDEA,* **Dr. jur. Hans Merkel**, Ministerialdirigent a. D., Prof. **Dr. Klaus Motschmann,** Politikwissenschaftler und Chefredakteur der evangelischen Zeitschrift *Erneuerung und Abwehr,* **Heiko Peters,** Kaufmann, **Prof. Dr. Gerhard Radnitzky,** Wissenschaftstheoretiker, **Prof. Andreas Graf Razumovsky,** langjähriger Auslandskorrespondent der *FAZ,* **Ulrich Schacht,** Schriftsteller, **Joachim Schä-**

fer, Hauptgeschäftsführer des Bundes der Selbständigen (BDS) in Nordrhein-Westfalen, **Prof. Dr. Erwin K. Scheuch**, Professor für Soziologie an der Universität Köln, **Gerd Schultze-Rhonhof**, Generalleutnant a. D., **Alexander von Stahl**, ehemaliger Generalbundesanwalt, **Rolf Stolz**, Publizist und Mitbegründer der ›Grünen‹, **Dr. Carl-Gustaf Ströhm,** langjähriger Osteuropakorrespondent der Tageszeitung *Die Welt,* **Dr. Hans- Peter Uhl**, CSU-Bundestagsabgeordneter, **Dr. Karlheinz Weißmann**, Historiker, **Dieter Wellershof**, Admiral a. D. und Generalinspekteur der Bundeswehr von 1986–1991, **Dr. Paul Wilhelm**, CSU-Landtagsabgeordneter, **Hans-Eberhard Zahn**, Ehrenvorsitzender ›Bund Freiheit der Wissenschaft‹, **Prof. Dr. Günter Zehm**, Philosophieprofessor in Jena

Erschienen in *Frankfurter Allgemeine Zeitung, Süddeutsche Zeitung, Berliner Morgen* am 1. 2. 2000, in *Bonner Generalanzeiger* am 2. 2. 2001, in der *Jungen Freiheit* am 9. 2. 2001.

Die Namen von weiteren 1350 Unterzeichnern erschienen in der *Jungen Freiheit* am 9. 2. 2001.

Deutsche Studiengemeinschaft (DSG)

Zur Lage von Volk und Staat

Es ist unübersehbar, daß Volk und Staat der Deutschen sich in einer Krise befinden, aus der die herrschende politische Klasse unseres Landes gegenwärtig keinen Ausweg findet. Dies bedeutet, daß dem Aufstieg zu Wohlstand, Lebensfreude und Zukunftshoffnung in einem ›Wirtschaftswunder‹ nunmehr der Abstieg in eine Krise mit Wohlstandsverlusten, Lebensbeklemmungen und Zukunftsängsten gefolgt ist. Die entscheidende Frage ist, welche Möglichkeiten einer Beeinflussung der Politik im Interesse und zum Wohl des deutschen Volkes bestehen.

Vier wichtige Themen bestimmen dabei die Diskussionen über die einzuleitende Wende:

1. Die globale wirtschaftliche Aushöhlung der deutschen Volkswirtschaft und anderer nationaler Volkswirtschaften durch eine unverantwortliche staatliche Verschuldung.
   Diese ist vor allem entstanden durch:
   a. eine gesellschafts- und sozialpolitische Überforderung,
   b. den Geldtransfer ohne Gegenleistung an supranationale Institutionen und fremde Länder,
   c. die in Deutschland lebenden Wirtschaftsasylanten und die allgemeine Masseneinwanderung,
   d. die Auswirkungen des Globalismus auf das Wirtschafts- und Finanzsystem.
2. Die Abschaffung der Deutschen Mark und damit einer wichtigen Bastion deutscher Lebensqualität sowie die wirtschaftliche und staatliche Auflösung Deutschlands durch die Maastrichter Verträge insgesamt.
3. Die ethnisch-kulturelle Auflösung des deutschen Volkes infolge Duldung, ja Förderung einer multikulturlosen und multiethnischen Überlagerung und durch den Asylmißbrauch, woraus eine Zerstörung des Gemeinwesens und des notwendigen Gemeinschaftsgeistes folgt.
4. Die zunehmende politische Entmündigung des deutschen Volkes durch eine politische Klasse, die geistig-politische Bevormundung durch die Medien und die abnehmende Übereinstimmung zwischen dem Grundgesetz und der Verfassungswirklichkeit.

Die Geschichte lehrt, daß eine gute Politik nur durch eine aus der Tradition des Volkes erwachsende geistig und sittlich begründete Bewegung entstehen kann. Es geht dabei nicht um ›rechts‹ oder ›links‹; es geht um die gemeinsame Zukunft unserer Nation als tragenden Teils der europäischen Völkergemeinschaft.

Das Abgleiten der Demokratie in einen Staat der Parteien, Medien und Interessengruppen und die Mißachtung der Gewaltenteilung – d. h. der strengen Trennung zwischen Legislative, Exekutive und Judikative – sind folgenschwere Fehlentwicklungen.

Die ›Umerziehung‹ und der Zwang der ›political correctness‹ haben den nachwachsenden Generationen die Grundlagen fester Wertvorstellungen entzogen. Nachdem alle Ideologien, deren Wurzeln auf den Rationalismus und die daraus abgeleiteten Utopien der Französischen Revolution zurückgehen, vor der Lebenswirklichkeit versagt haben und mit dem Aufflackern der 68er ›Kulturrevolution‹ erloschen sind, gilt es, die entstandene Leere auszufüllen.

Wegen der existentiellen Bedrohung muß unser Volk sein Schicksal selbst in die Hand nehmen und seine demokratischen Rechte in vollem Umfang wahrnehmen. Es darf sich nicht mehr nur auf alternativlose Wahlen beschränken.

Bekenntnis zur Zukunft Deutschlands

Unser deutsches Volk braucht zur Sicherung seiner Zukunft dringend eine umfassende Erneuerung seiner Politik durch ein neues Denken. Dieses muß auf folgenden Grundlagen beruhen:

1. Das Bekenntnis zum Leben und die Verpflichtung zu seiner Weitergabe sind die unumgänglichen Voraussetzungen, die zukunftweisend eine freie Persönlichkeit sowie eine Gemeinschaft in der Familie und im Volk begründen. Dies bedeutet, das Leben als Urprinzip des Universums anzuerkennen und sich damit als Glied der ewigen Schöpfung zu bewähren.
2. Die Anerkennung des Gebotes der Sittlichkeit als Fundament des Zusammenlebens in Einigkeit und Recht und Freiheit begründet die Familie mit Kindern als Urzelle der menschlichen Entwicklung und damit als Hauptträger der Erziehung und Bildung des Menschen zu einem Leben in Würde und Frieden.
3. Das aus der geschichtlichen Entwicklung hervorgegangene Volk bildet eine natürliche Gemeinschaft und ist Schöpfer und Träger seiner Kultur. Das Bewußtsein von den Wurzeln des Volkes, seiner Geschichte und Tradition in Religion, Recht, Kunst und Wissenschaft vermittelt ihm die Kraft für die Bewältigung der Gegenwart und die Gestaltung der Zukunft.
4. Erziehung und Bildung dienen der Persönlichkeitsentfaltung, indem sie dem Menschen helfen, seine körperlichen, geistigen und seelischen Kräfte zu entwickeln, und ihn befähigen, sein Leben in Verantwortung zu gestalten sowie seinen Platz in Beruf und Gesellschaft zu finden.

5. Das Recht des Menschen auf schöpferische Arbeit ist ein Naturrecht. Es beinhaltet aber auch gleichzeitig die Pflicht zur Arbeit, d. h., im Rahmen der individuellen Leistungsfähigkeit einen entsprechenden Beitrag zu erbringen, mit dem das Volk die notwendige Gesamtleistung für sich und die künftigen Generationen sichern kann.
6. Das Zusammenleben in der Familie und im Volk bedarf einer Gestaltung der wirtschaftlichen und sozialen Lebensbedingungen des Einzelnen in einer sozialen Leistungsgemeinschaft sowie des Ausgleichs zu sozialer Gerechtigkeit.
7. Die Erkenntnisse der Naturgesetze durch die Wissenschaft müssen Achtung und Ehrfurcht vor den ewiggültigen Bedingungen der Natur einschließen. Technik bedeutet nichts anderes als angewandte Naturgesetze; Technikfeindlichkeit führt zum Stillstand in der menschlichen Entwicklung. Der Mensch hat die Verantwortung für ein Gleichgewicht zwischen Naturerhaltung und technologischer Entwicklung.
8. Der Staat darf sich nicht nur als Verwaltungs- und Verteilungsorganisation für rivalisierende Gruppeninteressen begreifen. Er muß Beschützer und Förderer aller Staatsbürger sein. Er trägt als vorrangige Aufgabe die Verantwortung für die Substanzerhaltung des deutschen Volkes und seiner Kultur.

Die Unterzeichneten sind von dem Willen beseelt, die nationale staatliche Einheit Deutschlands zu wahren, das als souveränes und gleichberechtigtes Glied in einem vereinten Europa der Vaterländer dem Frieden in der Welt dient. Sie rufen alle Staatsbürger und Gemeinschaften in unserem Volk auf, sich verantwortungsbewußt mit der Lage der Nation und den Grundsätzen dieses Bekenntnisses auseinanderzusetzen und für eine Änderung der fehlgeleiteten Politik in Deutschland einzutreten.

Deutschland, im August 2000

Dr. Felix BUCK · Dr. Albrecht JEBENS · Konteradmiral a. D. Günter POSER · Dr. Rolf KOSIEK · Dr. Uwe RHEINGANS · Dr. Edmund SAWALL · Dr. Walter STAFFA

Deutsche Studiengemeinschaft (DSG)

Zur Entwicklung der Deutschen Kultur

Die kulturelle Entwicklung in Deutschland ist in den letzten Jahrzehnten zunehmend gekennzeichnet durch eine Auflösung der gewachsenen kulturellen Werte und eine ethnisch-kulturelle Unterwanderung des deutschen Volkes infolge Duldung, ja Förderung einer multiethnischen Gesellschaft. Diese entwurzelt den Menschen seelisch und geistig, zerstört sein Wesen und löst die soziale Leistungsgemeinschaft eines Volkes auf.

1. Diese Entwicklung hat ihren Ursprung in der politischen Umerziehung durch die alliierte Militäradministration, in deren Gefolge eine geistig-kulturelle Zersetzung stattgefunden hat. Die Durchführung erfolgte unter Führung der ›Frankfurter Schule‹, die die Lehren von Karl Marx mit den Ideen von Sigmund Freud verbindet. Hinzu tritt der in Mitteldeutschland durchgesetzte materialistische Atheismus. Diese libertinär-sozialistische Kulturrevolution hat zu einer kulturellen Orientierungslosigkeit mit erheblicher Langzeitwirkung geführt und die tragenden ethische Werte zerstört.
2. Die geistig-kulturelle Umerziehung bezweckt den Aufbau einer anderen Gesellschaft mit einem Menschentyp, der sowohl eine neue Sensibilität als auch ein anderes Bewußtsein besitzt. Die Einführung einer vulgären und pornographischen Sprache wird als Mittel zum Zweck, als Beitrag zur Enthemmung der Sexualität, zur Auflösung familiärer Bindungen und zur mental-charakterlichen Haltlosigkeit benutzt. Mit einer pervertierten Sexualität, mit Alkohol und Drogen, die das Bewußtsein verändern, sowie entsprechender Musik und Literatur werden die Menschen in Raserei versetzt, die ihren beispiellosen Ausdruck in sogenannten ›Love-Parades‹ sowie ›Demonstrationen der Schwulen und Lesben‹ findet, Häßlichkeit ist Trumpf,
3. Versuche, diese Entwicklung aufzuhalten oder ihr entgegen zu wirken, sind bei den regierenden Parteien nicht festzustellen und treten auch in den Bekundungen anderer Parteien bisher nur schemenhaft und unverbindlich hervor. Im Gegensatz dazu nimmt die Zahl kritischer Außerungen in einzelnen Medien und vor allem in der deutschen Bevölkerung zu. Bisher allerdings werden diese Einwände entweder bewußt überhört oder gar gesellschaftspolitisch diskriminiert.
4. Konsequenterweise wurde das deutsche Bildungssystem so lange reformiert, bis von einem solchen kaum mehr die Rede sein konnte. Bildung ist aber mehr als Erziehung und Wissensvermittlung, sie ist die souveräne Fähigkeit des Menschen zur Aneignung von Kultur. Bildung dient der Persönlichkeitsentwicklung, indem sie dem Menschen hilft, seine körperlichen, geistigen und seelischen Kräfte möglichst harmonisch zu entfalten. Bildung soll den Menschen befähi-

gen, sein Leben in verantwortlicher Freiheit zu gestalten und seinen Platz in Beruf und Gesellschaft zu finden. Diese kulturelle Kompetenz ist bereits in weiten Teilen des deutschen Volkes verlorengegangen.

5. Die Folge dieser Entwicklung ist die zunehmende Unfähigkeit der Deutschen zur Selbstbestimmung und dazu, sich als selbstbewußte deutsche Kulturnation zu empfinden, Spitzenleistungen in Kunst, Wissenschaft und Wirtschaft werden immer seltener erbracht. Zur Lösung der angehäuften Strukturprobleme fehlt die politische Kompetenz.
6. Die gegenwärtig hochgelobte ›demokratische Streitkultur‹ hat auf sehr niedrigem Niveau zu einer Radikalisierung der Auseinandersetzungen geführt und verhindert den notwendigen sachlichen Dialog zur freien Meinungsbildung. Dabei ist die Durchsetzung einer ›political correctness‹ grundgesetzwidrig, da diese die Meinungsfreiheit (§ 5 GG) einschränkt, wenn nicht gar unterdrückt. Sie ist darüber hinaus eine Anti-Kultur, da sie, einem politischen Leitbild folgend, die Wahrheitsfindung eingrenzt und den wissenschaftlich-kulturellen Fortschritt behindert.
7. Die Erfindung einer »Leitkultur. . . (als) Gegenmodell zur multikulturellen Wertebeliebigkeit« (Bassam Tibi) ist ein gut gemeinter, aber im Kern untauglicher Versuch, weil er sich bisher darauf beschränkt, den kulturellen Anspruch unseres Volkes auf rudimentäre Sprachkenntnisse und die Verpflichtung auf eine Grundgesetzwirklichkeit zu begrenzen.

Wer unserem Volk noch eine eigenständige kulturelle Zukunft erhalten will und dazu seine noch vorhandene restliche kulturelle Substanz als Grundlage einer Erneuerung sichern muß, wird dies nur noch durch die Rückgewinnung der Prägekraft einer eigenen Kultur erreichen. Die Sicherung des deutschen Kulturerbes durch verantwortlichen Umgang mit dem Überlieferten und die Wiederherstellung bedrohter Werte sind unabdingbar für den Schutz der Innenwelt des Menschen.

Bekenntnis zur Deutschen Kultur

Der Mensch drückt seine Persönlichkeit in der Gesamtheit seiner geistigen und gestalterischen Vorstellungen und Fähigkeiten aus, die seine Lebensformen, d. h. seine Kultur, bestimmen. Er ist damit in eine Lebensumwelt eingebettet, die seine kulturelle Zugehörigkeit prägt.

1. Die kulturhistorische Entwicklung der Menschen hat zu unterschiedlichen Kulturen geführt, deren Bindekräfte für ein Volk und jeden einzelnen Menschen von grundlegender Bedeutung für sein Leben sind. Es gibt daher eine kulturelle Vielfalt, deren Schöpfer und Trä-

ger die Völker und Nationen als eine natürlich gewachsene Gemeinschaft sind.

2. Die Kultur eines Volkes wird durch seine Eliten begründet und gepflegt, und nicht von kulturellen Minderheiten. Die stärkste kulturelle Prägekraft ist in der gesamten Menschheitsgeschichte von religiösen Vorstellungen und Überzeugungen ausgegangen. Daran konnten auch ideologische Zwangssysteme dauerhaft nichts ändern.
3. Kultur ist als Einheit von Geschichte und Tradition, von Glauben, Philosophie und Erfahrung, von Sprache und Literatur, von Musik und Gebräuchen, von Wissenschaft, Baukunst und Wirtschaft zu verstehen. Sie bestimmt die Lebensweise der Menschen in der Gemeinschaft.
4. Das deutsche Volk hat in einer mehr als tausendjährigen Geschichte in der Mitte Europas eine Kultur entwickelt, deren kennzeichnende Merkmale einen Leistungsbeitrag für die abendländische Kultur in Europa und alle Menschen ausmachen.
5. Die wesentlichen Elemente der deutschen Kultur sind die deutsche Sprache, die religiösen Empfindungen, das Rechtsbewußtsein, die Anerkennung ethischer Werte, die Errungenschaften der Kunst und Wissenschaft, die technische und wirtschaftliche Leistungskraft und die gewachsenen Lebensgewohnheiten und Lebensformen. Dazu gehört auch die nicht zu verdrängende Abneigung der Mehrheit des deutschen Volkes gegen radikale Strömungen jeglicher Art und gegen revolutionäre Bestrebungen oder Gewalt.
6. Das deutsche Volk muß sich in freier Selbstbestimmung zu seiner eigenen kulturellen Entwicklung bekennen dürfen. Es darf sich vor allem nicht durch gesteuerte Fremdbestimmung zur Aufnahme ihm wesensfremder Kulturen zwingen lassen, die letztendlich seine Substanz auflösen und seine Leistungskraft zerstören.
7. Ein Volk, dem durch Fremdbestimmung oder durch innere Dekadenz die kulturellen Grundlagen zerstört werden, bricht zusammen und wird früher oder später als Geschichtsgröße verschwinden.
8. Eine dauerhafte Oberlebenschance und evolutionäre Weiterentwicklung wird die deutsche Kultur nur im friedlichen Miteinander mit den anderen europäischen Kulturen haben. Deren Erhaltung und nachbarschaftliche Pflege in einem europäischen Kulturraum liegt daher im wohlverstandenen Eigeninteresse des deutschen Volkes.
9. Eine globale ›Einheitskultur‹ würde das Ende der Völker und ihrer Kulturen bedeuten. Sie entzieht den Menschen und Völkern ihr Wesen. Die Vision von einer Weltgesellschaft, einer Weltzivilisation und einer Weltethik folgt einer utopischen Vorstellung. Sie ist aus historischer und gegenwärtiger Sicht sowie angesichts der voraussehbaren Entwicklung der Strukturen falsch.

Die Unterzeichner gehen von der Überzeugung aus, daß die kulturelle Eigenheit eines jeden Menschen ein unveräußerliches Menschenrecht ist. Die Wurzeln des Menschen ruhen in der Kultur seines Volkes, in das hinein er geboren und erzogen wurde. Daher bedarf auch die Kultur unseres Volkes der besonderen Pflege und des Schutzes.

Deutschland, im Januar 2000

Dr. Felix BUCK · Dr. Albrecht JEBENS · Dr. Rolf KOSIEK · Dr. Uwe RHEINGANS · Konteradmiral a. D. Günter POSER · Dr. Edmund SAWALL · Dr. Walter STAFFA

Deutsche Studiengemeinschaft (DSG)

Bekenntnis zum Deutschen Volk

Das Deutsche Volk ist in seinem biologisch-ethnischen Bestand und seiner kulturellen Identität auf das schwerste bedroht. Dieser Bedrohung entschieden entgegenzutretengehört zur Verantwortung jedes Deutschen. Das Grundgesetz für die Bundesrepublik Deutschland geht von der nicht veränderbaren Festlegung eines Deutschen Volkes aus. Dementsprechend stellt das Bundesverfassungsgericht in seiner Entscheidung vom 21. Oktober 1987 bindend fest: »Aus dem Wahrungsgebot folgt insbesondere die verfassungsrechtliche Pflicht, die Identität des deutschen Staatsvolkes zu erhalten.«

1. Das Bekenntnis zur Erhaltung und Identität des Deutschen Volkes als ethnischer, kultureller und seelischgeistiger Einheit und Gemeinschaft ist demnach grundgesetzliche Verpflichtung aller Deutschen und insbesondere aller Staatsorgane sowie der sie tragenden politischen und wirtschaftlichen Kräfte.
2. Trotz rechtzeitiger Warnung durch Bevölkerungswissenschaftler unterblieb seit über dreißig Jahren eine das Deutsche Volk sichernde Bevölkerungspolitik.
3. Der Versuch, mit einer weiteren Einwanderung von Menschen aus völlig fremden Kulturkreisen die fehlenden Deutschen zu ersetzen, ist keine Lösung. Im Gegenteil: Eine solche Einwanderung beschleunigt die Auflösung des Deutschen Volkes und ist daher abzulehnen.
4. Diese gefährliche Bedrohung erfordert eine sofortige Wende in der Bevölkerungs- und Gesellschaftspolitik, in der Rechts-, Wirtschafts- und Sozialpolitik und in den geistigen Grundlagen des Bildungssystems. Eine die Substanz erhaltende und die Zukunft des Deutschen Volkes sichernde politische Ordnung muß Vorrang vor allen anderen politischen Zielen erhalten. Nur große Anstrengungen und Opfer der gesamten Nation können die Folgen einer verfehlten Politik in der Vergangenheit noch abmildern und den Bestand des Deutschen Volkes auch in Zukunft gewährleisten.
5. Der Bestand des Deutschen Volkes kann nur durch das Bekenntnis zum Leben und seiner Weitergabe gesichert werden. Dafür die notwendigen Voraussetzungen zu schaffen ist daher Aufgabe aller Institutionen in Staat und Gesellschaft, insbesondere des Bildungswesens.

   a. Die Wiederherstellung gesunder Familienstrukturen ist eine unabdingbare Voraussetzung. Die unveränderbare Bestimmung des Grundgesetzes, wonach die »Ehe und Familie... unter den besunderen Schutz der staatlichen Ordnung« zu stellen sind, erlaubt keine Aufweichung zu Gunsten lebenswidriger Gemeinschaften.

b. Die unheilvolle Benachteiligung der Kinderfamilie in einer nur auf Genuß eingestellten Umwelt und die unverantwortliche Bevorzugung von Kinderlosigkeit durch eine die Familien belastende Steuer-, Sozial- und Rentengesetzgebung müssen aufgehoben werden. Familie und Kinder bedürfen der bevorzugten Förderung. Die Stellung der Hausfrau und Mutter bedarf einer höheren Wertschätzung in der Öffentlichkeit und einer stärkeren staatlichen Förderung. Der Zusammenhang zwischen eigenen Kindern und sozialer Sicherung im Alter muß den Menschen wieder bewußt gemacht werden.

c. Die inhumane, unwürdige und für unser Volk selbstzerstörerische, aber vorerst noch staatlich gebilligte und politisch geförderte Tötung ungeborener gesunder Kinder muß verhindert werden. Die im Gegensatz hierzu geführte Diskussion über die Lebenswissenschaften (Embryonen- und Genfragen) verkennt den Anspruch der Lebenden auf wissenschaftlichen Fortschritt in Biologie und Medizin.

6. Das dichtstbesiedelte Deutschland darf aus ökologischen, wirtschaftlichen und kulturellen Gründen kein Einwanderungsland sein. Insbesondere die Einwanderung von außerhalb der EU-Länder ist zu verhindern. Zuwanderung von Fachkräften und Asylgewährung wegen politischer Verfolgung sind auf klar zu definierende Fälle zu begrenzen.

Die Unterzeichner gehen von der Überzeugung aus, daß diese Forderungen ein allgemeines Rechtsgefühl und Rechtsbewußtsein einer staatlichen Ordnung zum Schutze des eigenen Volkes begründen und deshalb Vorrang vor allen anderen wirtschaftlichen, sozialen und politischen Zielsetzungen haben.

Deutschland, im September 2001

Dr. Felix Buck · Dr. Albrecht Jebens · Dr Rolf Kosiek · Dr. Uwe Rheingans Konteradmiral a. D. Günter Poser · Dr. Edmund Sawall · Dr. Walter Staffa

Zur Lage von Volk und Staat

Das Deutsche Volk ist wie kaum jemals in seiner Geschichte gefährdet. Diese Gefährdung ergibt sich auf Grund des seit Jahrzehnten anhaltenden Geburtenmangels und der politischen Duldung, ja Förderung einer multiethnischen Gesellschaft mit einer unverantwortlichen Zuwanderung aus allen Teilen der Welt. Dies hat unter anderem zu wirtschaftlichen (Arbeitsmarktbelastung), sozialen (Rentengefährdung) und finanziellen (Überschuldung) Folgen geführt, die unüberbrückbare gesellschaftspolitische Spannungen nach sich ziehen.

1. Diese Entwicklung des Deutschen Volkes zu einer abnehmenden und alternden Bevölkerung ist durch einen Bewußtseinswandel verursacht. Ein gesellschaftspolitisch gefördertes Selbstverwirklichungs- und Anspruchsdenken hat die Bereitschaft zur Familiengründung sehr geschwächt. Die damit verbundene Kinderlosigkeit bedingt den gefährlichen demographischen Wandel, der sich in die Zukunft fortzusetzen droht.
2. Die Sterblichkeitsrate liegt seit mehr als dreißig Jahren über der Geburtenrate. Diese ›Todesspirale‹ unseres Volkes dreht sich immer schneller. Damit ist ein Rückgang der deutschen Stammbevölkerung von ursprünglich rd. 80 Millionen auf rd. 41 Millionen bis zum Jahre 2050 zu befürchten. Trotz zahlreicher Institutionen und einer Fülle von Veröffentlichungen hat man für das Problem der demographischen Entwicklung keine annehmbare politische Lösung vorgelegt.
3. Die bisherige Diskussion um die künftige Überlebenschance unseres Volkes hat den Mangel, daß sie ausschließlich unter der Voraussetzung eines ständigen Wachstums der Ansprüche und der Mittel zu ihrer Befriedigung geführt wurde. Die Größe des Volkes ist kein absoluter Maßstab. Die Bevölkerungszahl braucht deswegen bei einem Absinken nicht durch Einwanderung aufgefüllt zu werden.
4. Das Ausweichen vor der Aufgabe, die Tatsachen klar, offen und objektiv aufzuarbeiten und die notwendigen Maßnahmen einer Selbstheilung aufzuzeigen, führte zu der falschen Schlußfolgerung, daß Einwanderung als die einzige Lösung unserer inneren Probleme dargestellt wird. Dies ist die tödliche Falle, in der sich unsere Politiker gefangen haben.
5. Heute leben über 10 Millionen ausländische Bürger (7,5 Mio. statistisch erfaßt und 3,0 Mio. illegal sowie die inzwischen eingebürgerten Staatsbürger ausländischer Herkunft) in der Bundesrepublik Deutschland. Es kann davon ausgegangen werden, daß bisher ein Zuzug von rd. 35 Millionen und wieder ein Abzug von rd. 25 Millionen Menschen stattgefunden haben. Welche kulturellen, wirtschaft-

lichen, finanziellen und politischen Belastungen dadurch für das Deutsche Volk entstanden sind, wurde bisher übergangen.

6. Diese Entwicklung wird dem Deutschen Volke von der politischen Klasse und den ohne demokratische Legitimation agierenden Massenmedien gegen dessen ausdrücklich erklärten Willen aufgezwungen. Bei der Suche nach dem möglichen ›Königsweg‹, das Einwanderungsproblem mit der Frage einer Zuwanderung von wenigen Tausend Fachkräften zu verschleiern, soll das Thema aus dem Bundestagswahlkampf herausgehalten werden.

In Deutschland muß die Frage der Bevölkerungsentwicklung offen und ohne Einschränkungen eingehend erörtert werden. Sie darf als wichtigste Lebensfrage unseres Volkes auch nicht aus den Wahlkämpfen herausgehalten werden. Oberste Leitlinie muß dabei die vom Grundgesetz vorgeschriebene Erhaltung des Bestandes und der Identität des Deutschen Volkes sein.

Die bösen Deutschen

1. Deutsche, die deutsch denken, fühlen und handeln, sind ›*Neonazis*‹.
2. Deutsche, die der Überzeugung sind, daß das Wohl unseres Volkes Vorrang haben muß vor allen Partei-, Konfessions- und Gruppeninteressen, sind ›*Altnazis*‹.
3. Deutsche, denen die Erhaltung ihres Volkes und seiner Eigenart am Herzen liegt, sind ›*Rassisten*‹.
4. Deutsche, die gegen die uns aufgezwungene Masseneinwanderung und Überfremdung aufmucken, sind ›*Ausländerfeinde*‹.
5. Deutsche, die die Ansicht vertreten, daß deutsche Politiker in erster Linie deutsche Interessen zu wahren haben, sind ›*Rechtsradikale*‹.
6. Deutsche, die in den Siegern von 1945 weder Befreier noch Beschützer sehen, sind ›*Unbelehrbare*‹.
7. Deutsche, die die Nase voll haben von Propagandalügen, Selbstbesudelung und Schuldkomplexen, sind ›*Unverbesserliche*‹.
8. Deutsche, die Wahrheit, Gerechtigkeit und Selbstbestimmung auch für Deutschland fordern, sind ›*Reaktionäre*‹.
9. Deutsche, die für ein blockfreies Gesamtdeutschland in seinen völkerrechtlichen Grenzen eintreten, sind ›*Faschisten*‹.
10. Deutsche, die die Gültigkeit des vielzitierten Völkerrechts auch für Deutschland einfordern, sind ›*Revanchisten*‹.
11. Deutsche, die bestreiten, daß deutscher Militarismus an allen Kriegen dieses Jahrhunderts schuld war, sind ›*Ewiggestrige*‹.
12. Deutsche, die das Ansehen und die Ehre der in zwei Weltkriegen gefallenen Soldaten verteidigen, sind verbohrte ›*Militaristen*‹.
13. Deutsche, die sich nach all den Beschimpfungen und Verleumdungen der letzten 45 Jahre nicht mehr in Kriege für fremde Interessen hineinziehen lassen wollen, sind ›*Feiglinge*‹ und ›*Drückeberger*‹.
14. Deutsche, die für ihre ›Schuld‹ und Beteiligung an den vergangenen Kriegen nicht mehr generationenlang zahlen wollen, sind ›*häßliche Deutsche*‹.
15. Deutsche, die für ihre Unschuld und Nichtbeteiligung an den Kriegen der Gegenwart nicht zahlen wollen, sind ›*böse Deutsche*‹.

Aus: *Unabhängige Nachrichten*, Nr. 3, 1991 – ohne Verfasser

Martin Walser und die Political Correctness

Zu einer außergewöhnlichen Rede

Während der Buchmesse vergibt der Börsenverein des Deutschen Buchhandels jährlich den mit 25 000.- DM dotierten Friedenspreis. In diesem Jahr erhielt zum ersten Mal seit zehn Jahren wieder ein deutscher Schriftsteller die hochangesehene Auszeichnung: Martin WALSER, der 71jährige Schriftsteller aus Überlingen. Er habe in seinem literarischen Lebenswerk »den Deutschen das eigene Land und der Welt Deutschland erklärt und wieder nahegebracht«, erklärte der Stiftungsrat. Als einer der wenigen deutschen Intellektuellen hat WALSER auch von der notwendigen Wiedervereinigung der Deutschen gesprochen, als fast alle anderen politisch korrekt für die Anerkennung des SED-Regimes eintraten und den Deutschen weiszumachen versuchten, daß ein Zusammenschluß von West- und Mitteldeutschland für die europäischen Nachbarn nicht zu ertragen und deswegen für sie nicht zumutbar sei. In der Friedenspreisurkunde steht: »Mit seiner Kritik an der deutschen Teilung, die er früh schon als überwindbaren Zwischenzustand bezeichnete, hat Martin Walser eine Forderung vorweggenommen, deren Einlösung später von den Menschen in der DDR erzwungen wurde.«

WALSER betonte in seiner Rede einleitend, daß er nach der Bekanntgabe der Auszeichnung viele Glückwunschschreiben erhalten habe, in denen die Gratulanten ihre »unbändige« Freude darüber Ausdruck gaben, daß gerade er auserkoren worden sei. Viele hätten eine zeitkritische Rede erwartet. Und er redete dann auch den Deutschen ins Gewissen, daß manche der ehrenwerten Zuhörer rote Köpfe bekamen, aber dennoch kaum umhin konnten, am Ende zu applaudieren.

Nach der Begründung dafür, warum er keine der gewöhnlichen »Sonntagsreden« halten wolle, erklärte WALSER: »In jeder Epoche gibt es Themen, Probleme, die unbestreitbar die Gewissensthemen der Epoche sind. Oder dazu gemacht werden.« Und er führte dann dazu Beispiele an, in denen »seriose« Denker und Dichter den Deutschen heute rechtsextremes Denken anlasten und der Regierung wegen angeblich mangelnder Reaktion darauf »moralisch-politische« Verwahrlosung vorwerfen. Er fragt dann mit Recht: »Warum bietet sich mir das nicht so dar? Was fehlt meiner Wahrnehmungsfähigkeit?. . . ich kann diese Schmerz erzeugenden Sätze, die ich weder unterstützen noch bestreiten kann, einfach nicht glauben. Es geht sozusagen über meine moralisch-politische Phantasie hinaus, das, was da gesagt wird, für wahr zu halten. Bei mir stellt sich eine unbeweisbare Ahnung ein: Die, die mit solchen Sätzen auftreten, wollen uns weh tun, weil sie finden, wir haben das verdient. Wahrscheinlich wollen sie auch sich selber verletzten, aber uns auch. Alle. Eine Einschränkung: alle Deutschen. Denn das ist schon klar: In keiner anderen Sprache könnte im letzten Viertel des 20. Jahrhunderts so von einem Volk, von einer Bevölkerung, einer Gesellschaft gesprochen werden. Das kann man nur von Deutschen sagen. Allenfalls noch, so weit ich sehe, von Österreichern.«

Und Walser wird dann in seiner Kritik sehr deutlich: »Jeder kennt unsere geschichtliche Last die unvergängliche Schande, kein Tag, an dem sie uns nicht vorgehalten wird. Könnte es sein, daß die Intellektuellen, die sie uns vorhalten, dadurch, daß sie uns die Schande vorhalten, eine Sekunde lang der Illusion verfallen, sie hätten sich, weil sie wieder im grausamen Erinnerungsdienst gearbeitet haben, ein wenig entschuldigt seien für einen Augenblick sogar näher bei den Opfern als bei den Tätern? Eine momentane Milderung der unerbittlichen Entgegengesetzheit von Tätern und Opfern. Ich habe es nie für möglich gehalten, die Seite der Beschuldigten zu verlassen. Manchmal, wenn ich nirgends mehr hinschauen kann, ohne von der Beschuldigung attackiert zu werden, muß ich mir zur Entlastung einreden, in den Medien sei auch eine Routine des Beschuldigens entstanden. Von den schlimmsten Filmszenen aus Konzentrationslagern habe ich bestimmt schon zwanzigmal weggeschaut. Kein ernst zu nehmender Mensch leugnet Auschwitz, kein noch zurechnungsfähiger Mensch deutelt an der Grauenhaftigkeit von Auschwitz herum; wenn mir aber jeden Tag in den Medien die Vergangenheit vorgehalten wird, merke ich, daß sich in mir etwas gegen diese Dauerrepräsentation unserer Schande wehrt. Anstatt dankbar zu sein für die unaufhörliche Präsentation unserer Schande, fange ich an wegzuschauen. Ich möchte verstehen, warum in diesem Jahrzehnt die Vergangenheit präsentiert wird wie noch nie zuvor. Wenn ich merke, daß sich in mir etwas dagegen wehrt, versuche ich, die Vorhaltung unserer Schande auf Motive hin abzuhören, und bin fast froh, wenn ich glaube, entdecken zu können, daß öfter nicht mehr das Gedenken, das Nichtvergessendürfen das Motiv ist, sondern die Instrumentalisierung unserer Schande zu gegenwärtigen Zwecken. Immer guten Zwecken, ehrenwerten. Aber doch Instrumentalisierung. Jemand findet die Art, wie wir die Folgen der deutschen Teilung überwinden wollen, nicht gut und sagt, so ermöglichten wir ein neues Auschwitz. Schon die Teilung selbst, solange sie dauerte, wurde von maßgeblichen Intellektuellen gerechtfertigt mit dem Hinweis auf Auschwitz. . . Ich habe gesagt wer alles als einen Weg sieht der nur in Auschwitz enden konnte, der macht aus dem deutsch-jüdischen Verhältnis eine Schicksalskatastrophe unter gar allen Umständen. Der Intellektuelle, der dafür zuständig war, nannte das eine Verharmlosung von Auschwitz.«

Walser wagt sogar, das Tabu anzusprechen, wenn er von der »Auschwitzlüge« spricht: » Aber Verharmlosung von Auschwitz. Da ist nur noch ein kleiner Schritt zur sogenannten Auschwitzlüge. Ein smarter Intellektueller hißt im Fernsehen in seinem Gesicht einen Ernst der in diesem Gesicht wirkt wie eine Fremdsprache, wenn er der Welt als schweres Versagen des Autors mitteilt daß in des Autors Buch Auschwitz nicht vorkomme. Nie etwas gehört vom Urgesetz des Erzählens: der Perspektivität. Aber selbst wenn, Zeitgeist geht vor Ästhetik.

Bevor man das alles als Rüge des eigenen Gewissensmangels einsteckt möchte man zurückfragen, warum, zum Beispiel, in GOETHES *Wilhelm Meister,* der ja erst 1795 zu erscheinen beginnt, die Guillotine nicht vorkommt. Und mir drängt sich, wenn ich mich so moralisch-politisch gerügt sehe, eine Erinnerung auf. Im Jahre 1977 habe ich nicht weit von hier, in Bergen-Enkheim, eine Rede halten müssen und habe die Gelegenheit dazu benutzt, folgendes Geständnis zu machen: ›Ich halte es für unerträglich, die deutsche Geschichte – so schlimm sie zuletzt verlief – in einem Katastrophenprodukt enden zu lassen.‹ Und: ›Wir dürften, sage ich vor Kühnheit zitternd, die BRD so wenig anerkennen wie die DDR. Wir müssen die Wunde namens Deutschland offenhalten.(Das fällt mir ein, weil ich jetzt wieder vor Kühnheit zittere, wenn ich sage: Auschwitz eignet sich nicht dafür, Drohroutine zu werden, jederzeit einsetzbares Einschüchterungsmittel oder Moralkeule oder auch nur Pflichtübung. Was durch solche Ritualisierung zustande kommt ist von der Qualität Lippengebet. Aber in welchen Verdacht gerät man, wenn man sagt die Deutschen seien jetzt ein normales Volk, eine gewöhnliche Gesellschaft?

In der Diskussion um das Holocaustdenkmal in Berlin kann die Nachwelt einmal nachlesen, was Leute anrichteten, die sich für das Gewissen von anderen verantwortlich fühlten. Die Betonierung des Zentrums der Hauptstadt mit einem fußballfeldgroßen Albtraum. Die Monumentalisierung der Schande. Der Historiker Heinrich August WINKLER nennt das ›negativen Nationalismus‹. Daß der, auch wenn er sich tausendmal besser vorkommt, kein bißchen besser ist als sein Gegenteil, wage ich zu vermuten. Wahrscheinlich gibt es auch eine Banalität des Guten. . . Wenn ein Denker ›das ganze Ausmaß der moralisch-politischen Verwahrlosung‹ der Regierung, des Staatsapparates und der Führung der Parteien kritisiert, dann ist der Eindruck nicht zu vermeiden, sein Gewissen sei reiner als das der moralisch-politisch Verwahrlosten. Wie fühlt sich das an, ein reineres, besseres, ein gutes Gewissen? Ich will mir, um mich vor weiteren Bekenntnispeinlichkeiten zu schützen, von zwei Geistesgrößen helfen lassen, deren Sprachverstand nicht anzuzweifeln ist.«

Und WALSER führt dann HEIDEGGER und HEGEL mit Zitaten an, aus denen er folgert: »Ergebnis der philosophischen Hilfe: Ein gutes Gewissen ist keins. Mit seinem Gewissen ist jeder allein. Öffentliche Gewissensakte sind deshalb in der Gefahr, symbolisch zu werden. Und nichts ist dem Gewissen fremder als Symbolik, wie gut sie auch gemeint sei. Diese ›durchgängige Zurückgezogenheit in sich selbst‹ ist nicht repräsentierbar. Sie muß ›innerliche Einsamkeit‹ bleiben. Es kann keiner vom anderen verlangen, was er gern hätte, der aber nicht geben will. Und das ist nicht nur deutsche idealistische Philosophie. In der Literatur, zum Beispiel, Praxis.« Und WALSER weist dann auf KLEISTS *Prinz von Homburg* hin.

»Das ist Gewissensfreiheit, die ich meine. Das Gewissen, sich selbst überlassen, produziert noch Schein genug. Öffentlich gefordert, regiert nur der Schein. Birgt und verbirgt nicht jeder ein innerstes, auf Selbstachtungsproduktion angelegtes Spiegelkabinett? Ist nicht jeder eine Anstalt zur Lizenzierung der unvereinbarsten Widersprüche? Ist nicht jeder ein Fließband der unendlichen Lüge-Wahrheit-Dialektik? Nicht jeder ein von Eitelkeiten dirigierter Gewissenskämpfer?«

Dann spricht WALSER auch die Toleranz an. »Ein Fremdwort das wegen Nichtmehrvorkommens des damit Bezeichneten heute eher entbehrlich ist. Noch so ein Gewissensbeispiel: Thomas MANN. Kurz vor 1918 lehnt er die Demokratie ab, sie sei bei uns ›landfremd, ein Übersetztes, das. . . niemals deutsches Leben und deutsche Wahrheit werden kann. . . Politik. . ., Demokratie ist an und für sich etwas Undeutsches, Widerdeutsches. . . ‹« Und 1922 habe MANN dann ganz anders gesprochen.

»Das möchte man den Meinungssoldaten entgegenhalten, wenn sie, mit vorgehaltener Moralpistole, den Schriftsteller in den Meinungsdienst nötigen«, wenn weniger das gelte, was er geschrieben hat, sondern das, was er in einem Interview zu aktuellen Fragen von sich gegeben habe. Die Antwort der derart Kritisierten ließ nicht auf sich warten. Vor allem Ignatz BUBIS, der Präsident des Zentralrats der Juden in Deutschland, fühlte sich angesprochen und nahm sofort Stellung (*FAZ* 13. 10. 98), sprach von »schockierenden Thesen« WALSERS, verglich ihn mit als Rechtsextremisten angesehenen Personen und warf ihm »geistige Brandstiftung« vor: »Man kann gegen das geplante Holocaust-Mahnmal in Berlin sein, aber wie Walser es zum Ausdruck bringt, ist schon schlimm.« Wenn WALSER bei der Darstellung der »Grauenhaftigkeit von Auschwitz« inzwischen wegschaue, »heißt das, daß er nie hingeschaut hat«. Und der frühere Kommunist Ralph GIORDARNO erklärte, WALSERS Rede habe bei ihm »lähmendes Erstaunen verursacht« (*FAZ* 13. 10. 98).

Vielleicht hat der Börsenverein langsam erkannt, daß die gegenwärtig herrschende Political Correctness bereits unsere Freiheit bedroht.

Leicht gekürzt aus: *Deutschland in Geschichte und Gegenwart,* Nr. 4/1998

Klage um Deutschland

Friedrich Franz VON UNRUH

»Ich klage um Deutschland, nicht weil es besiegt, zerstückt und entmachtet ist - auch das böte Grund genug -, ich klage um Deutschland, weil es sein Wesen preisgibt. Weil es, verunsichert und verstört, seine Seele verrät. Weil es, durch maßloses Unglück verwirrt, die Sternstunde der Besinnung versäumt.

Ich klage um Deutschland, weil es seine Herkunft vergißt. Um jenes Deutschland, wo Überlieferung noch ein dankbar und sorgsam gehütetes Erbe war. Wo ein Wort noch ein Wort, Recht Recht, Treue Treue, Verrat Verrat und Schande Schande war. Wo man die dunklen Gewalten kannte, aber Kraft und Mut hatte, sie zu bestehen. Wo Korruption fremd und Opportunismus verächtlich war. Wo Pflicht höher stand als Genuß und Armut oder Reichtum kein Wertmaß war. Wo noch nicht gefragt wurde, ›Ist Leistung unanständig?‹, sondern Leistung schwerer als Geltung wog und ›Mehr sein als scheinen‹ der Grundsatz einer Elite war. Wo es galt, so zu leben, daß es beispielhaft wirkte.

Wo ein Deutscher zu sein, eine Ehre im Abendland und weithin in der Welt war. Wo es nur ein Deutschland gab und kein Herausreden auf ein ›anderes‹ Deutschland. Wo Heimat und Vaterland nicht verfemte Vokabeln, sondern unantastbare Güter waren. Wo sie zu schützen für ehrenvoll galt. Wo der Staat noch nicht, schizophren, zum Wehrdienst aufrief und Bürgern und Feldherren, die ihn verteidigt hatten, ihr Ansehn nahm. Wo Nationalstolz und Weltbürgertum kein Gegensatz waren, die Besten vielmehr ihre völkische Kraft an menschliche Hochziele wandten und gerade das als Mission empfanden. Wo auch im Unglück das Band der Nation nicht riß und der Anders-Gesinnte mehr als Volksbruder denn als Klassenfeind zählte. Wo mehr als Parteimitgliedschaft der Charakter wog. Wo ›made in Germany‹ nicht nur ein Warensiegel, sondern, bis ins hinterste Afrika, eine Wertmarke war. Wo ›deutsch‹ zuverlässig, echt, unverfälscht hieß. Wo die Urzelle der Nation, die Familie, ein Sanktum war und die ›gute Ehe‹ nicht spießbürgerlich, sondern vorbildlich hieß. Wo der Dienst am Staat als verdienstlich galt und Gehorsam als ebenso selbstverständlich wie Widerstand, wenn das Gewissen in Not kam.

Wo man arbeitete um der Arbeit willen und mit Geld nicht zu ködern war. Wo Ehrerbietung vor Eltern und Älteren, vor Wissen und Leistung und gar großem Menschentum noch natürlich war.

Ich klage um Deutschland, das Land, in dem Dichtung und Literatur nicht Politologie, sondern Leuchtfeuer der Seele waren. Wo man nicht Scheu trug, ›deutsche‹ Dichtung zu sagen, weil das dem oder jenem als

›reaktionär‹ oder ›restaurativ‹ mißfiele. Wo die Namen hoher Denker, Dichter und Dichterinnen, Seher und Warner gültige Namen waren, weil sie ein Echo hatten und nicht Verlegenheit oder Hohn auslösten; weil man die tiefsten Erfahrungen, Leid, Schmerz und Tröstung, Freude und die Schauer des Tragischen durch sie gestaltet und so das kleine, vergängliche Dasein zur Dauer und ins Sinnbild erhöht fand; weil man ihr Wesen und Werk als unerschöpflichen Kraftquell kannte und, dank ihrem Geleit vor subversiven Mächten geschützt, sicherer über die Erde ging.

Ich klage um Deutschland, dessen Musik einen Himmel über die Völker hob und, noch nicht atonal entstellt, die Menschen ergriff, erschütterte und vereinte. Ich klage nicht um ein fiktives, erträumtes, nie dagewesenes Land, sondern ein miterlebtes, das – stärker oder schwächer – im Kaiserreich, in der Weimarer Republik und trotz allem im Dritter Reich und danach noch vorhanden war und erst jetzt; Zug um Zug, Jahr um Jahr, entschwindet.

Ich klage, ein Lebender, namens derer, die dies Land geliebt und, rechten oder unrechten Meinens, für es gewirkt, gekämpft und gelitten haben und ihm bis zum Tode die Treue hielten. Ja, ich glaube, es mischen sich in meine Klage die Stimmen aller, denen Deutschland, als das ›Heilige Römische Reich Deutscher Nation‹ längst versunken war, immer noch heiliges Land und mit Hölderlins Wort das ›Herz der Völker‹ geblieben ist.«

Personenverzeichnis

Bildquellen:

N. Baumgartl: S. 202 - Bundesbildstelle: S. 199 - Mortimer G. Davidson, *Kunst in Deutschland 1933–45,* Tübingen 1989 u. 1995: S. 108a, 293 - Richard W. Eichler, *Baukultur gegen Formzerstörung,* Tübingen 1999: S. 256 - *Eléments* (Paris): S. 107, 113b, 124, 181, 205, 260b, 268, 302, 303 - *Erich Fromm. Liebe zum Leben,* Stuttgart 1999: S. 37 - *Focus* (München): S. 60a-b-c, 62, 85a-b, 91a-b-c, 158, 190, 224 - Walter Hinck, *Walter Jens. Un homme de lettres,* München 1993: S. 46 - *Illustrierte Geschichte Deutschlands,* Augsburg 1998: S. 247 - *Interferenzen. Kunst aus Westberlin 1960–1990,* Berlin 1991: S. 108b, 174 - Wolfgang Kraushaar (Hg.), *Frankfurter Schule und Studentenbewegung,* Hamburg 1998, Bd., 1: S. 13, 20, 23, 26, 30, 33, 37a, 39, 41, 43, 49b, 54, 59, 77, 99, 115, 151, 152, 178 - Thomas Mündemann, *Die 68er und was aus ihnen geworden ist,* München 1988: S. 113a - Ernst Nolte, *Die Deutschen und ihre Vergänglichkeit,* Frankfurt 1995: S. 79 -Privatarchiv: S. 76a-b, 185, 235, 260a - *Tekos* (Antwerpen): S. 180 - N. Schmid-Burgk: S. 221 - *Der Spiegel* (Hamburg): S. 50, 62, 65, 94, 126, 135, 138, 139, 146, 153, 163, 200a, 230, 232, 241, 257 - *Fritz Todt,* Oldenburg 1943: S. 286, 288a-b - Manfred A. Tripp (Tönisvorst): S. 35 - *Was geschah am...?,* Dortmund 1996: S. 215 - Gerhard Zimmer, Hans Wolf, *Wandervogel,* Bad Godesberg 1961: S. 274a-b-c, 275a-b-c, 279 - Peter Zudeick, *Der Hintern des Teufels. Ernst Bloch Leben und Werk,* Bühl 1987: S. 45.

Rolf Kosiek

Diplom-Physiker, Dr. rer. nat, geb. 23. 9. 1934 in Herford/Westfalen, Bündische Jugend, Abitur 1955 (Herford), Studium der Physik, Chemie u. Geschichte in Göttingen (1955–57) und Heidelberg (1957–1960), Diplom (1960) und Promotion (1963) in Heidelberg in Kernphysik, 1963–68 wiss. Assistent am 1. Physikalischen Institut der Universität Heidelberg; 1968–72 wiss. Mitarbeiter des Duden-Verlages, 1972–80 Dozent für Mathematik, Physik und Statistik an der Fachhochschule Nürtingen, ab 1981 wiss. Mitarbeiter u. a. im Grabert-Verlag, 1968–72 MdL in Stuttgart, 1968/69 Stadtrat in Heidelberg; verheiratet, drei Kinder; seit 1991 Vorsitzender der Gesellschaft für Freie Publizistik e. V.

Bücher: *Marxismus? Ein Aberglaube!* (1972, [4]1977); *Das Volk in seiner Wirklichkeit* (1975); *Mathematik für Wirtschaftswissenschaftler,* Bd. 1 (1975, [4]1988), Bd. 2 (1976, [2]1982); *Deutsches Land in fremder Hand* (1982, [2]1987); *Historikerstreit und Geschichtsrevision* (1987, [2]1989); *Lexikon-Deutsche Geschichte im 20. Jahrhundert* (Hg. W. Schütz, 1990); *Völker statt ›One World‹* (1999); *Die Frankfurter Schule* (2001, [7]2009); *Deutsche Geschichte im 20. Jahrhundert* (2004); Mitherausgeber von *Der Große Wendig. Richtigstellungen zur Zeitgeschichte,* Bd. 1 2006 ([4]2009), Bd. 2 (2006, [4]2009), Bd. 3 (2007, [2]2009); vier Bücher unter Pseudonym; 20 naturwissenschaftliche Artikel in in- und ausländischen Fachzeitschriften; viele Zeitschriften- und Zeitungsbeiträge.

Grundlagen für eine neue Wirtschaftsordnung

Kündigt sich der Zusammenbruch des Kapitalismus an?

»Eine Umkehrung der Hierarchie unserer Werte-Ordnung ist erforderlich: Der politische Wille – die Umsetzung des Staatszwecks oder -ziels – soll die Wirtschaftspolitik bestimmen, und nicht umgekehrt wie heute, die Wirtschaft der Politik, die hier als Gesellschaftswillen verstanden wird, diktieren.«

Gerhoch Reisegger

Gerhoch Reisegger

Wege aus dem Globalisierungschaos

496 S., Ln., Abb. € 22.80 ISBN 978-3-89180-085-0

Täglich erscheinen neue Schreckensmeldungen zur Welt-Finanzkrise. Fachleute sprechen schon vom Zusammenbruch des Kapitalismus. Was waren die auslösenden Gründe für diese Entwicklung? Haben alle Steuerungsmittel der modernen Finanztheorien versagt? War das Bankensterben notwendig vorherprogrammiert? Welche Kräfte bewirkten das Platzen der mit virtuellem Geld gefüllten Spekulationsblasen? Wer hat an diesen ungeheuren Umverteilungen von Kapital verdient? Dient diese Entwicklung der Globalisierung?

Diese und weitere Fragen beantwortet der Verfasser in dem vorliegenden Werk. Er gibt einen – auch durch Definition aller Fachausdrücke für Laien verständlichen – Überblick über die Entwicklung des modernen Finanzwesens, beschreibt den unglaublichen privaten Status der Federal Reserve Bank (FED) in Washington, das Bretton Woods-Abkommen und den modernen Mißbrauch mit den ›Derivaten‹. Abschließend legt er Gedanken für eine neue ganzheitliche, organische Finanz- und Wirtschaftsordnung vor, die in Zukunft die Gefahren des bindungslosen Raubtierkapitalismus verhindern kann.

Hohenrain-Verlag-Tübingen
Postfach 1611 · 72006 Tübingen
www.hohenrainverlag.de